Jacoby/Crawford

DAS BACKGAMMON BUCH

Regeln und Anleitungen
für Anfänger
und Fortgeschrittene

Dem genialen Erfinder des Verdopplungswürfels, der Backgammon zu einem der spannendsten Würfelspiele gemacht hat

Die englische Originalausgabe erschien unter dem Titel »The Backgammon Book« bei The Viking Press, Inc. New York

Deutsche Ausgabe: Übersetzt von Jens Schmidt-Prange und Suzanne Gangloff (Histor. Einleitung)

Umschlag: Bine Cordes, Weyarn
Gesamtherstellung: Druckerei Ernst Uhl, Radolfzell
ISBN 3-88199-351-7

Inhaltsverzeichnis

Einführung
Die Geschichte des Backgammon

Die Geschichte des Backgammon ist lang, kompliziert, sehr unvollständig und – faszinierend. Trotz vielerlei – sowohl sinnreicher als auch weithergeholter – Mutmaßungen, ist uns der wirkliche Ursprung dieses Spiels bis heute verborgen geblieben.

Backgammon ist ein Würfelspiel, und Würfelspiele sind, offenbar unabhängig voneinander, in allen Teilen der Erde entstanden. Es begann damit, daß Stammespriester durch Werfen von Tierknochen die Zukunft vorhersagten. Aber da das Voraussagen der Zukunft bestenfalls Glückssache ist, dauerte es nicht lange, und die Menschen warfen Knochen, nachdem sie im vorhinein Wetten auf das Ergebnis abgeschlossen hatten.

Die Entwicklung der Knochen zu unseren heutigen Würfeln läßt sich unschwer erkennen. Unsere primitiven Vorfahren mögen vier, acht, zwölf oder gar zwanzig Flächen auf ihren Spielknochen eingeschnitten haben, aber es gibt zwei gute Gründe dafür, daß der sechsflächige Würfel – mit Zahlen oder Bildern auf jeder Fläche – sich praktisch überall auf der Welt herausgebildet hat. Erstens ist er relativ leicht herzustellen, und zweitens läßt sich die kubische Form noch am besten rollen; eine Pyramide hält beim Aufschlag zu rasch an, und ein Achteck oder eine Form mit noch mehr Flächen rollt zu stark.

Nachdem der Würfel einmal erfunden war, lag es nahe, gewissermaßen seinen Anweisungen (Zahlen oder Bildern) folgend, Spielsteine um einen Spielplan herum zu bewegen. Spiele dieser Art haben sich offenbar auf der ganzen Welt entwickelt, und einige mögen frühe Vorläufer des Backgammon gewesen sein.

Der denkbar älteste Backgammon-Vorläufer, den man bis heute ausmachen konnte, ist etwa fünftausend Jahre alt und geht auf die alte Sumer-Kultur im südlichen Mesopotamien, dem heutigen Irak, zurück. In den zwanziger Jahren unseres Jahrhunderts fand der britische Archäologe, Sir Leonard Woolley, bei der Ausgrabung des chaldäischen Ur, der biblischen Heimat Abrahams, in der königlichen Grabstätte fünf Spielanordnungen, die eine entfernte Ähnlichkeit mit unserem Back-

Sumerisches Spielbrett

mit Spielsteinen (sieben für jeden Spieler) aus der königlichen Grabstätte, Ur in Chaldäa. Um 2600 v. Chr. London, British Museum.

Die Göttin Ani beim
Senet (Vorläufer des
Backgammon).
Aus dem Thebanischen Totenbuch.
Ägypten, um
1600 v. Chr.
London, British
Museum.

…ح و زنار و زنج رنج آ
کنون آنچ گردست یاد
…جوان بیاراستند
…هر کس که … بیر
…اران موبدان شد دژم
…دانا بیکسو شدند
…ار بمود و جنگ سپاه

بگفتا آنچ آمد همه رهنمای
بخواند بداند بسیجد و داد
می و رود و رامشگران خواستند
ازان نامداران [illegible]
روان بوزرجمهر شد [illegible]
بدانائی خویش جستنو شدند
هم آرایش رزم و فرمان شاه

زناری آن مهره و رای شاه
زگفتار او شد رخ رای زرد
زمان خواستند و نامور هشت روز
بهشتم چنین گفت موبد برای
بیامد نهم روز بوزرجمهر
چو بشنید بنشست بوزرجمهر
ازو چنین شد رای پارای

وزان موبدان نماند راه
چو بشنید گفتار شطرنج و برد
برفت [illegible] بودند کشتی [illegible]
که این اندکشتی نبرد بای
برازآرد و دل [illegible] چهر
همه موبدان برگشادند چهر
زکشور یکی نامدار انجمن

بگفتا [illegible] مرد
بیامد یکی نامور کدخدای
هر آنکس که بد رای و شایسته مرد
مگر باروان باز گردد خرد
که اندیشه بود ما را درنگ
بجستن دمش اندرون بخت برد
همه مهتران آفرین خواندند

…انشی زو بپرسند راه
…دار ابنس [illegible] دو هزار
…خواست از گنج راه
…و هزار [illegible] مرد
…بزرگان گواهی دهند
…اده شد یار [illegible] ساله
…اگهی شاد شد شهریار
…جو آمد بنزدیک تخت

همه پاسخ آمد که [illegible] جای
همه بوم قنوج کرد یاد
همان جامه او [illegible] پای
که باژ و [illegible] را سبرد
ندارم [illegible] دهند
و گر [illegible] ماند فرستیم بیش
بفرمود تا [illegible] نامدار
بر و شهریار آفرین کرد سخت

خروشی برآمد ز دانندگان
ز عود و ز عنبر ز کافور و زر
بدو داد و چندان آفرین کرد نیز
یکی کاروان [illegible] که کس پیش ایران
که چون شاه نوشین روان [illegible]
زناری که پیمان نهادیم نیز
ز شهر و ز لشکر چنان شد
ببر در که [illegible] جهاندار شاه

ز دانش [illegible] خواستگان
همان جامه و [illegible] گوهر
بیارایش [illegible]
ندیدند و شد خواسته پیش ایران
ندارد [illegible] کشید
فرستاده شد هر چ [illegible]
همه نامداران [illegible] شدند
بپرسید از او [illegible] راه

که اینست سخن گوی و دانش [illegible]
ابا باژ یک ساله [illegible] گاه
بیامد ز قنوج بوزرجمهر
دل شاد و با نامه شاه هند
نه کس دانشی [illegible]
چو آگاهی آمد ز دانا بشاه
بشهر اندر آمد چنان [illegible]
بگفت آن [illegible] بوزرجمهر

gammon-Schema aufweisen. Sie sind aus Holz, mit einem komplizierten Mosaikdekor aus Muscheln, Knochen, Lapislazuli, rotem Ton und in Pech gefaßtem, rotem Kalkstein, und sind mit Tierfiguren und Rosetten verziert.
Bald nach Woolleys Entdeckung stießen Archäologen in einem anderen Teil des alten Mesopotamien auf ein ähnliches Spielbrett. Dieses war weniger reich verziert, aber unter dem Brett fanden sich, säuberlich aufgeschichtet, zwei Sätze von Spielsteinen und Würfeln. Der eine Satz bestand aus einfachen, schwarzen quadratischen Formen, jede mit fünf eingelegten Steinpunkten versehen, der andere aus Muschelvierecken mit eingeritzten Tiervignetten. Jeder Spieler hatte offenbar sieben Steine und sechs Würfel.
Allem Anschein nach ergötzten sich einige tausend Jahre später die ägyptischen Pharaonen an einem Brettspiel, das ebenfalls ein Vorläufer des Backgammon gewesen sein mag. Spielbretter aus der Zeit um 1500 v. Chr. wurden in Tut-ench-Amuns Grabstätte im Niltal gefunden und sogar in Enkomi auf Cypern, damals eine ägyptische Kolonie. Ein Spielbrett trägt den Namen der Königin Hatschepsut, und bei dem Brett wurden Spielsteine verziert mit Löwenköpfen gefunden, dem antiken Symbol königlicher Macht. Wandmalereien in vielen ägyptischen Gräbern zeigen Menschen bei diesem Spiel, was zu der Annahme berechtigt, daß es sowohl vom einfachen Volk als auch von der Aristokratie gespielt wurde.
Sosehr sich das ägyptische Spiel vom modernen Backgammon unterscheidet, bedienten sich die alten Ägypter dabei doch eines Gegenstandes, um den wir sie beneiden könnten: einer mechanischen Würfelbüchse. Die Würfel wurden hineingetan, durcheinandergeschüttelt und auf den Tisch hinausgeworfen. Wie jedermann, so spielten auch die Ägypter um Geld und erfanden diesen Apparat als Vorsichtsmaßnahme gegen Betrüger (stets ein Zeichen höherer Zivilisation). Die Griechen und Römer übernahmen später diese Einrichtung in ihre jeweilige Spielvariante.
Aber wo entstanden die ersten Backgammon-Varianten? Wir wissen es nicht und wir werden es vielleicht nie erfahren. Indien oder China kämen als die wahrscheinlichsten Ursprungsländer in Frage, denn von diesen beiden Zivilisationen haben wir die meisten Spiele übernommen.
Jede dieser beiden Kulturen brachte ein reines Geschicklichkeitsspiel hervor. Das indische Spiel war Schach. Die Chinesen spielten eine Variante davon, deren annähernde Ähnlichkeit darauf schließen läßt, daß Handelsbeziehungen über den Himalaja hinweg bestanden. Aber der Zusammenhang zwischen diesen beiden Schach-Varianten einerseits und Backgammon andererseits ist doch sehr lose.
Es besteht jedoch eine hinreichende Ähnlichkeit zwischen Backgammon und einem anderen alten, einem indischen Spiel, nämlich Parcheesi, um dieses als möglichen, fernen Vorläufer in Betracht zu ziehen. Parcheesi ist in erster Linie ein Brettspiel, das zu viert gespielt wird, und bei dem jeder Spieler eine gewisse Anzahl gleicher Spielsteine hat. Anders als beim modernen Backgammon, befinden sich

Persische Miniatur aus einem Shahnama: Buzurjmihr zeigt dem indischen Rajah ein Backgammon-Spiel. Mongolische Schule, 14. Jahrhundert. New York, Metropolitan Museum of Art, Joseph Pulitzer Vermächtnis-Fonds, 1934.

die Steine zunächst außerhalb des Spielbretts (ebenso wie bei dem Seemannsspiel Acey-Deucy und bei einigen anderen Backgammon-Arten). Beim Parcheesi beginnt derjenige Spieler, der einen Pasch würfelt, worauf er noch ein zweites Mal würfeln darf. Beim Acey-Deucy kann derjenige zuerst setzen, der die Zahlenkombination 1-2 würfelt [ace = As = eins, deuce = zwei]; er wählt daraufhin einen beliebigen Pasch und würfelt dann noch einmal. Beim Backgammon wird jeder Pasch viermal gezogen, was zwei Würfen entspricht.

Das Ziel bei Parcheesi ist, wie beim Backgammon, alle Steine vom Brett »hinauszuspielen«, und bei beiden Spielen muß der Spieler all seine Steine zuerst ins Heimfeld gebracht haben, bevor er mit dem Ausspielen beginnen kann. Ferner ist bei beiden Spielen ein einzelner, »ungedeckter« Stein eine »Blöße« (»blot«) und somit gefährdet, da er vom Gegner angespielt und vom Brett geschlagen werden kann. Und in beiden Spielen sind zwei oder mehrere Steine auf einem Feld sehr stark, bei Parcheesi sogar noch stärker als beim Backgammon, da der Gegner an einem solchen Feld noch nicht einmal vorbeiziehen darf.

Eine ganze Reihe von Backgammon-Varianten finden sich überall im Fernen Osten. In China gibt es ein Spiel, Shwan-Liu genannt. In Japan wird Sunoroku gespielt, bei dem die Barriere entfällt. In Korea spielt man Ssang-Ryouk, in Thailand Len Sake oder Saka und in Malaya Main Tabal.

Das Spiel muß jedoch vom Mittelmeer her nach Westeuropa gelangt sein. Tausend Jahre nach den Ägyptern spielten die Griechen, oder zumindest die Aristokraten unter ihnen, eine eigene Variante. Plato erwähnt diese griechische Form des Spiels und seine große Beliebtheit. Sophokles schreibt seine Erfindung Palamedes zu, der sich während der jahrelangen Belagerung von Troja mit ihm die Zeit vertrieben haben soll. Homer erwähnt das griechische Spiel in der Odyssee, und Herodot behauptet, die Lydier hätten es erfunden.

Bei diesem und anderen Würfelspielen waren die Griechen hinsichtlich der Dame Fortuna gefühlsmäßig offenbar ebenso stark engagiert wie wir. Sie nannten die Sechs, einen damals wie heute guten und hohen Wurf, »Aphrodite«, und belegten die Eins mit einem Namen, der dem Wort »Hund« nicht unähnlich ist.

In Rom war das Spiel bei den Patriziern lange Zeit äußerst beliebt. Als Zeitvertreib machte es dem Circus Maximus Konkurrenz, und es wurde als kaiserlicher Sport betrachtet. Ja, sogar in Pompeji fanden die Archäologen bei ihren Ausgrabungen ein Backgammonschema im Atrium fast jeder Villa eingemeißelt.

Im alten Rom wurde offenbar mit drei, statt wie bei uns mit zwei Würfeln gespielt, und das Spiel hatte drei Namen: »alea« – Würfel, »tabulae« – Bretter und die bildlichere Bezeichnung »ludus duodecim scriptorum« – das Zwölf-Linien-Spiel, nach den zwölf Feldern auf jeder Seite des Brettes.

Julius Caesar mag zwar gesagt haben »alea jacta est« – die Würfel sind gefallen –, als er den Rubicon überquerte, aber nichts deutet darauf hin, daß er selbst mit Würfeln gespielt hätte, obgleich andere römische Kaiser dies sehr wohl taten. Einer von ihnen hatte sogar in seinem Palast einen Raum eigens für das Würfelspiel einrichten lassen. Und nach Sueton war Kaiser Claudius so vernarrt in das Spiel, daß er ein Buch darüber schrieb und – ein Spielbrett auf seinem Wagen anbringen ließ,

Illustration aus einer mittelalterlichen Handschrift,
ein Spiel ähnlich dem Backgammon darstellend.
London, British Museum.

Renaissance Backgammon-Brett. Holz, teils geschnitzt, teils mit Edelhölzern eingelegt (Nußbaum, Bergahorn, Birnbaum, ungarische Esche und gebeizte Stechpalme). Trägt das Wappen derer von Wattenwyl (Watteville). Die Außenseite der einen Hälfte bildet ein Schachbrett, die der anderen ein weiteres Spielschema. Die beiden, hier abgebildeten Innenseiten sind für Backgammon eingerichtet. Jede Seite wird von intarsierten Arabesken umrahmt. London, Victoria and Albert Museum.

so daß er auch während der Fahrt spielen konnte! Anderen Quellen zufolge soll Domitian ein außerordentlich gewiefter Spieler gewesen sein – und Caligula ein Schwindler. Und es wird weiter berichtet – ob nun der Wahrheit entsprechend oder pure Erfindung –, daß Marc Anton ludus duodecim scriptorum mit Cleopatra gespielt haben soll.
Offenbar diente das Spiel einigen erfinderischen Römern auch als eine Art ›klassischer‹ Version von Strip-Poker. Es existiert eine Glasmalerei, die einen jungen Mann und ein Mädchen vor einem Backgammenbrett sitzend zeigt: beide sind teilweise entkleidet, und auf dem Fußboden verstreut liegen Kleidungsstücke. Die Inschrift »devincavi« bedeutet »Ich habe dich besiegt«.
Von Nero wird berichtet, er habe, neben all seinen anderen Exzessen, um einen so hohen Einsatz wie umgerechnet 40000 Mark pro Punkt gespielt. Kaiser Commodus soll den Kaiserpalast in ein großartiges Spielkasino verwandelt haben. Es wird sogar behauptet, er habe einmal eine solche Pechsträhne gehabt, daß er eine große Summe aus der kaiserlichen Schatulle entnahm – vorgeblich, um damit eine Expedition in die afrikanischen Provinzen zu finanzieren –, unverzüglich zum Spieltisch zurückkehrte und alles verlor.
In Pompeji wurde ein faszinierendes Wandgemälde gefunden, das eine Backgammon-Geschichte in zwei Bildern erzählt: im ersten Bild streiten zwei Spieler über einem Spiel in fortgeschrittenem Stadium, im zweiten wirft der Gastwirt die beiden

Kampfhähne aus seiner Schenke hinaus. Das Spiel war also offensichtlich nicht nur bei der Aristokratie, sondern auch beim einfachen Volk beliebt.
Selbst als das Christentum nach Rom kam, wurde nach wie vor Backgammon gespielt. Unter frühchristlichen Geräten fand man eine Marmorplatte mit eingemeißeltem Backgammonschema. In der Mitte befindet sich ein griechisches Kreuz, und die Inschrift lautet ungefähr: »Unser Herr Jesus Christus gewährt Hilfe und Sieg den Würflern, die seinen Namen schreiben, wenn sie die Würfel rollen lassen, Amen.«
Die römischen Legionen müssen auf ihren Zügen durch Europa ›tabulae‹ mit sich geführt haben. Außer der Tatsache, daß in England dieser Name in »tables« [(mittel)englische Bezeichnung für Backgammon] überlebte, spricht jedoch nichts dafür, daß die von Rom eroberten Länder sogleich für das Spiel empfänglich gewesen wären. Erst die Rückkehr der Kreuzfahrer scheint ihm schließlich zu einer weiten Verbreitung über ganz Europa verholfen zu haben.

Backgammon-Gesellschaft mit umherwandelnden Spielern. Holländischer Kupferstich aus der Serie Hortus Voluptatem von Crispin de Passe (1550–1643). London, Radio Times, Hulton Picture Library.

Zumindest eine Form des Backgammon wurde im Mittleren Osten lange vor den Kreuzzügen gespielt. Ihr Ursprungsland mögen das alte Sumer, Ägypten, Indien, oder alle drei zusammen gewesen sein. Jedenfalls hieß das Spiel, das die Kreuzritter bei den Sarazenen antrafen – und begeistert übernahmen –, Nard oder Nard-Shir. Die Araber hatten es von den Persern gelernt, und es war angeblich nach Ard-shir Babakan aus der Sassanid-Dynastie des alten Persischen Reiches benannt, der es erfunden haben soll. Mit zwei Würfeln, anstatt mit dreien wie in Rom, wurde es auf einem gemusterten Tuch gespielt, das in zwölf Felder eingeteilt war, gemäß den

Die Trick-Track Spieler. Gemälde von Willem Duyster. Holland, etwa 1625–1630. London, National Gallery (mit freundlicher Genehmigung der Kuratoren).

Sonnenmonaten des persischen Jahres. Die Gesamtzahl der Spielsteine, oder Muhrahs, entsprach der Zahl der Tage eines Mondes; die eine Hälfte war schwarz, und die andere Hälfte weiß, da während eines halben Monats die Nächte dunkel und während des andern halben vom Mond erleuchtet sind. Die Namen der sieben Spielfelder waren ebenfalls sehr aufschlußreich: Kad (Menge), Ziyad (Wachstum), Satarah (Schicksal, Vorhang oder Schleier, oder Stern), Hazaran (tausende), Khanah-gir (Besitzer des Hauses oder Raumes), Tawil (groß oder lang) und Mansubah (Schema, Plan oder Spiel).

Backgammon- und Schachbrett. Eiche, mit Bernstein-, Schildpatt- und Elfenbeinmarquetterie. Dekoration aus Elfenbeinreliefs, Goldverzierungen auf rotem Grund unter durchsichtigem Bernstein und Silberbeschlägen. Auf der Innenseite zwei quer über das Brett laufende Elfenbeinbänder mit ovalen Kartuschen, darauf die Inschrift: »Wer dieses Brettspiel spielen will, muß viele Zahlen haben; im Jahre 1620 gibt Gott mehr als ein ganzes Königreich zählt. Als ich viel zu geben hatte, kam ich mit jedermann gut aus. Jetzt, da ich nichts mehr habe, wünscht mir niemand einen guten Tag. Glück und Glas – wie bald zerbricht das!« Deutsch, 1620. London, Victoria and Albert Museum.

Diverse frühe Varianten des Backgammon scheinen in England populär gewesen zu sein. Obgleich das Spiel schon in der angelsächsischen Zeit bekannt war und in alten englischen Glossaren des 8. und 9. Jahrhunderts erwähnt wird, datiert seine große Beliebtheit erst aus der Zeit der Kreuzzüge.

In der Tat waren dieses und andere Glücksspiele bei den christlichen Soldaten unter Richard Löwenherz so beliebt, daß er und sein Bundesgenosse, Philipp II. August von Frankreich, ein gemeinsamens Edikt während des Dritten Kreuzzugs 1190 erließen. Mit den Worten des Kupferstechers und Antiquars Joseph Strutt, dessen geschichtliches Buch »Sports and Pastimes of the People of Britain« (Sport und Zeitvertreib des englischen Volkes) 1841 veröffentlicht wurde, »war es innerhalb des Heeres jeder Person unter dem Rang eines Ritters verboten, an jedwelchem Spiel um Geld teilzunehmen: Ritter und Angehörige des Klerus mochten um Geld spielen, aber keiner von ihnen durfte mehr als zwanzig Schilling an einem ganzen Tag und in einer Nacht verlieren bei einer Buße von 100 Schilling, die den Erzbischöfen des Heeres zu zahlen waren. Die beiden Monarchen hatten das Privileg, zu spielen, um was und um wieviel sie wollten. Ihre Gefolgsleute jedoch mußten sich auf zwanzig Schilling beschränken; überschritten sie aber diese Summe, so sollten sie drei Tage lang nackt durch das Heer hindurchgepeitscht werden.«

Richards Bruder, König Johann ohne Land, liebte ebenfalls das Spiel, das mittlerweile den englischen Namen »tables«, nach dem römischen ›tabulae‹, bekommen hatte. Er spielte mit den Günstlingen seines Hofes um bescheidene Einsätze, und wenn er verlor, wurde der Betrag getreulich unter seinen täglichen Ausgaben aufgeführt.

Während des ganzen Mittelalters blieb es ein Lieblingsspiel der vornehmen Kreise Europas. Robert von Gloucesters Chronik des 13. Jahrhunderts beschreibt Ritter beim Spiel »atte tables«, und eine ähnliche Stelle findet sich im Rolandslied.

Ursprünglich ein Zeitvertreib der oberen Schichten, breitete sich ›tables‹ über die gesamte Gesellschaft des mittelalterlichen Europa aus. Schankwirte lockten ihre Gäste dadurch an, daß sie ihnen Brett, Spielsteine und Würfel zur Verfügung stellten. Das mittelalterliche Spielbrett scheint doppelt so groß wie ein normales Schachbrett gewesen zu sein, und die Spielsteine größer als unsere heutigen.

Die Kirche, die natürlich keine Art von Spielen billigte, führte und verlor schließlich einen langen und mühsamen Kampf gegen das so beliebte Spiel. 1254 untersagte Ludwig IX., der Heilige (Saint Louis) von Frankreich seinen Hofleuten das Spiel und dehnte dieses Verbot auf all seine Untertanen aus. Einhundertundfünfzig Jahre später noch hatte der Erzbischof von Tournai alle Hände voll zu tun, Leute zu belangen, die beim Spiel erwischt wurden. Die Universität von Bologna entschied schließlich, daß die kirchlichen Vorschriften für Schach keine Gültigkeit hätten – aber ›tabulae‹ fiel immer noch unter »inhonesti ludi« (die unehrlichen und unehrenhaften Spiele), und die Versuche, es zu unterdrücken, dauerten bis zum Ende des 15. Jahrhunderts.

Zu diesem Zeitpunkt nahmen Städte in Frankreich, Italien, Spanien, der Schweiz und Holland ›tabulae‹ bereits von der Stadtzensur aus, wenn die Einsätze niedrig gehalten wurden. Allerdings blieb das Spiel für Studenten und Lehrlinge verboten.

Backgammon-Spieler. Kupferstich von van Velde. Holland, 17. Jahrhundert. Mit frdl. Genehmigung von Kenneth M. Newman, Old Print Shop Inc., New York.

Beim Backgammon-Spiel.
Unbekannter Meister.
Holland, um 1650. London,
British Museum.

Beim Backgammon-Spiel.
Gemälde von Adriaen van
Ostade. Holland, 1672.
London, British Museum.

Backgammon-Brett aus zwei durch Scharniere miteinander verbundenen Teilen. Eiche, mit lignum vitae und anderen Edelhölzern furniert. Die Bänder des Bretts, sowie die hier abgebildeten Innenseiten sind mit lignum vitae-Paneels, die schwarzen Zacken mit Ebenholz eingelegt. Vor dem Brett zehn der dazugehörigen zweiunddreißig (nicht, wie sonst üblich, dreißig) Spielsteine aus Seidenholz, geschnitzt und auf beiden Seiten mit einer Rosette verziert. Sechzehn der Steine sind schwarz gebeizt. Holland, zweite Hälfte des 17. Jahrhunderts. London, Victoria and Albert Museum.

Ein findiger Gelehrter, H. J. R. Murray, entdeckte, daß im Mittelalter mindestens fünfundzwanzig verschiedene Arten von ›tabulae‹ in den verschiedenen Teilen Europas gespielt wurden. In einem Artikel über »Das Mittelalterliche Backgammon« schrieb er:

»In Spanien und England ist die führende Variante ›emperador‹ oder das englische ›game‹, in Deutschland ›Buf‹, in den Niederlanden und in den skandinavischen Ländern ›verkeer‹ und ›kotra‹ . . .›Testa‹ war das in Italien am häufigsten gespielte Spiel . . . In Frankreich trat ›trictrac‹ um 1500 in den Vordergrund, das eine gewisse Ähnlichkeit mit dem spanischen ›laquet‹ aufweist.

Das interessanteste dieser Spiele ist ›emperador‹, da es sowohl in Spanien wie in England besondere Bezeichnungen für verschiedene Arten des Gewinnens gab,

Dieser Stich stellt eine politische Allegorie dar: der dänische König Christian IV. und der schwedische Kanzler Axel Oxenstierna spielen Backgammon um die Zollrechte im Öresund (Meerenge zwischen Dänemark und Schweden). Den politischen Hintergrund bilden die gespannten Beziehungen zwischen Dänemark und Schweden im frühen 17. Jahrhundert. Ganz rechts im Hintergrund ist das dänische Schloß Kronborg bezeichnet, zur Linken die schwedische Stadt Hälsingborg. Der Hut auf der Stange symbolisiert »die goldene Freiheit«. Holland, Mitte des 17. Jahrhunderts. Stockholm, Statens Sjöhistoriska Museum.

S. K. Orloch. S.
EA BELLI

Backgammon- und Schachbrett aus verschiedenfarbigen Hölzern, mit eingebrannten Schriftrollen verziert. Die hier abgebildete Innenseite, das Backgammon-Brett, trägt Bildverzierungen, Menschen und Kamele darstellend. Die Ränder sind mit farbigen Reliefschnitzereien geschmückt, Menschen bei verschiedenen Spielen zeigend. Böhmen (Eger), um 1660. London, Victoria and Albert Museum.

entsprechend der Unterschiede beim modernen Backgammon zwischen dem einfachen Gewinn ›win‹, dem ›gammon‹ [doppelter Einsatz] und dem ›backgammon‹ [dreifacher Einsatz]. In Spanien gab das Blockieren sechs aufeinanderfolgender Punkte dem Gewinner ›barata‹. In England kannte man zwei besondere Arten des Gewinnens, nämlich ›limpolding‹ und ›lurching‹.«
Bei der Erwähnung von ›lurching‹ argwöhnen wir, daß Mr. Murray das Backgammon- und das Cribbage-Brett miteinander verwechselt haben könnte. Zwar ist Cribbage ein Kartenspiel, man markiert jedoch auch hier den Stand des Spiels, indem man je nach den erzielten Punkten Pflöckchen um ein Brett herumsteckt. Der erste, der die Punktzahl 121 erreicht, gewinnt, und wenn das am weitesten vorgerückte Pflöckchen des Gegners das Heimfeld (die letzten 30 Löcher) noch nicht erreicht hat, ist der Verlierer »im Stich gelassen« (»left in the lurch«) oder »beraubt« (»lurched«) worden und verliert den doppelten Einsatz.

In Europa trat das moderne Spielbrett bereits im 14. Jahrhundert auf Bildern in Erscheinung, und damit begann die Blütezeit des Spiels, das nunmehr auf dem gesamten Kontinent weiteste Verbreitung fand. Reichverzierte Spielbretter sind uns aus dieser Zeit erhalten, ja sogar Kirchendekorationen – einige von Deutschlands mittelalterlichen Kathedralen enthalten Darstellungen von Backgammon-Spielbrettern. Und zahlreiche Abhandlungen und farbig illustrierte Handschriften aus dieser Zeit erklären das Spiel.

Geschichte und Literatur Englands sind voller Hinweise auf ›tables‹ und später Backgammon. Ein englischer Traktat aus dem 14. Jahrhundert beschreibt in lateinischer Sprache verschiedene Arten von »ludi ad tabulas«. Nachfolgend eine von Strutt übersetzte, interessante Variante:

»Es gibt viele Methoden, nach denen man auf Brettern und mit Würfeln spielen kann. An erster Stelle steht die gleichzeitig längste, ›Ludus Anglicorum‹ – das Englische Spiel genannt, bei dem folgendermaßen vorgegangen wird: Derjenige, der an der mit 1–12 bezeichneten Seite des Brettes sitzt, hat fünfzehn Steine in Feld 24, und derjenige, der an der mit 13–24 markierten Seite sitzt, hat die gleiche Anzahl Steine in Feld 1. Man spielt mit drei Würfeln, oder aber mit zweien (wobei man stets einen Wurf von sechs Augen für den dritten Würfel mitzählt). Der an der Seite 1–12 sitzende Spieler muß all seine in Feld 24 stehenden Steine durch die Sektoren 24–19, sodann 18–13 und schließlich 12–7 in den Sektor 6–1 bringen und sie dann ausspielen; sein Gegner hat in der gleichen Weise vorzugehen von 1–7, dann bis 12, dann bis 18, bis in den Sektor 19–24. Und derjenige, der all seine Steine als erster ausgespielt hat, ist Sieger.«

Die gleiche Abhandlung beschreibt weitere Varianten von ›tables‹, einschließlich Paume Carie, das von vier Spielern mit zwei Würfeln gespielt wird.

Chaucers »Canterbury Tables« enthalten eine Anspielung auf ›tables‹: »Sie würfeln und sie spielen Schach und tables«, Spenser verweist auf das Spiel in ›The Faerie Queene‹ (Die Feenkönigin), und in ›Liebes Leid und Lust‹ läßt Shakespeare Biron sagen:

»Der Modeaffe Monsieur comme il faut,
Er schilt beim Brettspiel auf die Würfel so,
Daß er manierlich bleibt.«

1579 veröffentlichte John Northbrooke eine trockene Abhandlung, in der er die »eitle Art des Zeitvertreibs« am Sabbath tadelte »kraft des Wortes Gottes und der alten Schriften«. Für unser Spiel findet er allerdings ein gutes Wort – er verurteilt es zwar, kann sich aber doch eines gewissen Lobes nicht enthalten: »Tables ist viel eher duldbar (obgleich in jeder Hinsicht unzulässig) als Würfel oder Karten, da es teils dem Zufall, teils aber auch der Anstrengung des Geistes anheimgegeben ist.«

Wenigstens erkannte Northbrooke in ›tables‹ ein Geschicklichkeitsspiel, und seine Haltung war vermutlich liberaler als es schien, da Kardinal Wolsey erst 1526 verfügt hatte, daß alle Spielbretter, Würfel, Karten und Kegel ungesetzlich und zu verbrennen seien.

Menschen sind jedoch sowohl eigensinnig als auch erfinderisch, und so tarnten manche Kunstschreiner die Puffbretter: in Form von Büchern bargen sie in ihrem Innern Würfel, Spielsteine und Würfelbecher.

Das Spiel erfreute sich an den Höfen weiterhin größter Beliebtheit – auch in Schottland. Jakob I. soll vor seiner Ermordung 1437 den letzten Abend seines Lebens damit verbracht haben, »mit der Königin, den Edlen seines Hofes und den Hofdamen zu lesen und Schach und tables zu spielen«.

Der Herzog von Albany drehte sozusagen den Spieß um, als er auf Schloß Edin-

Tricktrack-Spieler. Gemälde von David Teniers d. J. (1610–1690). Flämisch, Mitte des 17. Jahrhunderts. London, National Gallery (mit freundlicher Genehmigung der Kuratoren).

burgh gefangengehalten wurde. Eines Nachts lud er den Hauptmann der Wache zum Nachtmahl zu sich, und beide verbrachten einen munteren Abend trinkend, singend und ›tables‹ spielend. Am nächsten Morgen war der königliche Gefangene auf und davon und sein Wächter tot.

Auch unter Elisabeth I. war und blieb das Spiel ein sehr beliebter Zeitvertreib. Eine Generation später bemerkte König Jakob I. von England in »A Kinge's Christian Dutie Towards God« (Eines Königs Christenpflicht gegenüber Gott, unserem Herrn), dem endlosen, moralisierenden Ratgeber, den er für seinen ältesten Sohn,

Satirischer Kupferstich. Der europäische Hochadel spielt Tricktrack um die Herrschaft in Europa. Flämisch, 17. Jahrhundert. Paris, Bibliothèque Nationale.

EEN

FRANS TIKTAKJE
OP EEN BEYERSCH
VERKEER-BORRETJE.

A. Den Hertog van Marlebourg.

B. de Mareſchalk de Tallard ſpelende om de geheele Pot van Europa's Oppergeſag.

C. De Prins Louys van Baden onder beneficie van een Pypje, kykt het Spel van verre aan.

D. De Keurvorſt van Beyeren, die 't op de hant van zyn Maat Tallard houd, ſyn geheele Goud-Beurs byſettende, ſchut en reſt op hoop van ſoo ſchoone Pot, maer 't Spel verbruit en tweemael Jan gemaakt, trekt het Hair uit zyn Kop: Terwyl Tallard van hoed en vryheid ontbloot, die met Voeten trapt: en ter vlugt zonder den Savoiſche Prins, die hem het leſte op-ſetje belooft had, af te wagten, ſchuert hy zyn Quaſt.

E. De Keurvorſtin van Beyeren met haer Man, dien ongelukkigen Los-kop, in een heimelyck geſprek over den ongelukkigen toeſtand harer ſaeken, wil met hem 't Gat niet uyt, maar tragt haer Heers-zugt te voldoen met een goed accord, om haer leeven lang op de vuilgebroede Eyeren te blyven ſitten.

Nachfolgende Doppelseite:
Trictrac-Spieler. Gemälde von Le Nain. Frankreich, Mitte des 17. Jahrhunderts. Paris, Musée du Louvre.

den zukünftigen König Karl (I. von England) schrieb: »Was das im Zimmer sitzen anbelangt und den häuslichen Zeitvertreib – mit dem die Zeit zuweilen ausgefüllt werden muß, da sie, wenn leer, zu verderblichem Müßiggang verleitet – mag ich es daher nicht so peinlich genau nehmen, wie manche gelehrte Männer unserer Tage, und Karten, Würfel und ähnliche Glücksspiele verbieten. Wenn das Wetter häßlich und stürmisch ist, dann, sage ich, magst Du Dir rechtmäßig die Zeit mit Kartenspiel oder tables vertreiben.«

Anscheinend wurde das Spiel auch vom einfachen Volk gern und viel gespielt, und zwar nicht nur bei »häßlichem und stürmischem«, sondern auch bei gutem Wetter. In »The Anatomy of Melancholy« gibt Robert Burton einen Gesamtüberblick über die Spiele im 17. Jahrhundert: »Im Winter haben wir die üblichen Verlustierungen wie Karten, tables, Würfel, Shuffleboard und Schach . . .«

Der Gebrauch des Wortes »backgammon« ist, dem Oxford Universal Dictionary zufolge, erstmalig 1645 verzeichnet. H. J. R. Murray behauptet in »A History of Board Games Other Than Chess« (Eine Geschichte der Brettspiele außer Schach), daß Backgammon, die moderne Form von ›tables‹ im frühen 17. Jahrhundert in England erfunden worden war. Der zwiefache Unterschied zwischen Backgammon und ›tables‹, den Murray anführt, ist gering, aber sehr interessant: beim Backgammon wird nunmehr (1) ein Pasch zweimal gezogen, und (2) das Gewinnen des dreifachen Einsatzes eingeführt, und zwar dann »wenn der Gewinner all seine Steine ausgespielt hat, bevor der Gegner die seinen ins Heimfeld gebracht hat, bzw. in den Sektor, von dem sie ausgespielt werden können«. Das hört sich eher wie unser Gewinnen des doppelten Einsatzes (gammon) an als unser Spiel um den dreifachen Einsatz (backgammon), aber es kommt der Sache doch schon näher. ›Tables‹ war immer noch der gebräuchlichere Name während des ganzen 17. Jahrhunderts. Noch am 21. September 1665 schrieb Samuel Pepys in sein Tagebuch: »Ich kam zu Lord Brouncker vor Einbruch der Nacht und nahm mit ihm und seiner Herzensdame das Abendbrot ein . . . Nachdem ich eine Krone beim tables verloren hatte, gingen wir nach Hause.«

Dreizehn Jahre später erwähnte Samuel Butler Backgammon in seinem satirischen Epos ›Hudibras‹ – das ist vermutlich die erstmalige Anwendung des Wortes in der englischen Literatur.

Für die Entstehung des Wortes Backgammon lassen sich verschiedene mögliche Erklärungen anführen. Im Walisischen z. B. heißt ›bach‹ klein und ›cammaun‹ Schlacht. Aber da in vielen seiner frühen Varianten das Spiel so begonnen wurde, daß sämtliche Steine sich noch außerhalb des Bretts, bzw. »hinter« ihm befanden, könnte eine weniger interessante, aber plausiblere Entstehungsmöglichkeit das mittelenglische ›baec‹ = back (hinter[etw.]; zurück, rückwärts) und ›gamen‹ = game (Spiel) sein – d. h. also ein Spiel, bei dem der Spieler (1) bestrebt ist, seine Steine ins Heimfeld »zurück«zubringen und sie letztlich wieder in ihre Ausgangsposition »hinter« dem Brett zurückzuführen, und er (2) (zur Barriere) »zurück«geschlagen und gezwungen werden kann, wieder von vorn anzufangen. Oder aber der Name läßt sich ganz einfach von der Tatsache herleiten, daß die meisten Schachbretter auf ihrer Rückseite ein Backgammonschema trugen.

Ein Historiker bemerkte vor etwas mehr als einem Jahrhundert, daß »zu Beginn des 18. Jahrhunderts Backgammon eine äußerst beliebte Vergnügungsart war und in Mußestunden von den meisten wohlhabenden Leuten gespielt wurde, besonders vom Klerus«. In der Tat war das Spiel so beliebt bei seinen geistlichen Brüdern, daß Dekan Jonathan Swift einmal einem Freund auf dem Lande den – leicht ironischen – Rat gab, es zu erlernen, »damit er mit dem Pfarrherrn auf gutem, das heißt auf spielendem Fuße stehe . . . Und gewiß wären Auseinandersetzungen über Treffer leichter beizulegen, als Kontroversen über den Kirchenzehnten von Sir Roger de Coverley – der, wenn er einen frommen und wohlerzogenen Kaplan, kurz einen Diener Christi, von der Universität gestellt zu bekommen wünschte, es zur Bedingung machte, daß dieser etwas von Backgammon verstehe«. Sir Roger war natürlich die von Addison und Steele erfundene Figur jenes Landedelmannes, dessen Abenteuer die Leser des »Spectator« ergötzten.

Und 1735 dichtete Soame Jenyns folgenden Vers:

Hier kannst Du sicher sein, zu finden
Ein herzlich' Willkomm', so doch keine Feier,
Ein Haus, wo Ruhe Wächter ist der Tür,
Nicht trinken, qualmen, lärmen dumme Geister:
Ein Ort gewählter Bücher, frommer Pferde, edlen Trankes –
Billiard, Backgammon Zeit vertreibet
Und – der Pfarrer.

Louis-Quinze-Spieltisch mit eingelassenem, verdeckbarem Backgammonbrett. Furnier gemustert, aus gemasertem Mahagoni. Randverzierung in Messingleisten. Die geschweiften Beine enden in fein ziselierten Goldbronzen. Spielfläche (S. 37) aus Ebenholz mit eingelegten Markierungspunkten aus gefärbtem Elfenbein. Durch die ungewöhnliche Form der Abdeckplatte (S. 36) – sie ist vorn leicht heruntergezogen – wird das Möbel in ein bureau plat verwandelt und kann als Schreibtisch dienen. Die rechte der beiden Schubladen enthält Schreibutensilien. Gefertigt in Paris, um 1750. New York, Dalva Brothers, Inc. (Photo: Helga Photo Studio).

Ein anderer Schriftsteller mit einer mehr praktischen Ader empfahl Backgammon als »schmerzstillendes Mittel gegen Gicht, Rheumatismus, Melancholie und Eifersucht«. Ein snobistischer Anhänger vertrat die gleichfalls irrige Ansicht, daß »von Anbeginn der Zeiten Backgammon die Elite beliebter Spiele anführte. Stets war es ein Spiel der oberen Schichten und wurde niemals durch das ungebildete Volk vulgarisiert oder entweiht«.

Und Hoyle schrieb natürlich auch eine Abhandlung über Backgammon, die erstmalig 1743 erschien, ein Jahr nach seinem Buch über Whist.

Im 19. Jahrhundert scheint das Interesse an dem Spiel etwas nachgelassen zu haben, obgleich sich zu Anfang des Jahrhunderts noch literarische Hinweise darauf finden. Sir Walter Scott, tonangebend für die Mode seiner Zeit, war ein begeisterter Spieler, und Lord Byron schrieb in Don Juan: »Der Ort war weiß und schwarz gefleckt, wie ein Backgammon-Brett.«

Die drei königlichen Prinzen von Frankreich bei Trictrac;
ihr Vater, der Dauphin, sieht ihnen zu.
Kupferstich von Bonnart. Paris, 1693.

Mitte des 19. Jahrhunderts schrieb ein Historiker in Sachen Spiele, namens George Frederick Pardon ein Buch über Backgammon (gemäß der guten, alten Hoyleschen Tradition erschien es ein Jahr nach dem Buch, das er über Whist geschrieben hatte), worin er einen tollkühnen, erbarmungslosen und typisch viktorianischen Versuch unternahm, der englischen Mittelschicht das Spiel schmackhaft zu machen. Nachstehend eine besonders anregende Kostprobe in all ihrer unnachahmlichen Prosa:

»Allein die termini technici des Backgammon können bereits wertvolle Lektionen erteilen . . . In dem Spiel ziemt es sich ›die Mannen an Deinen Tisch zu bringen‹ [wörtliche Übersetzung des bewußt doppeldeutigen ›to get your men to your table‹, gemeint ist, die Steine aufs Brett zu bringen], und zwar so schnell als möglich: das lehrt ganz von selbst allzeit bereite Gastfreundschaft.

Bedecke Deinen Mann‹ [cover your man] = decke Deinen Stein] ist eine andere Maxime: dies zeigt, daß der Hilflose beschützt und derjenige bedeckt werden muß, ›dessen durchlöcherte und verschlissene Zerlumptheit‹ die Erfüllung solch barmherziger Pflichten verlangt; überdies soll diese Forderung durch Anfeuern der Manufakturen die Verringerung der Armenabgabe bewirken – mögen die Volkswirtschaftler doch ein besseres Mittel verschreiben!

›Geh' heim so schnell Du kannst‹ ermahnt zur Pflege des häuslichen Glücks und empfiehlt eine baldige Heimkehr von noch so vergnüglichen Festen, um Augen aufleuchten zu lassen, die das Wiedersehen noch heller werden läßt, als das Kerzenlicht, bei dem das geliebte Wesen wartet und sinnt.

›Geh' zurück‹ heißt es oft beim Backgammon und dies sollte das Trachten dessen sein, der vom Pfad der Tugend abgewichen ist, bevor er den zweiten falschen Schritt tut.«

Trotz der Bemühungen Mr. Pardons (der klugerweise sein Buch unter dem Pseudonym Captain Rawdon Crawley veröffentlichte) blieb das Spiel nach wie vor ein Favorit der englischen Oberschicht und wurde während des ganzen 19. Jahrhunderts ununterbrochen in zahlreichen vornehmen Clubs und Landhäusern gespielt.

Vielleicht nicht ganz so populär wie in England, wurde Backgammon doch seit dem 17. Jahrhundert auch in den Vereinigten Staaten gespielt. Thomas Jefferson spielte es oft – auch während jener drei Wochen vor dem 4. Juli 1776, in denen er die Unabhängigkeitserklärung entwarf. Er führte ein Ausgabenbuch, und unter den Eintragungen finden sich die beiden folgenden:

Verloren beim Backgammon 7/6
Gewonnen beim Backgammon 7d/1/3

Aus der Mitte des 19. Jahrhunderts sind Berichte erhalten, aus denen hervorgeht, daß zumindest einer der Mississippi Riverboat-Spieler ein tragbares Backgammonbrett mit sich führte, um an Bord der berühmten ›Natchez‹ seine Opfer zu schröpfen.

In Frankreich hatte man dem Spiel den lautmalerischen Namen »Tric-Trac« gegeben, nach dem Geräusch, das das Umhersetzen der Steine auf dem ursprünglich hölzernen Spielbrett verursachte. Ein französischer Schriftsteller des 18. Jahrhun-

Backgammonbrett. Einlagen in Form von Seepferdchen und mit Masken verzierten Säulen. Sechsundzwanzig Spielsteine in Reliefschnitzerei, mit unterschiedlichen Blumen dekoriert. Böhmen (Eger), spätes 17. Jahrhundert. London, Victoria and Albert Museum.

derts bemerkte, daß »Tric-Trac von älteren Herren und Gelehrten gespielt wurde, gleichwohl es auch am Pariser Hof sehr beliebt und als vornehm und distinguiert erachtet war«. Der typische Edelmann zur Zeit Ludwigs XIII. wurde Tric-Trac spielend dargestellt an einer mit einem Perserteppich bedeckten Truhe, auf der das Spielbrett ruhte. 1682 beschrieb ›Le Mercure‹ die neuen Appartements des Sonnenkönigs in Versailles und fand darin »einen fünfeckigen, einen quadratischen und einen dreieckigen Tisch – deren sämtlich vom König und der Königin zum Spielen benutzt wurden. Und waren alle mit goldbesticktem grünem Samt bedecket und mit silbernen Kerzenhaltern geschmücket«.

Ein Jahrhundert später, unter Ludwig XVI. und Marie Antoinette, hielten speziell für Tric-Trac entworfene Tische ihren Einzug in die Wohnräume der französischen Aristokratie. Der Tric-Trac-Tisch sah wie ein kleiner, flacher Schreibtisch aus, in dessen Mitte sich ein Hohlraum mit dem eingelassenen Backgammonschema befand. An den Seiten waren kleine Löcher angebracht als Halterung für Elfenbein-

oder Silberfähnchen zur Markierung der Punktzahl. Schubladen enthielten Spielsteine, Würfel und Würfelbecher, und der Deckel hatte auf der einen Seite einen Filzüberzug zum Kartenspielen, und auf der anderen war ein Schachbrett eingelassen, oder aber diese Fläche war mit Leder bezogen und konnte so als Schreibtisch dienen. Diese Tische waren mit komplizierten und phantasievollen Mustern verziert und mit wertvollen Materialien eingelegt, und einer von ihnen, der Marie Antoinette gehört haben soll, kostete 238 000 Francs in Gold.

Die Italiener nannten das Spiel »tavole reale« und die Spanier »tablas reales« – königliche Tafeln. Die Spanier sollen es von ihren maurischen Eroberern gelernt haben. In Deutschland wurde die französische Bezeichnung »Tricktrack« in den allgemeinen Sprachgebrauch übernommen. Ein 1892 veröffentlichtes Buch über alte Spiele gibt folgende, ziemlich konfuse Beschreibung eines Spiels, das sich »deutsches Backgammon« nennt:

»Ausgangssektor und Heimfeld sind beiden Spielern gemein. Die Ausgangsposition

Backgammon- und Schachbrett, intarsiert. Spielsteine und Schachfiguren aus grünem und weißem Elfenbein. Aus dem Besitz der Familie Pepys-Cockerell. Vermutlich ein Geschenk Jakobs II. von England an Samuel Pepys in Anerkennung seiner Verdienste um die Regierung. England, spätes 17. Jahrhundert. London, London Museum (mit frdl. Genehmigung der Kuratoren).

Rechts: Typische »Wochenzeitung« um die Mitte des 18. Jahrhunderts. Das Tricktrack-Spiel ist hier als Allegorie auf die Verworrenheit und Unberechenbarkeit europäischer Machtpolitik zu verstehen. Spieler und Beobachter sind als »Engländer«, »Franzose«, »Holländer«, »Bayer« usw. bezeichnet. Flämisch, 18. Jahrhundert. Paris, Bibliothèque Nationale.

t VERKEER SPEL van BRABANT en VLAANDRE

Le Nouveau JEU de VERQUER en BRABANT et FLANDRE

Dees print vertoond u hier een zevental Landshêrē
Die op het goed succes van land en staat verkêrē
) Dees Duitse Held, als Frans genaturaliseerd
m zyn verloore Hof waagagtig hier verkeerd
Met (2) die dat Hof bezit waar tegen hy veel gōjē
Gelukkig doet, six cinq dublettē, vyvē, trojē
a zessē vieren hem wel slagē. kort hier op
Hy schut het spel tegeen zyn party steekt in de krop
Dog moedig houd hy't. en toen 't spel begon te schynē
Slegtst voor de Brusselaar, wil zyn quaad lot verdwynē
Mits zyn party word al befrappatief op't lest
Toen keerde straks de kans de Brusslaar krygt het best
Nanegemaal te zyn van zyn party geslagē
Slaat (2) hy (1) hem telkens weer: hier na de lōpers plâgē
Zodanig zyn party dat hy byna word Jan
Flux word het spel herschut van onzen (3) Engelsman
De Beyeraar, om niet in 't kort nog Jan te werdē,
Groot Schut en herschut geeft: hy was al uit den berde
Mits dien hy vry van Jan, nu enkeld maar verliest
Zyn maat (4) de Fransman nu zyn wraak door Schelde kiest
Dog, daar zyn Scheldē dyk en dam weet door te brekē,
Terwyl hy balken als men zegt, in twee kan sprēkē
Ontzag voor (3,5,6) 't Bondgespan zyn lust tot slaan verwint
En mits de Fransman niet als schā by Schelde vind
Kiest hy het hasepad en durft het niet hervatte
Voor Beyer zynen vriend nog andre en elk gaat spatte
De GENTelman 't gebeente als zekre BRUGGEn treft
Waar door hy trots van moet door schynwinst zig verheft
Om schielyk over al de banden heen te strêvē
Van elk die hem wil voor zyn maats revengie gêvē
Met zessē goje hy vyf bandē niet en agt
Waar over hy als door VYF GATEN werpt en tragt
Ook al te schielyk naar het end van 't bord te lôpē
Maar zal 't onkund van 't verkêrē duur bekôpē

Men slaat hem in de staart veel meer als in 't begin
Naar OUDENAARD het gaat met schielyk schyngewin
Wyl 't spel nu dus verkeerd, dat Franse Meesters leeren
't VERKEERE met haar schade en schande in 't slegt verwērē
Zoekt dees (5) Savojer met (6) de Batavier verzeld
Een ander Fransman, die, voor goud geeft koper geld
Als hy verliest en weet 't verkerē lang te rekkē
Door vals te spêlen, en zyn strêkē te bedekkē
Met schyn van reedē, dog is nu al uit het bord
Zo dat men 't tegen hem ook schud en rest dit pord
Hem niet tot gevē; wyl hem 't houwen is bevolē
Gewis hy nog RYSSEL in overzeese holē
Gaan schuilē zo hy 't spel tot lut en tutter lut
En verder rekkē wil: uit nood hy nu reeds nut
Voor osse-, rosse vlees: dus zal de nood hem leerē
Tot schadelyke lof, hoe door 't verbrust verkêrē
Men sterke Vestingen ja Heerlykhedē kan
Verdobbelē: die 't heeft geproefd die weet er van
Voorzigtigheid bestaat in matiglyk te wâge drâgē
Om winst: zo zulks mislukt, kan dwaasheid krōnē
Maar wie nog nader dit Verkeer spel gade slaat
Bevind, hoe ider is gesteld op eigē baat
Door eige baat men kan zyn eige zelf met redē
Wel bâtē: dog meest elk verzuimd de goede zedē
Wanneer hy magt heeft, ja van burger af tot Vorst
Wien 't lukt in alles, meest na 't zweet zyns naaste dorst
En zo dit niet voldoet, ook zelf na bloed te plengē
Al 't welk men op den Staat des oorlogs tuis kan brengē
't Verkeerspel stookt ook vaak een speelers oorlogs twist
Dog wie een eerlyk spel, om 't misbruik laakt die mist
Het oorlog-spel kan ook noodzaaklyk zyn gehêtē
Daar nabuur dwingeland het regt door 't staal wil mête
't Verkeerspel endlyk wyst den loop des waereldsaan
Geluk en ongeluk door wys en dwaas bestaan

Prinsen van het Franse Hof
Wyl in Neerland te verkeere
'verschaft profyt nog lof
Wild in de afrys triomfêrē
Mits uw Grootvaêrd Bruilofsmaal
trekt tot Helden zegepraal
Wylge ook met Vendome niet
In de zwâre krygs gewrichte
Overeenstemd 't Velogebied
Laat hem slegs allēn verrigtē
Zoekt gy tot Versailles rust
Daar nu de oorlogs toorts haast blust

Vertrek der Franse Prinsē na Versailles

Departemt d' Princes de France pour Versailles

Spyt genoeg dat gy de Stad
Ryssel hebt zien overgêvē
Zyt geen oog getuige dat
Nu 't Kasteel ook buigt daar nevē
Dat Bouflers met al zyn stoet
Voor Eugeen bezwykē moet
Nu zal eerst de Koning zien
Hoe door raad nog list nog vegtē
By zyn vlugtende Oorlogs lien
Niet met al is uit te regtē
Hoe heel Vlaandrē word geruimd
En van al het Frans ontschuimd

Adieu Princes adieu departant de la guerre
Triomfez au retour aux nôces de Louis
Preferez, pour chagrin la joye: la salaire

De tous heros François sont de lis defleuris
Bruſſelle delivrée; l'Ecaut, l'entiere Flandre
Vos frontieres en peine aux Teutons vont se rendre

»Das Brettspiel.« Kupferstich. Die Legende lautet: »Wer Tocadille spielt, ist eifrig zu gewinnen. Und wer mit Damen zieht, braucht alle seine Sinnen.« Deutsch, 18. Jahrhundert. Mit frdl. Genehmigung von Kenneth M. Newman, Old Print Shop Inc., New York.

Links: Englischer Backgammon-Tisch, 18. Jahrhundert. Aus Mahagoni mit Palisanderbändern und eingelegten Paneels in Ahorn und Eibe. Mit je fünfzehn Spielsteinen aus Elfenbein und Ebenholz. Teil der Sammlung der Grafen von Onslow, bis ihr Besitz, Clandon Park, an den National Trust of Great Britain überging. National Trust, Clandon Park. (Photo: Dudley Styles).

ist entweder der ganz rechts gelegene oder der entgegengesetzte, ganz links gelegene Sektor.

Die Steine werden durch Würfeln eingespielt und müssen sämtlich gesetzt sein, bevor ein Stein den Ausgangssektor verlassen darf.

Bei einem Pasch darf der Spieler um diese Augenzahl vorrücken und danach den Pasch auf der Unterseite ziehen, der stets eine Gesamtzahl von sieben Augen ergibt. Sollte er dies vergessen oder den Zug nicht ausführen können, so sagt sein Gegner »Ich spiele Deine Einsen«, oder welche Zahl es immer sein mag.

Nach einem 1–2 Wurf hat der Spieler das Recht auf einen Pasch seiner Wahl, aber sollte er vergessen, diesen geltend zu machen, kann sein Gegner sagen »Ich spiele Deinen Pasch«. Das muß dieser jedoch gleich nach seinem Wurf verkünden und nicht etwa erst dann, wenn er den Würfelbecher wieder anhebt.

"GAMMON"

"GETTING HOME,"

"SINGLE MAN MAY BE TAKEN."

(A MAN ENABLED TO ENTER)

"COVER YOUR MAN,"

"A HIT."

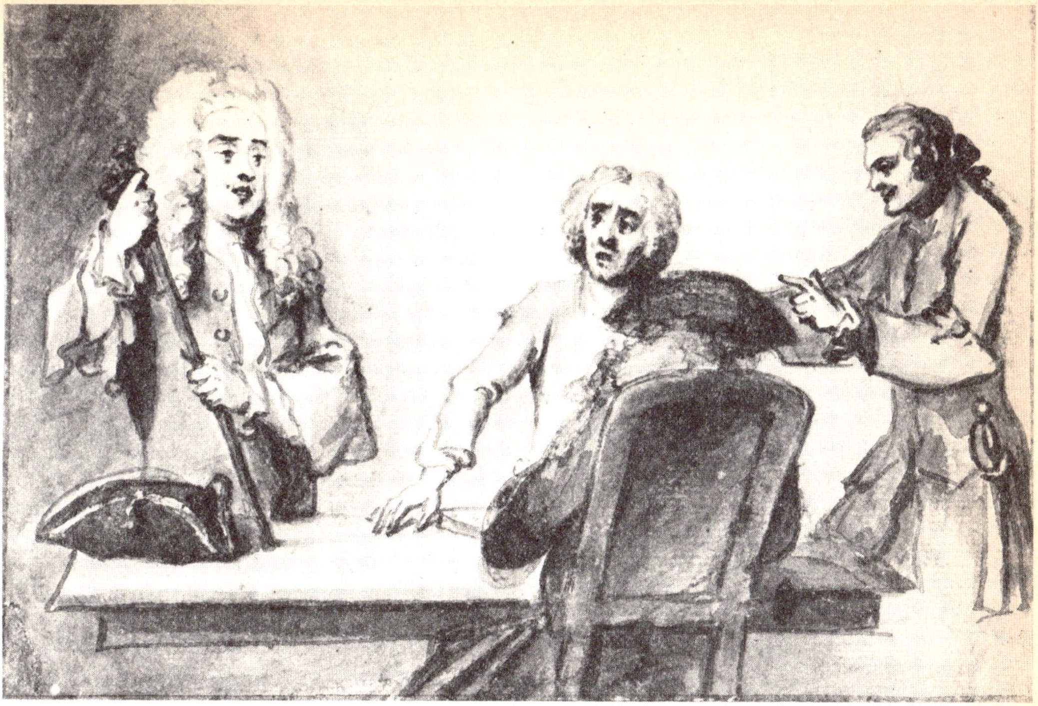

»Ein Streit am Backgammon-Tisch« aus »Szenen aus Burton's Kaffeehaus« von William Hogarth. England, 1730–1740. London, British Museum.

Linke Seite: Illustrationen von Kenny Meadow. Aus »Backgammon: Its History and Practice« von G. F. Pardon, London, 1844.
Oben: »Gammon« »Heimkehr«. Mitte: »Alleinstehender Mann mag genommen werden.« (Ein Mann darf hereinkommen.) Unten: »Decke deinen Mann«, »Ein Treffer«.

Dies ist ein amüsantes Spiel, nicht allein wegen des häufigen Neubeginns, da alle Steine in der gleichen Richtung laufen, sondern auch deshalb, weil ein Spieler immer dann ziehen darf, wenn der Gegner seinen eigenen Zug nicht ausführen kann oder vergißt zu ziehen. Das Spiel dauert viel länger als das übliche Backgammon und ist auch größeren Schwankungen unterworfen, wodurch es an Spannung gewinnt.«

Varianten des Spiels wurden in allen Ländern Europas gespielt. Das in der Encyclopedia Britannica beschriebene »Russische Backgammon« hat eine verblüffende Ähnlichkeit mit dem »Deutschen Backgammon«:

»Zu Beginn befinden sich alle Steine außerhalb des Bretts. Sodann werden sie auf den Eingangssektor eingewürfelt, von wo sie gleichzeitig um das Brett herum und auf das gleiche Heimfeld zu bewegt werden. Es gibt verschiedene Varianten nach unterschiedlichen Regeln. Mit dem ersten eingewürfelten Stein kann weitergezogen werden, oder aber das Ziehen kann erst dann erfolgen, wenn zwei Steine gesetzt worden sind. Ein ungedeckter Stein kann jederzeit geschlagen werden; gewöhnlich muß dann der Stein von neuem eingewürfelt werden, bevor irgendein anderer Zug zulässig ist. Jeder Pasch berechtigt zu zwei Zügen, zusammen mit dem Pasch auf den entgegengesetzten Seiten der Würfel (Ober- und Unterseite eines Würfels

Rechte Seite: Sheraton Sofatisch. Mahagoni. Unter der abnehmbaren Deckplatte ein Backgammonbrett. England, um 1800. London, Mallet & Sons (Antiques) Ltd.

Regency Spieltisch. Rosenholz. Ungewöhnlich geformte Beine mit üppiger Vergoldung. Die aufklappbare Platte verbirgt ein versenktes Backgammonbrett. England, 1811–1830. London, Mallet & Sons (Antiques) Ltd.

ergänzen sich zu sieben Augen). Zuweilen kann der Pasch auf der Unterseite zuerst gezogen werden, und manchmal darf der Würfler nach einem Pasch noch ein zweites Mal würfeln. Er verliert jedoch dieses Recht, wenn er seinen ersten Wurf nicht voll ausnützen kann, und zuweilen kann der Gegner dann diesen für sich beanspruchen. Ergänzende Paschs und der eventuell darauffolgende zweite Wurf sind vom erstmaligen Setzen gewöhnlich ausgeschlossen.«

Als die Spanier im frühen 16. Jahrhundert nach Mexiko kamen, entdeckten sie zu ihrem Erstaunen bei den Azteken ein Spiel, ›Patolli‹ genannt, das genügend Berührungspunkte mit einigen alten Vorläufern des Backgammon und ähnlichen Brettspielen in Asien hat, so daß Anthropologen diese Tatsache zuweilen als zusätzlichen Beweis dafür anführen, daß die Indianerstämme der westlichen Hemisphäre ursprünglich aus Asien eingewandert sind.

Amerikanischer Spieltisch. 18. Jahrhundert. Buche, Mahagoni furniert. Tischplatte mit kombiniertem Schach- und Backgammonschema. New York, etwa 1765–1770. New York, Metropolitan Museum of Art, Rogers Fund, 1937.

Linke Seite: Kabinettschrank. Entwurf von William Morris. Auf den Türflügeln ein Gemälde des Präraffaeliten Burne-Jones, ein Backgammon-Spiel darstellend. England, spätes 19. Jahrhundert. New York, Metropolitan Museum of Art, Rogers Fund, 1926.

In seinem 1955 veröffentlichten Buch »La vie Quotidienne des Aztèques« (»So lebten die Azteken«, 1956) beschrieb der hervorragende Gelehrte Jacques Soustelle das alte Aztekenspiel:
»Patolli war ein unserem Gänsespiel sehr ähnliches Würfelspiel. Der Codex Magliabecchi stellt vier auf dem Boden oder auf Matten sitzende Spieler dar, die sich um ein kreuzförmiges, in Felder eingeteiltes Brett gruppieren. Ihnen zur Seite wacht der Gott Macuilxochitl, Schutzgottheit von Tanz, Musik und Spiel.
Als Würfel benutzten die Spieler Bohnen, die jeweils mit einer verschiedenen Anzahl Augen markiert waren. Je nach der Augenzahl ihres Wurfes rückten sie mit kleinen bunten Steinen von Feld zu Feld auf dem Brett vor. Wer als erster wieder zu seinem Ausgangsfeld gelangte, hatte gewonnen und erhielt den gesamten Einsatz.
Patolli . . . barg einen geheimen Sinn. Das Brett hatte zweiundfünfzig Felder, das entsprach der Gesamtzahl der Jahreszyklen des Wahrsager- und Sonnenkalenders zugleich . . .

Typisches New Yorker Zimmer um 1810.
In der Mitte Backgammon-Tisch aus Mahagoni, gefertigt von Charles-Honoré Lannuier, der 1803–1819 in New York wirkte. Die übrigen Möbel sind von Duncan Phyfe, bzw. werden ihm zugeschrieben. Gabe von Mrs. Harry Horton Benkard. New York, Museum of the City of New York. (Photo: A. Tennyson Beals).

Tragbares Backgammonbrett. Aus dem Besitz eines amerikanischen Riverboat Spielers, der im 19. Jahrhundert, in Ausübung seines »Gewerbes«, an Bord der berühmten ›Natchez‹ den Mississippi auf und ab fuhr. New Orleans, Louisiana State Museum.

Patolli . . . war das weitverbreitetste Spiel bei allen Gesellschaftsschichten. Hier waren der indianischen Leidenschaft für Glücksspiele keine Grenzen gesetzt. Es wird auch heute noch gespielt – oder zumindest war dies noch vor zwanzig Jahren der Fall bei den Nahua- und Totonac-Indianern der Sierra Puebla.«

Backgammon ist in den östlichen Mittelmeerländern noch immer weit verbreitet, und wird von allen Volksschichten und Volksstämmen gespielt, vom rumänischen Fischer bis zum griechischen Aristokraten. 1930 schrieb Georges Mabardi, der ägyptische Besitzer einer populären Kneipe für durstige New Yorker, ein Buch über Backgammon.
Nachfolgend seine Beschreibung des vollkommenen Backgammon-Spielers:
»Der vollkommene Backgammon-Spieler? Nun, jeden Tag auf der Terrasse des Café Bellevue, mit Blick über das blaue Mittelmeer – in Alexandria, meiner Heimatstadt – habe ich hunderte eingefleischter Backgammon-Spieler gesehen, die den lieben langen Tag hindurch spielten. Von der Wiege bis zum Grabe spielen die Ägypter Backgammon, das Spiel der großen Pharaonen. Sie spielen gut, sie spielen zügig und sie spielen ruhig. Sie lächeln und reden ein bißchen, und sie verlieren nie ein Wort über Glück oder Pech. Sie rauchen ihre Wasserpfeife und trinken türkischen Kaffee. Sie glauben fest daran, daß Glück im Spiel der gerechte, der unvermeidliche Lohn des Geschickten ist.«
Es wäre wirklich sonderbar, wenn unser Backgammon das einzige Spiel wäre, das auf dem Backgammonbrett gespielt werden kann. Es gibt viele Varianten, einschließlich des russischen und des persischen Backgammon, aber besonders zahlreich sind die Versionen in den Mittelmeerländern. Da sind die türkischen Spiele ›Moultezim‹ und ›Gioul‹, die griechischen »Plakoto‹ und ›Eureika‹ und zahllose andere, wie auch das amerikanische Navy-Spiel Acey-Deucy, das ebenfalls aus dem Mittleren Osten kam.
In den Vereinigten Staaten und in Europa lebte das Interesse an Backgammon in den zwanziger Jahren unseres Jahrhunderts wieder beträchtlich auf, als ein unbekanntes Genie, Mitglied eines amerikanischen Spielclubs, eine revolutionäre Idee hatte, nämlich, daß ein Spieler, wenn die Reihe an ihm ist, verlangen darf, daß die Einsätze verdoppelt werden. Der Gegner sollte das Recht haben, sich zu weigern, womit dann das Spiel beendet sein und zum ursprünglichen Einsatz bewertet werden sollte.
Bis zu dieser einfachen, aber genialen Neuerung war bei zu vielen Spielen das Ergebnis von vornherein durch die ersten beiden Würfe mehr oder weniger entschieden, wobei das Spiel jedoch endlos weitergehen mußte, denn das Unerwartete kann immer noch eintreten, wenn die unberechenbaren Würfel fallen. Bei doppeltem Einsatz konnte das Spiel natürlich auch noch langweilig sein, aber dann war es eben langweilig zum doppelten Einsatz. Und mehr noch: die Verdoppelung des Einsatzes konnte unzählige Male verweigert, und neue Spiele um so schneller begonnen werden. Insofern vergrößert die Verdoppelung des Einsatzes das Gewinn- und Verlustrisiko beim Spiel, erhöht die Spannung und den Reiz des Wagnisses, und gibt auch die Möglichkeit zu bluffen.

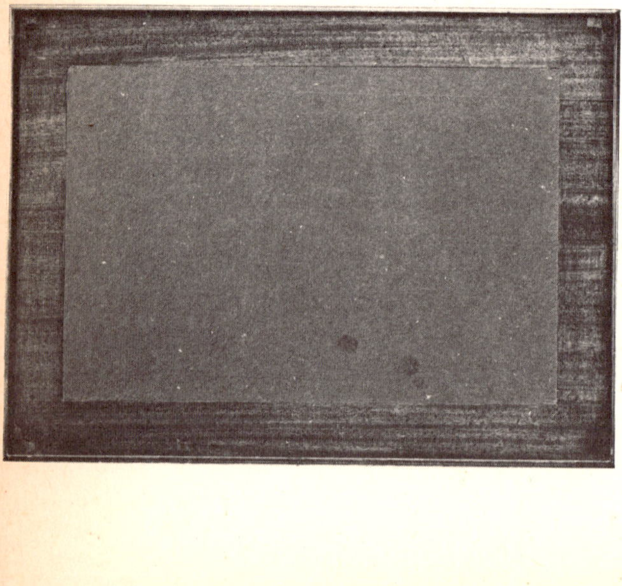

Linke Seite: Moderne Kopie eines französischen Louis-Seize-Spieltischs aus Mahagoni mit eingelassenem, versenktem Backgammon, zwei herausziehbaren Leuchterhaltern und vier Schubladen. Die abnehmbare und beidseitig verwendbare Platte über dem versenkten Backgammonschema (s. Abb. rechts unten) ist auf der einen Seite mit Rosenholz- und Seidenholzintarsien als Schachbrett eingelegt (s. Abb. des Tisches oben); die andere Seite ist mit grünem Filz bezogen und dient zum Kartenspielen oder als Schreibtisch (s. Abb. links unten). Lloyds Distributors, New York.

Unten: Moderner Backgammon-Tisch. Das eigentliche Brett ist aus massiver, strukturierter Bronze mit zackenförmigen Auflagen aus poliertem Chrom und Kupfer. Es ist abnehmbar und läßt sich, mittels eines längs durch die Mitte laufenden Chrom-Scharnierbands, zusammenlegen. Der Tisch besteht aus rostfreien Stahlrohrteilen und einem Tischkasten aus mattem, schwarzem Formica. Die Platte, aus durchsichtigem Plexiglas, ist in der Mitte aufzuklappen; die beiden Teile ruhen dann auf den seitlichen Tischstützen (s. Abb.) und dienen so als Abstellflächen für Würfelbecher, Aschenbecher und dgl. Entwurf von Schule-McCarville, New York; das Brett in Zusammenarbeit mit Eleanor Ward. (Photo: Noel D. Hesh).

Oben:
Modernes Backgammonbrett, entworfen für und ausgeführt in Petit-point-Stickerei. Spielsteine und Würfelbecher aus Plastik. New York, Alice Maynard Art Needleworks. (Photo: Si Drabkin Studios.)

Rechts:
Moderner Backgammon-Tisch mit weißem Lederüberzug. Das eigentliche Brett besteht aus schwarzen und weißen zackenförmigen Einsätzen auf grünem Grund – alle ebenfalls aus Leder.
Entwurf und Ausführung: Karl Springer. New York, Karl Springer Ltd. (Photo: Howard Graff.)

Dasselbe, oder vielleicht ein zweites erfinderisches Genie fügte dem Verdoppeln das Wiederverdoppeln hinzu, das es dem Spieler, der mit der Verdoppelung des Einsatzes belegt wurde, gestattet, wenn die Reihe zu würfeln an ihn kommt, diesen doppelten Einsatz wiederum zu verdoppeln. Verdoppeln und Wiederverdoppeln hat das Spiel jedenfalls sehr belebt, und man kann ohne weiteres behaupten, daß Backgammon heute *das spannendste Glücksspiel überhaupt* ist.
Nachdem das Doppeln eingeführt worden war, wurde das Spiel innerhalb kurzer Zeit sehr populär in den Clubs – aber da war eine große Schwierigkeit: es gab keine Spielregeln, die irgendwelche Gültigkeit gehabt hätten. Jede Gruppe regelte strittige Punkte nach ihrem eigenen Gutdünken, denn es gab keine allgemein anerkannten Richtlinien.

Einer der Clubs, bei denen das Spiel außerordentlich beliebt wurde, war der New Yorker Racquet and Tennis Club. 1931 übernahm der Vorsitzende des Kartenspiel- und Backgammon-Komitees des Clubs, Wheaton Vaughan, die Aufgabe, Regeln für das Spiel zusammenzustellen. Er schrieb an alle anderen eventuell interessierten Clubs und bat sie, Abgeordnete zu gemeinsamen Treffen zu delegieren. Die Clubs der New Yorker Umgebung folgten diesem Aufruf auch, und viele andere erklärten sich bereit, welche Regeln auch immer formuliert würden, diese anzuerkennen.
Das Komitee traf sich, ging an die Arbeit und stellte Regeln zusammen, die bis heute die allgemein anerkannten Spielregeln geblieben sind. Soweit uns bekannt, ist Oswald Jacoby das einzige noch lebende Mitglied dieses Komitees.
Diese Spielregeln waren gut, aber nicht perfekt. Manche werden mehr gebrochen als befolgt. Wir haben uns die Freiheit genommen, in Verbindung mit der International Backgammon Association und der Interclub League of New York neue Regeln vorzubereiten, von denen wir hoffen, daß sie an den Platz jener ersten treten.
Backgammon nahm noch einen weiteren Aufschwung, als Fürst Alexis Obolensky mit der Idee eines internationalen Backgammon-Turniers hervortrat. Seit 1946 wird dieses Turnier alljährlich auf den Bahamas abgehalten. Das erste konnte vierzig Anmeldungen verzeichnen und wurde von Charles Wacker aus Chicago gewonnen. Sieger des zweiten Turniers war John Crawford, der nächsten drei Oswald Jacoby, und 1969 und 1970 gewann Walter Cooke. Jedes Jahr konnten mehr Anmeldungen für das Championat und auch mehr Vormerkungen für das Anfänger-Turnier verzeichnet werden.
Der Gedanke, Backgammon-Turniere abzuhalten, greift mehr und mehr um sich. Fürst Obolensky leitete solche Veranstaltungen in Las Vegas, und weitere Turniere fanden in London und Estoril statt. Mehr über Turniere, Teilnehmer und Sieger siehe Kap. 15.
Immer mehr Menschen auf der ganzen Welt lernen dieses interessante Spiel, und wir hoffen, daß dieses Buch noch vielen dazu verhelfen wird, den Reiz des Backgammon kennenzulernen und viel Spaß daran zu haben.

April 1970 O. J. und I. C.

Links oben:
Backgammon-Spieler im Newport Reading Club. Im Hintergrund rechts John Crawford.

Oben: Spiel am Nachmittag, im Garten von Lady Mendl in Versailles, 1935. (Horst.)

Links:
John Crawford und Oswald Jacoby bei einem Spiel im Regency Whist Club, New York.
(Photo: N. Ducrot.)

1 Für Anfänger

Auch wenn Sie anderen noch nie beim Backgammonspielen zugeschaut haben – ein Backgammon-Brett (oder »Board«) haben Sie bestimmt schon einmal gesehen. Auf der Rückseite vieler Schach-, Dame- oder Mühle-Bretter befinden sich nämlich jene 24 spitz zulaufenden Dreiecke (auch »Punkte« genannt), aus denen ein Backgammon-Board besteht. Für Backgammon sind erforderlich:

Zwei Spieler.

Ein Backgammon-Board. Boards gibt es in den verschiedensten Ausführungen – vom einfachen Holzbrett für zwanzig, dreißig Mark bis zu den teuren aus Leder oder Elfenbein. Außerdem sind hin und wieder äußerst kostbare antike Boards und Backgammon-Tische zu haben.

Dreißig runde »Steine« – fünfzehn davon in einer und fünfzehn in einer anderen Farbe. Der Einfachheit halber werden wir uns in diesem Buch ausschließlich auf die Farben schwarz und weiß beschränken.

Zwei Würfel. Das Spiel macht allerdings mehr Spaß, wenn man vier Würfel (für jeden Spieler zwei) und zwei Würfelbecher hat.

Einen Verdopplungswürfel. Er wird jedoch nur bei Turnieren benötigt, oder wenn man um Geld spielt. Auf den sechs Seiten dieses Würfels stehen die Zahlen 2, 4, 8, 16, 32 und 64; was das zu bedeuten hat, erfahren Sie in Kapitel 7.

Die Aufstellung der Steine

Um das Spiel zu lernen, empfiehlt es sich, zunächst die Steine aufzustellen. Wir bitten Sie, das jetzt zu tun und jedes Detail unserer Spielanleitung auf Ihrem Board nachzuvollziehen. Diagramm 1 zeigt die Aufstellung der Steine vor Spielbeginn. Wie Sie sehen, ist das Board in vier Rechtecke aufgeteilt, die für jeden Spieler ein »inneres« und ein »äußeres Feld« ergeben. Das Rechteck oben rechts ist in unserem Fall das innere Feld für Schwarz, das oben links das äußere Feld für Schwarz, das Rechteck unten rechts das innere Feld für Weiß und das unten links das äußere

1

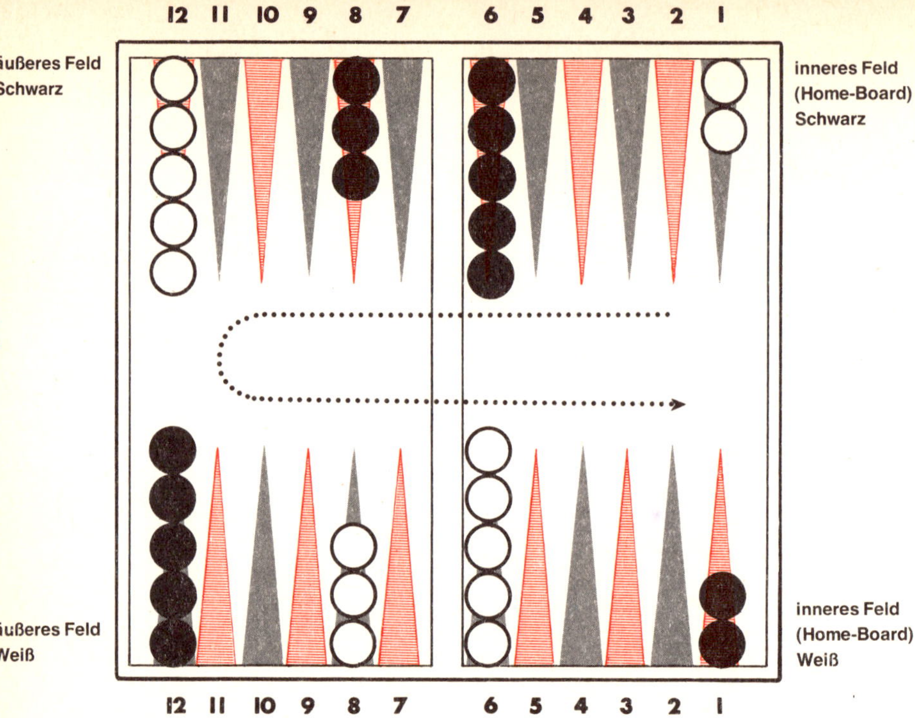

Feld für Weiß. Die inneren und äußeren Felder werden auch innere und äußere Boards genannt.

Jedes Feld besteht aus sechs spitz zulaufenden Dreiecken, die abwechselnd in zwei sich voneinander abhebenden Farben (gewöhnlich rot und grau) gehalten sind; dadurch wird das Zählen erleichtert. Backgammon-Boards gibt es in allen möglichen Größen und Farben, und die Steine ebenfalls. Wichtig ist nur, daß die alternierenden Farben der 24 Punkte und die der je 15 Steine in deutlichem Kontrast zueinander stehen.

In unserem Diagramm haben wir die Punkte numeriert: die in den inneren Feldern von 1 bis 6 und die in den äußeren von 7 bis 12. Insgesamt gibt es also 24 Punkte, und Sie bewegen Ihre Steine von Punkt zu Punkt – je nachdem, welche Zahlen Sie würfeln. Auf Ihrem eigenen Board sind die einzelnen Punkte nicht numeriert, und auch die inneren und äußeren Felder sind nicht als solche gekennzeichnet. Wir empfehlen Ihnen daher, sich diese vereinfachenden Hinweise so schnell wie möglich einzuprägen.

Die Mittellinie, die das Board in die inneren und die äußeren Felder aufteilt, nennt man »Bar«; die Punkte mit der Nummer 7 werden die »Bar-Punkte« genannt.

Technisch gesehen spielt es keine Rolle, in welcher Richtung Sie Ihre Steine bewegen – die Grundaufstellung könnte genausogut spiegelverkehrt zu der von uns gezeigten sein: das innere Feld von Weiß wäre dann sein äußeres, sein Einser-Punkt würde zum Zwölfer-Punkt, etc., und die Spielrichtung wäre genau entgegengesetzt.

Die Bar-Punkte (Nummer 7) wären nur rechts statt links von der Bar, und Weiß würde seine Steine rechts- statt linksherum bewegen. Keine der beiden Möglichkeiten bietet einen strategischen Vorteil; die gebräuchlichere der zwei Grundaufstellungen ist auf eine Sitte aus uralten Zeiten zurückzuführen, wonach die inneren Felder der Lichtquelle am nächsten sein sollten. Bei den modernen Beleuchtungskörpern von heute ist diese Überlegung von zweitrangiger Bedeutung. Wir werden in diesem Buch ohne Ausnahme von der in Diagramm 1 gezeigten Grundaufstellung ausgehen.

Der Sinn des Spiels

Im Verlauf dieses Buches werden Sie stets der Spieler mit den weißen Steinen sein. Ihre Aufgabe wird darin bestehen, Ihre Steine um das Board herum in der Richtung vorwärtszubewegen, die durch den Pfeil in Diagramm 1 angezeigt ist – so lange, bis Sie alle in Ihr inneres Feld gebracht haben und mit dem »Herauswürfeln« beginnen können. Erst, wenn sich alle 15 Steine in Ihrem inneren Feld befinden, können Sie anfangen, sie nacheinander herauszunehmen, d. h. herauszuwürfeln. Ihr Gegner bewegt seine Steine in der entgegengesetzten Richtung, um sie schließlich aus seinem inneren Feld herauszuwürfeln. Wer als erster alle seine Steine herausgewürfelt hat, hat das Spiel gewonnen.

Vorbemerkung

Meistens ist es so, daß sich zwei Spieler einfach hinsetzen, ihre Steine aufstellen und mit dem Spiel beginnen. Wenn sich irgendwelche Fragen bezüglich der Wahl der Steine, der Sitzordnung oder der Spielrichtung ergeben, so wird darum gewürfelt.
Im weiteren Spielverlauf kann man ebenso verfahren, obwohl das eigentlich nicht üblich ist.

Spielbeginn

Die Backgammon-Regeln sehen vor, daß jeder Spieler zunächst einen einzelnen Würfel rollt, um zu bestimmen wer anfängt. Der Spieler, der die höhere Zahl gewürfelt hat, macht den ersten Zug: Er geht um so viele Punkte vorwärts, wie die Augen auf beiden Würfeln anzeigen – auf seinem eigenen und auf dem seines Gegners. Wenn beide Spieler die gleiche Zahl würfeln, wiederholen sie den Wurf – so lange, bis sich zwei verschiedene Zahlen ergeben.
Bei vielen freundschaftlichen Spielen einigt man sich dahingehend, daß der Spieler, der die höhere Zahl gewürfelt hat, die Würfel ein zweites Mal rollen darf, falls ihm die Zahlenkombination des ersten Wurfes nicht zusagt. Wir empfehlen diese und andere Varianten zwar nicht, werden aber in Kapitel 16 ausführlich auf sie eingehen.
Nach dem ersten Wurf würfeln die beiden Spieler immer abwechselnd.

Wenn ein Wurf »brennt«

Jeder Spieler rollt seine beiden Würfel in die Board-Hälfte zu seiner Rechten. Wenn die Würfel nach dem Ausrollen nicht flach auf dem Board liegen oder ein Würfel auf einem der Steine liegenbleibt, »brennt« der Wurf und muß wiederholt werden.

Wie man zieht

Wie ein Spieler seine Steine bewegt, hängt von den Zahlen ab, die er würfelt. Die Zahlen auf beiden Würfeln gelten *einzeln,* nicht als Summe. Er kann also entweder einen einzigen Stein um beide Zahlen vorwärtsbewegen oder zwei Steine um je eine der beiden gewürfelten Zahlen; die Reihenfolge der Züge spielt dabei keine Rolle. Wenn man zum Beispiel eine 5 und eine 3 würfelt, so gilt das als 5 + 3-Zug oder als 3 + 5-Zug, jedoch nicht als 8-Zug. Ein Stein kann um fünf Punkte und ein anderer um drei Punkte bewegt werden oder ein einziger erst um fünf und dann um drei Punkte (oder erst um drei und dann um fünf Punkte).
Wenn er einen Doppelwurf oder einen »Pasch« hat (d. h. wenn beide Würfel die gleiche Zahl zeigen), so kann er diese Zahl viermal verwenden. Wenn er zum Beispiel eine Doppel-2 würfelt, kann er seine Steine viermal um zwei Punkte bewegen – wobei folgende Kombinationen möglich sind:
Ein Stein wird um insgesamt acht Punkte vorwärtsbewegt.
Zwei Steine werden um je vier Punkte vorwärtsbewegt.
Zwei Steine werden um je zwei Punkte, ein dritter um insgesamt vier Punkte vorwärtsbewegt.
Ein Stein wird um insgesamt sechs Punkte, ein anderer um zwei Punkte vorwärtsbewegt.
Vier Steine werden um je zwei Punkte vorwärtsbewegt.
Denken Sie daran, daß Sie immer, wenn Sie einen einzelnen Stein um mehr als eine Zahl vorwärtsbewegen, tatsächlich zwei (oder bei einem Pasch drei oder vier) *einzelne* Züge machen – und nicht etwa einen einzigen Zug. Das gleiche gilt für jeden Zwischenzug (auch »Zwischenlandung« genannt), den man macht, um dann schließlich einen bestimmten Punkt zu besetzen.

Punkte

Sie können Ihre Steine auf jedes der 24 Dreiecke setzen, das entweder noch gar nicht oder bereits von einem oder mehreren Ihrer eigenen Steine besetzt ist. Wenn auf einem Dreieck nur ein einzelner Stein Ihres Gegners steht (was man »Blot« nennt), können Sie diesen schlagen; egal, ob Sie nur »zwischenlanden« oder den betreffenden Punkt besetzen – Sie schmeißen den gegnerischen Stein hinaus. Ihr Gegner muß ihn dann wieder hereinwürfeln und erneut um das ganze Board herumbewegen. Wenn auf einem Dreieck zwei oder mehr Steine Ihres Gegners stehen,

hat er »diesen Punkt gemacht«, und die bewußten Steine können von Ihnen nicht geschlagen werden. Sie können auf diesem Punkt weder zwischenlanden, noch ihn besetzen. Umgekehrt ist es genauso: Wenn es Ihnen gelingt, zwei oder mehr Steine auf ein unbesetztes Dreieck (oder eins, auf dem sich nur ein einzelner Stein Ihres Gegners befindet) zu setzen, so haben Sie »einen Punkt gemacht«.
In der Grundaufstellung (Diagramm 1) halten Sie (also Weiß) Ihren Sechser- und Ihren Achter-Punkt sowie den Zwölfer- und den Einser-Punkt Ihres Gegners besetzt. Wenn Sie nun 3 + 1 würfeln, würden Sie wahrscheinlich einen Stein von Ihrem Achter- auf Ihren Fünfer-Punkt und einen von Ihrem Sechser- auf Ihren Fünfer-Punkt setzen – und somit »Ihren Fünfer-Punkt machen«. Sie dürfen eine beliebige Anzahl von Steinen auf einen Punkt setzen, den Sie bereits gemacht haben; aber Sie dürfen *niemals* einen Stein auf einen Punkt stellen, den Ihr Gegner mit zwei oder mehr Steinen besetzt hat.

Blöcke

Da jeder Zug aus zwei einzelnen Zügen besteht (oder im Falle eines Doppelwurfes aus vier einzelnen Zügen), erhöht jeder Punkt, den Sie »gemacht« haben, Ihre Chancen, das Spiel Ihres Gegners zu stören bzw. aufzuhalten. Sechs »gemachte« Punkte hintereinander bilden einen sogenannten Block: Sie blockieren die Steine des Gegners insofern, als er mit jeder der möglichen Zahlen von 1 bis 6 auf einem der von Ihnen besetzten Punkte landen würde.

Züge

Es gibt drei verschiedene Arten von Zügen: die Steine um das Board herumzuziehen; hinausgeworfene Steine wieder hereinzuwürfeln; und Steine aus dem eigenen inneren Feld hinauszuwürfeln. Wie schon gesagt, machen Sie, wenn Sie einen einzelnen Stein um beide gewürfelten Zahlen vorwärtsbewegen, eine »Zwischenlandung«. Sie dürfen jedoch nicht auf einem Punkt zwischenlanden, der von zwei oder mehr gegnerischen Steinen besetzt ist – ungeachtet der Tatsache, daß Sie ja die zweite gewürfelte Zahl über diesen Punkt hinausbringen würde. Wenn zum Beispiel Ihr Gegner seinen Sechser- und seinen Siebener-Punkt (Bar-Punkt) besetzt hat und Sie 6 + 5 würfeln, können Sie nicht mit einem Stein von seinem Einser- auf seinen Zwölfer-Punkt ziehen – da ja sowohl die 6 als auch die 5 im Augenblick blockiert sind. Wenn er andererseits nur seinen Siebener-, nicht aber seinen Sechser-Punkt besetzt hat, können Sie zunächst die 5 ziehen, auf seinem freien Sechser-Punkt »zwischenlanden« und dann mit der 6 bis zu seinem Zwölfer-Punkt weitermarschieren.
Jeder Spieler muß, wenn irgend möglich, beide gewürfelten Zahlen ziehen. Das kann gefährlich sein, da Sie unter Umständen gezwungen sind, einen oder mehrere Steine einzeln – als »Blot« – stehenzulassen oder Ihre Stellung auf andere Weise zu schwächen. Wenn Sie nur eine der zwei gewürfelten Zahlen ziehen können, müssen Sie die höhere ziehen.

Blots

Wie wir bereits wissen, nennt man einen alleinstehenden Stein einen Blot. Wenn der Gegner diesen Punkt besetzt und den freistehenden Stein somit »rausschmeißt«, spricht man von einem »Treffer« oder von einem »Blot-Shot«.

Die Bar

Nachdem er Ihren Blot getroffen hat, nimmt Ihr Gegner den geschlagenen Stein und legt ihn auf die Bar in der Mitte des Boards. Dieser Stein ist »rausgeschmissen«, »geschossen« oder »nach Hause zurückgeschickt« worden und bleibt auf der Bar, bis Sie ihn wieder in das innere Feld Ihres Gegners »hereingewürfelt« haben. Genauso muß Ihr Gegner jedesmal, wenn Sie einen seiner Steine getroffen haben, in Ihrem inneren Feld von vorn beginnen. Es kommt vor, daß beide Spieler zur gleichen Zeit Steine auf der Bar haben, oder daß ein Spieler mit mehreren Steinen »draußen« ist. Wenn ein Spieler mehrere Steine auf der Bar hat, muß er sie erst *alle* wieder hereinwürfeln, bevor er seine anderen Steine vorwärtsbewegen darf. Das kann zur Folge haben, daß er einen ganzen Wurf – oder auch mehrere – aussetzen muß.

Hereinwürfeln

Sie können Steine wieder hereinwürfeln, sofern die Zahl auf *einem* Ihrer zwei Würfel irgendeinem Punkt im inneren Feld Ihres Gegners entspricht, den er nicht mit zwei oder mehr Steinen besetzt hält. Wenn Sie zum Beispiel 4 + 3 würfeln und Ihr Gegner weder seinen Vierer- noch seinen Dreier-Punkt »gemacht« hat, dürfen Sie Ihren Stein nach Belieben auf einen dieser beiden Punkte setzen. Wenn er den Vierer-Punkt besetzt hat, müssen Sie auf den Dreier-Punkt ziehen – und umgekehrt.
Wenn Ihr Gegner alle sechs Punkte in seinem inneren Feld »geschlossen« hat, können Sie keinen Stein von der Bar aus ins Spiel bringen. Da Sie auch Ihre anderen Steine nicht bewegen dürfen, solange Sie noch einen Stein »draußen« haben, brauchen Sie folglich erst gar nicht zu würfeln.
Selbst wenn Ihr Gegner nur einen einzigen Punkt in seinem inneren Feld besetzt hat, kann es Ihnen passieren, daß Sie einen Wurf aussetzen müssen. Angenommen, das Spiel hat gerade erst begonnen; Ihr Gegner hat einen Ihrer Blots getroffen und Sie »rausgeschmissen«, hält aber nur seinen Sechser-Punkt besetzt. Wenn Sie nun eine Doppel-Sechs würfeln, kommen Sie nicht herein – Sie setzen also einen Wurf aus.
Denken Sie daran, daß Sie einen geschlagenen Stein auf einen Punkt im inneren Feld Ihres Gegners hereinwürfeln können, wenn dieser Punkt (1) frei ist; (2) bereits von einem oder mehreren Ihrer eigenen Steine besetzt ist; oder (3) von einem einzelnen gegnerischen Stein besetzt ist. Sie können diesen Blot schlagen wie jeden

anderen und ihn somit »rausschmeißen«. Er muß dann erst wieder hereinwürfeln, und zwar in *Ihrem* inneren Feld.
Sie können auf keinen Punkt hereinkommen, der von zwei oder mehr gegnerischen Steinen besetzt ist.

Herauswürfeln

Zu Beginn des Spiels befinden sich bereits fünf Ihrer fünfzehn Steine in Ihrem inneren Feld, und Ihre Aufgabe besteht zunächst darin, auch die restlichen zehn »nach Hause« zu würfeln. Sobald Sie das geschafft haben, können Sie anfangen, sie herauszunehmen. Wer als erster alle seine Steine herausgewürfelt hat, hat das Spiel gewonnen.
Wenn sich alle Ihre Steine in Ihrem inneren Feld (oder »Home-Board«) befinden, können Sie sie – entsprechend den Zahlen auf Ihren Würfeln – herausnehmen. Wenn Sie zum Beispiel 5 + 3 würfeln, dürfen Sie einen Stein vom Fünfer- und einen vom Dreier-Punkt entfernen. Wenn Sie einen Pasch werfen, haben Sie Anspruch auf den doppelten Zahlenwert; bei einer Doppel-3 können Sie also vier Steine von Ihrem Dreier-Punkt aus dem Spiel nehmen.
Sie müssen, wenn möglich, Ihren ganzen Wurf ausnützen, d. h. *soviel Sie können.* Angenommen, Sie würfeln mit einem Würfel eine 6, haben aber keine Steine auf Ihrem Sechser-Punkt, so müssen Sie einen Stein von dem höchsten Punkt entfernen, auf dem Sie Steine haben: Wenn Sie einen Stein auf dem Fünfer-Punkt haben, müssen Sie diesen herausnehmen; wenn Sie weder einen Stein auf dem Sechser- noch einen auf dem Fünfer-Punkt haben, dafür aber einen auf dem Vierer-Punkt, so müssen Sie diesen nehmen, und so weiter.
Die gleiche Regel gilt für Pasch-Würfe. Sagen wir einmal, Sie haben zwei Steine auf Ihrem Sechser-Punkt, keinen auf dem Fünfer-Punkt und je einen Stein auf dem Vierer- und dem Dreier-Punkt. Wenn Sie nun eine Doppel-6 würfeln, können Sie alle vier Steine herausnehmen: Indem Sie zwei Sechser entfernen, wird der Stein auf dem Vierer-Punkt automatisch zum nächsthöchsten, und Sie können eine der zwei verbleibenden Sechser verwenden, um ihn herauszunehmen; das wiederum macht den Stein auf dem Dreier-Punkt zum nächsthöchsten, und Sie können auch ihn – mit Ihrer letzten 6 – herausnehmen.
Wie wir in Kapitel 5 ausführlicher erfahren werden, ist es manchmal vorzuziehen, Steine im inneren Feld vorwärtszubewegen, statt sie herauszunehmen – besonders dann, wenn Ihr Gegner einen oder mehr Steine in Ihrem inneren Feld postiert hat und auf einen späten Treffer lauert. Sie dürfen Steine innerhalb Ihres inneren Feldes bewegen, statt sie herauszunehmen, wenn – und nur, wenn – Sie dabei alle Augen ausnützen, die Sie gewürfelt haben. Einmal angenommen, Sie haben je einen Stein auf Ihrem Sechser-, Fünfer-, Dreier- und Zweier-Punkt, und Ihr Gegner sitzt mit zwei Steinen auf Ihrem Vierer-Punkt. Sie würfeln 3 + 2. Sie könnten zwar die Steine von Ihrem Dreier- und Ihrem Zweier-Punkt herausnehmen, aber es wäre ratsamer, die Steine von Ihrem Sechser- und Ihrem Fünfer-Punkt an den Steinen Ihres Gegners vorbeizuziehen und auf Ihren Dreier-Punkt zu stellen. Es kann

auch vorkommen, daß Sie – je nach Lage der Dinge – einen Stein in Ihrem inneren Feld bewegen und einen anderen herausnehmen möchten. Dem steht nichts im Wege – solange Sie dabei die Zahlen, die Sie gewürfelt haben, voll ausnützen.
Wenn Ihr Gegner einen Ihrer Steine schlägt, während Sie bereits herauswürfeln, müssen Sie ihn wieder in sein inneres Feld hereinwürfeln und ums Board herum in Ihr eigenes inneres Feld bringen, bevor Sie mit dem Herausnehmen Ihrer Steine fortfahren können.

Spielgewinn

Es gibt drei Stufen des Spielgewinns:
Ein normaler Sieg, bei dem der Verlierer mindestens einen seiner Steine herausgewürfelt hat. Der Sieger gewinnt den einfachen Einsatz.
Ein »Gammon«, bei dem der Verlierer nicht in der Lage war, einen einzigen seiner Steine herauszunehmen. Der Sieger gewinnt den zweifachen Einsatz.
Ein »Backgammon«, bei dem der Verlierer keinen Stein herausgewürfelt hat und noch mit einem oder mehr Steinen im inneren Feld des Siegers festsitzt oder noch einen oder mehr geschlagene Steine auf der Bar liegen hat. Der Sieger gewinnt den dreifachen Einsatz.

Das Anfangsstadium

Jeder Punkt, den Sie machen, trägt dazu bei, einen Block gegen die gegnerischen Steine zu bilden, die an den Ihren vorbeiziehen und »nach Hause« kommen wollen. Daher muß eines Ihrer Hauptziele darin bestehen, möglichst viele Punkte zu machen, um Ihren Gegner wirksam zu blockieren – lassen Sie ihm sowenig offene Punkte wie möglich. Ein weiteres wesentliches Ziel sollte sein, Ihre beiden letzten Steine (die beiden auf dem schwarzen Einser-Punkt in Diagramm 1) schleunigst ums Board herum in Ihr inneres Feld zu bringen.
Diese zwei Grundregeln bestimmen Ihr Spiel im Anfangsstadium: Versuchen Sie, Ihre beiden rückwärtigen Steine nach Hause zu bringen und die rückwärtigen Steine Ihres Gegners zu blockieren. Die verschiedenen Strategien, die sich im weiteren Verlauf des Spiels anwenden lassen, werden wir in den folgenden Kapiteln ausführlich erläutern. Für den Anfang wollten wir Ihnen einfach nur den mechanischen Ablauf des Spiels verständlich machen. Sobald Sie sich damit gewissenhaft auseinandergesetzt haben, wissen Sie genug, um unseren Bemerkungen zum Thema »Eröffnungszug« folgen zu können.

2 Der Eröffnungszug

Den Eröffnungszug zu machen, ist ein Vorteil; zu wissen, wie man ihn spielt, kann entscheidend sein.
Wir wollen dieses Kapitel mit einer Tabelle von empfehlenswerten Eröffnungszügen für sämtliche möglichen Würfe beginnen.
Vielleicht sind Sie der Meinung, daß es für jede Würfelkombination einen genau festgelegten (da optimalen) Eröffnungszug gibt. Aber für einige Würfe trifft das nicht zu (obwohl es in manchen Backgammon-Büchern behauptet wird) – genausowenig, wie es ja auch beim Schach keinen bestimmten Standard-Eröffnungszug gibt.
Sie werden bemerken, daß einige Züge in der Tabelle mit einem oder zwei Sternchen versehen sind. Wenn kein Sternchen erscheint, bedeutet das, daß der empfohlene Zug besser als jeder andere ist. Ein Sternchen heißt, daß der eine oder andere Zug fast genauso gut ist. Zwei Sternchen deuten an, daß es einen gleichwertigen Zug an Stelle des empfohlenen gibt. Im weiteren Verlauf werden wir erklären, warum wir Ihnen zu bestimmten Zügen raten, und außerdem auf die interessantesten Alternativzüge eingehen.
Sie werden natürlich die Anweisungen in diesem Kapitel – und in jenen, die folgen – schneller und leichter begreifen können, wenn Sie sich dabei vor Ihr eigenes Backgammon-Board (siehe Diagramm 1) setzen und Zug für Zug nachvollziehen.
Vergessen Sie nicht, daß Sie immer »Weiß« sind und immer den ersten Zug machen.

Tabelle der Eröffnungszüge

6–5	Ziehen Sie mit einem Stein vom schwarzen Einser-Punkt auf den schwarzen Zwölfer-Punkt.
6–4*	Ziehen Sie mit einem Stein vom schwarzen Einser-Punkt auf den schwarzen Elfer-Punkt.

6–3**	Ziehen Sie mit einem Stein vom schwarzen Einser-Punkt auf den schwarzen Bar-Punkt und mit einem vom schwarzen Zwölfer-Punkt auf Ihren eigenen Zehner-Punkt.
6–2**	Ziehen Sie mit einem Stein vom schwarzen Einser-Punkt auf den schwarzen Bar-Punkt und mit einem vom schwarzen Zwölfer-Punkt auf Ihren eigenen Elfer-Punkt.
6–1	Machen Sie Ihren Bar-Punkt (ziehen Sie mit einem Stein vom schwarzen Zwölfer-Punkt und mit einem von Ihrem eigenen Achter-Punkt auf Ihren Bar-Punkt).
5–4	Ziehen Sie mit zwei Steinen vom schwarzen Zwölfer-Punkt auf Ihren eigenen Achter- und Neuner-Punkt.
5–3**	Machen Sie Ihren Dreier-Punkt (ziehen Sie mit einem Stein von Ihrem Achter-Punkt und mit einem von Ihrem Sechser-Punkt auf Ihren Dreier-Punkt).
5–2	Ziehen Sie mit zwei Steinen vom schwarzen Zwölfer-Punkt auf Ihren Achter- und Elfer-Punkt.
5–1*	Ziehen Sie mit einem Stein vom schwarzen Zwölfer-Punkt auf Ihren Achter-Punkt und mit einem vom schwarzen Einser- auf den schwarzen Zweier-Punkt.
4–3	Ziehen Sie mit zwei Steinen vom schwarzen Zwölfer-Punkt auf Ihren Neuner- und Zehner-Punkt.
4–2	Machen Sie Ihren Vierer-Punkt (ziehen Sie mit einem Stein von Ihrem Achter-Punkt und mit einem von Ihrem Sechser-Punkt auf Ihren Vierer-Punkt).
4–1*	Ziehen Sie mit einem Stein vom schwarzen Zwölfer-Punkt auf Ihren Neuner-Punkt und mit einem vom schwarzen Einser- auf den schwarzen Zweier-Punkt.
3–2*	Ziehen Sie mit zwei Steinen vom schwarzen Zwölfer-Punkt auf Ihren Zehner- und Elfer-Punkt.
3–1	Machen Sie Ihren Fünfer-Punkt (ziehen Sie mit einem Stein von Ihrem Achter-Punkt und mit einem von Ihrem Sechser-Punkt auf Ihren Fünfer-Punkt).
2–1*	Ziehen Sie mit einem Stein vom schwarzen Zwölfer-Punkt auf Ihren Elfer-Punkt und mit einem vom schwarzen Einser- auf den schwarzen Zweier-Punkt.

Tabelle der Eröffnungszüge bei Pasch-Würfen
(was nur mit Zustimmung beider Spieler möglich ist)

Pasch 6	Machen Sie beide Bar-Punkte (ziehen Sie mit zwei Steinen vom schwarzen Einser-Punkt auf den schwarzen Bar-Punkt und mit zwei Steinen vom schwarzen Zwölfer-Punkt auf Ihren eigenen Bar-Punkt).
Pasch 5	Ziehen Sie mit zwei Steinen vom schwarzen Zwölfer-Punkt auf Ihren Dreier-Punkt.
Pasch 4*	Ziehen Sie mit zwei Steinen vom schwarzen Einser-Punkt auf den schwarzen Fünfer-Punkt und mit zwei Steinen vom schwarzen Zwölfer- auf Ihren eigenen Neuner-Punkt.
Pasch 3*	Machen Sie Ihren Fünfer- und Ihren Dreier-Punkt (ziehen Sie mit zwei Steinen von Ihrem Achter- auf Ihren Fünfer-Punkt und mit zwei Steinen von Ihrem Sechser- auf Ihren Dreier-Punkt).
Pasch 2*	Machen Sie Ihren Elfer- und Ihren Vierer-Punkt (ziehen Sie mit zwei Steinen vom schwarzen Zwölfer- auf Ihren Elfer-Punkt und mit zwei Steinen von Ihrem Sechser- auf Ihren Vierer-Punkt).
Pasch 1	Machen Sie Ihren Bar- und Ihren Fünfer-Punkt (ziehen Sie mit zwei Steinen von Ihrem Achter- auf Ihren Bar-Punkt und mit zwei Steinen von Ihrem Sechser- auf Ihren Fünfer-Punkt).

Erläuterungen

Sie erinnern sich: Wenn *kein* Sternchen erscheint, ist der empfohlene Zug so hervorragend, daß es gar keinen Sinn hat, sich einen anderen zu überlegen. *Ein* Sternchen bedeutet, daß es mindestens noch einen anderen Zug gibt, den man in Erwägung ziehen sollte; *zwei* Sternchen zeigen an, daß ein anderer Zug *etwa genauso gut* ist wie der von uns empfohlene.
Und nun zu den einzelnen Zügen*:

(2) *Pasch 6. Machen Sie beide Bar-Punkte.* Dieser Zug nützt am besten die 24 Punkte aus, die Sie mit diesem gewaltigen Wurf zurücklegen können, blockiert die beiden hinteren Steine Ihres Gegners (da Sie Ihren Bar-Punkt gemacht und somit einen Dreier-Block gebildet haben) und bringt Ihre beiden hinteren Steine auf einen strategisch wichtigen Punkt. Der einzige Nachteil dieser Stellung ist, daß Sie sehr schnell vorwärtsmarschiert sind und jene zwei Steine auf dem gegnerischen

* Die Zahl in Klammern vor jedem Zug bezieht sich auf das Diagramm, das den in der Tabelle empfohlenen Zug illustriert.

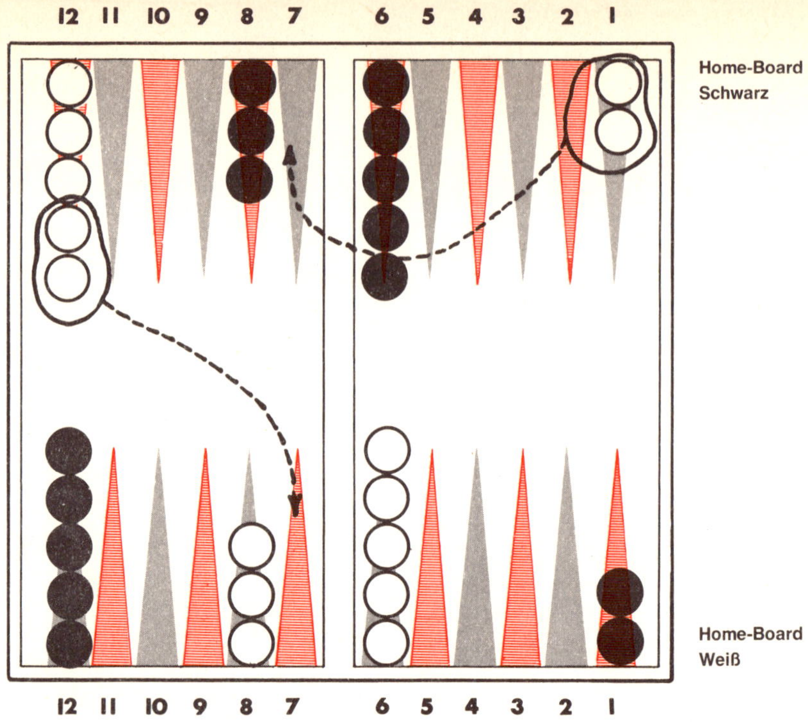

2

Bar-Punkt früher oder später bewegt werden müssen – wodurch Sie gezwungen sein könnten, einen Blot stehen zu lassen, wenn es Ihnen gerade überhaupt nicht paßt. Trotzdem ist es ein vorzüglicher Wurf, der Ihnen in einem »Running Game«, auf das wir in Kapitel 5 eingehen werden, einen beachtlichen Vorsprung sichern kann.

(3) *Pasch 5. Ziehen Sie mit zwei Steinen vom schwarzen Zwölfer-Punkt auf Ihren Dreier-Punkt.* Dieser Pasch ist der einzige, mit dem sich nur ein ausgesprochen schwacher Eröffnungszug machen läßt. Der empfohlene Zug bietet keine besonderen Vorteile, ist aber der einzig sichere für diesen Wurf.

(4) *Pasch 4**. Ziehen Sie mit zwei Steinen vom schwarzen Einser-Punkt auf den schwarzen Fünfer-Punkt und mit zwei Steinen vom schwarzen Zwölfer- auf Ihren Neuner-Punkt.* Wir haben Pasch 4 mit zwei Sternchen gekennzeichnet, weil das Ziehen von zwei Steinen vom schwarzen Zwölfer-Punkt auf Ihren eigenen Fünfer-Punkt etwa genauso gut ist wie der von uns genannte Zug. Unser Zug macht Sie etwas beweglicher: Ihre beiden hinteren Steine werden auf einen Punkt gebracht, von dem aus sie direkt das äußere Feld Ihres Gegners und indirekt Ihr eigenes äußeres Feld erreichen können – wobei sie obendrein einen der wichtigsten Punkte im inneren Feld des Gegners besetzt halten; Ihre zwei Steine auf Ihrem Neuner-Punkt bedrohen den Bar-, den Fünfer-, den Vierer- und den Dreier-Punkt.

Mit dem Alternativzug machen Sie sofort Ihren Fünfer-Punkt, und je mehr Sie Backgammon spielen, desto mehr werden Sie diesen Punkt zu schätzen wissen.

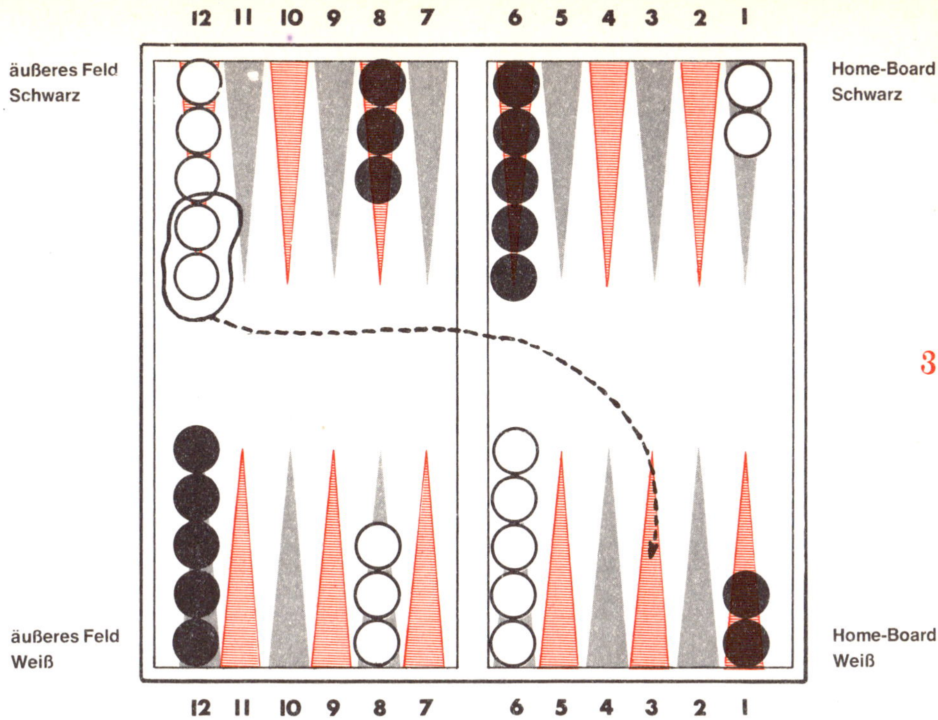
12 11 10 9 8 7 6 5 4 3 2 1
äußeres Feld Schwarz
Home-Board Schwarz
äußeres Feld Weiß
Home-Board Weiß
12 11 10 9 8 7 6 5 4 3 2 1

3

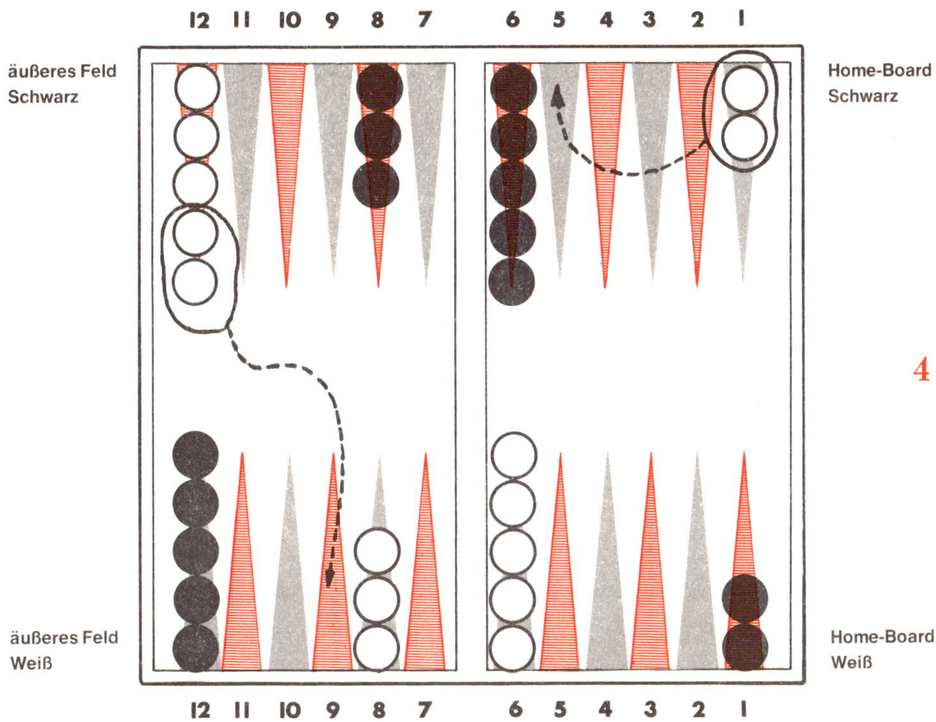
12 11 10 9 8 7 6 5 4 3 2 1
äußeres Feld Schwarz
Home-Board Schwarz
äußeres Feld Weiß
Home-Board Weiß
12 11 10 9 8 7 6 5 4 3 2 1

4

Es wird manchmal behauptet, daß man einen Pasch 4 gar nicht falsch ziehen könne. Das ist leicht übertrieben. Ein schlimmes Beispiel: Sie könnten mit vier Steinen von Ihrem Sechser-Punkt auf Ihren Zweier-Punkt ziehen! Es *gibt* allerdings zwei andere gute Züge für diesen Wurf.

Der eine besteht darin, Ihren Vierer- und Ihren Zweier-Punkt zu machen (indem Sie mit zwei Steinen von Ihrem Achter- auf Ihren Vierer-Punkt und mit zwei Steinen von Ihrem Sechser- auf Ihren Zweier-Punkt ziehen). Damit haben Sie drei Punkte in Ihrem inneren Feld besetzt – aber einer davon ist der Zweier-Punkt, mit dem Sie sich eigentlich ein bißchen Zeit lassen sollten. Sie sollten sich lieber erst einmal um Ihre höheren Punkte kümmern, da sie als Blockade gegen die hinteren Steine des Gegners viel wichtiger sind. Ihre zwei Steine auf dem Zweier-Punkt lassen sich weder zur Bildung des Fünfer- noch des Dreier-Punkts verwenden. Der andere Zug wäre, mit Ihren beiden hinteren Steinen auf den schwarzen Neuner-Punkt zu ziehen; damit haben Sie eine gute Ausgangsposition für ein »Running Game«.

Die letzten beiden Züge sind zwar nicht schlecht, aber eindeutig schwächer als jeder der zwei von uns empfohlenen.

(5) *Pasch 3*. Machen Sie Ihren eigenen Fünfer- und Dreier-Punkt.* Pasch 3 ist auch so ein Wurf, bei dem man nicht viel falsch machen kann. Wir haben den von uns empfohlenen Zug mit nur einem Sternchen versehen, weil er außerordentlich stark ist: Er bringt Sie Ihrem Ziel, die hinteren Steine Ihres Gegners zu blockieren, ein erhebliches Stück näher.

5

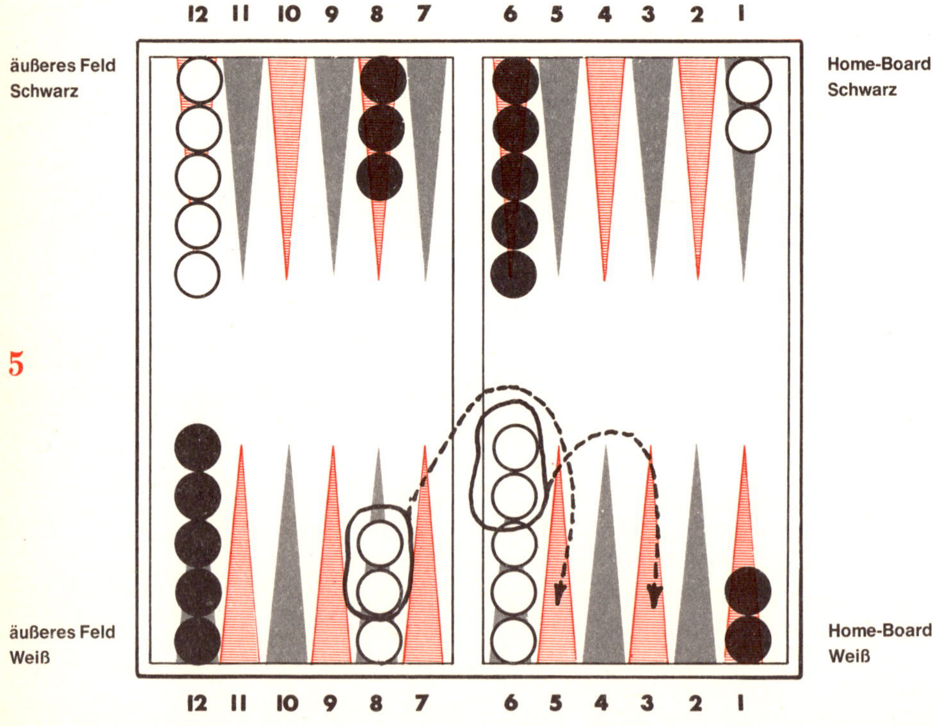

Wenn Sie andererseits Ihren Bar-Punkt machen (indem Sie mit zwei Steinen vom schwarzen Zwölfer-Punkt auf Ihren Bar-Punkt ziehen), ist das fast genauso gut; und es gibt noch ein paar andere schöne Kombinationen, zum Beispiel die, daß Sie mit den zwei Steinen vom schwarzen Einser-Punkt auf den schwarzen Vierer-Punkt vorrücken und mit zwei Steinen von Ihrem Achter-Punkt Ihren Fünfer-Punkt machen.

(6) *Pasch 2*. Machen Sie Ihren Elfer- und Ihren Vierer-Punkt.* Die zweite Möglichkeit wäre, mit den beiden Steinen vom schwarzen Einser-Punkt den schwarzen

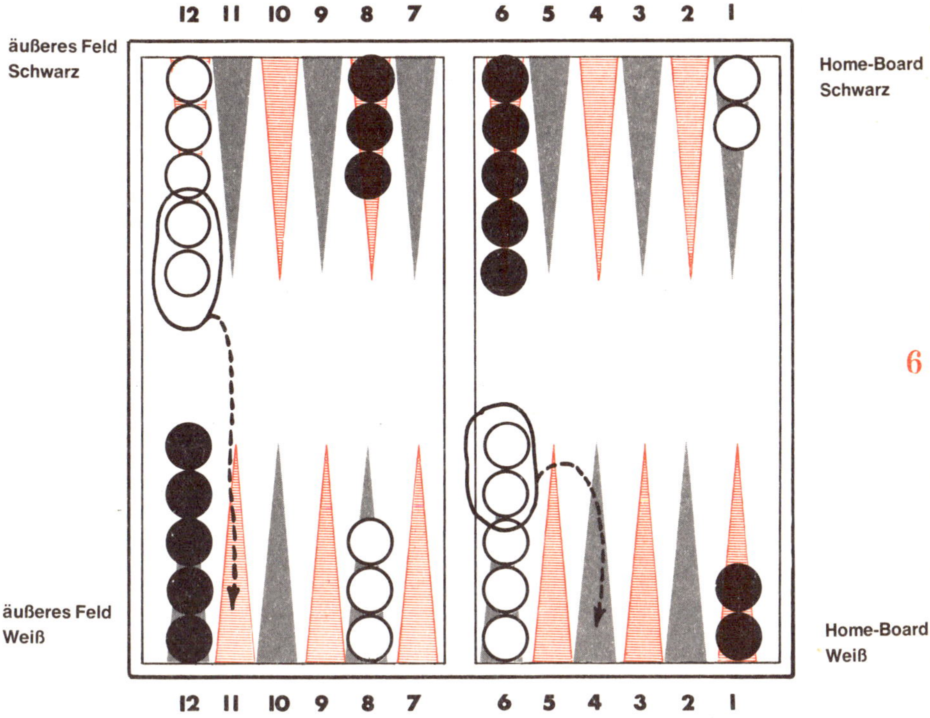

6

Fünfer-Punkt zu besetzen. Das wäre zwar gut für Ihre Verteidigung, aber warum sollten Sie sich gleich zu Beginn auf Defensive einstellen, wenn Sie doch ein starkes Angriffsspiel aufziehen können? Wir empfehlen Ihnen daher eine Blockbildung, und Sie haben gute Aussichten, mit dem nächsten Wurf einen weiteren Punkt zu machen.

(7) *Pasch 1. Machen Sie Ihren Bar- und Ihren Fünfer-Punkt.* Dieser Zug ist etwa genauso stark wie der für Pasch 3 empfohlene, und zwar aus dem gleichen Grund: Sie blockieren die beiden hinteren Steine des Gegners. Sie bilden mit einem einzigen Zug einen Dreier-Block und brauchen beim nächsten Wurf nur eine 5, um daraus einen Vierer-Block zu machen (indem Sie mit einem Stein vom schwarzen Zwölfer-Punkt auf Ihren eigenen Achter-Punkt ziehen).

7

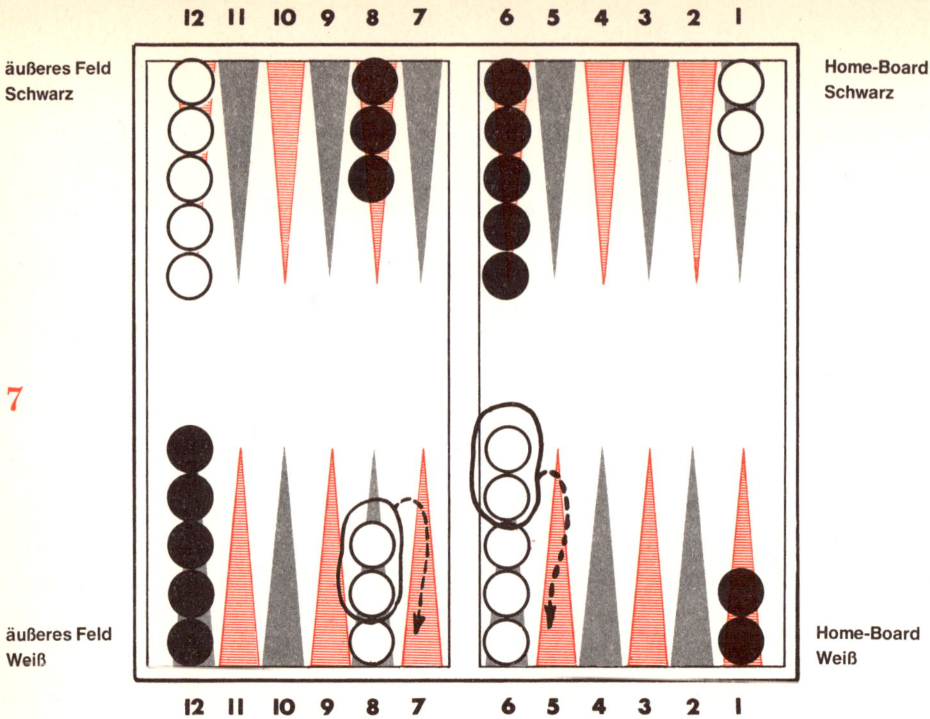
12 11 10 9 8 7 6 5 4 3 2 1
äußeres Feld Schwarz
Home-Board Schwarz
äußeres Feld Weiß
Home-Board Weiß
12 11 10 9 8 7 6 5 4 3 2 1

8

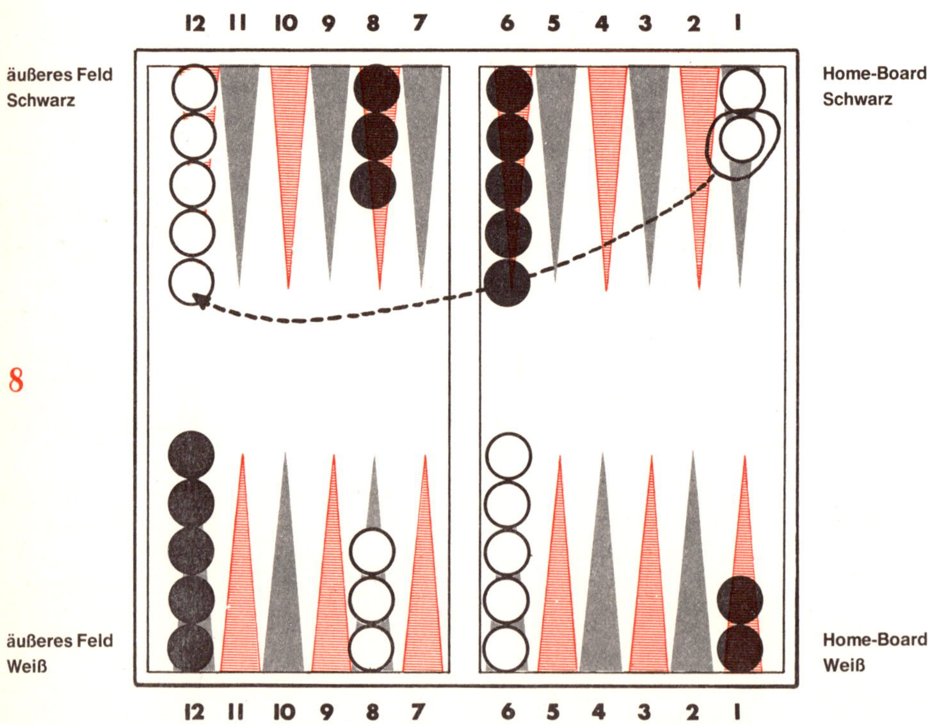
12 11 10 9 8 7 6 5 4 3 2 1
äußeres Feld Schwarz
Home-Board Schwarz
äußeres Feld Weiß
Home-Board Weiß
12 11 10 9 8 7 6 5 4 3 2 1

(8) *6–5. Ziehen Sie mit einem Stein vom schwarzen Einser-Punkt auf den schwarzen Zwölfer-Punkt.* Dieser Zug ist so offensichtlich, daß er eigentlich keiner Erklärung bedarf: Sie haben einen Ihrer hinteren Steine halbwegs und *sicher* nach Hause gebracht und können somit ein starkes »Running-Game« versuchen.
6–4, 6–3**, 6–2**.* Diese drei Würfe sollten zusammen abgehandelt werden. Es gibt keine Möglichkeit, einen von ihnen – auf intelligente Weise – so zu ziehen, daß dabei kein Stein einem direkten Treffer ausgesetzt wird (von einem »direkten« Treffer spricht man dann, wenn nur die Zahl *eines* Würfels nötig ist, um einen Blot zu treffen; bei einem »Kombinations-Treffer« braucht man *beide* gewürfelten Zahlen, um einen freistehenden Stein zu schlagen).
Früher pflegte man mit jedem dieser drei Züge zu »rennen« (daher der Name »Running Game«, also »Renn-Spiel«), wobei man den ganzen Wurf darauf verwandte, einen der beiden hinteren Steine ins äußere Feld (schwarz) zu ziehen. Wurde der Stein geschlagen, so war nur der erste Wurf umsonst gewesen; wurde er nicht getroffen, so befand er sich nun in einer günstigen Position, um beim nächsten Wurf ins eigene äußere Feld weiterzumarschieren.
Neuerdings wird jeder der drei Züge so gespielt, daß man mit einem der beiden hinteren Steine auf den schwarzen Bar-Punkt und mit einem Stein vom schwarzen Zwölfer-Punkt ins eigene äußere Feld zieht. Der Stein auf dem schwarzen Bar-Punkt kann mit einer 6 oder einer 1 sowie mit einigen kombinierten Zügen geschlagen werden. Die Chancen, daß er getroffen wird, stehen zwei zu eins. Aber wenn er nicht durch einen Wurf hinausgeschmissen wird, der zugleich den schwarzen Bar-Punkt »macht« (in diesem Fall 6–1; Pasch 6; Pasch 3; oder Pasch 1), haben Sie eine Menge möglicher Gegentreffer – und außerdem hätten Sie ohnehin nicht viel an Tempo verloren. Wenn Ihr Stein jedoch überhaupt nicht getroffen wird, befinden Sie sich in einer recht günstigen Position.

(9) *6–4*. Ziehen Sie mit einem Stein vom schwarzen Einser- auf den schwarzen Elfer-Punkt.* Sie werden bemerken, daß wir für 6–4 den »altmodischen« Zug bevorzugen; wir halten die moderne Variante aus zwei Gründen für weniger empfehlenswert. Der erste ist, daß bei unserem Zug Ihr Blot nur mit einer direkten 2 getroffen werden kann (von einem der gegnerischen Steine auf Ihrem Zwölfer-Punkt). Die Wahrscheinlichkeit, daß die 2 gewürfelt wird, ist elf zu sechsunddreißig. Der zweite Grund ist, daß, wenn Sie einen Stein vom schwarzen Zwölfer-Punkt um vier Punkte vorrücken, dieser Stein auf Ihrem Neuner-Punkt steht und daher mit jeder 8 – einem der häufigsten Würfe – von einem der hinteren Steine Ihres Gegners geschlagen werden kann.
Ein warnendes Wort: Widerstehen Sie der Versuchung, mit einer 6–4 als Eröffnungszug Ihren Zweier-Punkt zu machen (indem Sie mit einem Stein von Ihrem Achter- und mit einem von Ihrem Sechser-Punkt auf Ihren Zweier-Punkt ziehen). Ein gemachter Punkt in Ihrem Board ist zwar immer etwas wert, aber zunächst einmal sollten Sie den Vierer- und den Fünfer-Punkt besetzen: nicht nur, daß sie den hinteren Steinen Ihres Gegners das Herauskommen erschweren – sie geben auch gute Landepunkte für Ihre eigenen Steine ab, wenn Sie zu einem späteren

9

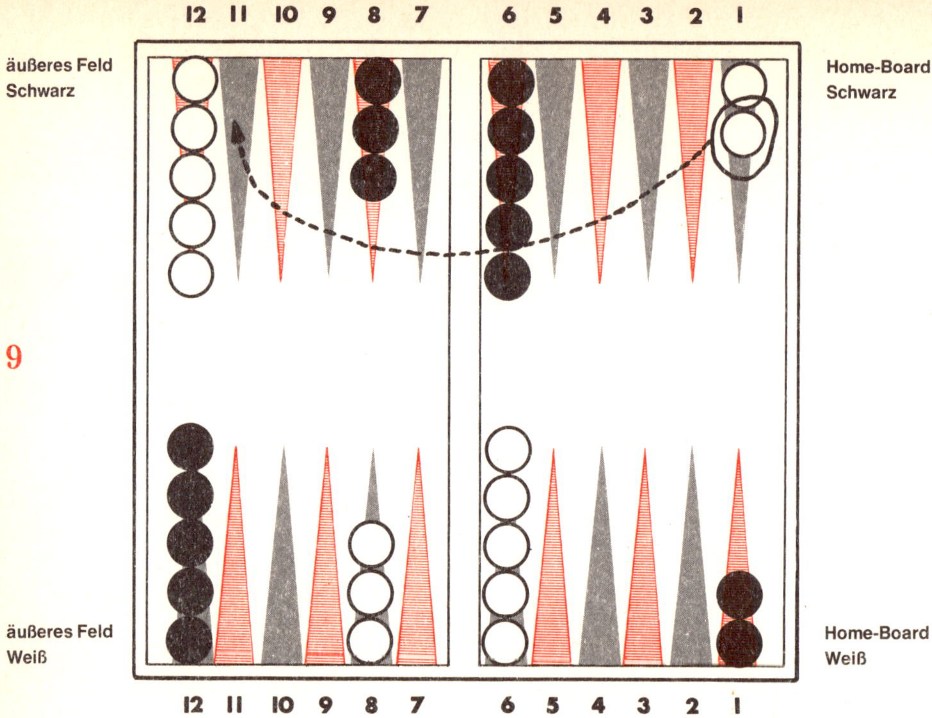
12 11 10 9 8 7 6 5 4 3 2 1
äußeres Feld Schwarz
Home-Board Schwarz
äußeres Feld Weiß
Home-Board Weiß
12 11 10 9 8 7 6 5 4 3 2 1

10

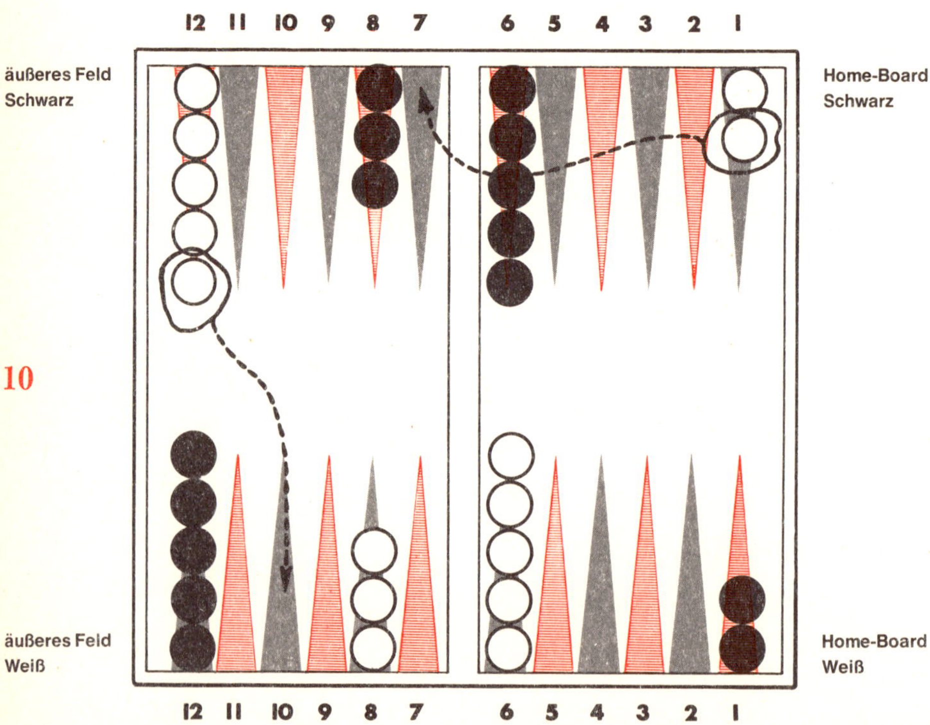
12 11 10 9 8 7 6 5 4 3 2 1
äußeres Feld Schwarz
Home-Board Schwarz
äußeres Feld Weiß
Home-Board Weiß
12 11 10 9 8 7 6 5 4 3 2 1

Stadium nur kleine Zahlen würfeln sollten. Steine auf dem Zweier-Punkt jedoch sind fast völlig aus dem Spiel, da der einzige Punkt, auf den man noch mit ihnen gehen kann, der Einser-Punkt ist.

(10) *6–3**. Ziehen Sie mit einem Stein vom schwarzen Einser-Punkt auf den schwarzen Bar-Punkt und mit einem vom schwarzen Zwölfer-Punkt auf Ihren eigenen Zehner-Punkt.* Wir empfehlen diese moderne Variante, wollen mit den zwei Sternchen aber andeuten, daß der alte Zug etwa genauso gut ist (ein Stein vom schwarzen Einser- auf den schwarzen Zehner-Punkt). Aber nicht ganz: Wenn Sie die 6–3 mit einem Stein »durchziehen«, kann dieser Blot von einem gegnerischen Stein auf Ihrem Zwölfer-Punkt mit einer 3 oder einer 2–1 geschlagen werden; das macht diesen Zug etwas weniger empfehlenswert als den von uns bevorzugten.

(11) *6–2**. Ziehen Sie mit einem Stein vom schwarzen Einser- auf den schwarzen Bar-Punkt und mit einem vom schwarzen Zwölfer- auf Ihren Elfer-Punkt.* Wir haben auch diesen Zug mit zwei Sternchen versehen, aber die Alternative, die wir anbieten, ist nicht der übliche »Lauf«-Zug. Es ist vielmehr ein *dritter* Zug: Ziehen Sie mit einem Stein vom schwarzen Zwölfer- auf Ihren eigenen Fünfer-Punkt. Wenn er getroffen wird, dürfte Ihnen das nicht besonders gefallen, aber falls er »überlebt«, haben Sie beste Aussichten, diesen wertvollen Punkt im Handumdrehen zu machen.

Bei einer 6–2 als Eröffnungswurf halten wir überhaupt nichts davon, mit einem Stein vom schwarzen Einser- zum schwarzen Neuner-Punkt zu »laufen«, da dieser

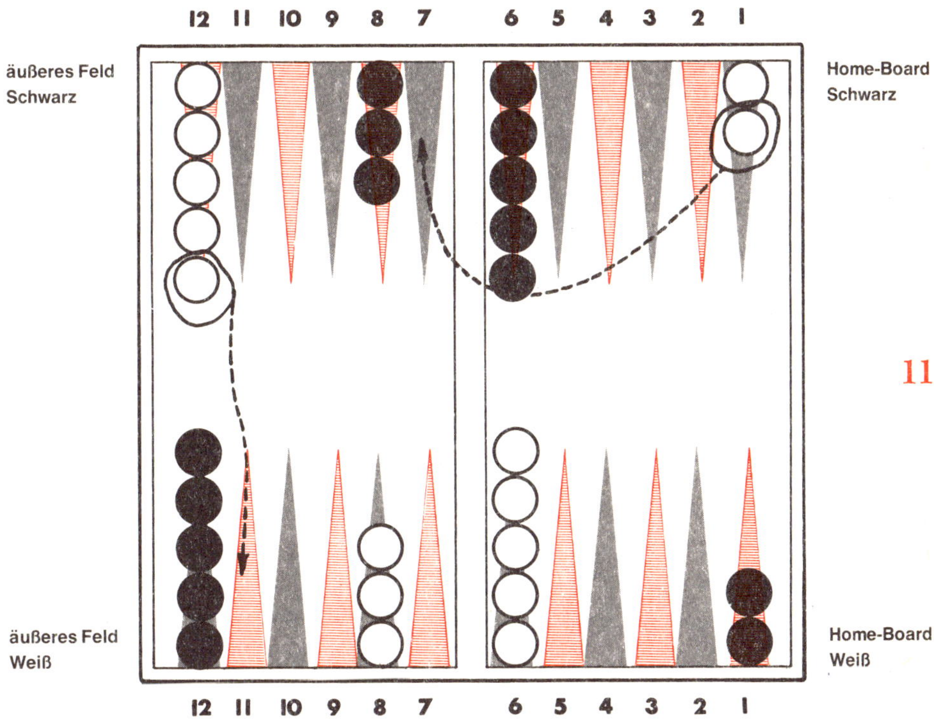

11

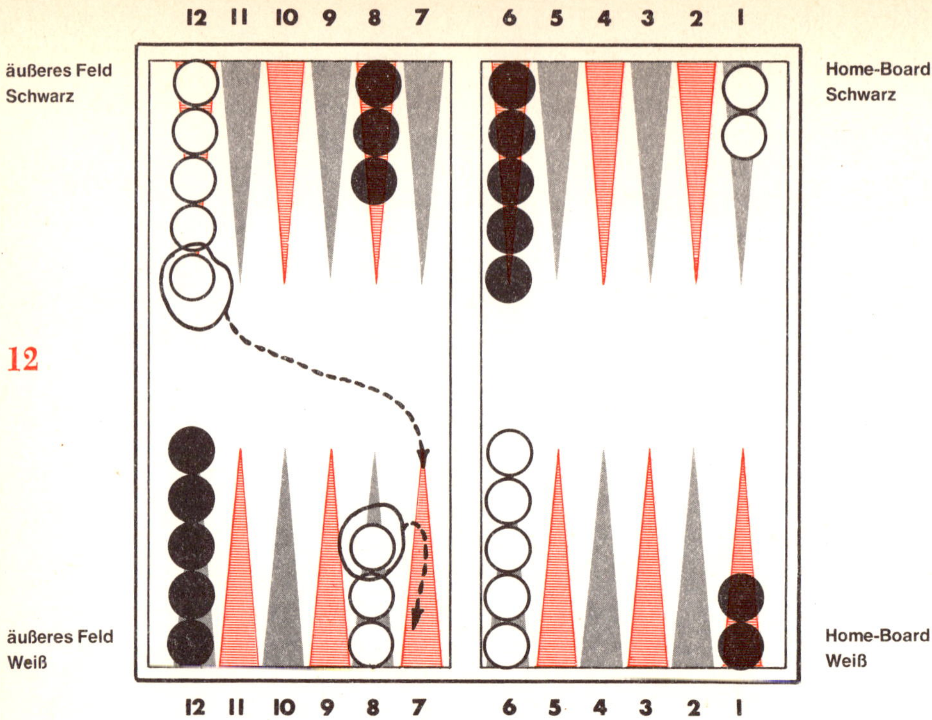
12 11 10 9 8 7 6 5 4 3 2 1
äußeres Feld Schwarz
Home-Board Schwarz
äußeres Feld Weiß
Home-Board Weiß
12 11 10 9 8 7 6 5 4 3 2 1

12

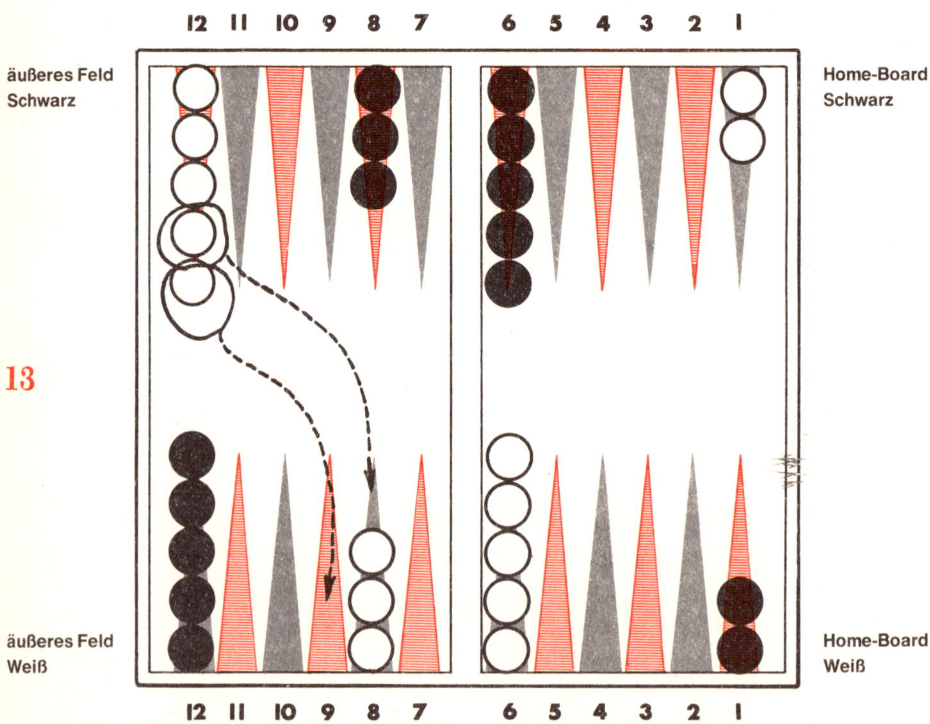
12 11 10 9 8 7 6 5 4 3 2 1
äußeres Feld Schwarz
Home-Board Schwarz
äußeres Feld Weiß
Home-Board Weiß
12 11 10 9 8 7 6 5 4 3 2 1

13

Blot mit einer einfachen 4 oder einer 3–1 oder einem Pasch 2 geschlagen werden kann (insgesamt sind es vierzehn Treffermöglichkeiten).

(12) *6–1. Machen Sie Ihren Bar-Punkt.* Einer der besten Eröffnungswürfe. Sie haben nun einen schönen Block von drei Punkten hintereinander: Ihren Sechser-, Ihren Bar- und Ihren Achter-Punkt.

(13) *5–4. Ziehen Sie mit zwei Steinen vom schwarzen Zwölfer- auf Ihren Achter- und Ihren Neuner-Punkt.* Wir wollen uns diesen Zug erst einmal anschauen. Sie haben einen Blot auf Ihrem Neuner-Punkt. Ihr Gegner kann Sie mit einem seiner hinteren Steine treffen, wenn er 6–2, 5–3 oder Pasch 4 würfelt. Damit würden Sie drei Steine statt zwei im inneren Feld Ihres Gegners haben, aber das sollte Ihnen zu einem so frühen Stadium noch kein Kopfzerbrechen bereiten – es wäre kaum von Bedeutung. (Er könnte sie auch mit einem Pasch 2 schlagen, aber der daraus gewonnene Vorteil wäre so unerheblich, daß er ziemlich töricht wäre, diesen schönen Wurf nicht auf die übliche Art zu ziehen.)
Wenn er irgendeinen der dreißig anderen möglichen Würfe würfelt, kann er Ihren Blot nicht treffen, und dieser gewinnt somit wesentlich an Bedeutung. Er gibt Ihnen einen zusätzlichen Stein zum »Bau« Ihres Bar-Punkts und der anderen wichtigen Punkte in Ihrem Board und erhöht somit Ihre Chancen, einen dieser Punkte zu machen; und wenn Sie als nächstes eine 4 würfeln, können Sie – mit einem Ihrer Steine vom schwarzen Zwölfer-Punkt – Ihren Neuner-Punkt schließen; außerdem erweist sich der Extra-Stein auf Ihrem Achter-Punkt im weiteren Verlauf des Spiels oft als besonders nützlich.
Es gibt zwei schwächere Züge. Der erste sieht so aus, daß man einen Stein vom schwarzen Zwölfer-Punkt auf den eigenen Achter-Punkt und einen Stein auf den schwarzen Fünfer-Punkt setzt. Das macht sich zwar auf den ersten Blick ganz gut, aber die Erfahrung hat gelehrt, daß es grundsätzlich nicht ratsam ist, *beim ersten Wurf* nur *einen* Stein auf den gegnerischen Fünfer-Punkt zu stellen. Wenn er zwei Zahlen würfelt, mit denen er diesen Punkt machen kann, bringt ihm das einen beachtlichen Vorteil. Wenn eine der Zahlen, die er würfelt, eine 3 oder eine 1 ist, wird er Sie wahrscheinlich sogar »ungedeckt« schlagen. Natürlich werden Sie dann eine Menge Möglichkeiten haben, seinen Blot wiederum zu treffen, aber damit gewinnen Sie nicht viel. Wenn Sie ihn aber nicht treffen, ist er drauf und dran, diesen Punkt zu machen.
Der andere Zug ist, mit einem Ihrer beiden hinteren Steine bis zum schwarzen Zehner-Punkt vorzuziehen. Dieser Stein kann von einer 3 oder 2–1 getroffen werden. Das macht zwar weiter nichts, aber wenn er nicht geschlagen wird, bringt Ihnen das auch nicht viel ein.

(14) *5–3**. Machen Sie Ihren Dreier-Punkt.* Es gibt eine starke Alternative zu diesem Zug, die in Expertenkreisen immer beliebter wird. Sie besteht einfach darin, mit zwei Steinen vom schwarzen Zwölfer-Punkt auf Ihren Achter- und Ihren Zehner-Punkt zu ziehen. Damit gehen Sie zwar schon frühzeitig ein Risiko ein, erhöhen

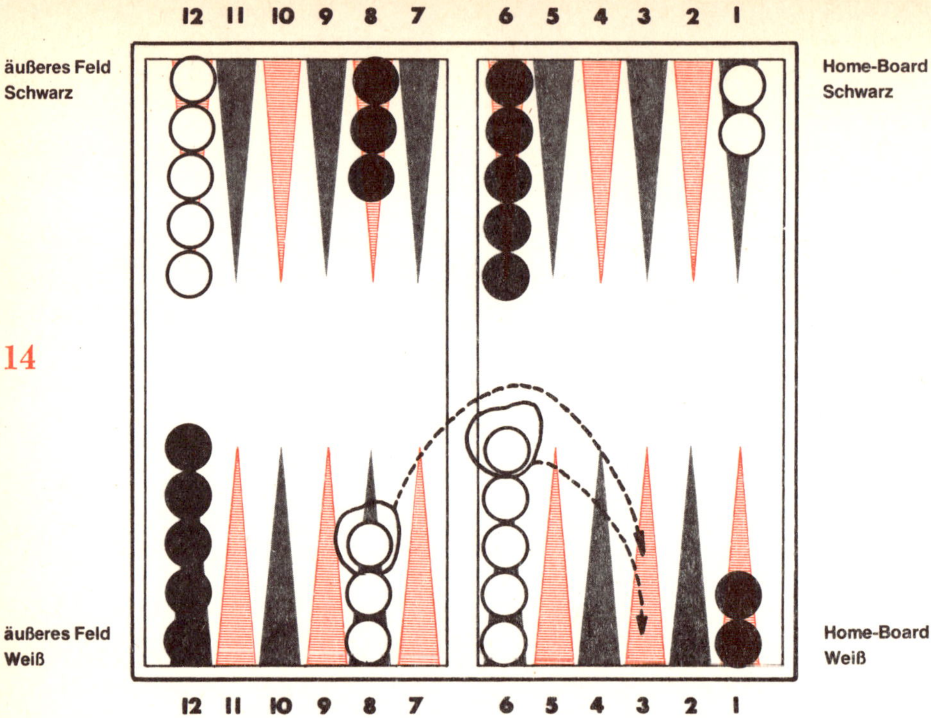
12 11 10 9 8 7 6 5 4 3 2 1
äußeres Feld
Schwarz
Home-Board
Schwarz
äußeres Feld
Weiß
Home-Board
Weiß
12 11 10 9 8 7 6 5 4 3 2 1

14

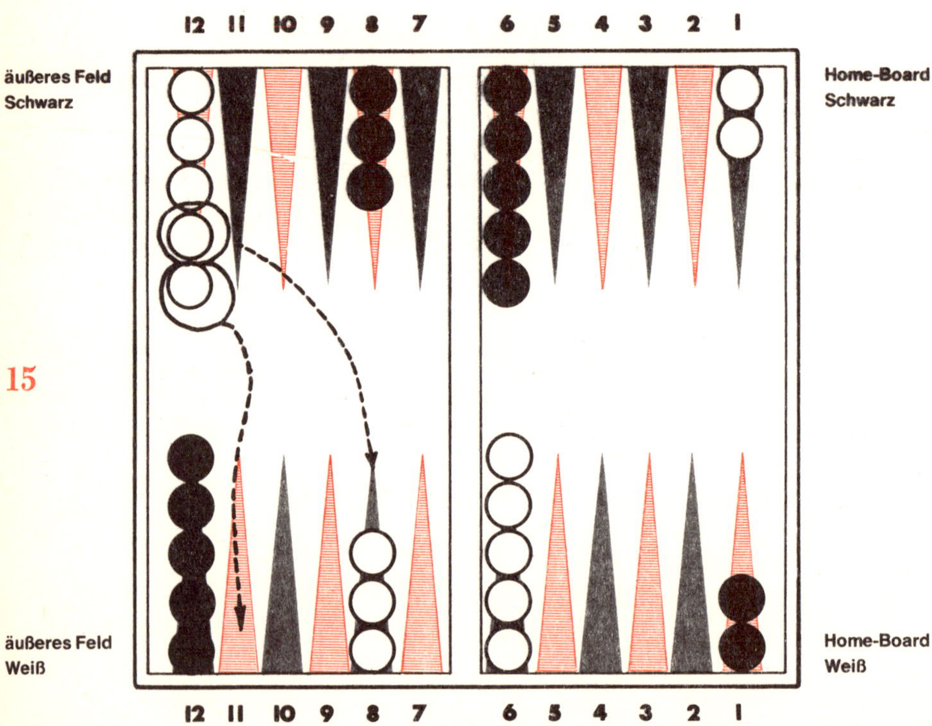
12 11 10 9 8 7 6 5 4 3 2 1
äußeres Feld
Schwarz
Home-Board
Schwarz
äußeres Feld
Weiß
Home-Board
Weiß
12 11 10 9 8 7 6 5 4 3 2 1

15

aber Ihre Chancen beträchtlich, mit dem nächsten Wurf den Bar-, den Fünfer- oder den Vierer-Punkt zu machen; und die moderne Theorie besagt, daß der Dreier-Punkt keinen sonderlichen Wert besitzt, bevor man nicht seinen Vierer- oder Fünfer-Punkt gemacht hat. Wir haben den von uns empfohlenen Zug mit zwei Sternchen versehen, weil wir die aggressivere Alternative für etwa genauso gut halten.

(15) *5–2. Ziehen Sie mit zwei Steinen vom schwarzen Zwölfer-Punkt auf Ihren Achter- und Elfer-Punkt.* Das ist mit Abstand der beste Zug, da Sie – ziemlich ungefährdet – eine starke Blockade vorbereiten. Es gibt zwei schwächere Züge. Zum einen können Sie einen Stein vom schwarzen Zwölfer-Punkt auf Ihren eigenen Sechser-Punkt bringen. Mit diesem Zug riskieren Sie zwar nichts, verschaffen sich aber auch keinen Vorteil: Sie sind in Sicherheit, haben aber nichts getan, um Ihre Stellung zu verbessern. Man kann den gleichen albernen Sicherheitszug mit 4–3 machen oder einen ähnlich albernen mit 4–1 oder 3–2 auf den eigenen Achter-Punkt, aber wir wollen diese Möglichkeiten hier von vornherein und ein für allemal verwerfen – mit dem Hinweis darauf, daß derjenige, der sich irgendwo ruhig niederläßt, zwar nicht stolpern kann, andererseits aber auch keinen Meter vorwärtskommt.
Ein wirklich schlechter Zug mit der 5–2 wäre der, die 2 dazu zu verwenden, um Ihre beiden hinteren Steine (indem Sie mit einem auf den schwarzen Dreier-Punkt ziehen) zu »splitten« (to split = spalten, zerteilen). Ein Split der hinteren Steine auf den Einser- und den Dreier-Punkt des Gegners ist der schlechteste, den Sie machen können – aus einem wichtigen Grund: Wenn Ihr Gegner dann Pasch 5 würfelt, macht er nicht nur seinen Einser- und seinen Dreier-Punkt, sondern wirft außerdem Ihre beiden Steine hinaus. Wenn Sie nicht beide sofort wieder hereinbringen können, dürfte sich Ihr Gegner stark genug fühlen, um Sie augenblicklich zu »doppeln« und das Spiel damit zu beenden (es sei denn, Sie vertrauten auf eine gehörige Portion Glück).

(16) *5–1*. Ziehen Sie mit einem Stein vom schwarzen Zwölfer- auf Ihren Achter-Punkt und mit einem vom schwarzen Einser- auf den schwarzen Zweier-Punkt.* Bei 5–1 sind wir *dafür,* daß Sie Ihre beiden hinteren Steine splitten, denn in diesem Fall ist der Split gar nicht schlecht. Mit 4–1 kann Ihr Gegner zwar beide Steine schlagen, aber das bringt ihm nicht viel. Zunächst einmal würden Sie ihn, wenn Sie nun eine 1 würfeln, Ihrerseits hinauswerfen, und er müßte mit diesem Stein wieder ganz von vorn beginnen. Wenn Sie keine 1 würfeln, kann er mit dem Stein, den er auf seinen Einser-Punkt gestellt hat, für den Rest des Spiels nichts mehr anfangen. Wenn er ihn mit einem anderen Stein deckt, hat er einen zweiten ziemlich nutzlosen Stein. Gute Spieler machen zwar gelegentlich ihren Einser-Punkt, aber nur dann, wenn sie bereits mindestens einen höheren Punkt besetzt haben.
Wenn Ihr Gegner statt 4–1 die Kombination 6–4 würfelt, kann er seinen Zweier-Punkt machen und Sie gleichzeitig schlagen; aber auch das hilft ihm nicht viel weiter, und für seine 6–4 gibt es bessere Züge. Wie schon gesagt: In diesem frühen Stadium des Spiels ist der Zweier-Punkt nicht viel wert.

16

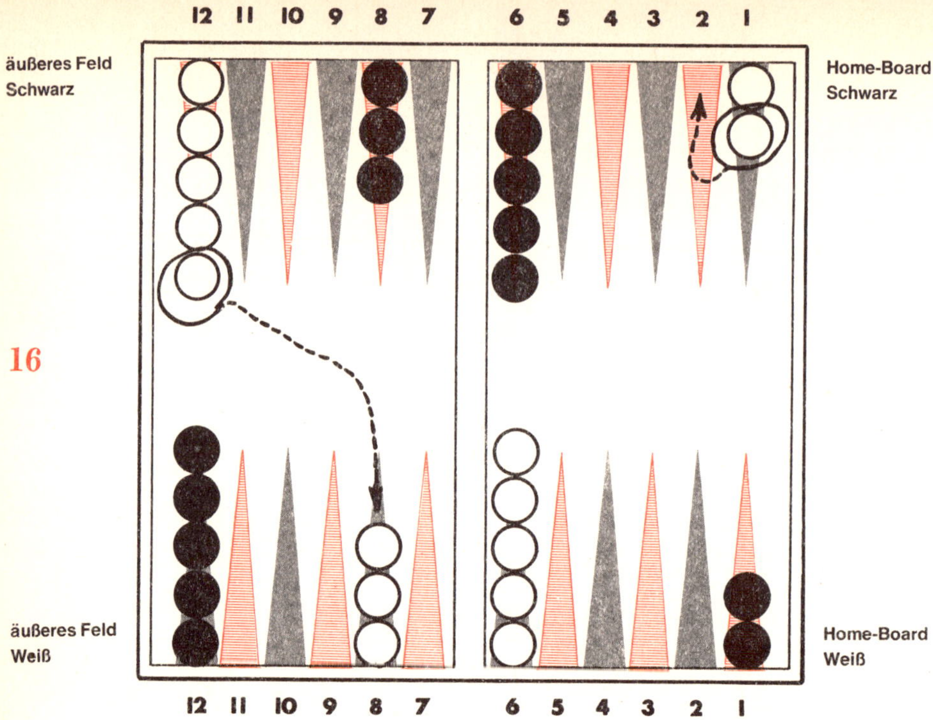

Wenn es ihm nicht gelingt, einen Ihrer beiden Steine auf seinem Zweier- und seinem Einser-Punkt zu schlagen, sind Sie mit einem der nächsten Würfe in der Lage, einen der höheren Punkte in seinem Board oder seinen Bar-Punkt zu machen. Außerdem haben Sie Ihre Möglichkeiten, in sein äußeres Feld zu »schießen«, verdoppelt, so daß Sie, falls er in diesem Abschnitt einen Blot offenlassen sollte, die zweifache Chance haben, ihn zu treffen.
Es gibt zwei andere Züge mit 5–1, die recht beliebt sind und für die auch einiges spricht. Einer besteht darin, daß man einen der beiden hinteren Steine auf den gegnerischen Bar-Punkt stellt. Ein interessanter Versuch – Sie verlieren wenig, wenn Ihr Gegner auf den Köder anbeißt und Sie schlägt, und Sie haben darüber hinaus gute Aussichten, ihn beim nächsten Wurf Ihrerseits hinauszuwerfen.
Beim zweiten Zug wird die 5 dazu verwandt, um mit einem Stein vom schwarzen Zwölfer-Punkt auf den eigenen Achter-Punkt zu ziehen, und die 1, um einen Stein vom eigenen Sechser- auf den Fünfer-Punkt zu stellen. Wenn dieser Blot getroffen wird, ist das ärgerlich für Sie – wenn nicht, ärgerlich für Ihren Gegner.

(17) *4–3. Ziehen Sie mit zwei Steinen vom schwarzen Zwölfer-Punkt auf Ihren Neuner- und Ihren Zehner-Punkt.* Sie stellen zwei Blots hin, aber beide auf einmal kann Ihr Gegner nicht schlagen. Wenn keiner von beiden getroffen wird, befinden sie sich in einer hervorragenden Position, um Ihnen beim »Bau« Ihres Bar-, Fünfer- oder Vierer-Punkts behilflich zu sein; oder vielleicht können Sie beim nächsten

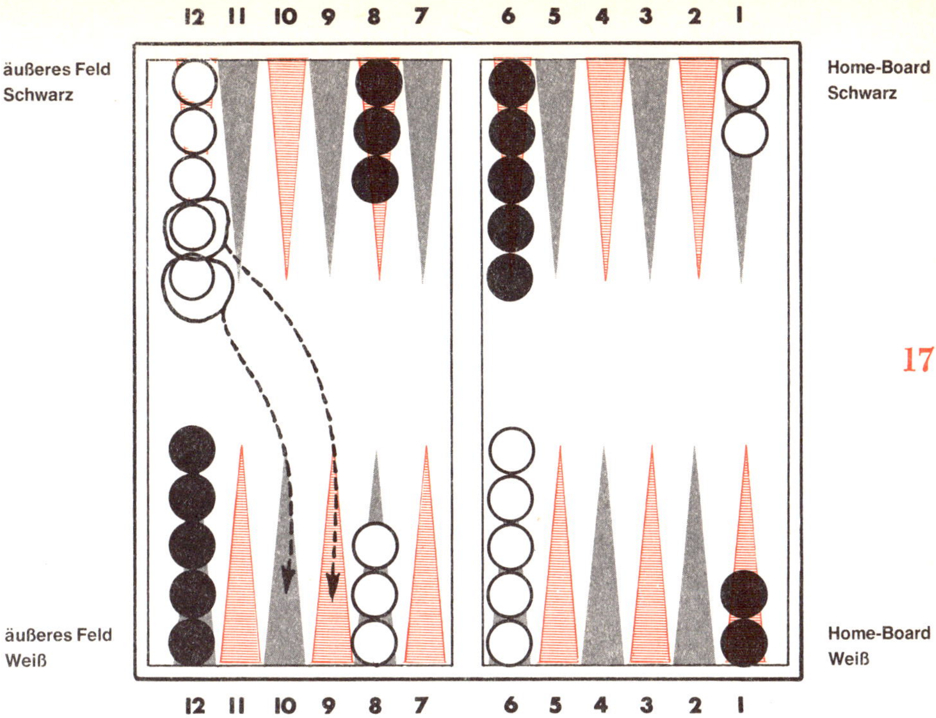

17

Wurf einen von beiden decken und somit Ihren Neuner- oder Zehner-Punkt machen.
Es gibt noch zwei andere, spielbare Züge: Sie können Ihre beiden hinteren Steine splitten und einen Stein vom schwarzen Zwölfer-Punkt in Ihr äußeres Feld ziehen. Die bessere Alternative ist hier, einen der hinteren Steine auf den schwarzen Vierer-Punkt statt auf den Fünfer-Punkt zu stellen – aus strategischen Gründen.
Ein sehr altmodischer Zug ist der, beide hinteren Steine vorwärtszubewegen. Tun Sie das auf keinen Fall gegen einen Gegner, der versiert genug ist, um einen dieser Blots zu schlagen, falls er kann. Sie könnten zwar Glück haben, aber wahrscheinlicher ist, daß Ihr Spiel ziemlich schnell in die Binsen geht (siehe Erläuterungen zu 5–2).

(18) *4–2.* Machen Sie Ihren Vierer-Punkt. Dies ist ein guter Wurf, der jede Diskussion um mögliche Alternativen überflüssig macht. Ihr Vierer-Punkt ist ohne Frage von erheblichem Wert, und mit jedem anderen Zug würden Sie unsinnigerweise einen Blot freistellen.

(19) *4–1*. Ziehen Sie mit einem Stein vom schwarzen Zwölfer-Punkt auf Ihren Neuner-Punkt und mit einem Stein vom schwarzen Einser- auf den schwarzen Zweier-Punkt.* Dieser Wurf ist nicht besonders gut, und der von uns empfohlene Zug birgt einige Risiken – wie Sie sich bereits denken können. Eine brauchbare

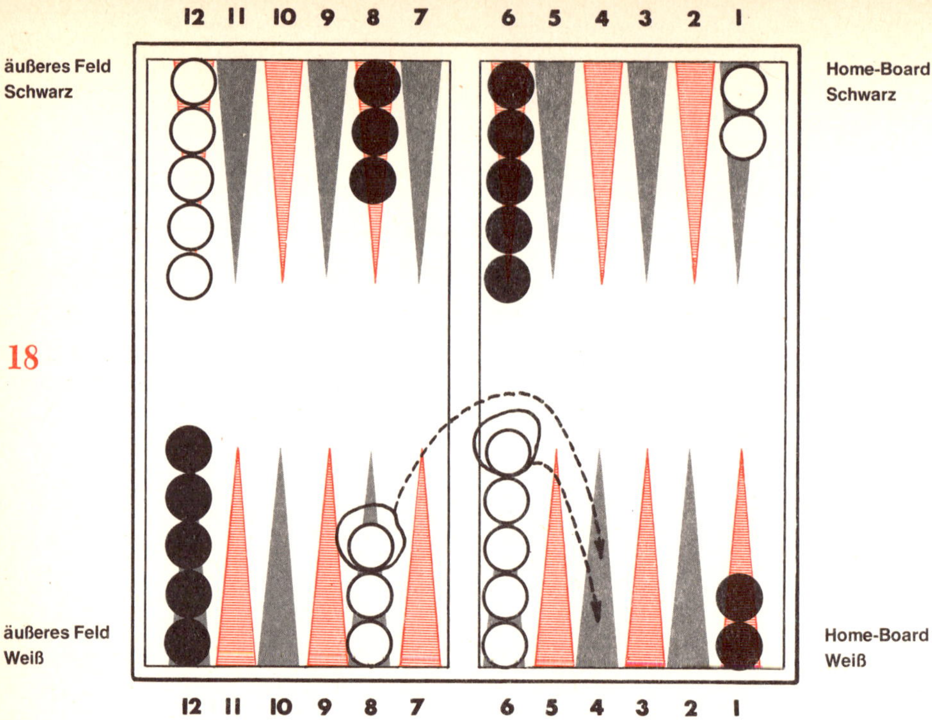
12 11 10 9 8 7 6 5 4 3 2 1
äußeres Feld Schwarz
Home-Board Schwarz
äußeres Feld Weiß
Home-Board Weiß
12 11 10 9 8 7 6 5 4 3 2 1

18

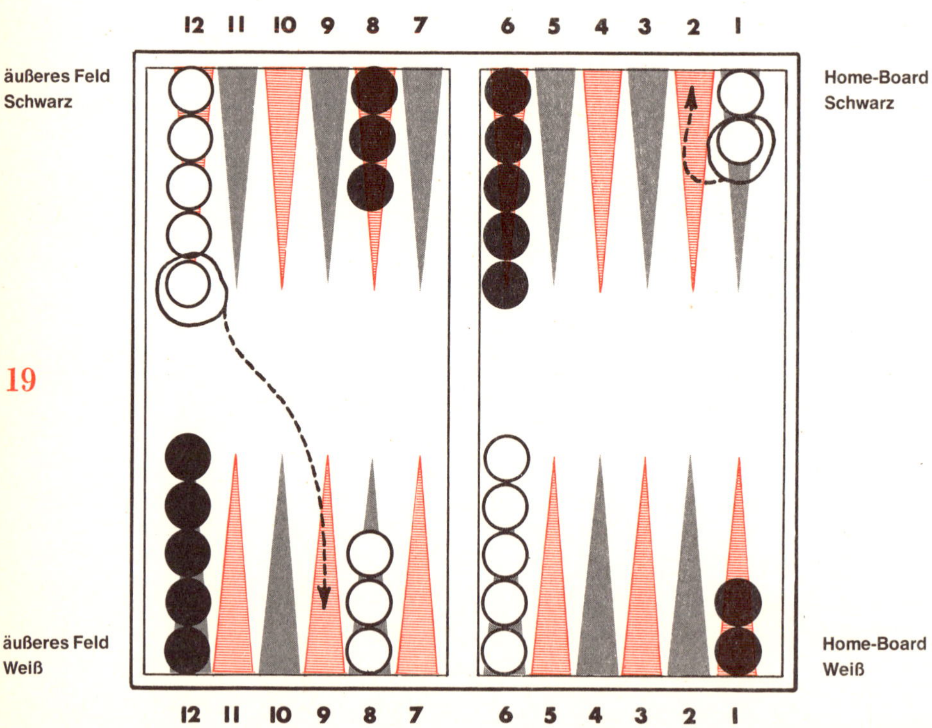
12 11 10 9 8 7 6 5 4 3 2 1
äußeres Feld Schwarz
Home-Board Schwarz
äußeres Feld Weiß
Home-Board Weiß
12 11 10 9 8 7 6 5 4 3 2 1

19

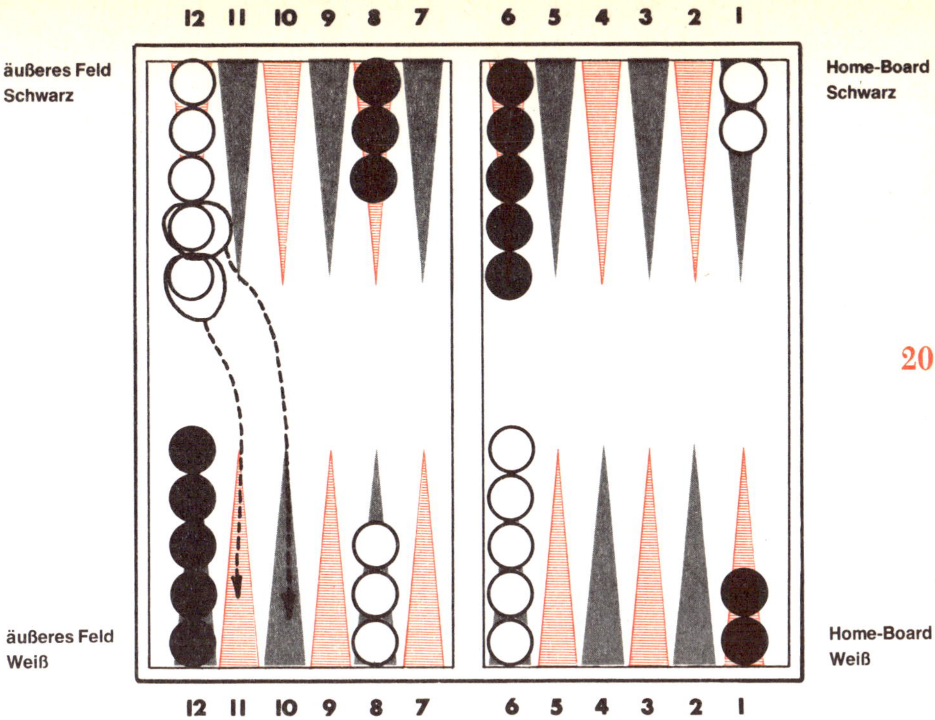

Alternative hierzu ist die, mit einem Stein auf Ihren Neuner-Punkt und mit einem auf Ihren Fünfer-Punkt zu ziehen. Wenn es klappt, ist das großartig – das heißt also, wenn Ihr Gegner nicht einen Ihrer Blots trifft und Sie die fraglichen Punkte dann beim nächsten Wurf machen können. Das Dumme ist nur, daß Ihr Blot auf dem Fünfer-Punkt von jeder 4, 3–1, 2–2 und 1–1 getroffen werden kann und der zweite Blot von 6–2, 5–3, 4–4 und 2–2. Hinzu kommt, daß bei Pasch 4 und Pasch 2 Ihre *beiden* Blots geschlagen werden. Dieses Risiko scheint ein bißchen hoch (siehe auch Erläuterungen zu 5–2).

(20) *3–2*. Ziehen Sie mit zwei Steinen vom schwarzen Zwölfer-Punkt auf Ihren Zehner- und Ihren Elfer-Punkt.* Damit haben Sie zwei zusätzliche Steine in Ihrem äußeren Feld – ein schöner Schritt vorwärts in Richtung auf ein Blockieren des Gegners. Ihre Blots sind nur gefährdet, wenn eine 10 oder eine 9 gewürfelt wird, und falls das nicht passiert, sind Sie in einer günstigen Position, um Punkte zu machen.

Der beste Alternativ-Zug ist, mit einem Ihrer hinteren Steine auf den schwarzen Vierer-Punkt vorzurücken und mit einem Stein vom schwarzen Zwölfer-Punkt auf Ihren Elfer-Punkt zu ziehen. Ein schwacher Zug wäre es, mit einem Stein vom schwarzen Zwölfer- auf Ihren Zehner-Punkt zu ziehen und mit einem der hinteren Steine auf den schwarzen Dreier-Punkt. Sie wissen doch: Das schlimmste, was Sie machen können, ist, Ihre beiden hinteren Steine so zu splitten, daß der eine auf dem

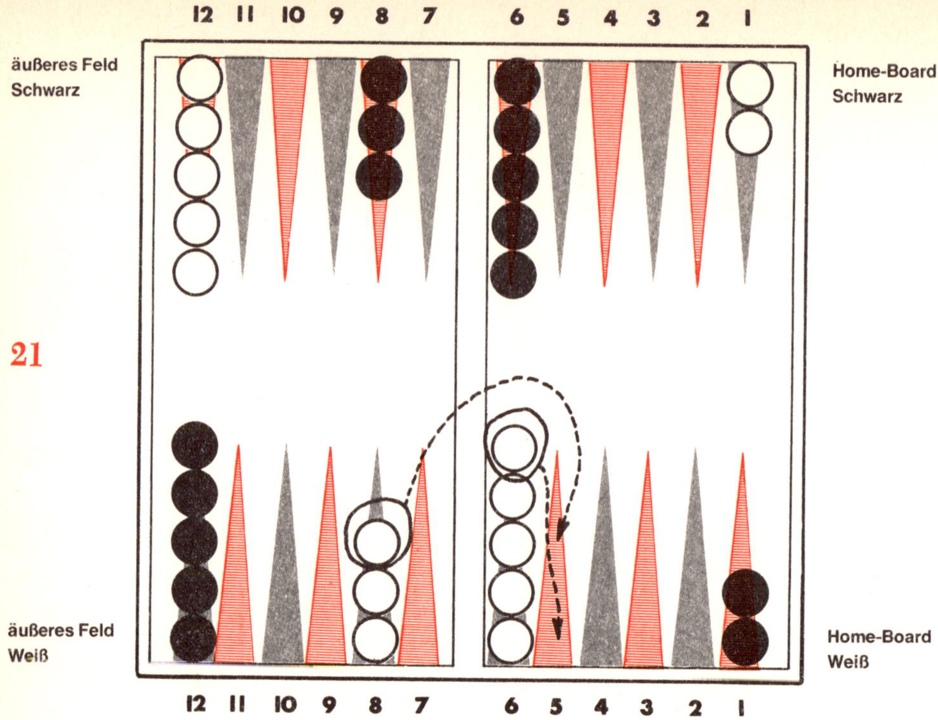
12 11 10 9 8 7 6 5 4 3 2 1
äußeres Feld Schwarz
Home-Board Schwarz
äußeres Feld Weiß
Home-Board Weiß
12 11 10 9 8 7 6 5 4 3 2 1

21

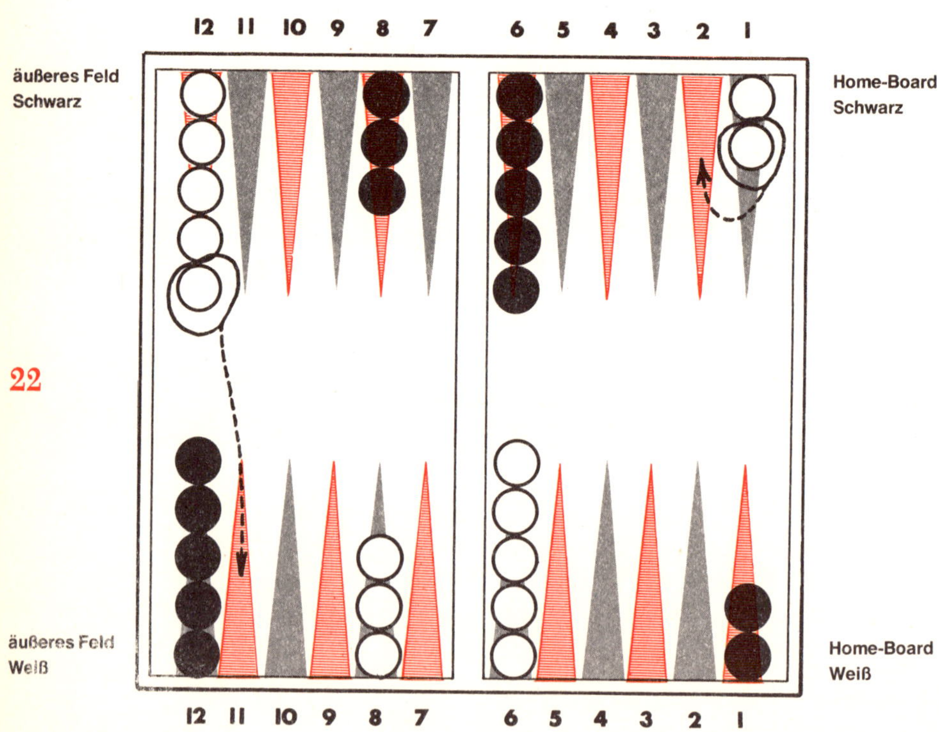
12 11 10 9 8 7 6 5 4 3 2 1
äußeres Feld Schwarz
Home-Board Schwarz
äußeres Feld Weiß
Home-Board Weiß
12 11 10 9 8 7 6 5 4 3 2 1

22

schwarzen Einser- und der andere auf dem schwarzen Dreier-Punkt steht – weil Ihr Gegner mit einem Pasch 5 gleich beide erwischen würde (siehe auch Erläuterungen zu 5–2).

(21) *3–1. Machen Sie Ihren Fünfer-Punkt.* Anmerkungen zu diesem Zug erübrigen sich. Wenn Sie nicht mit einem Pasch beginnen dürfen, ist 3–1 Ihr bester Eröffnungswurf; Sie haben damit den wichtigsten Punkt in Ihrem Board gemacht und Ihren Gegner bereits ein bißchen »eingeschnürt«.

(22) *2–1*. Ziehen Sie mit einem Stein vom schwarzen Zwölfer- auf Ihren Elfer-Punkt und mit einem Stein vom schwarzen Einser- auf den schwarzen Zweier-Punkt.* Mit diesem Zug bringen Sie einen Stein ziemlich sicher in Ihr äußeres Feld und splitten Ihre beiden hinteren Steine auf die wirksamste Art und Weise.
Ein etwas schwächerer Zug ist der, einen Stein vom schwarzen Zwölfer- auf Ihren Elfer-Punkt zu ziehen und einen von Ihrem Sechser- auf Ihren Fünfer-Punkt. Wie wir schon unter 4–1 festgestellt haben, droht Ihrem Stein auf dem Fünfer-Punkt von jeder 4, 3–1, 2–2 oder 1–1 Gefahr; und wenn Ihr Gegner gar eine 6–4 würfelt, kann er Ihre beiden Blots auf einmal schlagen.

Wir können – bevor Sie mit dem Studium des Backgammonspiels fortfahren – die Bedeutung des richtigen Verständnisses für die Eröffnungszüge gar nicht oft genug unterstreichen.

3 Die Erwiderung auf den Eröffnungszug

Im Verlauf dieses Kapitels wird sich unsere Analyse verschiedener Züge stets auf die Erörterung der Eröffnungszüge im vorangegangenen Kapitel beziehen. Die Erwiderung ist ebenfalls ein Erstzug, aber natürlich wird der Eröffnungszug, den Ihr Gegner bereits gemacht hat, Einfluß auf Ihren Spielzug haben. Vielleicht hat er einen Zug, den Sie sonst gemacht hätten, blockiert, oder er bietet Ihnen eine Chance, ihn zu schlagen, oder er hat einfach den relativen Wert verschiedener Züge verändert.

Im allgemeinen gilt:

1. *Wenn er – mit 3–1, 4–2 oder 5–3 – einen Punkt in seinem Board gemacht hat, werden Sie nicht mit einem Ihrer hinteren Steine auf seinen Bar-Punkt vorrücken.* Folglich wird ein Zug mit 6–4, 6–3 oder 6–2, wie Sie ihn als Eröffnungszug gemacht hätten (wir beziehen uns hier – wie auch im folgenden – auf die Erläuterung dieser Züge in Kapitel 2), für Sie nicht in Betracht kommen. Der Grund dafür ist, daß Sie sonst in ein Spiel geraten würden, in dem die Chancen gegen Sie stehen: Wie wir zu den Eröffnungszügen 6–4, 6–3 und 6–2 bereits ausgeführt haben, rechnen Sie damit, geschlagen zu werden, wenn Sie auf dem Bar-Punkt Ihres Gegners einen Blot stehen lassen. Sie hoffen, ihn dann wiederum Ihrerseits zu schlagen und somit einen »totalen Schlagabtausch« in die Wege zu leiten. Im vorliegenden Fall jedoch würden Sie mit einem beträchtlichen Handikap in diesen Kampf gehen. Sie haben ein sogenanntes »Ein-Punkt-Board«, da der einzige Punkt, der in Ihrem inneren Feld besetzt ist, jener Sechser-Punkt ist, mit dem Sie das Spiel begonnen haben. Ihr Gegner aber hat bereits einen zweiten Punkt in seinem Board gemacht, besitzt also ein »Zwei-Punkte-Board«; wenn er nun Ihren Blot auf seinem Bar-Punkt trifft, sind Ihre Chancen, diesen Stein mit dem nächsten Wurf wieder hereinzuwürfeln, nur acht zu eins. Gelingt Ihnen das aber, und Sie schlagen nun wiederum *seinen* Blot, so sind seine Chancen, diesen Stein mit dem nächsten Wurf wieder ins Spiel zu bekommen, fünfunddreißig zu eins. Eine Acht-zu-eins-Chance zu Ihren Gunsten mag sich ganz gut anhören, aber sie ist nicht annähernd so gut wie die

Fünfunddreißig-zu-eins-Chance zu *seinen* Gunsten – und obwohl das Ergebnis so eines Schlagabtausches meistens ein Unentschieden ist, *dürfte sich jeder Spieler, der seinen Stein nicht gleich mit dem ersten Wurf wieder hereinbekommt, mit einiger Wahrscheinlichkeit bereits auf der Verliererstraße befinden.* Dieser Extra-Punkt, den Ihr Gegner in seinem Board besetzt hat, stört Sie in Ihrer Spielentwicklung; Ihnen bleiben nur vier Punkte, auf die Sie Ihren Stein von der Bar aus hereinwürfeln können, und somit ist Ihre Bewegungsfreiheit eingeschränkt. Wenn er dann einen *dritten* Punkt in seinem inneren Feld machen sollte, vermindern sich Ihre Chancen, mit einem Wurf wieder hereinzukommen, sofort auf drei zu eins; wenn Sie dagegen einen zweiten Punkt in Ihrem Board machen, haben Sie noch nichts weiter erreicht als das Spiel wieder ausgeglichen zu gestalten.

2. *Wenn er seine beiden hinteren Steine gesplittet hat, sollten Sie keinen einzelnen Stein in Ihr äußeres Feld stellen;* dieser Stein wäre durch beide gegnerischen Steine gefährdet.

3. *Wenn er einen Blot hat, den Sie schlagen können, sollten Sie das in der Regel tun.*

Es ist unmöglich, jede Kombination von ersten und zweiten Würfeln im einzelnen durchzusprechen, aber wir wollen Ihnen zeigen, was Sie auf ein paar typische Eröffnungszüge erwidern sollten. Verarbeiten Sie dies gründlich; es wird Ihnen helfen, auch mit den anderen Kombinationen fertigzuwerden.

Erwiderung auf 6–1. in Diagramm 23 hat Schwarz 6–1 gewürfelt und seinen Bar-Punkt gemacht. Damit ist es Ihnen nicht mehr möglich, mit einem Ihrer hinteren

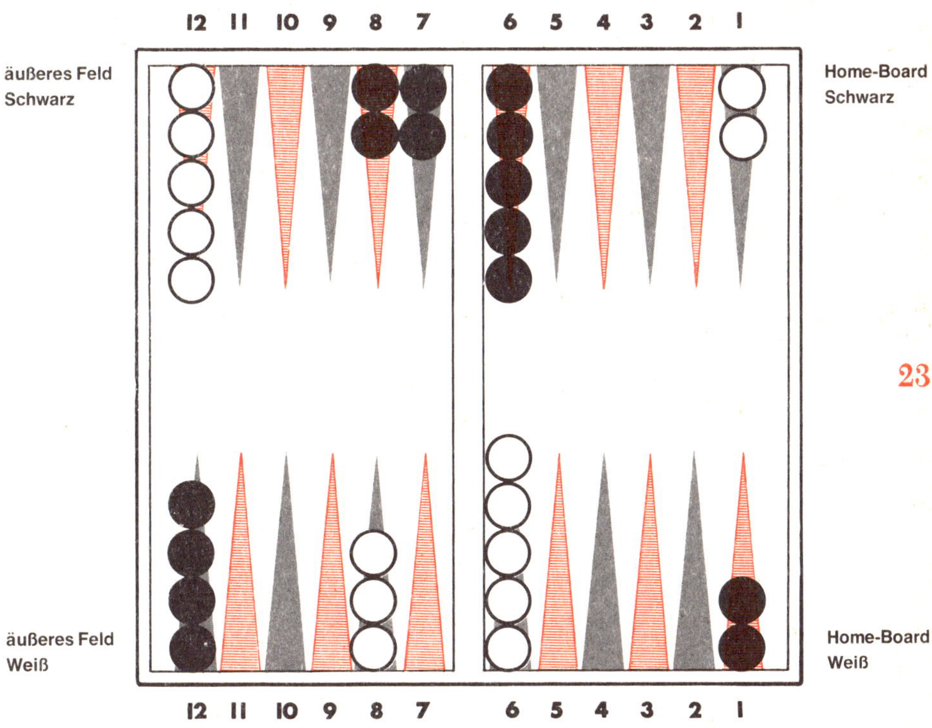

23

Steine eine 6 zu ziehen, und Sie können folglich Pasch 6 oder 6–5 nicht so spielen, wie Sie es getan hätten, wenn er seinen Bar-Punkt nicht gemacht hätte. Beide Würfe sind mit einem Schlag recht unbefriedigend und sollten wie folgt gespielt werden:

Pasch 6. Ziehen Sie mit vier Steinen vom schwarzen Zwölfer-Punkt auf Ihren Bar-Punkt. Damit lassen Sie zwar einen Blot stehen, aber es ist das beste, was Sie machen können.

6–5. Ziehen Sie mit einem Stein von seinem Zwölfer- auf Ihren Bar-Punkt und mit einem auf Ihren Achter-Punkt. Der Stein auf Ihrem Bar-Punkt ist ein Blot, aber es gibt keinen Weg, einen Blot – wo auch immer – zu vermeiden; in solchen Fällen sollten Sie *ihren Blot da hinstellen, wo er Ihnen am meisten nützt, wenn er nicht getroffen wird.*

Die meisten anderen Gegenzüge auf 6–1 werden wie Eröffnungszüge gespielt. Die Ausnahmen sind:

Pasch 3. Machen Sie Ihren Fünfer-Punkt (mit zwei Steinen von Ihrem Achter-Punkt), und rücken Sie mit Ihren beiden hinteren Steinen auf den schwarzen Vierer-Punkt vor. Ihr Gegner ist dadurch, daß er seinen Bar-Punkt gemacht hat, drauf und dran, Ihre beiden hinteren Steine »einzuklemmen«; mit Ihrem Gegenzug durchkreuzen Sie diese Absicht.

Pasch 2. Rücken Sie entweder mit Ihren beiden hinteren Steinen auf den schwarzen Fünfer-Punkt vor oder stellen Sie sie auf den schwarzen Dreier-Punkt und machen Sie Ihren Vierer-Punkt (mit zwei Steinen von Ihrem Sechser-Punkt).

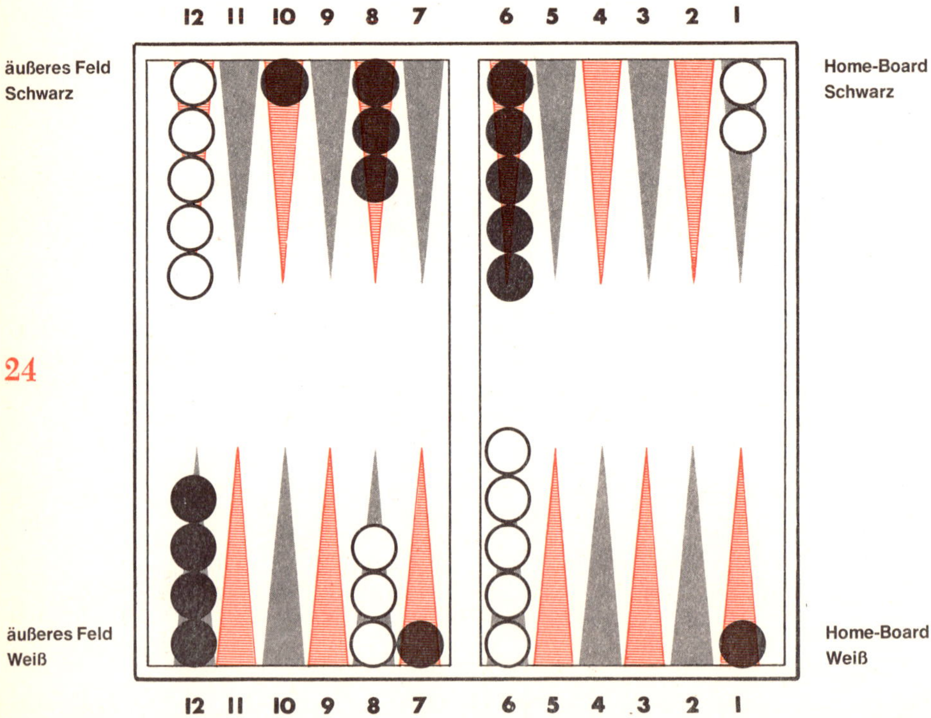

24

5–4. Rücken Sie mit einem Ihrer hinteren Steine bis auf den schwarzen Zehner-Punkt vor, da Ihr Gegner versucht, Sie einzuklemmen.
4–3. Ziehen Sie mit einem Stein von seinem Zwölfer- auf Ihren Neuner-Punkt und mit einem der hinteren Steine auf seinen Vierer-Punkt. Auch in diesem Fall müssen Sie etwas mit Ihren hinteren Steinen tun, bevor die Blockade noch stärker wird.
3–2. Machen Sie den gleichen Zug wie mit 4–3, außer daß Sie mit Ihrem Stein von seinem Zwölfer- auf Ihren Elfer-Punkt ziehen. Wie Sie sich erinnern, haben wir diese beiden letzten Züge als Alternativen in unseren Erläuterungen zu den Eröffnungszügen gegeben. Aufgrund der veränderten Lage sind sie nun erste statt zweite Wahl.
Erwiderung auf 6–3. In Diagramm 24 hat Schwarz mit 6–3 eröffnet und einen Stein von Ihrem Einser- auf Ihren Bar-Punkt sowie einen von Ihrem Zwölfer- auf seinen Zehner-Punkt gestellt:
Pasch-Würfe. Wenn Sie irgendeinen Pasch würfeln, sollten Sie Ihren normalen Eröffnungszug machen (oder bei Pasch 4 einen der zwei möglichen Züge, wie sie in Kapitel 2 erörtert wurden) – außer bei Pasch 3. Bei Pasch 3 machen Sie einfach mit zwei Steinen vom schwarzen Zwölfer-Punkt Ihren Bar-Punkt, um seinen Blot zu schlagen.
Sie werden bemerken, daß die von uns empfohlenen Eröffnungszüge für Pasch 6 und Pasch 1 in diesem Fall besonders wirkungsvoll sind, da Sie – außer Punkte zu machen – obendrein noch einen Blot treffen.
6–5. Dieser Wurf ist so stark, daß Sie ihn in diesem Fall nicht wie den empfohlenen Eröffnungszug für 6–5 spielen. Sie sollten mit der 6 seinen Stein auf Ihrem Bar-Punkt schlagen (mit einem Ihrer Steine vom schwarzen Zwölfer-Punkt) und mit der 5 seinen Stein auf Ihrem Einser-Punkt hinauswerfen (mit einem Ihrer Steine von Ihrem Sechser-Punkt). Damit hat er gleich zwei Steine draußen und ist bereits stark in die Defensive gedrängt. *6–4.* Schlagen Sie mit einem Ihrer Steine vom schwarzen Zwölfer-Punkt seinen Blot auf Ihrem Bar-Punkt und rücken Sie mit einem Ihrer hinteren Steine auf den schwarzen Fünfer-Punkt vor. Machen Sie *nicht* Ihren Zweier-Punkt.
6–3. Schlagen Sie mit einem Ihrer hinteren Steine den Blot auf seinem Zehner-Punkt.
6–2. Schlagen Sie seinen Blot auf Ihrem Bar-Punkt mit einem Ihrer Steine vom schwarzen Zwölfer-Punkt und ziehen Sie mit einem zweiten Stein von diesem Punkt auf Ihren Elfer-Punkt. Wenn er nicht gleich hereinkommt und Sie trifft, sind Sie in einer ausgezeichneten Position, um verschiedene gute Punkte zu machen und einen starken Block gegen die hinteren Steine des Gegners zu bilden.
6–1. Machen Sie Ihren Bar-Punkt. Dieser Zug ist jetzt noch effektiver (im Vergleich zum gleichen Eröffnungszug), weil Sie – außer diesen Schlüsselpunkt zu besetzen – auch noch seinen Blot treffen.
5–4. Schlagen Sie mit einem Ihrer hinteren Steine den Blot auf seinem Zehner-Punkt (indem Sie, natürlich, zuerst die 4 ziehen).
5–3. Machen Sie Ihren Dreier-Punkt. Da Sie Ihren Gegner nicht treffen können, ist ein Punkt in Ihrem Board die beste Lösung.

5–2. Das ist immer ein schwacher Wurf, aber der schwarze Stein auf Ihrem Bar-Punkt hat selbst den üblichen Zug unmöglich gemacht. Wir empfehlen daher, daß Sie mit einem Stein vom schwarzen Zwölfer- auf Ihren Achter-Punkt und mit einem von Ihrem Sechser- auf Ihren Vierer-Punkt ziehen. Das entspricht dem Grundprinzip, wonach Sie, wenn Sie schon einen Blot einem direkten Treffer aussetzen müssen, ihn da postieren sollten, wo er Ihnen, falls er nicht getroffen wird, am meisten nützen würde.

5–1. Schlagen Sie mit der 1 seinen Blot auf Ihrem Bar-Punkt und mit der 5 seinen Blot auf Ihrem Einser-Punkt (siehe 6–5).

4–3. Das beste, was Sie hier machen können, ist, mit einem Stein von seinem Zwölfer- auf Ihren Sechser-Punkt zu ziehen. Mit jedem anderen Zug würden Sie zwei Blots stehenlassen (dies ist eines der wenigen Male, wo Sie zu Beginn des Spiels »auf sicher« spielen sollten).

4–2. Dieser Wurf bietet zwei Alternativen von gleicher Qualität. Sie können seinen Blot lassen, wo er ist, und einfach Ihren Vierer-Punkt machen (indem Sie mit je einem Stein vom Achter- und vom Sechser-Punkt ziehen); sie können aber auch mit einem Stein von seinem Zwölfer-Punkt seinen Blot auf Ihrem Bar-Punkt schlagen. Es ist dies eine der vielen, vielen Situationen beim Backgammon, wo es *den* besten Zug für einen bestimmten Wurf einfach nicht gibt.

4–1. Schlagen Sie seinen Blot auf Ihrem Bar-Punkt mit einem Stein von Ihrem Achter-Punkt und stellen Sie einen Ihrer hinteren Steine auf seinen Fünfer-Punkt.

3–2. Das einzige, was Sie tun können, ist, auf sicher zu spielen und mit einem Stein vom schwarzen Zwölfer-Punkt auf Ihren Achter-Punkt zu ziehen.

3–1. Widerstehen Sie der Versuchung, seinen Blot auf Ihrem Bar-Punkt zu schlagen und machen Sie ruhig Ihren Fünfer-Punkt – mit je einem Stein von Ihrem Achter- und Sechser-Punkt. (Denken Sie daran, daß der Stein, mit dem Sie von Ihrem Achter- auf Ihren Fünfer-Punkt ziehen, zwar den Blot Ihres Gegners überspringt, ihn aber nicht schlägt; um einen Blot zu treffen, müssen Sie genau auf dem Punkt, auf dem er steht, »zwischenlanden«.)

2–1. Schlagen Sie seinen Blot auf Ihrem Bar-Punkt, und ziehen Sie mit einem Stein von seinem Zwölfer- auf Ihren Elfer-Punkt.

Erwiderung auf 6–3 als »Running-Game«. In Diagramm 25 hat Schwarz seinen 6–3-Eröffnungszug so gespielt, daß er mit einem seiner hinteren Steine bis zu Ihrem Zehner-Punkt »durchgelaufen« ist:

Sie spielen *Pasch 6, Pasch 4, Pasch 2, Pasch 1, 6–5, 4–2, 6–1, 5–1* oder *4–1* so, wie Sie den Eröffnungszug spielen würden.

Pasch 5. Ziehen Sie mit je zwei Steinen von Ihrem Achter- und Ihrem Sechser-Punkt und machen Sie Ihren Dreier- und Ihren Einser-Punkt. Grundsätzlich sollte Sie Pasch 5 immer dann so spielen, wenn Sie gleichzeitig einen Blot schlagen und einen Punkt machen können.

Pasch 3 ist in diesem Fall noch günstiger als sonst. Ziehen Sie mit zwei Steinen vom schwarzen Zwölfer-Punkt und schlagen Sie seinen Blot auf Ihrem Zehner-Punkt; dann machen Sie entweder mit zwei Steinen von Ihrem Achter-Punkt Ihren Fün-

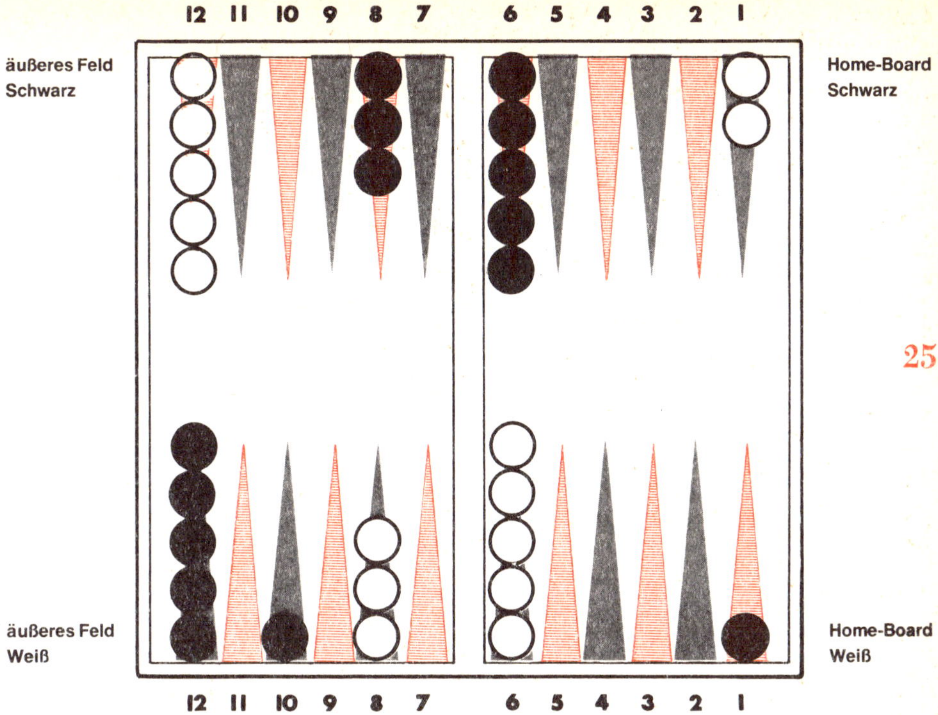

25

fer-Punkt, oder Sie rücken mit Ihren zwei hinteren Steinen auf den schwarzen Vierer-Punkt vor.

6–4. Sie sollten hier nicht das normale »Running Game« mit einem Ihrer hinteren Steine versuchen, da Ihr Blot auf dem schwarzen Elfer-Punkt direkten Treffern durch eine 2 oder eine 4 ausgesetzt wäre. Stattdessen empfielt es sich, unsere Alternative für den Eröffnungszug zu verwenden:
Stellen Sie einen Ihrer hinteren Steine auf seinen Bar-Punkt, und ziehen Sie mit einem Stein vom schwarzen Zwölfer-Punkt »ums Eck herum« auf Ihren Neuner-Punkt.

6–3, 5–3, 4–3, 3–2 oder *2–1*. Bei all diesen Würfen sollten Sie die 3 dazu benützen, um seinen Blot auf Ihrem Zehner-Punkt zu schlagen. Bei *6–3* sollten Sie die 6 dazu verwenden, um einen Ihrer hinteren Steine auf den schwarzen Bar-Punkt zu stellen. Bei 5–3, 4–3 oder 3–2 sollten Sie mit der 5, 4 oder 2 einen weiteren Stein vom schwarzen Zwölfer-Punkt in Ihr äußeres Feld befördern. Bei 2–1 benötigen Sie natürlich beide Zahlen, um den Blot auf Ihrem Zehner-Punkt zu treffen.

6–2. Sie können es sich *weder* erlauben, mit einem Ihrer hinteren Steine auf den schwarzen Neuner-Punkt zu ziehen, *noch* einen Stein auf seinen Bar-Punkt und einen anderen auf Ihren Elfer-Punkt zu stellen, da Sie sonst zu leicht getroffen werden können. Statt dessen sollten Sie mit einem Stein vom schwarzen Zwölfer-Punkt bis auf Ihren Fünfer-Punkt vorziehen. Auch hier exponieren Sie wieder einen Blot auf einem Punkt, wo er Ihnen eine Menge einbringen kann, falls er nicht getroffen wird.

5–2. Der Stein auf Ihrem Zehner-Punkt verdirbt Ihnen den üblichen Zug, da Sie, wenn Sie einen Blot auf Ihren Elfer-Punkt stellen würden, von jeder 1 sowie der Kombination 6–4 getroffen werden könnten. Das Beste, was Sie tun können, ist, mit einem Stein von seinem Zwölfer-Punkt auf Ihren Achter-Punkt zu ziehen und einen Stein von Ihrem Sechser-Punkt auf Ihren Vierer-Punkt zu stellen.
3–1. Es spricht nichts dagegen, Ihren Fünfer-Punkt zu machen, aber wir würden dem folgenden Zug dennoch einen leichten Vorteil einräumen: Ziehen Sie die 3 mit einem Stein vom schwarzen Zwölferpunkt und schlagen Sie seinen Blot auf Ihrem Zehner-Punkt; mit der 1 splitten Sie Ihre beiden hinteren Steine, stellen also einen vom schwarzen Einser- auf den schwarzen Zweier-Punkt.

26

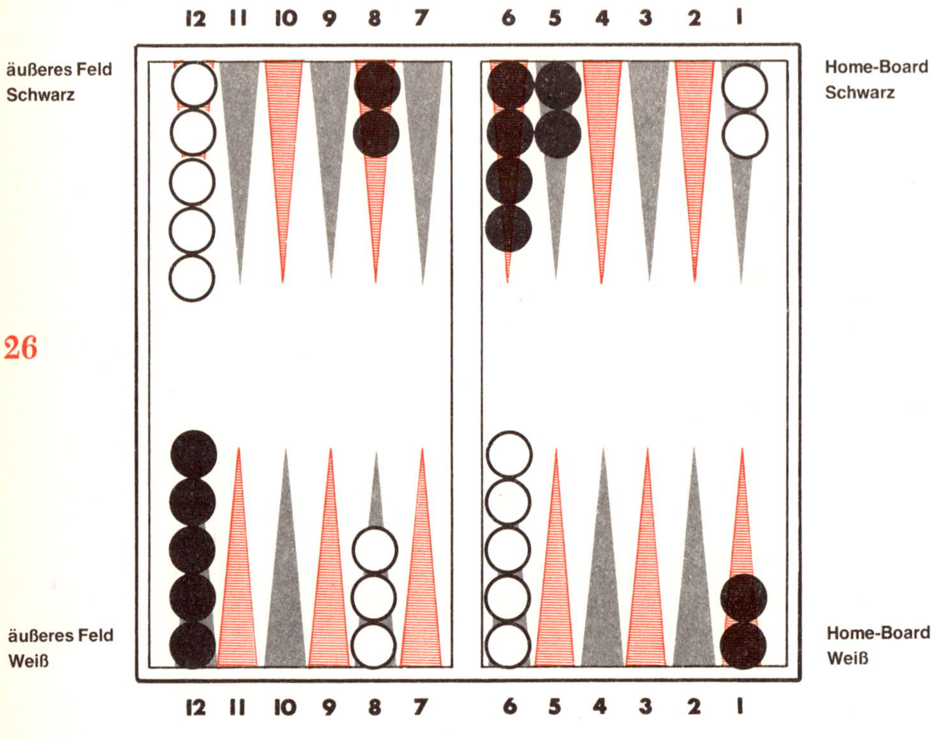

Erwiderung auf 3–1. In Diagramm 26 hat Schwarz mit 3–1 begonnen und seinen Fünfer-Punkt gemacht. Wie gut dieser Zug ist, werden Sie merken, wenn wir Ihre möglichen Gegenzüge untersuchen.
Machen Sie Ihre normalen Eröffnungszüge, sofern Sie nicht einen der folgenden Würfe haben:
Pasch 4. Sie können Ihre hinteren Steine nicht bewegen. Der beste Zug ist daher, mit zwei Steinen von seinem Zwölfer-Punkt Ihren Fünfer-Punkt zu machen.
Pasch 3. Machen Sie Ihren Fünfer-Punkt mit zwei Steinen von Ihrem Achter-Punkt, und rücken Sie mit Ihren beiden hinteren Steinen auf den gegnerischen Vierer-Punkt vor.

Pasch 2. Machen Sie Ihren Vierer-Punkt mit zwei Steinen von Ihrem Sechser-Punkt, und stellen Sie Ihre hinteren Steine auf seinen Dreier-Punkt. Mit diesem Zug haben Sie – genau wie mit dem für Pasch 3 empfohlenen – noch am ehesten Aussicht, Ihre beiden hinteren Steine in Sicherheit zu bringen.

6–4, 6–3, 6–2. Mit jedem dieser Würfe sollten Sie »rennen« – also mit einem der hinteren Steine beide Zahlen ziehen. Verwerfen Sie die Idee, den Wurf zu splitten und einen Stein auf seinen Bar-Punkt zu stellen. Wie wir zu Beginn dieses Kapitels ausgeführt haben, sollten Sie sich unter keinen Umständen auf einen Schlagabtausch einlassen, wenn Ihr Gegner bereits zwei Punkte in seinem Board besetzt hat, Sie aber nur einen in Ihrem.

4–3, 3–2. Ziehen Sie mit zwei Steinen vom schwarzen Zwölfer-Punkt. Wenn Ihr Gegner seinen Fünfer-Punkt gemacht hat, dürfen Sie *nicht* die 3 dazu verwenden, um einen Ihrer hinteren Steine auf seinen Vierer-Punkt zu stellen. Würde er nämlich diesen Blot treffen, wären Sie wahrscheinlich in ernsthaften Schwierigkeiten.

Prägen Sie sich all diese Züge und die Logik, die dahintersteckt, genau ein; das wird Ihnen helfen, auf *jeden* Eröffnungszug die bestmögliche Antwort zu finden.

Sobald Sie damit fertig sind, können Sie einen ersten Blick auf die Wahrscheinlichkeitsrechnung werfen.

4 Wahrscheinlichkeitsrechnung

Unter gleichwertigen Gegnern ist Backgammon im wesentlichen ein Wahrscheinlichkeitsspiel. Theoretisch könnten Sie also einen Computer zu Hilfe nehmen und sich Ihre mathematischen Chancen in jeder Position ausrechnen. Praktisch jedoch gibt es so viele Faktoren, die dabei eine Rolle spielen – einschließlich der Art des Spiels, die Ihre Gegner bevorzugt – daß selbst der größte und raffinierteste Computer der Welt nicht in der Lage wäre, dieses Problem zu lösen – außer vielleicht im letzten Endstadium des Spiels. Die Erfahrung wird Sie lehren, daß Sie in manchen Situationen und gegen manche Art von Spielern gut beraten sind, ihre mathematischen Chancen außer Acht zu lassen und sich ausschließlich auf die Strategie Ihres Gegners zu konzentrieren. Aber auf die Dauer werden Sie das Spiel desto besser beherrschen, je besser Sie über die mathematischen Wahrscheinlichkeiten Bescheid wissen.

Ein Wort zur Warnung: Glauben Sie nicht, daß Sie den Inhalt dieses Kapitels gleich beim erstenmal voll erfassen können. Lesen Sie es sich jetzt sorgfältig durch und fahren Sie dann mit dem nächsten Kapitel fort – aber machen Sie es sich zur Gewohnheit, sich möglichst oft darauf zu beziehen, wenn Sie das Buch zu Ende lesen. Sie werden lernen, die einzelnen Wahrscheinlichkeiten immer schneller und immer leichter zu erkennen, und viele Grundprinzipien werden sich schließlich ganz von selbst in Ihnen festsetzen.

Und nun wollen wir sehen, was man *ohne* Gebrauch eines Computers lernen kann. Für den Anfang geben wir Ihnen hier die 36 Würfe, die mit 2 Würfeln möglich sind.

Tabelle 1
Würfelkombinationen

Pasch 1	1
Pasch 2	1
Pasch 3	1
Pasch 4	1
Pasch 5	1
Pasch 6	1
1 und 2, oder 2 und 1	2
1 und 3, oder 3 und 1	2
1 und 4, oder 4 und 1	2
1 und 5, oder 5 und 1	2
1 und 6, oder 6 und 1	2
2 und 3, oder 3 und 2	2
2 und 4, oder 4 und 2	2
2 und 5, oder 5 und 2	2
2 und 6, oder 6 und 2	2
3 und 4, oder 4 und 3	2
3 und 5, oder 5 und 3	2
3 und 6, oder 6 und 3	2
4 und 5, oder 5 und 4	2
4 und 6, oder 6 und 4	2
5 und 6, oder 6 und 5	2
	36

Sie werden bemerken, daß ein Pasch nur als ein Wurf zählt, während zwei Zahlen wie 6 und 5 als zwei Würfelkombinationen aufgeführt werden. Obwohl 6–5 und 5–6 gleich aussehen, wenn Sie gewürfelt werden, sind sie in Wirklichkeit zwei verschiedene Würfe. Der Unterschied wird offensichtlich, wenn Sie mit Würfeln von verschiedener Farbe würfeln, sagen wir einmal mit einem roten und einem grünen Würfel.

Beim Betrachten der Tabelle 1 können Sie sehen, daß es 11 Möglichkeiten gibt eine bestimmte Zahl zu würfeln, zum Beispiel die 1. Gibt es demnach 22 Möglichkeiten um eine von zwei Zahlen, z. B. 1 oder 2 zu würfeln? Das mag den Anschein haben, ist aber nicht der Fall. Es gibt nur 20 Möglichkeiten, da 1–2 und 2–1 nicht zweimal gezählt werden können.

Folglich gibt es 27 Möglichkeiten, um eine von drei bestimmten Zahlen, 32 Möglichkeiten um eine von vier bestimmten Zahlen und 35 Möglichkeiten um eine von fünf bestimmten Zahlen zu würfeln.

Tabelle 2 bestätigt nur das Vorangegangene, da die Zahl der offenen Punkte der Zahl der verschiedenen Zahlen, die Sie würfeln können, entspricht. Wenn Sie also einen Stein auf der Bar haben und fünf Punkte im Board Ihres Gegners offen sind, möchten Sie die Wahrscheinlichkeit wissen, mit der Sie eine von fünf bestimmten Zahlen würfeln werden.

Tabelle 2
Wahrscheinlichkeit des Hereinkommens von der Bar

Zahl der offenen Punkte	Möglichkeiten, hereinzukommen	Chancen, hereinzukommen	Chancen zu Ihren Gunsten oder gegen Sie
5	35	97 %	35 zu 1 zu Ihren Gunsten
4	32	89 %	8 zu 1 zu Ihren Gunsten
3	27	75 %	3 zu 1 zu Ihren Gunsten
2	20	56 %	5 zu 4 zu Ihren Gunsten
1	11	31 %	25 zu 11 dagegen

Wenn Sie irgendwo einen Blot stehen lassen müssen, ist es außerdem empfehlenswert, die Anzahl der Würfe zählen zu können, die Sie treffen würden. Wenn Sie einen Stein einem *direkten Treffer* aussetzen, gilt: *Je näher Sie dem gegnerischen Stein sind, desto geringer ist die Chance, daß Sie getroffen werden.* Wenn Sie also durch eine 1 gefährdet sind (durch einen gegnerischen Stein, der einen Punkt von Ihnen entfernt ist), gibt es nur 11 Möglichkeiten getroffen zu werden, da nur eine 1 Sie schlägt. Wenn Sie von einer 2 bedroht sind, können Sie 12mal getroffen werden: durch elf 2er, sowie durch Pasch 1.

Wenn ein kombinierter Wurf (das heißt mehr als 6) nötig ist, um Sie zu treffen, gilt – mit einer Ausnahme: *je weiter weg Sie sind, desto geringer ist die Chance, daß Sie getroffen werden.* Es ist nicht schwer, sich diese Chancen selbst auszurechnen, aber wir haben Sie für alle Fälle in Tabelle 3 für alle Entfernungen von 1 bis 12 aufgeführt.

Tabelle 3
Trefferwahrscheinlichkeit
(Wir gehen bei der Tabelle davon aus, daß sich zwischen Ihnen und dem Blot keine feindlichen Punkte befinden.)

Entfernung	Treffermöglichkeiten	Chancen getroffen zu werden	Chancen dagegen
1	11	31 %	25 zu 11
2	12	33 %	2 zu 1
3	14	39 %	11 zu 7
4	15	42 %	7 zu 5
5	15	42 %	7 zu 5
6	17	47 %	19 zu 17
7	6	17 %	5 zu 1
8	6	17 %	5 zu 1
9	5	14 %	31 zu 5
10	3	8 %	11 zu 1
11	2	6 %	17 zu 1
12	3	8 %	11 zu 1

Sie können außerdem getroffen werden: durch Pasch 4, wenn Sie 16 Punkte entfernt sind, durch Pasch 5 wenn Sie 15 oder 20 Punkte entfernt sind und durch Pasch 6 wenn Sie 18 oder 24 Punkte entfernt sind (natürlich ist jeder der Würfe nur einer von 36 möglichen, d. h. die Chancen stehen 35 zu 1 dagegen, daß Sie getroffen werden).
Wenn Sie zwischen Ihrem Blot und dem gegnerischen Stein, der Sie bedroht, einen oder mehrere Punkte besetzt halten, ist die Zahl der Treffermöglichkeiten geringer. Wenn Sie also Ihren Zweier-, Ihren Fünfer- und Ihren Sechser-Punkt besetzt haben und einen Blot auf Ihren Bar-Punkt stellen, kann Sie ein gegnerischer Stein auf Ihrem Einser-Punkt mit jeder 6 oder mit 4–2 oder Pasch 3 treffen, aber er kann Sie nicht mit 5–1 oder Pasch 2 schlagen, so daß Sie nur 14 möglichen Würfen anstatt 17 ausgesetzt sind.
Wenn Sie von 2 Zahlen erwischt werden können, wird die Trefferchance wie folgt bestimmt: Man addiert die zwei einzelnen Möglichkeiten und zieht die doppelten davon ab. Wenn Sie also von einer 6 oder einer 1 getroffen werden können gibt es 24 Möglichkeiten um geschlagen zu werden: 17 Möglichkeiten mit der 6 plus 11 Möglichkeiten mit der 1, minus 4 Möglichkeiten für 6–1 und 5–1, die Sie von jedem der beiden Punkte aus treffen. Zu dem gleichen Endergebnis kommt man auch auf andere Weise: Es gibt elf direkte 6er, plus neun direkte 1er, die keine 6 enthalten, plus 4–2, 2–4, Pasch 3 und Pasch 2 – ergibt 24 Möglichkeiten.
Sie können die verschiedenen Treffermöglichkeiten auch bestimmen, indem Sie die Würfe zählen, die *nicht* treffen. Wenn Sie also einer 6 und einer 1 ausgesetzt sind, sind die einzigen Würfe, die Sie nicht treffen, Pasch 5, Pasch 4, 5–4, 5–3, 5–2, 4–3 und 3–2, also insgesamt 12 Würfe; 36 minus 12 ergeben ebenfalls wieder 24 Möglichkeiten.
Machen Sie es sich zur Gewohnheit, die Zahl der Würfe zu zählen, die Sie treffen

können, wenn Sie einen Blot stehen lassen müssen. Es gibt da ein paar ungewöhnliche Zahlen. Nachdem Sie die Stellung, wie wir sie in Diagramm 27 zeigen, erreicht haben, doppeln Sie Ihren Gegner und würfeln dann 3–2. Sie jammern ein bißchen – wie die meisten Backgammon-Spieler – über ihr Würfelpech, und beschließen dann, das Beste aus ihrem Wurf zu machen. Sie können mit Ihrem Blot 5, 3, 2 oder gar keinen Punkt ziehen, aber Sie können ihn nicht in Sicherheit bringen. Sie müssen nicht erst lange zählen, um zu erkennen, daß sie ihn entweder um alle fünf Punkte oder überhaupt nicht bewegen sollten; wenn Sie nur drei oder zwei Punkte ziehen, setzen sie ihn viel zu vielen möglichen Treffern aus. Auf den ersten Blick scheint es so, daß es gefahrloser ist, ihn zu lassen, wo er ist, da er dann nur *einem* direkten Treffer ausgesetzt ist, aber Sie sind besser dran, wenn Sie ihn bis auf ihren Neuner-Punkt verziehen. Es gibt siebzehn Möglichkeiten, eine 6 zu würfeln, plus vier Möglichkeiten 5–2 und 4–3 zu würfeln oder insgesamt einundzwanzig Möglichkeiten, Sie zu treffen, wo Sie stehen. Aber es gibt nur zwanzig Möglichkeiten, Sie mit einer 2 oder einer 1 zu treffen, wenn Sie bis auf Ihren Neuner-Punkt vorrücken.

Es gibt noch einen anderen Grund, warum Sie das tun sollten. Wenn Sie nicht sofort getroffen werden, sind Sie mit Ihrem nächsten Wurf sicher »zu Hause« (es sei denn, Sie würfeln Pasch 1). Wenn Sie bleiben, wo Sie sind, können Sie Pasch 3, Pasch 6 oder jeder Wurf, der insgesamt 6 oder weniger ergibt, immer noch in Schwierigkeiten bringen (es gibt 13 solcher Würfe).
Nun sehen Sie sich einmal die Position in Diagramm 28 an. Sie würfeln 6–1. Die 6 müssen Sie vom schwarzen Neuner-Punkt ziehen; aber das Problem ist die 1. Wenn Sie Ihren Blot auf den schwarzen Zehner-Punkt stellen, bleiben Schwarz nur vierzehn – statt fünfzehn – Würfe, um Sie zu treffen, aber die richtige Spielweise ist, auf seinem Neuner-Punkt stehen zu bleiben.
Der Grund ist, daß Sie sich in diesem Fall auch mit den Würfen beschäftigen müssen, die Ihrem Gegner erlauben würden, Ihren Blot zu treffen und zur gleichen Zeit seinen eigenen Blot in seinem inneren Feld zu decken. Wenn Sie mit der 1 vorrükken, kann er Sie mit fünf Würfen treffen und seinen Blot decken (Pasch 3, 3–4 und 3–6).
Wenn Sie auf dem Zehner-Punkt bleiben, kann er Sie nur mit vier Würfen treffen und gleichzeitig seinen Blot decken (Pasch 2, 4 und 4–5).
Wir wollen einmal sehen, warum uns das kombinierte Schlagen und Decken soviel Kopfzerbrechen bereitet. Der Grund ist, daß Sie, wenn er Sie trifft, ohne seinen Blot zu decken, zwanzig Möglichkeiten haben (siehe Tabelle 2), um sofort wieder hereinzukommen, und elf dieser zwanzig Möglichkeiten erlauben es Ihnen, hereinzukommen und seinen Blot zu treffen. Wenn er Sie trifft und gleichzeitig seinen Blot deckt, haben Sie nur elf Möglichkeiten, um überhaupt hereinzukommen. Wenn Sie nicht sofort hereinkommen, wird er Sie doppeln (wenn es um Geld geht, oder wenn Sie ein Turnier spielen), und Sie würden das Spiel sofort aufgeben müssen. Die Regeln zwingen Sie zwar nicht, das Doppel abzulehnen, aber wenn es um einen relativ hohen Einsatz geht, können Sie es sich nicht leisten zu akzeptieren.

27

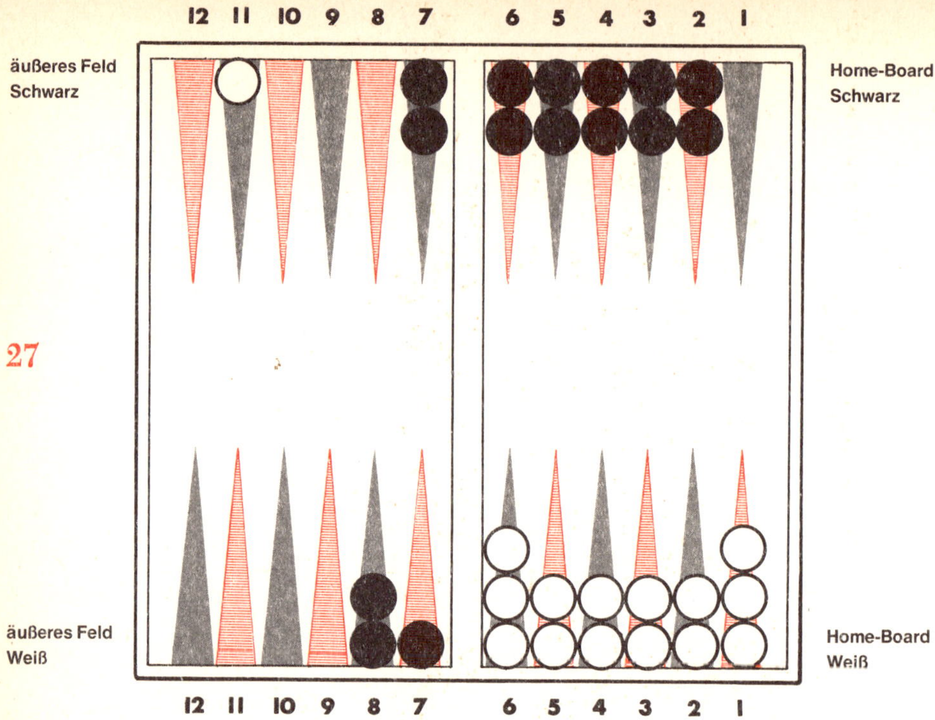

12 11 10 9 8 7 6 5 4 3 2 1
äußeres Feld Schwarz
Home-Board Schwarz
äußeres Feld Weiß
Home-Board Weiß
12 11 10 9 8 7 6 5 4 3 2 1

28

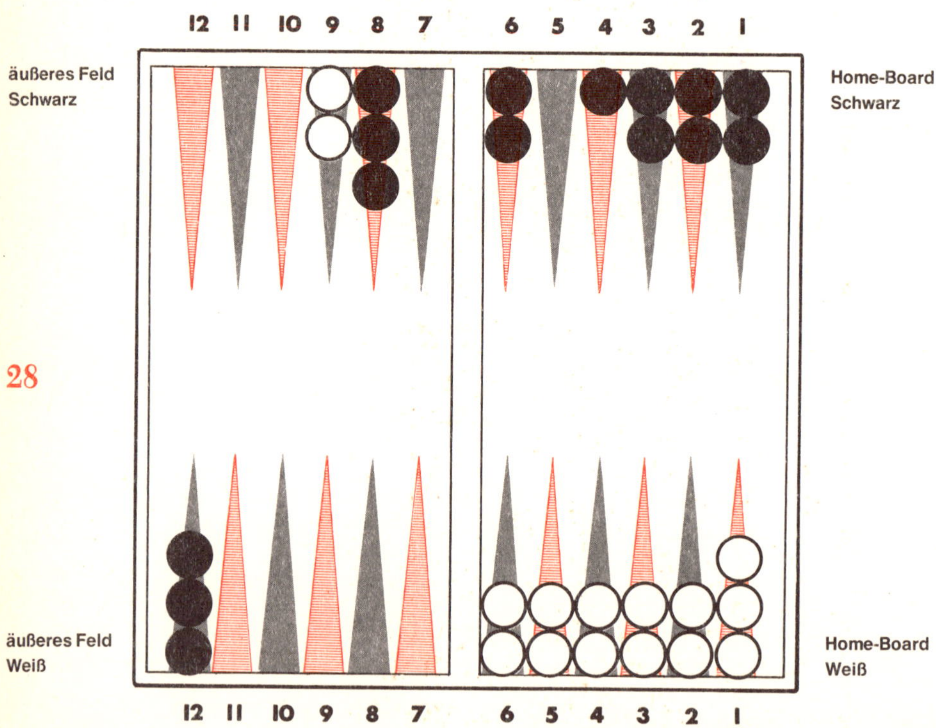

12 11 10 9 8 7 6 5 4 3 2 1
äußeres Feld Schwarz
Home-Board Schwarz
äußeres Feld Weiß
Home-Board Weiß
12 11 10 9 8 7 6 5 4 3 2 1

Tabelle 4 beschäftigt sich mit den Wahrscheinlichkeiten, Ihre letzten ein oder zwei Steine in ein oder zwei Würfen herauszunehmen, und zwar in allen Kombinationen. Eine genaue Kenntnis der Möglichkeiten ist wichtig, damit Sie wissen, wie Sie Ihre Steine in der Endphase des Spiels bewegen müssen und außerdem bei der Einschätzung später Doppel und Re-Doppel.

Tabelle 4
Wahrscheinlichkeit, die letzten ein oder zwei Steine in einem oder zwei Würfen herauszunehmen

Gesamtzahl der Punkte, die Sie zu gehen haben	Punkte, auf denen Ihr Stein oder Ihre Steine postiert sind	Anzahl der Gewinnwürfe	Wahrscheinlichkeit zu gewinnen	In zwei Würfen haben Sie die folgende Wahrscheinlichkeit zu gewinnen
12	6–6	4	11 %	78 %
11	6–5	6	17 %	88 %
10	5–5	6	17 %	92 %
	6–4	8	22 %	93 %
9	5–4	10	28 %	96 %
	6–3	10	28 %	97 %
8	4–4	11	31 %	98 %
	6–2	13	36 %	99 %
	5–3	14	39 %	99 %
7	6–1	15	42 %	99 + %
	4–3	17	47 %	99 + %
	5–2	19	53 %	99 + %
6	3–3	17	47 %	100 %
	5–1 oder 4–2	23	64 %	100 %
	6	27	75 %	100 %
5	3–2	25	69 %	100 %
	4–1	29	81 %	100 %
	5	31	86 %	100 %
4	2–2	26	72 %	100 %
	3–1 oder 4	34	94 %	100 %
3	2–1 oder 3	36	100 %	100 %
2	1–1 oder 2	36	100 %	100 %

Der Teil der Tabelle, der die Chance aufzeigt, in einem Wurf herauszukommen, ist der wichtigste. Wir erwarten nicht, daß Sie ihn auswendig lernen, aber wir hoffen inständig, daß Sie ihn genauestens studieren und allmählich begreifen, wie Sie diese Ein-Wurf-Chancen errechnen können, und zwar aus den folgenden Gründen.
Erstens ist es entscheidend, daß Sie wissen, wie Sie ihre letzten paar Steine zu ziehen haben, während Sie sie herausnehmen. Angenommen, Sie haben je einen Stein auf Ihrem Sechser-, Ihrem Fünfer- und Ihrem Zweier-Punkt, Sie würfeln 3 und 2 und verwenden die 2, um Ihren Stein vom Zweier-Punkt herauszunehmen. Was

machen Sie mit der 3? Wenn Sie vom Fünfer- auf den Zweier-Punkt ziehen, haben Sie noch je einen Stein auf dem Sechser- und dem Zweier-Punkt und eine 36 %ige Chance, beide beim nächsten Wurf herauszubekommen. Wenn Sie vom Sechser- auf den Dreier-Punkt ziehen, haben Sie noch je einen Stein auf dem Fünfer- und dem Dreier-Punkt und eine 39 %ige Chance, beide beim nächsten Wurf herauszunehmen. Es leuchtet ein, daß der zweite Weg der richtige ist.

Zweitens müssen Sie bei Geldspielen und in Turnieren wissen, wann Sie in Situationen doppeln sollten, in denen Ihr Gegner mit ziemlicher Sicherheit seine letzten Steine herausbekommen würde, falls er noch einmal zum Würfeln käme (d. h., um zu gewinnen, müßten Sie Ihre letzten Steine mit den nächsten Wurf herausbekommen), und wann Sie ein Doppel Ihres Gegners annehmen können.

Wie Sie aus der Tabelle ersehen können, ist Ihre Chance, zwei Steine mit einem Wurf herauszunehmen, wenn die Gesamtpunktzahl, die Sie mit diesen Steinen noch ziehen müssen acht oder mehr beträgt, weniger als 50 %, und daher sollten Sie in diesem Fall niemals doppeln. Wenn diese Punktzahl nur sieben beträgt und die Steine auf dem Fünfer- und dem Zweier-Punkt stehen, können Sie doppeln; wenn nicht, ist Ihre Chance immer noch weniger als 50 %, und Sie sollten nicht doppeln. In allen Fällen, in denen Ihre Gesamtpunktzahl für beide Steine sechs oder weniger beträgt, haben Sie ein gutes Doppel, außer wenn Sie zwei Steine auf dem Dreier-Punkt stehen haben.

Wenn Sie sich die Tabelle im Hinblick auf die Aussichten Ihres Gegners anschauen, können Sie feststellen, daß er, wenn er nur noch einen Stein auf seinem Sechser-Punkt stehen hat, eine genaue 75 %ige Chance hat zu gewinnen, und Sie können daher ein Doppel ganz nach Belieben annehmen oder nicht.

Wenn die Gesamtpunktzahl für seine letzten beiden Steine 5 oder weniger ist, liegt seine Chance, beide in einem Wurf herauszunehmen, über 75 %, außer in zwei Fällen. Wenn seine Steine auf dem Dreier- und dem Zweier-Punkt stehen, ist die Chance nur 69 %; wenn sie beide auf dem Zweier-Punkt stehen, ist die Chance nur 72 %. Sie werden nicht viel gewinnen, wenn Sie in diesen beiden Situationen Doppel annehmen, aber auf die Dauer werden Sie ein bißchen weniger verlieren.

Wie wir schon sagten, brauchen Sie diese Tabelle nicht im Kopf zu behalten, aber Sie können und sollten lernen, wie man die Anzahl der Gewinn- und Verlustwürfe in diesen Situationen berechnet. Nehmen wir z. B. einmal an, daß Ihre beiden letzten Steine auf Ihrem Fünfer- und Ihrem Zweier-Punkt stehen.

Sie werden beide Steine herausbekommen, wenn Sie eine 6 oder eine 5 würfeln, außer bei 6–1 oder 5–1. Es gibt zwanzig Möglichkeiten, eine 5 oder eine 6 zu würfeln, und da vier von diesen zwanzig (6–1 und 5–1) Ihnen nicht weiterhelfen, haben Sie also sechszehn mögliche Würfe, um zu gewinnen; außerdem würden Sie auch mit einem Pasch 4, Pasch 3 und Pasch 2 Ihre beiden Steine herausnehmen können, so daß Sie auf insgesamt neunzehn mögliche Gewinnwürfe kommen.

Lassen Sie uns nun der Genauigkeit halber unsere Verlustwürfe zählen. Sie verlieren mit jeder 1, oder mit 4–3, 4–2 oder 3–2. Es gibt elf Würfe mit einer 1 und die übrigen Würfe ergeben sechs, macht also insgesamt siebzehn Verlustwürfe. Sechsunddreißig weniger siebzehn ergibt neunzehn Gewinnwürfe.

Der praktische Wert der letzten Spalte von Tabelle 4 liegt darin, daß sie Ihnen zeigt, wie erstaunlich hoch Ihre Chancen sind, jedesmal, wenn Sie nur noch zwei Steine in Ihrem inneren Feld haben, mit zwei Würfen herauszukommen. Sie sollten immer doppeln, wenn Ihr Gegner drei oder mehr Steine herauszunehmen hat, und er sollte dieses Doppel immer ablehnen, außer in einem Fall.
Dieser eine Fall ist gegeben, wenn Ihre beiden Steine auf dem Sechser-Punkt stehen und der Gegner seine drei Steine in einem Wurf herausnehmen kann, falls er einen der fünf höchsten Pasch-Würfe würfelt. Wenn Sie sich fragen, warum er ein Doppel annehmen sollte, bei dem Ihre Chance bei 78 % liegt: der Grund ist der, daß Sie möglicherweise gar nicht mehr ein zweites Mal würfeln können. Alles in allem vermindert sich Ihre Gewinnchance somit auf weniger als 75 %; deshalb ist es für Ihren Gegner einen Versuch wert, Ihr Doppel anzunehmen – da die Chancen gegen ihn unter 3:1 liegen.

5 Grundprinzipien des Spiels

Backgammon wird nicht im luftleeren Raum gespielt. Sie haben einen Gegner, und Ihre Strategie muß darin bestehen, Ihre Stellung auf seine Kosten zu verbessern. Man soll sich immer die interessante Tatsache vor Augen halten, daß Backgammon eines der wenigen Spiele ist, das sowohl Glück als auch Können verlangt, und das jedem Spieler erlaubt, mit anzusehen, was sein Gegner gerade tut.

Sie müssen Risiken eingehen. Niemand kann beim Backgammon gewinnen, wenn er immer nur auf Sicherheit spielt. Als einfaches Beispiel wollen wir uns nochmals mit dem Eröffnungszug 5–2 beschäftigen. Wie wir wissen, ist das zwar kein besonders guter Wurf, aber man kann ihn trotzdem *richtig* ziehen. Wir ziehen also mit zwei Steinen vom gegnerischen Zwölfer-Punkt. Den einen bringen Sie auf Ihrem Achter-Punkt in Sicherheit; den anderen stellen Sie als Blot auf Ihren Elfer-Punkt. In welcher Lage befinden Sie sich nun?

Zunächst einmal kann dieser Blot nur von einer 6–4 getroffen werden – eine geringe Wahrscheinlichkeit. Und selbst wenn der Blot geschlagen wird, verlieren Sie ziemlich wenig. Der Stein wird zwar wieder zurückgeschickt, aber es wird Ihnen kaum Schwierigkeiten bereiten, ihn erneut ins Spiel zu bringen, da Ihr Gegner ja nur einen Punkt in seinem inneren Feld besetzt hat. Sie würden in einem Running-Game (über das wir später in diesem Kapitel reden werden) zwar Boden verloren haben, aber Sie hätten drei Steine in seinem inneren Feld, so daß es einige Zeit dauern würde, bevor der Gegner seine Steine sicher nach Hause bringen könnte.

Nun wollen wir einmal sehen, was Ihnen dieser Zug bringt, wenn Sie nicht getroffen werden. Der Stein auf dem Elfer-Punkt zielt direkt auf Ihren Fünfer-, Bar-, Neuner- und Zehner-Punkt. Alle möglichen Würfe, die Ihnen sonst nichts gebracht hätten, haben nun auf einmal einen bestimmten Wert. Manche werden sogar ausgezeichnet, z. B. 6–3 oder 4–1. Mit 6–3 machen Sie Ihren Fünfer-Punkt (indem Sie mit je einem Stein von Ihrem Elfer- und Achter-Punkt ziehen); und 4–1 ermöglicht Ihnen, Ihren Bar-Punkt zu machen. Auch einige andere Würfe sind ähnlich günstig. Angenommen Sie spielen Ihre 5–2 ganz auf sicher, indem Sie einen Stein

vom feindlichen Zwölfer-Punkt bis auf Ihren Sechser-Punkt »durchziehen«. Nun kann Sie zwar nichts in Gefahr bringen, aber Sie haben Ihre Position auch nicht im geringsten verbessert.
Natürlich sollten Sie nicht nur aus reiner Freude am Risiko Risiken eingehen. Lassen Sie keinen Blot stehen, der einem direkten Treffer ausgesetzt ist, wenn sich irgendein anderer annehmbarer Zug empfiehlt, – es sei denn, Sie könnten durch dieses Freistellen irgendeinen bestimmten Vorteil erlangen.
Wenn Sie einen Blot freistellen, müssen Sie sich immer überlegen, was passieren kann, wenn dieser Blot getroffen wird. Je mehr Punkte der Gegner in seinem inneren Board gemacht hat, desto gefährlicher ist es, geschlagen zu werden (wie Sie aus dem vorangegangenen Kapitel bereits wissen). Wenn er nur einen Punkt in seinem inneren Board gemacht hat, haben Sie fünfunddreißig von sechsunddreißig Möglichkeiten wieder hereinzukommen (also eine 35:1-Chance). Wenn er zwei Punkte gemacht hat, haben Sie zweiunddreißig von sechsunddreißig Möglichkeiten (Chance 8:1); mit drei gemachten Punkten haben Sie siebenundzwanzig von sechsunddreißig Möglichkeiten; mit vier gemachten Punkten zwanzig von sechsunddreißig und mit fünf gemachten Punkten nur noch elf von sechsunddreißig Möglichkeiten, Ihren Stein gleich wieder in das Spiel zu bringen. Werden Sie getroffen, wenn er ein geschlossenes Board hat (d. h., alle sechs Punkte in seinem inneren Feld), können Sie so lange nicht spielen, bis er einen der sechs Punkte entweder geräumt hat oder selbst einen Blot darauf stehen läßt.
Wenn Sie zwei Steine draußen haben und er drei Punkte in seinem inneren Feld gemacht hat, haben Sie siebenundzwanzig Möglichkeiten, einen Stein mit Ihrem nächsten Wurf hereinzubekommen, aber nur neun Möglichkeiten, alle beide hereinzuwürfeln. Wenn er vier Punkte gemacht hat und somit nur noch zwei offen sind, haben Sie nur vier Möglichkeiten, Ihre beiden Steine mit Ihrem nächsten Wurf ins Spiel zu bringen.
Jetzt, bei fünf offenen Punkten, gibt es elf Möglichkeiten, Ihre beiden Steine nicht mit einem Wurf hereinzubekommen. Deshalb sollten Sie immer aufpassen, daß nicht zwei Ihrer Steine gleichzeitig getroffen werden. Und je mehr Punkte der Gegner in seinem inneren Board gemacht hat, desto mehr wird Ihnen daran gelegen sein, nicht zwei Steine gleichzeitig draußen zu haben.
Umgekehrt sollten Sie es sich grundsätzlich nicht entgehen lassen, zwei Steine Ihres Gegners gleichzeitig zu schlagen – falls sich eine Möglichkeit dazu ergibt.

Anfangsstadium

Ihr erstes Ziel zu Anfang dieses Spiels sollte sein, Ihren Fünfer-Punkt zu machen. Dieser Punkt trägt dazu bei, den Stein, den der Gegner in Ihrem inneren Feld hat, zu blockieren. Er setzt ihn ferner insofern unter Druck, als er vermeiden muß, irgendwo im Board geschlagen zu werden; außerdem dient er als Stützpunkt, über den Sie weitere Steine sicher in Ihr inneres Feld bringen können und auch, um weitere Punkte zu machen. Er ist ein Turm in der Schlacht – bis zu dem Zeitpunkt, da Sie sich zu einem Running-Game entschließen.

Der Bar-Punkt und der Vierer-Punkt sind fast ebenso wertvoll. Der Bar-Punkt gibt Ihnen einen guten Dreier-Block (drei Punkte hintereinander – den Sechser-, den Bar- und den Achter-Punkt), aber er ist kein Extra-Punkt in Ihrem inneren Feld; der Vierer-Punkt hingegen erlaubt Ihrem Gegner, auf Ihren Fünfer-Punkt zu ziehen und somit einen Stein an zwei Ihrer Steine vorbeizubekommen.

Der Dreier-Punkt hat sowohl Vor- als auch Nachteile. Er trägt zwar dazu bei, die hinteren Steine Ihres Gegners (und seine geschlagenen Steine) zu blockieren, aber er ist vergleichsweise leicht zu überspringen, und wenn Sie dann zusätzlich Steine auf diesen Punkt stellen, sind sie praktisch aus dem Spiel. Dennoch empfehlen wir Ihnen, mit einem Eröffnungswurf von 5–3 Ihren Dreier-Punkt zu machen. Dieser Punkt gewinnt dann an Bedeutung, wenn Sie im weiteren Verlauf des Spieles den Vierer- und den Fünfer-Punkt machen können; Sie sollten daher alles daransetzen, diese beiden Punkte zu machen, wenn Sie den Dreier-Punkt bereits gemacht haben.

Um das zu verstehen, schauen Sie sich bitte einmal Diagramm 29 an. Sie haben mit 5–3 eröffnet und Ihren Dreier-Punkt gemacht. Schwarz hat 4–3 gewürfelt und sich entschlossen, einen seiner hinteren Steine auf Ihren Fünfer-Punkt zu stellen und mit einem Stein von Ihrem Zwölfer-Punkt ums Eck herum auf seinen Zehner-Punkt zu ziehen. Jetzt würfeln Sie eine weitere 5–3.

Die 5 ist leicht zu spielen: Ziehen Sie mit einem Stein vom schwarzen Zwölfer-Punkt auf Ihren eigenen Achter-Punkt. Aber es gibt drei Möglichkeiten die 3 zu

29

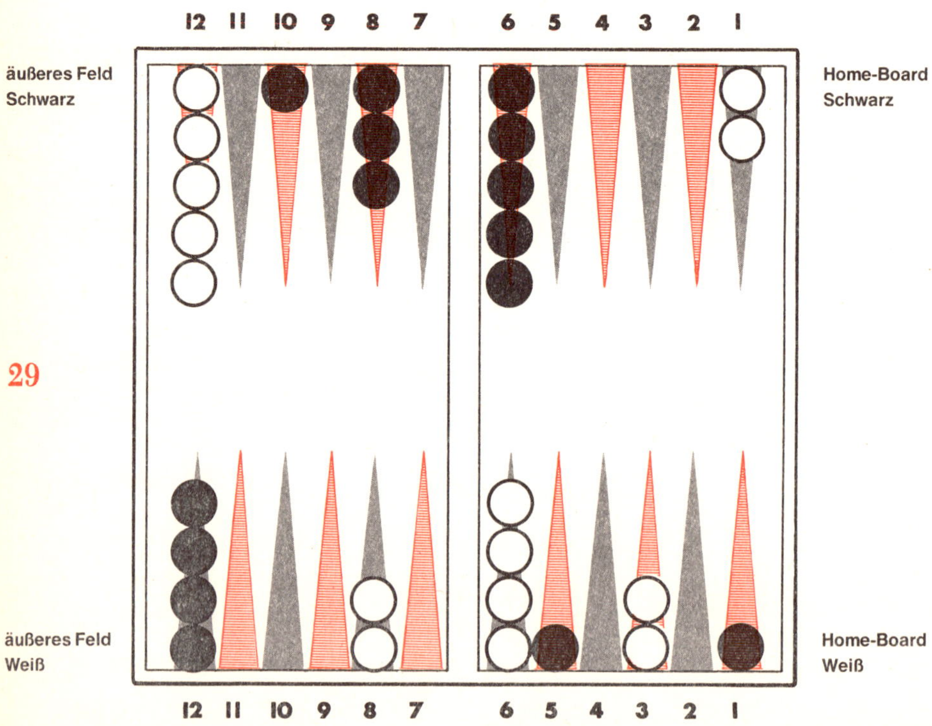

ziehen. Sie können mit einem hinteren Stein auf den schwarzen Vierer-Punkt ziehen, aber das ist ein sehr schwacher Zug, da jede Kombination von 6–4, 6–2, 4–2, 4–4 oder 2–2 ihm erlauben würde, Sie nicht nur zu schlagen, sondern auch einen Punkt zu machen. Sie können einen Stein von Ihrem Sechser-Punkt auf Ihren Dreier-Punkt stellen; damit sind Sie völlig in Sicherheit, aber in einer schwachen Position, da Sie einen dritten Stein auf Ihren Dreier-Punkt gestellt haben, obwohl es dafür eigentlich eine Veranlassung gibt.
Der beste Zug mit der 3 ist, den Blot auf Ihrem Fünfer-Punkt zu schlagen. Dieser Zug wäre zu Beginn des modernen Backgammon niemals ernsthaft in Erwägung gezogen worden. Sie setzen einen Stein in Ihrem Home-Board 18 möglichen Gegenwürfen aus (der gegnerische Stein, den Sie geschlagen haben, kann Sie mit jedem Wurf, der eine 5 enthält, plus 4–1 und 3–2 zurückschlagen; und er kann seinen Stein von der Bar hereinbringen und Sie dann mit seinem Stein auf Ihrem Einser-Punkt treffen, wenn er 4–2 oder Pasch 4 würfelt). Die Chancen stehen demnach 50:50 – nämlich achtzehn von sechsunddreißig Möglichkeiten – daß Sie getroffen werden; und wenn Sie getroffen sind, muß ein Stein von Ihrem eigenen Fünfer-Punkt den ganzen Weg zurückmarschieren. Den erfahrenen Spieler kümmert das nicht im geringsten. Er empfindet es nicht als großen Verlust, wenn er geschlagen wird. Alles was dieser Treffer anrichtet ist, daß er jetzt drei statt zwei Steine im inneren Board des Gegners hat, und er wird versuchen, sich dort »einzunisten«. Wenn möglich wird er einen auf dem Einser-Punkt lassen und die anderen beiden auf den Vierer- oder Fünfer-Punkt stellen (auf jeden Fall wird er irgendeinen Punkt im schwarzen Home-Board besetzen und seine drei Steine nicht auf drei verschiedene Punkte stellen. Diese Spielweise könnte nämlich vernichtend sein: Schwarz würde versuchen, einen dieser drei Blots zu schlagen und gleichzeitig einen Punkt zu machen oder, falls ihm das nicht gleich gelänge, gäbe es eine Reihe von Kombinationszügen, die ihm ermöglichen würden, zwei Ihrer drei Steine zu treffen – auch dann, wenn er dadurch selbst einen Blot stehen ließe – und Sie wären mit zwei Steinen draußen).
Und nun werden wir uns mit der Sonnenseite dieses Zuges beschäftigen. Die Chancen stehen ebenfalls 50:50, daß er Ihren Blot auf seinem Fünfer-Punkt nicht trifft. Wenn er Pasch 6, Pasch 3, oder 6–3 würfelt, könnte er sogar überhaupt nicht ziehen und würde einen hervorragenden Wurf auslassen müssen. Wenn er einen dieser Würfe würfelt oder einen anderen Wurf, mit dem er Ihren Blot nicht trifft, sind Sie bereit – und wahrscheinlich in der Lage – mit dem nächsten Wurf Ihren Fünfer-Punkt zu machen. Sie hätten dann drei gute Punkte in Ihrem inneren Feld – gegenüber seinem einzelnen Sechser-Punkt in seinem Feld. Und Sie wissen ja, daß der Dreier-Punkt erst dann ein guter Punkt wird, wenn Sie zusätzlich entweder Ihren Fünfer- oder Ihren Vierer-Punkt gemacht haben.

Splitten der hinteren Steine

In der ersten Zeit des modernen Backgammon war es eine Standardtaktik, die beiden hinteren Steine zu splitten und mit einem auf den feindlichen Vierer- oder

Fünfer-Punkt vorzuziehen. Mit diesem vorgeschobenen Stein konnten Sie dann das äußere Feld Ihres Gegners und sogar einen oder zwei Punkte in Ihrem eigenen äußeren Board erreichen. Wurde er geschlagen, so war das eben Pech, aber sonst stand er dort so lange, bis Sie ihn entweder »nach Hause« gebracht oder mit Hilfe Ihres anderen hinteren Steines einen Punkt im gegnerischen Board gemacht hatten.

Heute kann man so etwas kaum noch ungestraft machen. Ein guter Spieler setzt alles daran, diesen Blot zu schlagen, selbst wenn er dann seinerseits einen Blot stehen lassen muß.

Natürlich machen wir dennoch diesen Split, wenn es keinen besseren Zug gibt oder andere Überlegungen dafür sprechen. Aber im allgemeinen ist – wie bereits ausgeführt – der einzige Split, den wir wirklich empfehlen können, jener, bei dem einer der beiden hinteren Steine vom Einser- auf den Zweier-Punkt vorgerückt wird. Es ist nicht weiter schlimm, wenn Sie auf dem gegnerischen Einser- oder Zweier-Punkt geschlagen werden, auch dann nicht, wenn der Gegner gleichzeitig einen Punkt dort macht, und Sie haben eine Menge Vorteile von diesem Zug. Zunächst einmal haben Sie doppelt so viele Möglichkeiten, einen Stein im äußeren Feld Ihres Gegners zu treffen. Außerdem nehmen Sie ihm die Lust daran, einen Blot auf seinen Fünfer-Punkt zu stellen. Und ferner befinden Sie sich in einer Position, in der Sie mit 3–2 seinen Vierer-Punkt mit 4–3 seinen Fünfer-Punkt und mit 6–5 seinen Bar-Punkt machen können.

Wie wir zuvor schon bemerkt haben, besteht der am wenigsten erstrebenswerte Split darin, einen der beiden hinteren Steine auf den gegnerischen Dreier-Punkt zu stellen. Pasch 5 z. B. ist gewöhnlich ein schwacher Wurf. Wenn Sie aber Blots auf dem schwarzen Einser- und Dreier-Punkt haben, machen Sie den Pasch 5 Ihres Gegners zu einem Volltreffer: er schlägt Sie nicht nur zweimal, sondern macht gleichzeitig zwei Punkte in seinem Board (in dem er je zwei Steine von seinem Achter- und seinem Sechser-Punkt zieht). Sie sind dann mit zwei Steinen draußen, während er drei Punkte in seinem Board besetzt hat. Einmal angenommen, Ihr Gegner trifft Sie nicht, und Sie würfeln dann 3–1 oder 4–2: Sie können dann den Viereroder den Fünfer-Punkt in seinem Board machen, aber Sie lassen sich damit die Gelegenheit entgehen, den Fünfer- oder Vierer-Punkt in Ihrem eigenen inneren Feld zu machen, und das wäre in der Tat vorzuziehen. Mit anderen Worten: Das Splitten auf den schwarzen Zweier-Punkt macht aus den sonst schwachen Würfen 3–2 und 4–3 recht passable Würfe; das Splitten auf den schwarzen Dreier-Punkt beschert Ihnen dagegen mit 3–1 oder 4–2 kaum ein ähnlich gutes Ergebnis.

Schlagen von zwei Blots

Wir haben so ganz nebenbei erwähnt, daß es taktisch immer klug ist, zwei Blots auf einmal zu schlagen. Das folgende Beispiel eines Doppeltreffers zeigt, wie wichtig es ist, die Gesetze der Wahrscheinlichkeit so schnell wie möglich aufzunehmen; wir raten Ihnen nochmals dringend, sich gründlichst mit dem vorangegangenen Kapitel

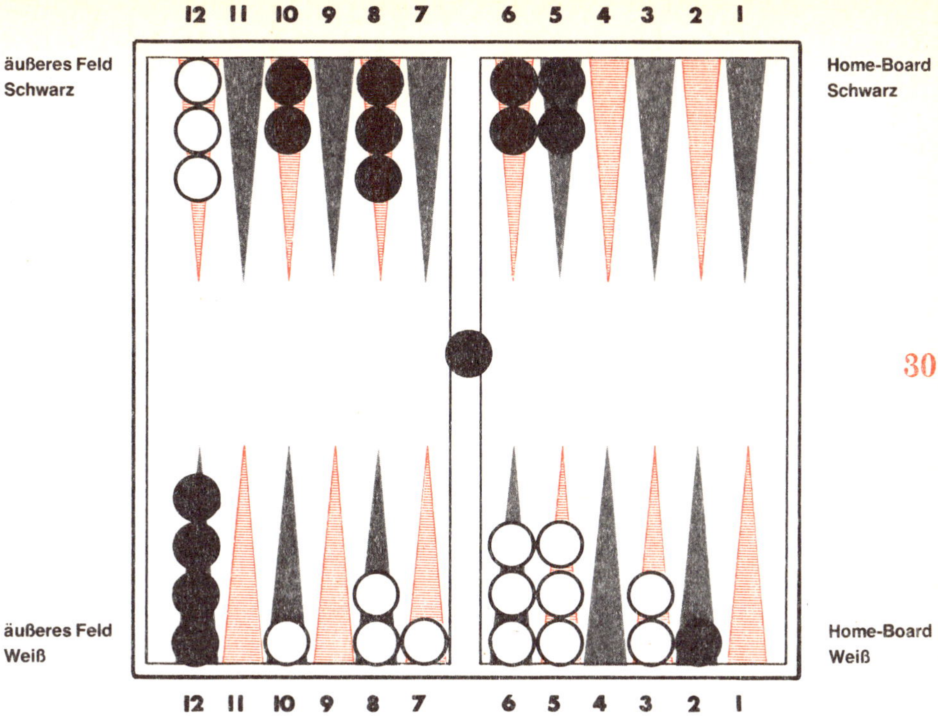

30

zu beschäftigen und während der Lektüre dieses Buches möglichst oft darauf zurückzukommen.

In Diagramm 30 würfeln Sie 4–2. Nichts läge näher, als Ihren Vierer-Punkt zu machen (indem Sie je einen Stein vom Achter- und Sechser-Punkt ziehen). Das würde Ihnen vier Punkte in Ihrem Board und eine gesunde Ausgangsbasis geben.

Aber wenn Schwarz dann eine 2 würfelt, wird er mit dem Stein, den er draußen hat, Ihren Zweier-Punkt machen. Er kann dann sein eigenes Home-Board in aller Ruhe entwickeln, während Sie Ihre Steine nach und nach nach Hause ziehen. Er wird sehr wahrscheinlich ein, zwei Chancen bekommen, Sie zu einem Zeitpunkt zu treffen, der Sie das Spiel kosten würde, wenn Sie getroffen werden.

Natürlich kann er, wenn er 2–5, 2–6, 1–5 oder 1–6 würfelt, seinen Stein hereinbringen und andere Blots auf dem Bar- oder dem Achter-Punkt schlagen. (Mit 1–5 oder 1–6 sollte er das tun; wenn er 2–5 oder 2–6 würfelt, ist es wahrscheinlich besser, seinen Zweier-Punkt besetzt zu halten und darauf zu warten, ob sich später noch anderweitige Gelegenheiten ergeben, Sie zu treffen.)

Die 4–2 empfehlen wir Ihnen in diesem Fall so zu spielen, daß Sie mit einem Stein vom schwarzen Zwölfer-Punkt auf Ihren Elfer-Punkt ziehen und den Blot auf Ihrem Zweier-Punkt mit einem Stein von Ihrem Sechser-Punkt schlagen. Die beste Antwort Ihres Gegners wäre dann ein Pasch 2, mit dem er beide Steine hereinbringen, Ihren Blot auf dem Zweier-Punkt schlagen und dann Ihren Vierer-Punkt machen könnte. Das würde ihm einen ganz leichten Spielvorteil geben. Mit Pasch 1

könnte er seine beiden Steine hereinbringen und auf den Zweier-Punkt stellen, wobei er Ihren Blot schlagen und das Spiel fast ausgeglichen gestalten würde (Sie hätten aber immer noch einen leichten Vorteil). Mit Pasch 4 würde er Ihren Blot nicht treffen, aber er hätte dann diesen wichtigen Punkt in Ihrem Board gemacht. Weder 4–2 noch 4–1 würden es ihm ermöglichen, seine beiden Steine hereinzubringen und dabei Ihren Blot zu schlagen; mit 6–2, 5–2 und 3–2 würde er auch Ihren Blot treffen, hätte aber immer noch einen Stein draußen.
Wir sehen, es würden ihm nur diese dreizehn Würfe einen spielbaren Zug bescheren. Wenn er irgendeine der 9 möglichen Kombinationen aus 6, 5 und 3 würfelt, bleibt er mit beiden Steinen draußen und wäre in einer so schlechten Position, daß Sie gute Aussichten auf ein Gammon hätten; dagegen würden Sie ihn, wenn er eine der vierzehn verbleibenden Möglichkeiten würfeln sollte, schleunigst doppeln und wären hoch erfreut, wenn er das Doppel annähme, da ein Gammon auch dann noch möglich wäre.

Totaler Schlagabtausch

Manche Spiele entwickeln sich zu dem, was man einen totalen Schlagabtausch nennen könnte. Das beginnt meist damit, daß einer der Spieler irgendwo einen Blot hinstellt und prompt getroffen wird. Er schlägt zurück, und die folgenden Würfe sind alle so, daß sich beide Spieler fortwährend gegenseitig schlagen und dabei einzelne Steine stehen lassen. So etwas führt meist zu einem sehr langwierigen Spiel, und es ist gut, sich daran zu erinnern, daß es kein Gesetz gibt, das Sie zwingt, einen Blot zu schlagen, nur weil eben einer da ist. Wenn Sie mit Ihren Steinen schon ein gutes Stück weiter sind als der Gegner, brauchen Sie sich um Ihre Chancen in einem Running-Game keine Gedanken zu machen; Sie müssen sich nur mit seinen Möglichkeiten beschäftigen, ein befriedigendes Back-Game gegen Sie aufzuziehen, indem er ein paar Punkte in Ihrem eigenen Board macht.

Kontakt

Der Ausdruck »Kontakt« bezieht sich auf alle Stellungen, in denen noch nicht alle Steine jedes Spielers an allen gegnerischen Steinen vorbeigekommen sind und es daher für einen oder beide Spieler noch möglich ist, einen oder mehrere Blots stehen zu lassen. Wenn kein Kontakt mehr besteht, befindet man sich bereits in einem »Running-Game«. Im Running-Game ist der Spieler im Vorteil, dessen Steine am weitesten vorwärts marschiert sind. Solange man noch »in Kontakt« miteinander steht, ist es wichtig, die eigene Position richtig einschätzen zu können, um festzustellen, ob Sie versuchen sollen, an allen Steinen Ihres Gegners vorbeizuziehen und den Kontakt abzubrechen oder nicht.
Es gibt eine einfache Methode, um Ihre eigene Position richtig einzuschätzen: zählen Sie einen Punkt für jeden Stein in Ihrem inneren Feld, zwei für jeden in Ihrem äußeren Feld, drei für jeden im äußeren Feld Ihres Gegners und vier für jeden Stein im inneren Feld Ihres Gegners. Wenn Ihre Gesamtpunktzahl geringer ist als seine,

sind Sie im Vorteil. Wir werden auf die Frage, wie man zählt und damit seine eigene Position bestimmt, im nächsten Kapitel noch ausführlicher eingehen.

Das Running-Game

Zu Beginn des Spieles ist jeder Ihrer Steine so postiert, daß Sie ihn irgendwann im weiteren Spielverlauf – möglicherweise – als Blot stehen lassen müssen. Nach und nach werden Ihre Steine an den Steinen Ihres Gegners vorbeiziehen und seine an Ihren, und schließlich wird es keinen weiteren Kontakt mehr geben, und alles, was Sie dann noch zu tun haben, ist, Ihre Steine in Ihr inneres Feld zu bringen und sie hinauszuwürfeln. Das nennt man ein Running-Game, da das Ziel darin besteht, hohe Zahlen zu würfeln und so schnell wie möglich zu »laufen«.
Der Vorteil beim Running-Game liegt eindeutig bei dem Spieler, dessen Steine am weitesten vorwärts marschiert sind; selbst eine Führung von nur einem Punkt ist dabei etwas wert. Wenn Sie in Führung liegen, ist es in Ihrem Interesse, jeden Stein, der vielleicht zum Blot werden könnte, in Sicherheit zu bringen, um so Gewähr dafür zu schaffen, daß der Schnellere gewinnen wird. Wenn Sie nicht in Führung liegen, ist es besser, einen Kontakt aufrechtzuerhalten – in der Hoffnung, daß Sie Ihren Gegner vielleicht zwingen können, einen Blot stehen zu lassen, den Sie dann vielleicht treffen. Diese zwei Situationen werden in Diagramm 31 und 32 deutlich gemacht.

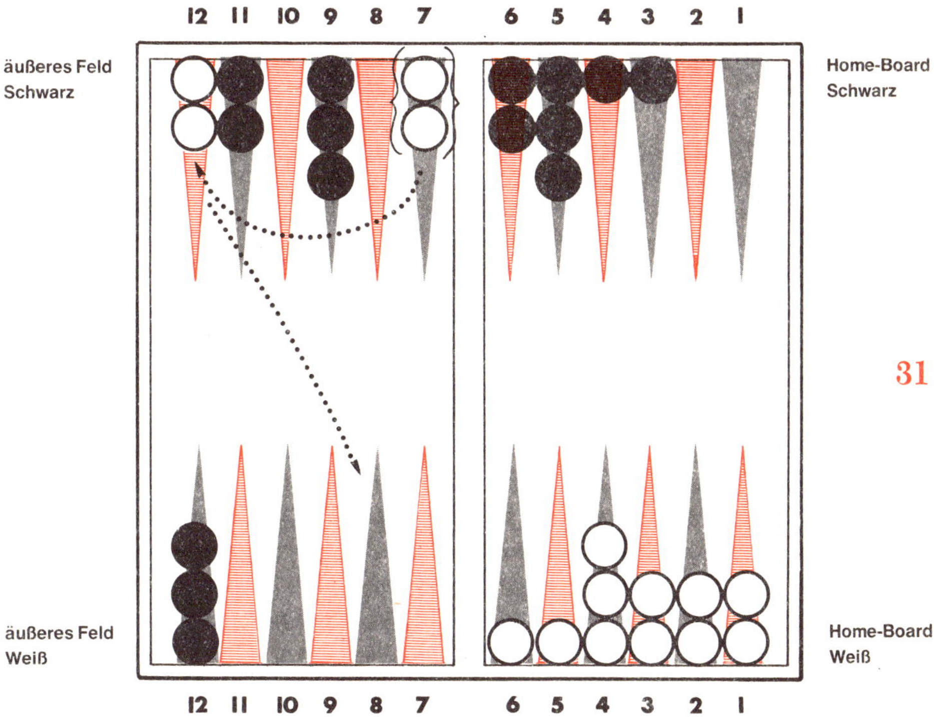

31

In beiden Fällen würfeln Sie jeweils Pasch 5. In Diagramm 31 liegen Sie so offensichtlich vorne, daß Sie mit zwei Steinen vom schwarzen Bar-Punkt auf Ihren eigenen Achter-Punkt ziehen sollten; dadurch wird dieses Spiel zum Running-Game, in dem Sie ein schönes Stück voraus sind.
In Diagramm 32 können Sie es sich nicht leisten, Ihre drei Steine auf dem schwarzen Bar-Punkt vorwärts zu bewegen, da Sie im Running-Game noch viel zu weit zurückliegen. Statt dessen sollten Sie mit einem der Steine vom schwarzen Bar-Punkt auf Ihren Achter-Punkt ziehen und die zwei anderen 5er dazu verwenden, um Ihren Stein von Ihrem Neuner-Punkt auf Ihren Vierer-Punkt und den Stein von Ihrem Elfer-Punkt auf Ihren Sechser-Punkt zu ziehen. Schwarz ist Ihnen zwar immer noch weit voraus, aber ein Running-Game ist es noch nicht, da er einen Weg finden muß, seine zwei Steine auf Ihrem Zwölfer-Punkt an Ihren zwei Steinen auf seinem Bar-Punkt vorbei und in Sicherheit zu bringen. Wenn er nicht einen Pasch würfelt, wird er zwangsläufig einen Blot stehen lassen müssen.
Wenn Sie sich in einem Running-Game befinden, sollten Sie versuchen, alle Ihre Steine so schnell wie möglich in Ihr inneres Feld zu bringen. Verschwenden Sie nicht einmal eine einzige 1 dadurch, daß Sie mit Steinen ziehen, die sich bereits im inneren Feld befinden. Um ganz sicher zu gehen, sollten Sie versuchen, Ihre Steine gut zu verteilen, wenn Sie sie in Ihr inneres Feld bringen – anstatt »Türmchen« zu bauen (d. h. mehrere Steine aufeinanderzustellen).

Vorbereitung auf das Running-Game

Man spricht auch dann von einer Running-Game-Stellung, wenn die Kontaktmöglichkeit zwischen den Steinen noch nicht völlig beseitigt ist. Das ist der Fall, wenn jeder der beiden Spieler am Anfang zweimal 6–5 würfelt und beide mit den hinteren Steinen rennen; dann sind alle Steine erst einmal in Sicherheit – wenn man davon absieht, daß jeder Spieler noch 7 Steine auf dem gegnerischen Zwölfer-Punkt hat. Theoretisch kann natürlich jeder den anderen im weiteren Spielverlauf noch treffen, aber die Wahrscheinlichkeit, daß das tatsächlich geschieht, ist sehr gering.
Auch bei etwas komplizierteren Stellungen ist die Chance ziemlich groß, daß sich aus dem Spiel ein Running-Game entwickelt. Selbst aus außerordentlich verzwickten Positionen kann sich schnell ein Running-Game ergeben, und der versierte Spieler muß das immer in Betracht ziehen. Wenn er feststellt, daß er in einem Running-Game vorn wäre, versucht er die Position zu vereinfachen, damit das Running-Game endlich beginnen kann; wenn er sieht, daß er hinten liegt, versucht er, die Position so kompliziert wie möglich zu gestalten.
In diesem Fall sollte es Ihnen nichts ausmachen, noch weiter an Boden zu verlieren, solange Sie damit kein Gammon riskieren. In Diagramm 33 liegen Sie weit zurück. Sie haben drei Steine im inneren Feld des Gegners und nur drei in Ihrem eigenen, während er einen Stein in Ihrem inneren Feld hat und fünf in seinem eigenen.
Sie würfeln 6–3; der beste Zug für Sie ist, mit Ihrem Stein auf seinem Elfer-Punkt

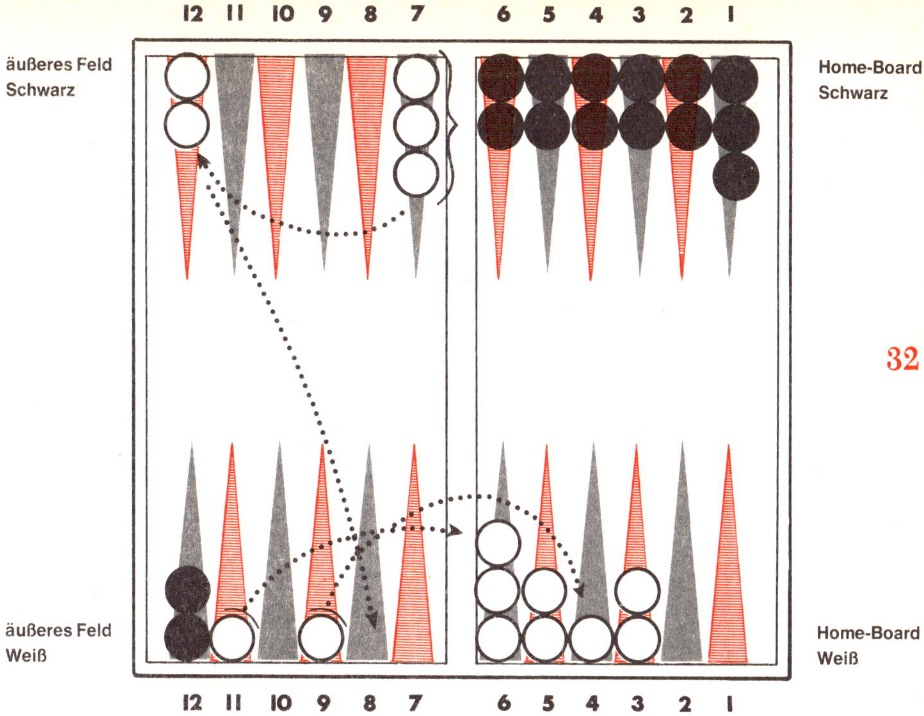

12 11 10 9 8 7 6 5 4 3 2 1
äußeres Feld
Schwarz
Home-Board
Schwarz
äußeres Feld
Weiß
Home-Board
Weiß
12 11 10 9 8 7 6 5 4 3 2 1

32

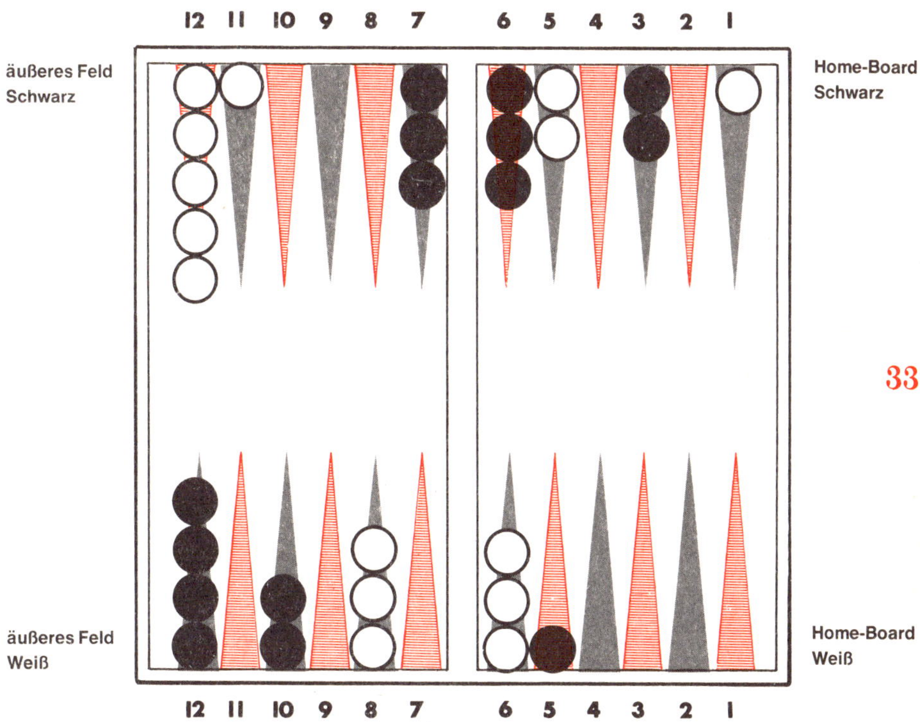

12 11 10 9 8 7 6 5 4 3 2 1
äußeres Feld
Schwarz
Home-Board
Schwarz
äußeres Feld
Weiß
Home-Board
Weiß
12 11 10 9 8 7 6 5 4 3 2 1

33

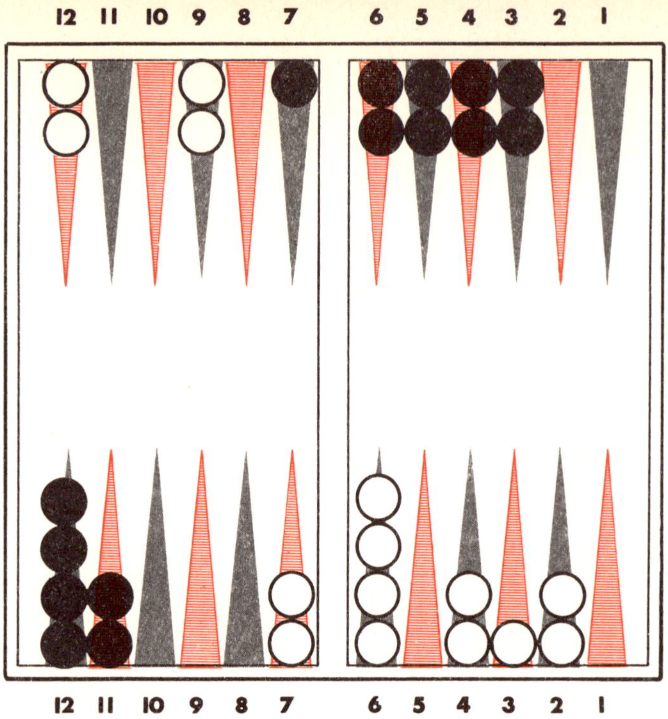

34

seinen Blot auf Ihrem Fünfer-Punkt zu schlagen. Es macht nichts, wenn er Sie zurückschlägt; Sie halten seinen Fünfer-Punkt besetzt und sind nicht in Gefahr, ein Gammon zu verlieren; und mit vier Steinen in seinem inneren Feld können Sie damit rechnen, nachdem Sie Ihr eigenes Board etwas verbessert haben, später eine Trefferchance zu bekommen.

Wenn er den Blot auf Ihrem Fünfer-Punkt nicht trifft, sind Sie dem Ziel, diesen Schlüsselpunkt zu machen, ein Stückchen nähergekommen, und haben das Spiel Ihres Gegners außerdem ein bißchen verlangsamt.

In Diagramm 34 würfeln Sie ebenfalls 6–3. Wie Sie sehen, wären Sie Ihrem Gegner in einem Running-Game überlegen; Ihr bester Zug ist daher, mit Ihren zwei Steinen vom schwarzen Neuner-Punkt auf seinen Zwölfer-Punkt und Ihren Zehner-Punkt zu ziehen. Damit beginnen Sie praktisch mit dem Running-Game. (Wenn Sie ganz genau wissen wollen, wie weit Sie vorn liegen: Nach dem in Kapitel 6 angegebenen Zählsystem führen Sie nach Ihrem Zug mit 21 Punkten – Sie haben 102, der Gegner 123 Punkte.)

Wie wir am Ende von Kapitel 1 bemerkt haben, gilt Ihr Hauptinteresse im Anfangsstadium des Spiels den vier hinteren Steinen – Ihren und seinen. Sie wollen Ihre zwei hinteren Steine um das Board herum in Sicherheit bringen, und Sie wollen seine blockieren.

Die Position in Diagramm 35 ergab sich wie folgt: Sie haben mit 6–3 begonnen und sind mit einem der hinteren Steine bis zum schwarzen Zehner-Punkt gezogen.

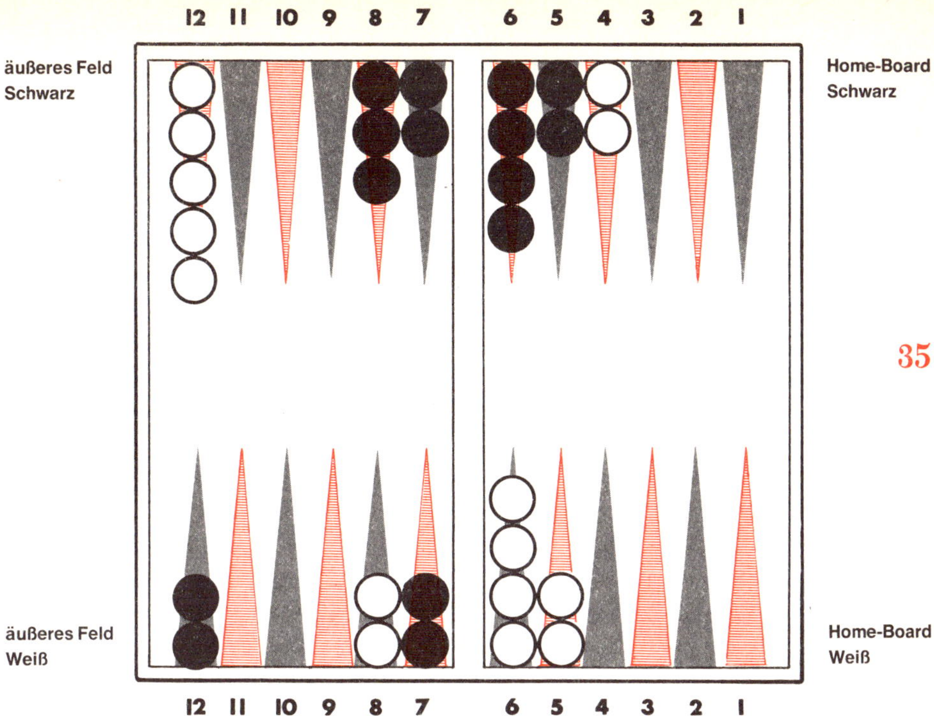

35

Schwarz würfelte 2–1 und traf Sie mit einem seiner Steine auf Ihrem Zwölfer-Punkt. Sie würfelten 4–3, kamen wieder herein und machten den Vierer-Punkt in seinem Board. Er machte seinen Fünfer-Punkt mit 5–1 und Sie Ihren Fünfer-Punkt mit 3–1. Dann würfelte er Pasch 6 und machte beide Bar-Punkte. Jetzt würfeln Sie 5–3.

Ihr erster Gedanke dürfte sein, einen Ihrer hinteren Steine auf dem schwarzen Vierer-Punkt auf seinen Zwölfer-Punkt in Sicherheit zu bringen. Verwerfen Sie den Gedanken ganz schnell. Sie liegen nicht nur in einem möglichen Running-Game hinten, sondern der Blot auf seinem Vierer-Punkt wäre eine böse Schwäche. Er kann Sie mit verschiedenen Würfen treffen und unter Umständen sogar gleichzeitig den Punkt machen.

Das Beste, was Sie mit diesem Wurf machen können, ist, einen Stein von seinem Zwölfer-Punkt auf Ihren Achter-Punkt und einen von Ihrem Sechser- auf Ihren Dreier-Punkt zu stellen. Damit haben Sie gute Aussichten, Ihren Dreier-Punkt zu machen, und außerdem verstärken Sie den Druck auf die beiden gegnerischen Steine auf Ihrem Bar-Punkt. Ihre zwei Steine auf seinem Vierer-Punkt dienen Ihnen als Anker: Sie liegen im Running-Game hinten, aber Sie befinden sich noch nicht in so einem Running-Game, und Sie werden sich auch auf keines einlassen, wenn es sich vermeiden läßt. Außerdem sind Sie in keinerlei Gefahr, ein Gammon zu verlieren, und Ihre Stellung ist nur noch etwas schlechter als seine.

Nachdem Sie 5–3 so gezogen haben, wie wir vorschlugen, würfelt Schwarz 5–4. Er

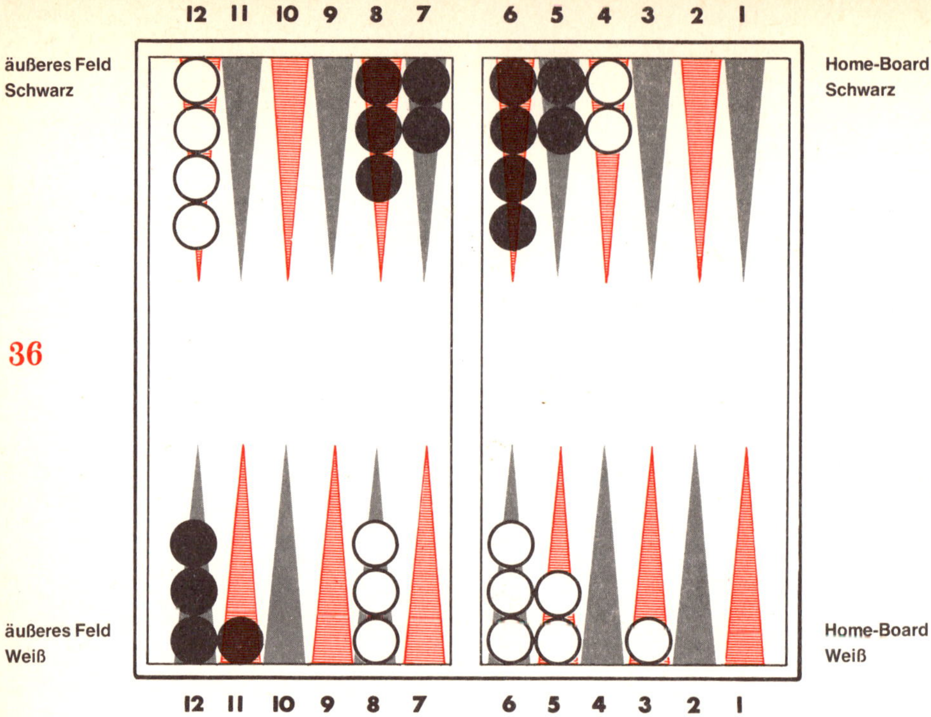
12 11 10 9 8 7 6 5 4 3 2 1
äußeres Feld Schwarz
Home-Board Schwarz
äußeres Feld Weiß
Home-Board Weiß
12 11 10 9 8 7 6 5 4 3 2 1

36

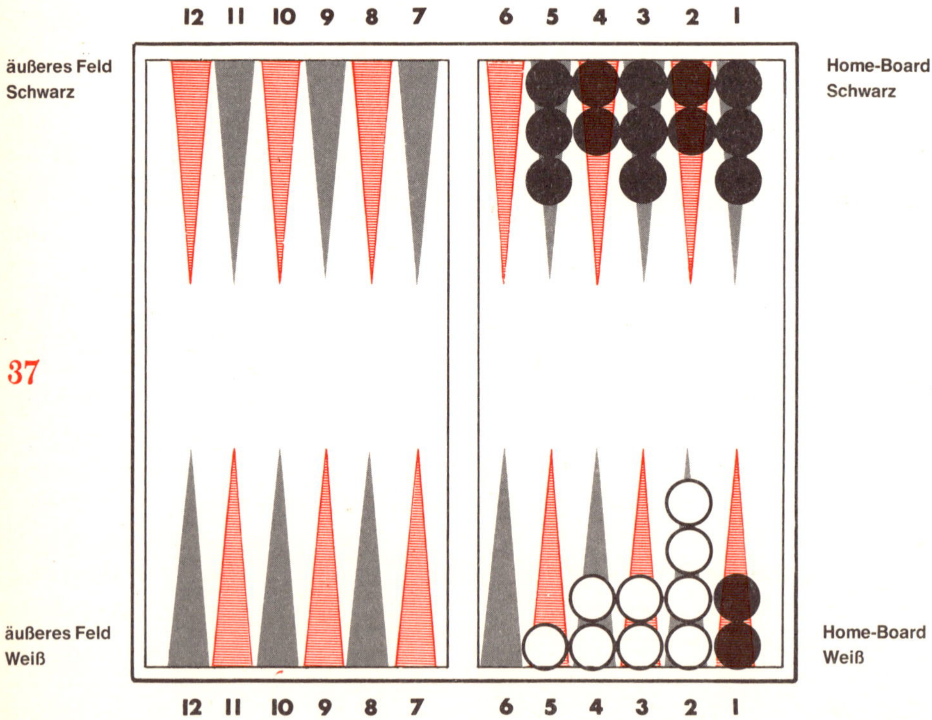
12 11 10 9 8 7 6 5 4 3 2 1
äußeres Feld Schwarz
Home-Board Schwarz
äußeres Feld Weiß
Home-Board Weiß
12 11 10 9 8 7 6 5 4 3 2 1

37

ist ziemlich ratlos. Er könnte auf sicher spielen und zwei Steine von seinem Sechser-Punkt in sein inneres Feld ziehen oder einen Stein von seinem Sechser- und einen anderen von seinem Achter-Punkt; aber wenn Schwarz gerissen ist, wird er mit seinen beiden hinteren Steinen vom weißen Bar-Punkt auf den weißen Zwölfer- und Elfer-Punkt ziehen.
Daraus ergibt sich Position 36: Der schwarze Stein auf Ihrem Elfer-Punkt kann von jeder 2 getroffen werden; und wenn Sie 2–3 oder 2–5 würfeln, können Sie nicht nur seinen Blot schlagen, sondern auch Ihren eigenen Blot auf Ihrem Dreier-Punkt decken und somit ein gutes Spiel entwickeln. Mit jeder anderen 2 werden Sie zwar auch seinen Blot treffen, aber Sie können nicht Ihren eigenen Blot decken und werden deshalb Ihrem Gegner einige Treffermöglichkeiten bieten. Wenn Sie 6–4 oder Pasch 5 würfeln, können Sie auch mit einem Ihrer hinteren Steine den schwarzen Vierer-Punkt treffen. In der Tat würden Sie mit Pasch 5 wahrscheinlich sogar das Spiel gewinnen, da Sie mit einem der hinteren Steine schlagen, mit dem anderen auf den schwarzen Neuner-Punkt ziehen, und Ihre letzte 5 darauf verwenden können, den Blot auf Ihrem Dreier-Punkt zu decken.
Sie haben also insgesamt vierzehn von sechsunddreißig Würfen, mit denen Sie treffen (elf 2er plus 6–4 und Pasch 5). Von diesen sind 2–3, 2–5 und Pasch 5 sehr gut, die anderen ganz passabel. Bei einem Pasch 6 können Sie außerdem mit weiteren hinteren Steinen »rennen« und hätten dann in einem Running-Game die gleichen Gewinnchancen wie Ihr Gegner.

Herausnehmen

Soweit Sie alle Ihre Steine an den gegnerischen Steinen vorbeigebracht haben, besteht Ihr größtes Problem darin, Ihre Steine so schnell wie möglich in Ihr inneres Feld zu befördern und dann herauszuwürfeln. Dazu gehören keine besonderen Fähigkeiten, aber in vielen Fällen gibt es ganz sicher richtige und falsche Züge.
Wie wir in Kapitel 1 bemerkt haben, kann ein Spieler, sobald er alle Steine in sein inneres Feld – oder Home-Board – gebracht hat, damit anfangen, seine Steine herauszuwürfeln. Bei jedem Wurf darf er entweder Steine in seinem Inneren Feld vorwärtsbewegen oder herausnehmen oder beides.
Das bringt uns zu einem sehr wichtigen Punkt, den wir kurz in Kapitel 1 berührt haben: Sie müssen nicht das Maximum der gewürfelten Augen ziehen, solange Sie beide Zahlen ziehen. Sehen Sie sich dazu Diagramm 37 an.
Sie haben bei Ihrem letzten Zug einen Blot offengelassen, aber Ihr Gegner hat ihn nicht getroffen. Nun würfeln Sie entweder 6–1 oder 5–1. Sie ziehen zunächst die 1, und zwar indem Sie mit Ihrem Blot vom Fünfer- auf den Vierer-Punkt vorziehen. Nun nehmen Sie die 5 oder 6, um den gleichen Stein herauszunehmen. Auf diese Art lassen Sie keinen Blot stehen. Wenn Sie zuerst die hohe Zahl gezogen hätten, wären Sie gezwungen, mit der 1 einen Blot auf Ihrem Vierer- oder Dreier-Punkt stehenzulassen.
Wie sollten Sie in dieser Situation eine 6–3 ziehen? Sie können entweder mit der 3

vom Fünfer- auf den Zweier-Punkt vorziehen und dann einen Stein mit der 6 vom Vierer-Punkt herausnehmen, oder Sie können mit der 6 Ihren Blot herausnehmen und mit der 3 einen Stein vom Dreier-Punkt. Mit beiden Zügen würden Sie einen Blot stehenlassen.
Auf den ersten Blick erscheinen beide Züge gleich. Der zweite hat aber einen entscheidenden Vorteil. Sie können statt einen zwei Steine herausnehmen. Falls Schwarz Ihren Blot treffen sollte (wo immer er steht), würde das Spiel wahrscheinlich erst auf der Ziellinie entschieden werden, und der zusätzlich herausgenommene Stein könnte für Sie den Sieg bedeuten.

Wie man herausnimmt

Wenn Sie herausnehmen (oder »abräumen«), und der Gegner weder einen Stein auf der Bar noch vor Ihnen in Ihrem inneren Feld hat, sollten Sie lieber einen Stein herausnehmen, statt mit Steinen innerhalb des Boards vorzurücken. Der Grund dafür ist, daß Sie um so weniger Würfe benötigen, um das Spiel zu beenden, je schneller Sie Ihre Steine herausnehmen.
Wenn Sie nur noch ein paar Steine in Ihrem Board haben, sollten Sie sich mit den Chancen beschäftigen, wie Sie zwei davon mit einem Wurf von verschiedenen Positionen aus herausnehmen können. Man kann sich das genau ausrechnen, aber für einen Anfänger wäre es empfehlenswert Tabelle 4 auf Seite 91 noch einmal gründlich zu studieren. Selbst gute Spieler machen manchmal schlechte Züge. Sehen Sie sich Diagramm 38 an; wir sahen kürzlich einen guten Spieler, der 6–2 (mit den weißen Steinen) sehr schlecht spielte. Er machte sich keine weiteren Gedanken über den Ausgang des Spiels. Mit der 6 nahm er einen Stein vom Sechser-Punkt heraus; und dann benutzte er die 2, um vom Fünfer- auf den Dreier-Punkt zu ziehen, anstatt mit dem Stein vom Dreier- auf den Einser-Punkt vorzufahren.
Schwarz würfelte 5–1 und machte seinen besten Zug, indem er einen Stein vom Fünfer-Punkt herausnahm und einen Stein vom Vierer-Punkt auf den Dreier-Punkt zog. Wie weise dieser Zug war – und wie töricht der von Weiß – wurde einen Augenblick später offenbar. Weiß würfelte wieder 6–2 und konnte natürlich nur einen Stein herausnehmen; Schwarz würfelte Pasch 3, nahm alle drei Steine heraus und hatte das Spiel gewonnen.
Es war Pech, das Spiel wegen dieser 6–2 zu verlieren, aber es war ein schlechter Zug, der prompt bestraft wurde. Die Tatsache, daß er zwei Steine auf den Dreier-Punkt stellte, bedeutete, daß ihm nur siebzehn Würfe blieben (siehe Tabelle 4), mit denen er diese beiden Steine herausnehmen konnte. Diese siebzehn Würfe wären jede Kombination von 3, 4, 5 oder 6, sowie Pasch 2.
Wenn er mit der 2 von seinem Dreier-Punkt auf den Einser-Punkt gegangen wäre, hätte er noch je einen Stein auf dem Fünfer- und dem Einser-Punkt gehabt, und damit wären ihm dreiundzwanzig Gewinnmöglichkeiten geblieben: Jeder Wurf mit einer 6 oder 5, sowie Pasch 4, Pasch 3 und Pasch 2.
Angenommen Sie haben alle Ihre Steine bis auf zwei herausgenommen, und diese beiden stehen auf Ihrem Vierer- und Ihrem Sechser-Punkt. Sie würfeln 3–2. Abge-

sehen von der Tatsache, daß Sie mit diesem Wurf nicht sonderlich zufrieden sind, bleiben Ihnen trotzdem zwei Möglichkeiten: Sie können die beiden Steine entweder auf den Fünfer- und den Einser-Punkt stellen oder auf den Dreier- und den Zweier-Punkt.

Wenn Sie auf dem Vierer- und dem Einser-Punkt stehen, können Sie das Spiel mit dem nächsten Wurf gewinnen – wenn Sie nicht 3–2, 3–1, 2–1 oder Pasch 1 würfeln. Mit anderen Worten: Sie haben sieben schlechte und neunundzwanzig gute Würfe.

Wenn Sie sich jedoch auf den Dreier- und den Zweier-Punkt stellen, werden Sie nicht beide herausnehmen können, falls Sie irgendeinen Wurf mit einer 1 haben. Es gibt also elf schlechte Würfe (mit einer 1) und fünfundzwanzig gute – und damit ist klar, daß Sie Ihre Steine auf den Vierer- und den Einser-Punkt stellen sollten.

Schließlich sollten Sie noch Ihre Chancen untersuchen, mit einem einzigen Wurf abzuräumen. Zur Übung: Nehmen Sie doch einmal Bleistift und Papier zur Hand und rechnen Sie sich die verschiedenen Möglichkeiten bei ein paar anderen Stellungen aus. Ein gründliches Studium der Tabelle 4 wird Ihnen sehr dabei helfen.

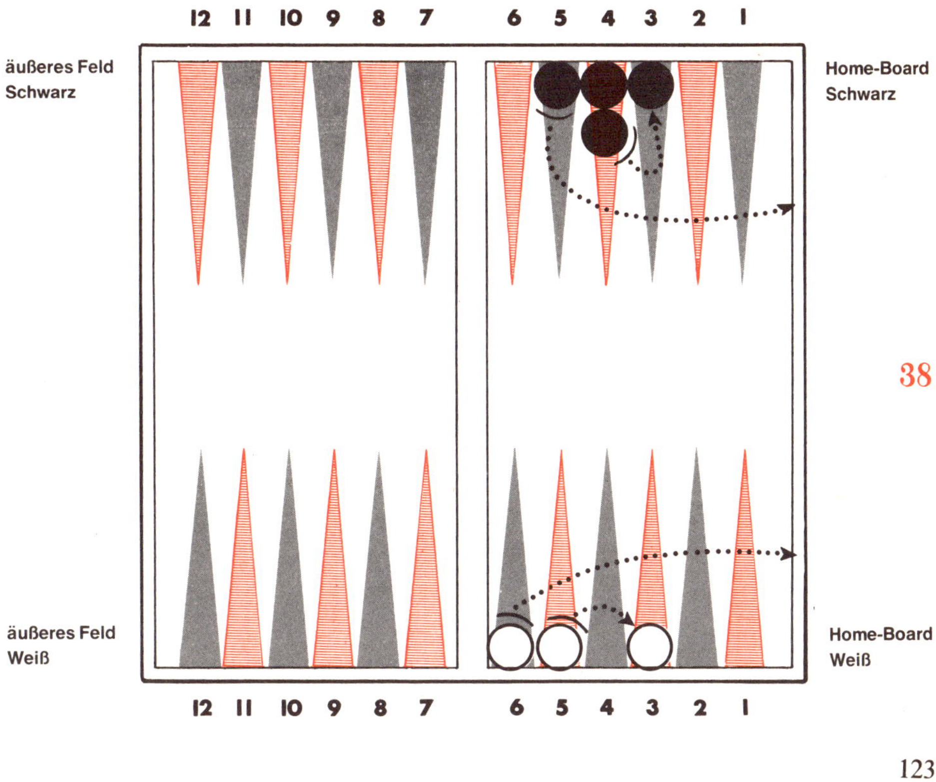

38

6 Berechnung des Standes

Im letzten Kapitel haben wir Ihnen unter dem Stichwort »Kontakt« eine gute Methode genannt, wie Sie Ihren jeweiligen Stand in einem Running Game berechnen können. So »über den Daumen peilen«, ist ein durchaus angemessenes System für all jene, die beim Backgammon einigermaßen gut »über die Runden« kommen wollen – aber wenn Sie das Spiel wirklich meisterhaft beherrschen wollen, müssen Sie lernen, den jeweiligen Stand ganz genau zu berechnen.

Diese Berechnung bezieht sich auf die Gesamtsumme der Punkte, die Sie noch zu ziehen hätten, um all Ihre Steine herauszunehmen – unter der Voraussetzung, daß Sie kein einziges Auge »verschenken«. Natürlich ist das rein hypothetisch, da Sie immer ein paar Augen verschenken – und zwar aufgrund der Tatsache, daß Sie zunächst Ihre Steine von den höheren Punkten abräumen müssen und dann zwangsläufig eine Position erreichen, in der zunächst auf Ihrem Sechser-Punkt und dann auf Ihrem Fünfer-, Vierer- und Dreier-Punkt keine Steine mehr stehen, so daß Sie schließlich keine Würfelzahl mehr, die über 1 und 2 hinausgeht, voll ausnützen können.

Dennoch hat diese Methode, Ihren jeweiligen Stand in einem Running-Game zu berechnen, einiges für sich.

Jeder Stein in Ihrem eigenen inneren Feld zählt so viele Punkte wie der Punkt, auf dem er steht. Ein Stein auf Ihrem Sechser-Punkt zählt also 6 Punkte, während drei Steine auf diesem Punkt als 18 gezählt werden; ein Stein auf Ihrem Bar-Punkt zählt 7 Punkte und so weiter. Das Berechnen Ihrer Steine in der gegnerischen Hälfte beginnt mit 13 Punkten für jeden Stein auf seinem Zwölfer-Punkt (da er 13 Punkte vom Herausnehmen entfernt ist), 14 Punkte für Steine auf seinem Elfer-Punkt und so weiter bis zu 24 Punkte für jeden Ihrer Steine auf seinem Einser-Punkt. Eine andere Möglichkeit der genauen Berechnung dieser Steine ist, die Punkte zu zählen, die notwendig sind, um Sie bis zum schwarzen Zwölfer-Punkt zu bringen, und dann für jeden dieser Steine 13 Punkte hinzuzuzählen.

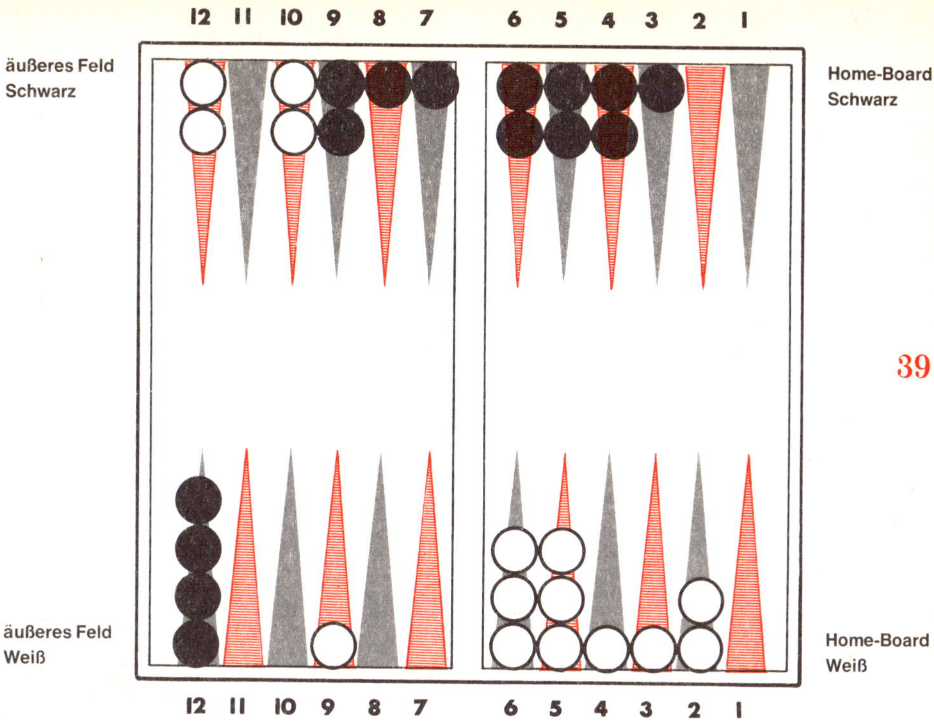

39

Ihr Punktestand in Diagramm 39 ist demnach genau 109. Er errechnet sich aus 30 (die beiden Steine auf dem schwarzen Zehner-Punkt); 26 (die beiden Steine auf dem schwarzen Zwölfer-Punkt); 9 (der Stein auf Ihrem Neuner-Punkt); 18 (die 3 Steine auf Ihrem Sechser-Punkt); 15 (die 3 Steine auf Ihrem Fünfer-Punkt); 4 (der Stein auf Ihrem Vierer-Punkt); 3 (der Stein auf Ihrem Dreier-Punkt) und 4 für die beiden Steine auf Ihrem Zweier-Punkt.
Schwarz kommt auf 118 Punkte, und zwar durch die 52 für seine 4 Steine auf Ihrem Zwölfer-Punkt; 18 für die 2 Steine auf seinem Neuner-Punkt und 8, 7, 12, 10, 8 und 3 für seine übrigen Steine.
Beachten Sie, daß es sich hier noch nicht um ein totales Running-Game handelt. Zwischen Ihren Steinen im schwarzen äußeren Feld und seinen Steinen in Ihrem besteht immer noch Kontakt: Es kann durchaus passieren, daß einer von Ihnen einen Blot stehenlassen muß, aber diese Chance ist so gering, daß man sie getrost außer acht lassen kann. Gehen Sie also davon aus, daß wir uns bereits im Running-Game befinden.
Es gibt noch einen anderen, schnelleren Weg, um Ihren Stand zu berechnen: indem Sie die jeweiligen Punktdifferenzen feststellen. Ihre vier Steine auf dem schwarzen Zehner- und Zwölfer-Punkt sind insgesamt 4 Punkte schlechter als die vier gegnerischen Steine auf Ihrem Zwölfer-Punkt. Sie fangen also an, 4 Punkte gegen sich zu zählen. Der Stein auf dem Neuner-Punkt hebt sich mit einem seiner Steine auf seinem Neuner-Punkt auf. Damit hat er noch einen weiteren Stein auf dem Neu-

ner-Punkt und je einen einzelnen auf dem Achter- und Siebener-Punkt. Diese drei Steine zählen 24 (9 + 8 + 7) gegen ihn und nachdem Sie die 4 Punkte, die Sie hinten lagen, davon abziehen, erreichen Sie Ihr Home-Board mit einem Vorsprung von 20 Punkten.

Von diesen 20 verlieren Sie 11 in Ihrem inneren Feld. Der extra Stein auf Ihrem Sechser-Punkt zählt 6 gegen Sie; der extra Stein auf Ihrem Fünfer-Punkt zählt 5 gegen Sie; Ihr Stein auf dem Vierer-Punkt gleicht sich mit einem seiner zwei Steine auf seinem Vierer-Punkt aus, und da Sie hier 4 Punkte gewinnen, liegen Sie somit vorerst 7 Punkte hinten; auch die Steine auf den Dreier-Punkten heben sich gegenseitig auf, während Sie die beiden Steine auf dem Zweier-Punkt 4 Punkte mehr kosten und Sie damit auf minus 11 bringen. Wenn Sie diese Zahl von den 20, die Sie außerhalb Ihres Home-Boards vorn lagen, abziehen, kommen Sie auf einen Gesamtvorsprung von 9 Punkten – d. h. Sie sind also nur 9 Punkte »schneller« als Ihr Gegner.

Wenn Sie sich aufgrund eines Punktevorsprungs überlegen, ob es angebracht ist, den Gegner zu doppeln oder nicht, sollten Sie stets daran denken, daß der Durchschnittswurf beim Backgammon $8^1/_6$ Punkte beträgt, und zwar einschließlich der möglichen Paschwürfe; wenn Sie also am Wurf sind, haben Sie in diesem Fall einen entschiedenen Vorteil: 9 Punkte plus die Zahlen, die Sie würfeln. Wenn Ihr Gegner mit dem Würfeln dran ist, haben Sie immer noch einen Vorsprung, aber er ist sehr gering. Angenommen Sie sind am Wurf: Ist Ihre Position gut genug, um zu doppeln? Die Antwort ist – fast! Wenn man noch einen so langen Weg vor sich hat, ist es besser, noch ein paar Würfe zu warten, bevor man den Verdopplungswürfel aus der Hand gibt.

Obwohl das genaue Zählen sehr wichtig ist, sollten Sie den gesunden Menschenverstand dabei nicht außer acht lassen. Manche Stellungen beim Running-Game sind besser als andere. Es hängt viel davon ab, wo Ihre einzelnen Steine gerade stehen. Im allgemeinen ist es besser, seine Steine überall verstreut zu haben, anstatt aufgetürmt auf einigen wenigen Punkten. Sie können zum Beispiel Ihre Würfe niemals voll ausnützen, wenn alle Ihre Steine auf dem Einser-, dem Zweier- und dem Dreier-Punkt stehen. Die Punktzahl für diese Steine ist zwar sehr niedrig, aber die Zahl ist irreführend, da sie (wenn Sie nicht einen Pasch würfeln) nie mehr als zwei Steine pro Wurf herausnehmen können. Einmal angenommen – ein extremes Beispiel – Sie haben zehn Steine herausgenommen und es bleiben Ihnen noch fünf auf Ihrem Einser-Punkt. Ihre Punktzahl beträgt 5, aber wenn Sie keinen Pasch würfeln, brauchen Sie drei Würfe um alle Steine herauszubekommen. Und selbst mit einem Pasch benötigen Sie immer noch zwei Würfe.

Aber wir wollen einmal annehmen, daß Ihr Gegner dreizehn Steine herausgenommen hat und daß seine beiden letzten Steine auf seinem Sechser-Punkt stehen. Seine Punktzahl beträgt 12, aber er kann beide mit Pasch 6, Pasch 5, Pasch 4 oder Pasch 3 herausnehmen, und seine Chance, sie in zwei Würfen herauszukommen (siehe Tabelle 4), ist 78 %. Anders ausgedrückt: Seine Chance, in einem Wurf abzuräumen, ist eins zu neun (nämlich die obengenannten vier von sechsunddreißig Würfen); seine Chance in zwei Würfen herauszukommen, sind einhundertneun-

undsechzig zu siebenundvierzig oder etwas besser als dreieinhalb zu eins. Somit wären Sie mit Ihren 5 Steinen auf dem Einser-Punkt – obwohl Ihre Punktzahl nur fünf beträgt – ohne Frage der Außenseiter.
Angenommen, Sie haben noch zwei Steine auf dem Sechser-Punkt, und er hat drei Steine auf seinem Einser-Punkt. Sie sind am Wurf. Sollen Sie doppeln? Diese Frage werden wir im nächsten Kapitel beantworten.

Berechnung der Wurfzahl

In einem bestimmten Stadium des Running-Games sollten Sie sich nicht mehr um die Punkte kümmern, sondern einfach die Anzahl der Würfe zählen, die jeder braucht, um das Spiel zu gewinnen.
Abgesehen von einer Stellung, in der sich alle Ihre Steine auf Ihrem Einser- und Ihrem Zweier-Punkt befinden – und zwar mindestens die Hälfte dieser Steine auf dem Einser-Punkt –, kann es immer wieder vorkommen, daß Sie bei wiederholten schlechten Würfen »Löcher« treffen und nur einen oder gar keinen Stein herausnehmen können; wenn Ihre Steine im Board allerdings weit genug vorn postiert sind, sollten Sie diese Möglichkeit nicht einkalkulieren.
Nehmen wir das folgende Beispiel: Sie haben je zwei Steine auf Ihrem Einser-, Ihrem Zweier- und Ihrem Dreier-Punkt. Sie können damit rechnen, in drei Würfen abzuräumen, aber es besteht eine $2^1/_2$prozentige Chance, daß Sie vier Würfe brauchen werden. Machen Sie sich darum keine Gedanken – stellen Sie sich auf drei Würfe ein.
Angenommen, Sie haben noch zwölf Steine herauszunehmen, von denen je zwei auf Ihrem Sechser-, Fünfer-, Vierer-, Dreier-, Zweier- und Einser-Punkt stehen. Würden Sie davon ausgehen, daß Sie mit sechs Würfen Ihre zwölf Steine abräumen können? Auf gar keinen Fall! Sie müssen damit rechnen, mindestens einmal ein Loch zu treffen. Können Sie sich demnach auf sieben Würfe einstellen? Ja, das können Sie! Selbst, wenn Sie zweimal ein Loch treffen, können Sie in sieben Würfen abräumen. Nach dem ersten Fehlwurf hätten Sie eine ungerade Zahl von Steinen, und das würde Sie einen Extra-Wurf kosten, aber der zweite Fehlwurf kostet Sie nichts. Danach hätten Sie wieder eine gerade Anzahl von Steinen.
Das ist besonders wichtig: Wenn Sie eine ungerade Anzahl von Steinen haben, können Sie es sich leisten, in einem Wurf nur einen Stein abzuräumen, ohne daß Sie dies einen ganzen Wurf kostet – wenn Sie eine gerade Anzahl von Steinen haben, kostet Sie ein einziges »Loch« einen ganzen Wurf. Das mag zwar einleuchtend klingen, aber denken Sie trotzdem ein bißchen darüber nach, und vergessen Sie es nicht!

Doppel und Re-Doppel nach Berechnung der verbleibenden Würfe

Wenn Sie am Wurf sind und Sie und Ihr Gegner beide die gleiche Anzahl von Würfen benötigen, um abzuräumen, haben Sie einen offensichtlichen Vorteil. In einer

solchen Situation sollten Sie, wenn der Verdopplungswürfel immer noch in der Mitte liegt, Ihren Gegner doppeln – vorausgesetzt daß Ihre Chance, programmgemäß abzuräumen, besser ist als die seine.
Angenommen Sie und Ihr Gegner haben je vierzehn Steine ziemlich weit vorn in Ihren inneren Feldern. Aller Voraussicht nach benötigen Sie beide je sieben Würfe. Wenn Ihre Steine nur ein kleines bißchen weiter vorne stehen als seine, sollten Sie doppeln. Wenn Sie gleich oder etwas schlechter stehen, sollten Sie es lassen. Warten Sie noch ein oder zwei Würfe.
Seien Sie außerdem mit dem Re-Doppeln nicht so schnell bei der Hand, wie Sie es wären, wenn Sie als erster doppeln würden. Denken Sie immer daran, daß ein Re-Doppel den Verdopplungswürfel von Ihrer Seite des Tisches auf die andere Seite befördert. Diese Überlegung ist von so wesentlicher Bedeutung, daß Sie *auf keinen Fall* re-doppeln sollten, wenn eine Sechs-Wurf-Stellung gegen eine Sechs-Wurf-Stellung steht (d. h. also zwölf Steine gegen zwölf Steine) oder eine Fünf-Wurf-Stellung (zehn Steine gegen zehn Steine), bei der der Gegner seine Steine nur auf dem Einser- oder Zweier-Punkt hat.
In einer Vier-Wurf-Stellung (acht Steine gegen acht Steine) befinden Sie sich in einer guten Lage, um zurückzudoppeln. Ihr Gegner sollte dieses Re-Doppel annehmen, wenn er alle seine Steine auf seinem Einser- und Zweier-Punkt hat, aber er sollte ablehnen, wenn zwei seiner Steine auf seinem Dreier-Punkt (oder einem noch höheren natürlich) stehen. Und zwar deshalb, weil er mit Pasch 1 oder Pasch 2 keine vier Steine abräumen könnte, so daß er mit diesen beiden Pasch-Würfen keinen Wurf sparen würde.
In einer Drei-Wurf-Stellung müßte er Ihr Doppel ablehnen. Um zu gewinnen, brauchte er bei einem von zwei Würfen einen Pasch, und selbst wenn er beim ersten Wurf einen würfelt, hätte er keine Gelegenheit mehr, Sie zurückzudoppeln, da Sie mit Ihrem zweiten Wurf das Spiel entweder gewinnen oder verlieren würden.
Nachdem wir Ihnen nun einen Vorgeschmack auf die Strategie des Doppelns gegeben haben, ist es an der Zeit, diesen faszinierenden Teil des Spieles etwas genauer unter die Lupe zu nehmen.

7 Doppeln und Re-Doppeln

Der Verdopplungswürfel ist dazu da, um den Einsatz, um den man spielt, zu verdoppeln.

Wir wissen nicht, wer die Idee mit dem Verdoppeln als erster hatte, aber ohne Frage haben wir ihm eine Menge zu verdanken. Ohne den Verdopplungswürfel würden heute nur wenige Leute Backgammon spielen und wir hätten wahrscheinlich auch dieses Buch nicht geschrieben.

Man kann sich nur schwer vorstellen, daß irgend jemand, der dieses Buch liest, niemals Backgammon um Geld oder in einem Turnier spielen wird, aber wir möchten selbst jene seltenen Idealisten bitten, dieses Kapitel aufmerksam zu lesen. Ein genaues Verständnis für die taktischen Überlegungen beim Doppeln dürfte jedem Backgammon-Spieler von erheblichem Nutzen sein.

Wir machen Sie jetzt schon darauf aufmerksam, daß ein Teil unserer Erläuterungen ziemlich verzwickt erscheinen mag, aber lassen Sie sich deshalb nicht entmutigen! Was Sie beim ersten Mal nicht gleich erfassen, wird Ihnen beim Lesen der späteren Kapitel erst richtig verständlich. Aber jetzt wollen wir anfangen.

Vor Spielbeginn liegt der Verdopplungswürfel auf der Bar, in der Mitte des Spielboards, mit der Zahl 64 oben, und zwar nach links oder rechts zeigend (d. h. kein Spieler hat die 64 direkt vor sich). Das bedeutet natürlich nicht, daß Sie bereits um den vierundsechzigfachen Einsatz spielen; es besagt vielmehr, daß beide Spieler mit dem einfachen Einsatz beginnen.

Bei einem automatischen Doppel zeigt die Zahl 2 nach oben, und zwar wieder nach links oder nach rechts; wenn es ein zweites automatisches Doppel gibt, liegt die Zahl 4 oben und so weiter. Der Würfel bleibt so lange da, wo er ist, bis im Laufe des Spiels zum ersten Mal gedoppelt wird – um anzuzeigen, daß jeder Spieler das Recht hat, zu doppeln, sobald er am Wurf ist.

Automatische Doppel

Sie sind kein offizieller Bestandteil des Backgammon. In Turnieren sind automatische Doppel nicht erlaubt, und bei den meisten Spielen zwischen Experten sind sie entweder verpönt oder bleiben auf ein einziges beschränkt. Wenn sich aber beide Spieler darauf einigen, kommt es immer dann zu einem automatischen Doppel, wenn beide beim ersten Wurf (also mit je einem Würfel) die gleiche Zahl würfeln. Da sie noch einige Male mehr die gleiche Zahl würfeln könnten, ist es selbst bei Spielen um kleinste Einsätze besser, die automatischen Doppel auf einen, höchstens aber auf zwei zu beschränken. Vergessen Sie nicht, daß drei automatische Doppel den ursprünglich vereinbarten Einsatz nicht etwa verdreifachen, sondern verachtfachen.
Manche Leute lieben es, das Spiel ein bißchen »anzuheizen«, indem Sie den Würfel gleich zu Beginn auf 2 drehen und nach ein paar Gläschen auf 4 oder sogar auf 8. Das kann eine recht gefährliche Sache sein und ein freundschaftliches Spiel um ein paar Mark in eine wilde »Zockerei« verwandeln, über die man schließlich jede Kontrolle verliert.
Diesen Ärger können Sie sich von vornherein ersparen, indem Sie sich grundsätzlich auf einen oder zwei automatische Doppel beschranken. Seien Sie also auf der Hut, wenn Ihnen irgend jemand unbeschränkte automatische Doppel vorschlägt!

Reguläre Doppel

Nach dem ersten Wurf darf jeder der beiden Spieler zu jeder Zeit doppeln, sobald er am Wurf ist. Und zwar sollte er verdoppeln, wann immer er sich im Vorteil glaubt – ob er diesen Vorteil nun für sehr gering oder für sehr beträchtlich hält.
Im allgemeinen ist es so, daß er, wenn er zu doppeln beschließt, den Verdopplungswürfel mit der 2 nach oben dreht (oder, wenn es sich um ein Re-Doppel handelt, auf die nächsthöhere Zahl – 4, 8, 16 usw.) und ihn dann auf die gegnerische Seite des Boards schiebt; dazu sagt er gewöhnlich:
»Ich dopple«.
Sein Gegner muß sich dann entscheiden, ob die Stellung des Doppelnden zu stark ist, als daß er es sich leisten könnte, das Doppel anzunehmen. Wenn er beschließt, das Doppel abzulehnen, ist das Spiel bereits vorbei, und der Doppelnde gewinnt den Einsatz der vor dem Doppel vereinbart war.
Wenn er beschließt, das Doppel anzunehmen, sagt er gewöhnlich »ja« und stellt den Verdopplungswürfel näher zu sich auf seine Seite des Boards. Das Spiel wird dann zum doppelten Einsatz weitergespielt. Wenn Sie also mit einer Mark pro Punkt angefangen haben, spielen Sie jetzt für zwei Mark.
Nachdem das Doppel angenommen worden ist, kann derjenige, der gerade gedoppelt hat, nicht ein weiteres Mal doppeln – ganz gleich, wie sehr sich sein Vorsprung im weiteren Spielverlauf auch vergrößern mag. Nur der Spieler, der gedoppelt worden ist, hat das Recht zurückzudoppeln, und man spricht davon, daß er den Ver-

dopplungswürfel »unter Kontrolle« hat. Er darf jedesmal, wenn er am Wurf ist, redoppeln, und zwar bevor er würfelt – immer dann, wenn er glaubt, nun seinerseits im Vorteil zu sein.

Er sagt dann einfach »ich dopple«, und wenn dies vom Gegner akzeptiert wird, dreht er den Würfel auf 4 (bzw. auf die nächst höhere Zahl) und schiebt ihn seinem Gegner zu. Wir werden später im einzelnen untersuchen, wie und wann gedoppelt wird, aber zunächst sind hier einmal ein paar Grundprinzipien, die Sie sich einprägen sollten: Wie wir des öfteren betont haben, müssen Sie lernen, sich Ihre Chancen genau auszurechnen – sowohl wenn es darum geht, den Gegner zu doppeln als auch um zu wissen, wann Sie ein Doppel annehmen können. In den meisten Situationen, in denen Sie sich nur leicht im Nachteil befinden, sollten Sie ein Doppel Ihres Gegners akzeptieren. Obwohl die Chancen im Augenblick gegen Sie stehen mögen, spricht die Tatsache, daß der Verdopplungswürfel nun auf Ihrer Seite liegt, zu Ihren Gunsten. Mehr darüber später.

Bevor Sie irgendein Doppel annehmen, sollten Sie sich immer vergewissern, ob Sie nicht Gefahr laufen, ein Gammon (das den Einsatz verdoppelt) oder ein Backgammon (das den Einsatz verdreifacht) zu verlieren. Wenn Sie sich überlegen, ob Sie ein Doppel nun annehmen sollen oder nicht, denken Sie bitte immer daran, daß mittelmäßige Spieler dazu neigen, Doppel zu akzeptieren, die viel zu riskant sind. Besonders beim Running-Game schnappen Durchschnittsspieler gern nach dem hingeworfenen Köder und vertrauen auf einen Glückswurf (z. B. Pasch 6), der ihre Stellung zu ihrem Vorteil verändern würde. Vergessen Sie nicht, daß Ihr Gegner genau die gleichen Chancen hat wie Sie selbst, Pasch 6 zu würfeln.

Es gibt sowohl konkrete als auch abstrakte Faktoren, die die Entscheidung, ob man verdoppeln oder ein Doppel des Gegners annehmen soll, beeinflussen. Dazu gehört das spielerische Können Ihres Gegners; ob er im allgemeinen gewagte Doppel annimmt oder nicht; wie nervös oder zerstreut Ihr Gegner ist; und wie hoch der Einsatz bereits ist.

Je höher das Niveau des Spieles ist, desto weniger Doppel und Re-Doppel gibt es. Wenn Sie ein Spiel erleben, bei dem der Verdopplungswürfel wie ein Ping-Pong-Ball hin und her springt, sehen Sie zwar ein sehr aufregendes Spiel – aber Sie sehen kein gutes Backgammon.

Ein Spieler, der weiß, wann er zu doppeln hat und wann nicht, ist höchstwahrscheinlich ein Experte. Wenn er außerdem weiß, wann er ein Doppel *abzulehnen* hat, gibt es gar keine Frage: Er *ist* ein Experte.

Nicht etwa, daß erfahrene Spieler gar nicht doppeln oder überhaupt kein Doppel annehmen; es ist eher so, daß unter Spitzenspielern nicht so häufig gedoppelt wird und der Würfel daher auch nur sehr selten auf 32, 64 oder gar eine noch höhere Zahl gedreht wird. Im Gegenteil: Unter Experten gehen nur wenige Spiele über 4 Punkte hinaus und ein 16er-Spiel ist etwa so selten wie ein direkt verwandelter Eckball beim Fußball.

In einem der ersten Bücher über Backgammon steht der absurde Satz: »In einem perfekten Spiel wird niemals ein Doppel angenommen.«

Sie werden möglicherweise bezweifeln, daß so ein Satz absurd ist, und zwar mit folgendem Argument: Es leuchtet ein, daß kein erfahrener Spieler je ein Doppel anbieten würde, wenn die Chancen, das Spiel zu gewinnen, nicht eindeutig auf seiner Seite wären, und es ist ebenso klar, daß kein erfahrener Spieler je ein Doppel annehmen würde, wenn sein Gegner ziemlich klar im Vorteil wäre.

Der Kernpunkt der Frage ist jedoch: Wie groß sind die Chancen desjenigen, der doppelt? Lassen Sie uns einmal eine einfache Situation betrachten. Ich bin an der Reihe zu würfeln. Ich habe noch zwei Steine in meinem Board; einer ist auf dem Zweier-Punkt und einer ist auf dem Vierer-Punkt. Mein Gegner hat nur noch einen Stein auf dem Einser-Punkt. Wenn ich also mit diesem Wurf nicht gewinne, gewinnt er sicher mit seinem nächsten. Eine kurze Überschlagsrechnung ergibt, daß ich – bei sechsunddreißig möglichen Würfen – das Spiel gewinnen werde, wenn ich einen der dreiundzwanzig für mich günstigen Würfe habe, und daß ich verliere, wenn ich eine der dreizehn für mich schlechten Kombinationen würfle (jede 1 und 2–3). Wenn ich würfle, ohne zu doppeln, ist die Wahrscheinlichkeit, daß ich das Spiel zum gegenwärtigen Einsatz (nennen wir es eine Einheit) gewinnen werde, 23/36 – und 13/36, daß ich diese eine Einheit verliere; das ergibt unter dem Strich 23/36 minus 13/36 oder 10/36 von einer Einheit zu meinen Gunsten. Wenn ich dopple und das Doppel angenommen wird, verdoppelt sich meine »Gewinnerwartung« ebenfalls, und zwar auf 10/36 von *zwei* Einheiten, was also 20/36 von einer Einheit entspricht. Also dopple ich. Sie mögen trotzdem einwenden, daß kein erfahrener Spieler so ein Doppel akzeptieren würde, da die Vorteile ja eindeutig auf meiner Seite liegen. Deshalb wollen wir die Situation einmal vom Standpunkt meines Gegners aus untersuchen.

Wenn er das Doppel annimmt, hat er eine »negative Erwartung« von 20/36 von einer Einheit. Wenn er jedoch ablehnt, hat er mit Sicherheit *ein Minus von einer Einheit.* Es wäre also töricht, das Doppel nicht anzunehmen. Es wäre ihm zwar lieber gewesen, wenn ich nicht gedoppelt hätte, aber nachdem ich es nun einmal getan habe, bleibt ihm gar nichts anderes übrig als zu akzeptieren.

In der obigen Situation war es ziemlich leicht, sich Ihre positive Erwartung auszurechnen. Je nachdem was Sie beim nächsten Mal würfeln, werden Sie das Spiel gewinnen oder verlieren, und da es wahrscheinlicher ist, daß Sie gewinnen, ist es ein »gesundes« Doppel. Genauer: Wenn Sie nicht doppeln, ist Ihre positive Erwartung 10/36. Das Doppel macht daraus 20/36, und somit war das Verdopplungsrecht, in dieser Situation 10/36 einer Einheit wert.

Von Ihrem Gegner war es ebenfalls richtig zu akzeptieren. Eine Ablehnung hätte ihn eine Einheit gekostet; die Annahme gibt ihm eine »Minuserwartung« von 20/36 dieser Einheit, so daß sein Recht, das Doppel zu akzeptieren, 16/36 oder 4/9 dieser Einheit wert war.

Was bedeutet nun eigentlich »positive« – oder »Plus-Erwartung«? Es bedeutet, daß die Chancen für Sie günstiger stehen als für Ihren Gegner, und je günstiger diese Chancen für Sie sind, desto höher ist Ihre Plus-Erwartung.

Wir wollen das genannte Beispiel einmal in die Sprache des Geldes übersetzen – und zwar der Einfachheit halber in Deutsche Mark. Der Einsatz beträgt 1 Mark; wenn sich die gleiche Stellung genau sechsunddreißigmal ergeben würde, könnten

Sie damit rechnen, 23 Mark zu gewinnen und 13 Mark zu verlieren, was in sechsunddreißig Spielen einen Nettogewinn von 10 Mark ergeben würde, oder einen Durchschnittsgewinn von 10/36 Mark pro Spiel oder ein bißchen weniger als 28 Pfennig.

Durch das Doppeln verdoppeln Sie Ihre Plus-Erwartung auf 20/36 Mark oder fast 65 Pfennig.

Demnach ist Ihnen Ihre Stellung, wenn Sie doppeln, 65 Pfennig »wert«. Das entspricht einem zu erwartenden Verlust oder einer Minuserwartung von 65 Pfennig für Ihren Gegner, falls er Ihr Doppel annimmt. Wenn er Ihr Doppel ablehnt, hat er überhaupt keine Erwartung mehr. Er kann unmöglich 2 Mark verlieren; aber er hat mit Sicherheit 1 Mark verloren, und das ist beträchtlich mehr als der zu erwartende 65-Pfennig-Verlust bei Annahme des Doppels.

Es liegt daher auf der Hand, daß Sie in allen Ein-Wurf-Situationen immer dann doppeln sollten, wenn die Chancen für Sie sprechen (d. h. wenn Sie eine Plus-Erwartung haben).

Angenommen, im vorangegangenen Beispiel würden Ihre Steine auf dem Fünfer- und dem Zweier-Punkt stehen. Sie hätten dann neunzehn Gewinn- und siebzehn Verlustwürfe und somit eine Plus-Erwartung von gerade 2/36 einer Einheit oder etwas über 5 Pfennig (wenn wir wieder von 1 Mark Einsatz ausgehen). Ein Doppel würde Ihre Plus-Erwartung auf 11 Pfenning erhöhen.

In diesem Fall wird es noch deutlicher, daß Ihr Gegner das Doppel unbedingt annehmen sollte. Warum sollte er so ohne weiteres 1 Mark bezahlen, anstatt der »erwarteten« 11 Pfennig?

Wann ist ein Doppel so stark, daß man es nicht mehr annehmen kann? Die Antwort ist, daß der kritische Punkt etwa bei einer Drei-zu-eins-Chance liegt. Wenn die Chancen weniger als drei zu eins zu Ihren Gunsten stehen, tut der Gegner *auf die Dauer* besser daran, Ihr Doppel anzunehmen. Er gewinnt zwar nicht, aber er verliert im Durchschnitt weniger.

Wenn die Chancen mehr als drei zu eins zu Ihren Gunsten stehen, sollte er ablehnen. In solchen Situationen ein Doppel anzunehmen, ist keine solide Spekulation sondern purer Leichtsinn.

Woran das liegt, läßt sich am besten an dem Beispiel des Spiels für 1 Mark erklären. Wenn die Chancen drei-zu-eins zu Ihren Gunsten stehen, beträgt ihre Plus-Erwartung 75 Pfennig minus 25 Pfennig oder eine halbe Mark. Wenn Sie den Einsatz verdoppeln, verdoppeln Sie Ihre Plus-Erwartung (und die Minus-Erwartung Ihres Gegners) auf 1 Mark, und das entspricht genau dem Preis, den Ihr Gegner ohnehin zu zahlen hätte, wenn er das Doppel ablehnen würde.

Wann man das erste Mal doppelt

Kann es vorkommen, daß Ihre Stellung zu gut zum Doppeln ist? Natürlich! Ihr Gegner hat ja immer das Recht abzulehnen, wenn Sie doppeln. Wenn Sie also gute Aussichten haben, ein Gammon zu gewinnen, empfiehlt es sich, das auch zu versuchen.

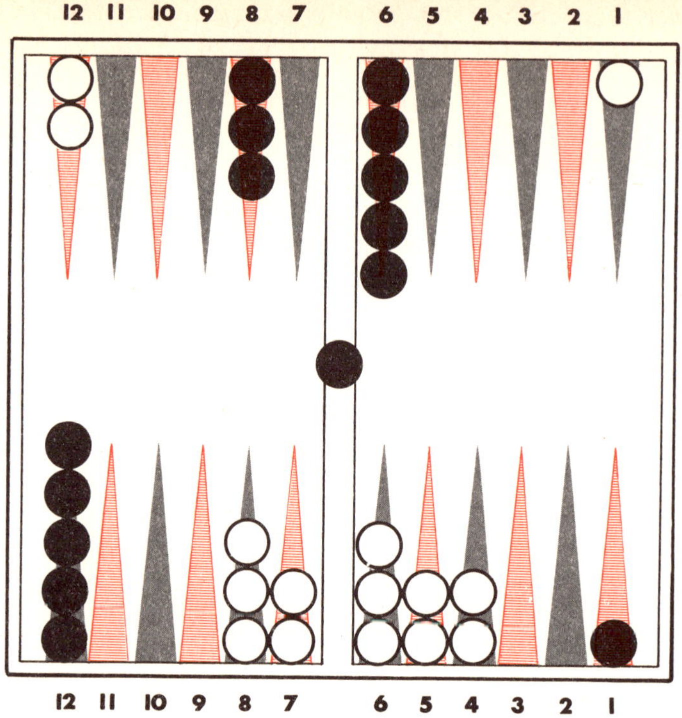

Position 40 ergab sich, nachdem beide Spieler je dreimal gewürfelt hatten. Sie eröffneten mit 6–5 und zogen mit einem der hinteren Steine auf den schwarzen Zwölfer-Punkt. Schwarz würfelte 6–4 und stellte einen seiner hinteren Steine auf Ihren Elfer-Punkt. Sie würfelten Pasch 2 und machten Ihren Elfer- und Ihren Vierer-Punkt, wobei Sie seinen Blot auf Ihrem Elfer-Punkt schlugen. Er würfelte 4–1 und entschloß sich, seinen geschlagenen Stein auf Ihren Fünfer-Punkt zu stellen. Wir halten das nicht für richtig, und Sie hätten bereits nach diesem Zug doppeln können, aber Sie würfelten weiter, und zwar einen Pasch 6. Damit konnten Sie nicht nur Ihren Bar- und Ihren Fünfer-Punkt machen, sondern auch den schwarzen Stein wieder hinauswerfen. Schwarz würfelte nun 6–5 und blieb somit auf der Bar.
Wenn Sie in dieser Situation doppeln, gewinnen Sie einen Punkt – es sei denn, Ihr Gegner ist ein Spieler, der fast jedes Doppel annimmt. Wenn Sie weiterspielen, fällt die Sache erheblich günstiger aus: Ihr Ein-Punkt-Gewinn ist in keinerlei Gefahr, da Sie auch später noch jederzeit doppeln können, und wenn Sie noch ein paar gute Würfe haben, werden Sie ein Gammon und damit zwei Punkte gewinnen.
Angenommen, Schwarz würfelt als nächstes 3–2. Er kommt mit der 3 herein und macht Ihren Dreier-Punkt, indem er seinen Stein vom Einser-Punkt mit der 2 auf den Dreier-Punkt vorschiebt. Ihre Aussichten auf ein Gammon sind damit praktisch auf den Null-Punkt gesunken, aber Ihr Vorteil ist immer noch gewaltig; jetzt sollten Sie ihn doppeln.

Wir wollen eine andere Möglichkeit betrachten. Angenommen, Ihre Stellung ist so, daß Sie Ihre Chancen ein Gammon zu gewinnen, auf eins zu drei einschätzen und Ihre Chancen, ein normales Spiel zu gewinnen oder das Spiel zu verlieren, ebenfalls je eins zu drei stehen. Sie sind am Wurf.
Sollen Sie doppeln? Soll Ihr Gegner annehmen?
Wenn Sie nicht doppeln und weiterspielen, liegt Ihre Plus-Erwartung bei zwei Drittel einer Einheit. Die Einheit, die Sie gewinnen, wenn Sie ein einfaches Spiel gewinnen, hebt sich mit der Einheit, die Sie verlieren, wenn Sie ein einfaches Spiel verlieren, auf, so daß die zwei Einheiten, die Sie mit einem Gammon gewinnen können, Ihre Plus-Erwartung ausmachen.
Wenn Sie doppeln und Ihr Doppel angenommen wird, verdoppelt sich Ihre Plus-Erwartung ebenfalls und wächst somit von zwei Drittel einer Einheit auf ein und ein Drittel Einheiten an; wird Ihr Doppel abgelehnt, gewinnen Sie eine Einheit.
Folglich sollten Sie doppeln, und Ihr Gegner sollte ablehnen.

Ein Paradoxon

Sehen Sie sich die Stellung in Diagramm 41 an. Sie sind am Wurf und es gibt neunzehn von sechsunddreißig Würfen, die das Spiel sofort beenden würden (Pasch 6, Pasch 5, Pasch 4, Pasch 3, Pasch 2, 6–5, 6–4, 6–3, 6–2, 5–4, 5–3, 5–2). Wenn

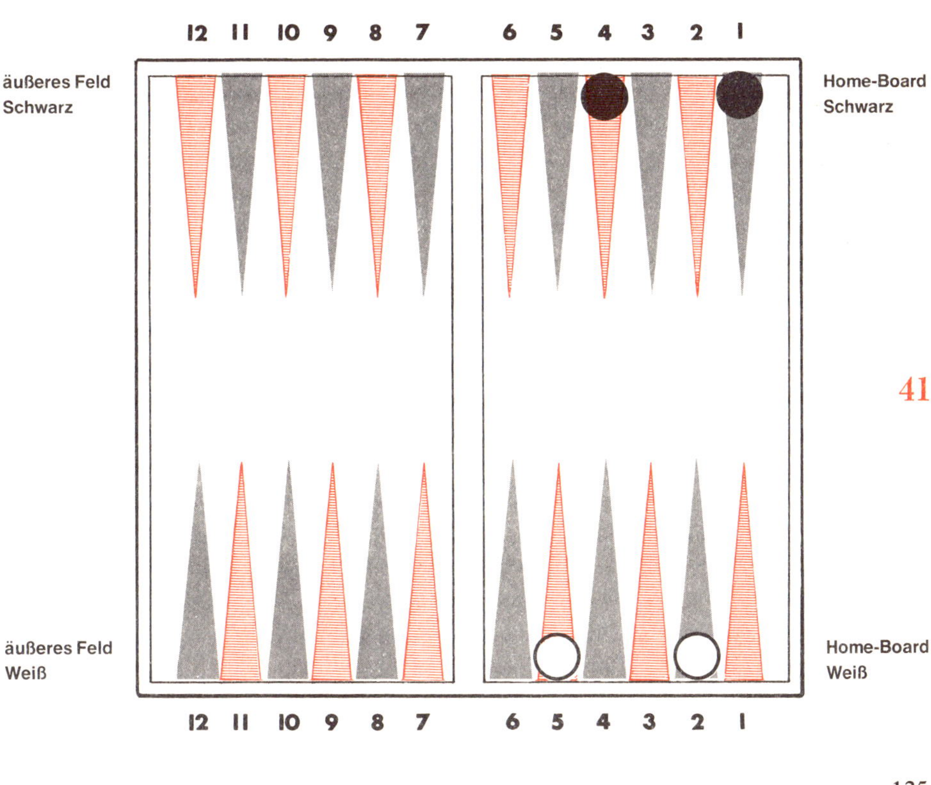

41

die beiden schwarzen Steine auf seinem Einser-Punkt stehen würden, sollten Sie doppeln oder re-doppeln und damit Ihre Plus-Erwartung verdoppeln. Aber in diesem Fall ist die schwarze Position *schwächer,* und deshalb sollten Sie nicht doppeln, falls der Verdopplungswürfel auf Ihrer Seite steht. Der Grund dafür ist, daß Sie, wenn Sie den Würfel auf Ihrer Seite behalten und Ihre beiden Steine nicht mit einem Wurf herausbekommen, *vielleicht noch ein weiteres Mal würfeln* können. Für Schwarz gibt es dann nämlich noch sieben mögliche Würfe, mit denen er nicht beide Steine herausnehmen kann.

Wenn Sie also nicht doppeln, ist Ihre Gewinnchance 19/36 plus dem Ergebnis von 17/36 (Ihre Chance, nicht in einem Wurf abzuräumen) mal 7/36 (die Chance von Schwarz, nicht in einem Wurf herauszukommen). Das ergibt insgesamt eine Gewinnchance von 803/1296 (19/36 oder 684/1296, plus 17/36 mal 7/36 oder 119/1296); Ihre Chance, nicht zu gewinnen, ist 1296 minus 803, oder 493 von 1296. Damit ist Ihre Plus-Erwartung unter dem Strich 803/1296 minus 493/1296 und das ergibt 310/1296; um es in Dezimalzahlen auszudrücken: teilen Sie 310 durch 1296 und Sie kommen auf 0,239 mal den ursprünglichen Einsatz.

Wenn Sie doppeln, wird Ihr Gegner annehmen, und Ihre einzige Chance liegt nun in Ihrem ersten Wurf, weil Sie, wenn Sie nicht abräumen, zurückgedoppelt werden und Sie dann ablehnen müßten. Wenn Sie doppeln, ist Ihre Plus-Erwartung demnach 2/36 (19/36 minus 17/36) mal 2 (der doppelte Einsatz), was 4/36 oder 0,111 mal den ungedoppelten Einsatz ergibt.

In anderen Worten: Sie »fahren« mehr als doppelt so gut, wenn Sie den Verdopplungswürfel nicht anrühren.

Die Position des Verdopplungswürfels

Das vorangegangene Paradoxon erleuchtet einen Punkt, der im allgemeinen übersehen wird: Es ist ein zweifacher Vorteil, wenn der Verdopplungswürfel auf Ihrer Seite des Tisches liegt. Erstens können Sie Ihren Gegner jedesmal, wenn Sie am Wurf sind, doppeln und ihn damit zwingen, entweder aufzugeben oder zum doppelten Einsatz weiterzuspielen. Und zweitens kann er Sie nicht daran hindern, das Spiel zu Ende zu spielen – auch dann nicht, wenn seine Position erheblich günstiger ist als Ihre, da er Sie ja im Augenblick nicht doppeln kann.

Wann man doppeln, re-doppeln, ablehnen und annehmen soll

Bis jetzt war es ein ziemlich anstrengendes Kapitel. Wir haben Ihnen eine Stellung gezeigt, die zu stark zum Doppeln ist. Wir haben den Vorteil erörtert, den Sie haben, wenn Sie den Verdopplungswürfel auf Ihrer Tischhälfte behalten. Wir haben darauf hingewiesen, daß Sie in der Endphase des Spiels ein Doppel immer dann annehmen sollten, wenn die Chancen gegen Sie drei zu eins oder besser stehen. Wir haben Ihnen ein Beispiel dafür gegeben, daß es manchmal angebracht ist zu dop-

peln, wenn Ihre Gewinnchance nur etwas besser als fünfzig : fünfzig ist (neunzehn von sechsunddreißig Möglichkeiten) – und im großen und ganzen haben wir all diese Dinge auf einer Ebene behandelt, die Sie wahrscheinlich ein bißchen verwirrt hat.
Wenn das nicht so ist, sind Sie ein Genie!

Tabelle 5
Ungefähre Chancen zu Ihren Gunsten in einem Running Game, wenn Sie am Wurf sind und es gar keinen oder nur einen geringfügigen Unterschied in den Positionen gibt:

Ihre Punktzahl	Die Punkte die Sie besser sind als Ihr Gegner	Chancen zu Ihren Gunsten
60	0	6 zu 5
	4	8 zu 5
	8	11 zu 5
	12	17 zu 5
	16	5 zu 1
	20	8 zu 1
70	0	11 zu 10
	4	7 zu 5
	8	2 zu 1
	12	3 zu 1
	16	4 zu 1
	20	6 zu 1
80	0	21 zu 20
	4	13 zu 10
	8	9 zu 5
	12	13 zu 5
	16	18 zu 5
	20	5 zu 1
90	0	31 zu 30
	4	12 zu 10
	8	8 zu 5
	12	12 zu 5
	16	16 zu5
	20	9 zu 2
100	0	41 zu 40
	4	11,5 zu 10
	8	3 zu 2
	12	11 zu 5
	16	3 zu 1
	20	4 zu 1
110	0	51 zu 50
	4	11 zu 10
	8	7 zu 5
	12	2 zu 1
	16	14 zu 5
	20	19 zu 5

Nun wollen wir einmal versuchen, Ihnen ein paar Faustregeln zu geben. Zunächst beschäftigen wir uns nur mit Fällen, bei denen die Möglichkeit eines Gammon ausgeschlossen ist.
In diesem Fall sollten Sie nur dann ein erstes Doppel in Erwägung ziehen (d. h. den Verdopplungswürfel von der Mitte aus auf die gegnerische Seite hinüberschieben), wenn die Chancen nach Ihrer eigenen Schätzung sieben zu fünf oder mehr zu Ihren Gunsten stehen. Wenn Sie glauben, daß die Chancen neun zu fünf oder mehr zu Ihren Gunsten stehen, sollten Sie auf *jeden Fall* doppeln.
Wenn schon mindestens einmal gedoppelt wurde, sollten Sie beim Re-Doppel ein bißchen vorsichtiger sein. Sie können ein Re-Doppel *erwägen,* wenn die Chancen drei zu zwei zu Ihren Gunsten stehen, und Sie sollten *auf jeden Fall* re-doppeln, wenn die Chancen zwei zu eins oder mehr zu Ihren Gunsten stehen.
Natürlich werden alle diese Doppel angenommen – oder sollten es wenigstens. Aber eine Garantie gibt es nicht – wir haben schon unglaubliche Ablehnungen und Annahmen erlebt!
Wenn Sie die Chance haben, ein Gammon zu gewinnen, doppeln Sie ein bißchen schneller, und Ihr Gegner wird eher dazu neigen abzulehnen.
Soviel zum Thema »Faustregeln«. Wie können Sie Ihre genauen Chancen errechnen? Das ist vor allem eine Sache der Erfahrung. Es beginnt damit, daß Sie Ihren genauen Stand berechnen (wie im letzten Kapitel erläutert). Sobald Sie das getan haben, können Sie der Tabelle 5 eine ungefähre Schätzung Ihrer Chancen entnehmen, aber *nur wenn alle anderen Faktoren in etwa ausgeglichen sind.*
Wir behaupten keineswegs, daß diese Tabelle absolut unfehlbar ist, aber sie gibt Erfahrungswerte wieder, hinter denen über dreißig Jahre Backgammon stehen.
Sie sollte mit viel Sorgfalt angewandt werden. Wenn Sie zum Beispiel sechs Steine auf Ihrem Fünfer-Punkt haben, und Ihr Gegner hat je zwei Steine auf seinem Sechser-, seinem Fünfer- und seinem Vierer-Punkt, ergibt das auf beiden Seiten eine Gesamtpunktzahl von 30 – *aber seine Stellung ist entschieden besser.*
Tabelle 6 basiert auf Tabelle 5; sie gibt die gleichen Erfahrungswerte wieder – nur in einer etwas leichter verständlichen Form.

Tabelle 6
Sollten Sie doppeln?

Ihre Führung	Ihre Gesamtpunktzahl liegt zwischen	sollten Sie doppeln?	sollten Sie redoppeln?	Sollte Ihr Gegner annehmen?
0	55–115	nein	nein	–
4	55–75	ja	nein	ja
	75–115	nein	nein	–
8	55–75	ja	ja	ja
	75–115	ja	nein	ja
12	55–75	ja	ja	nein
	75–115	ja	ja	ja
16	55–105	ja	ja	nein
	105–115	ja	ja	ja

Wir wollen uns noch einmal Diagramm 39 im letzten Kapitel ansehen. Ihre Gesamtpunktzahl beträgt 109 und die Ihres Gegners 118. Die Chancen stehen besser als sieben zu fünf zu Ihren Gunsten und schlechter als zwei zu eins. Sie sollten doppeln, aber wenn Sie schon gedoppelt worden sind, sollten Sie nicht re-doppeln.
Tabelle 5 zeigt, daß die Chancen zu Ihren Gunsten zwischen sieben zu fünf und zwei zu eins stehen: Ihre Punktzahl von 109 ist der 110 der ersten Spalte am nächsten; Ihre Führung von 9 Punkten liegt zwischen 8 (eine Chance von sieben zu fünf) und 12 (eine Chance von zwei zu eins). Tabelle 6 zeigt, daß Sie doppeln sollten, wenn bisher noch nicht gedoppelt worden ist, daß Sie jedoch nicht re-doppeln sollten: Ihre Führung liegt der 8 in der ersten Spalte der Tabelle am nächsten und Ihre Gesamtpunktzahl liegt zwischen 75 und 115.
Wenn Sie diese Tabelle nicht auswendig lernen wollen (und wir haben keinerlei Grund anzunehmen, daß Sie das wollen – es sei denn, Sie wollen einen großen Teil Ihres Lebens mit dem Lernen von Backgammon verbringen –) hier ist eine einfache Doppel-Regel in einem Running-Game:
1. Berechnen Sie Ihren Stand und Ihre Führung.
2. Wenn Ihre Führung ungefähr $7^1/_2$ Prozent von Ihrer Gesamtpunktzahl erreicht hat, sollten Sie zum ersten Mal doppeln.
3. Wenn Sie 10 Prozent Ihrer Gesamtpunktzahl ausmacht, sollten Sie doppeln oder re-doppeln.

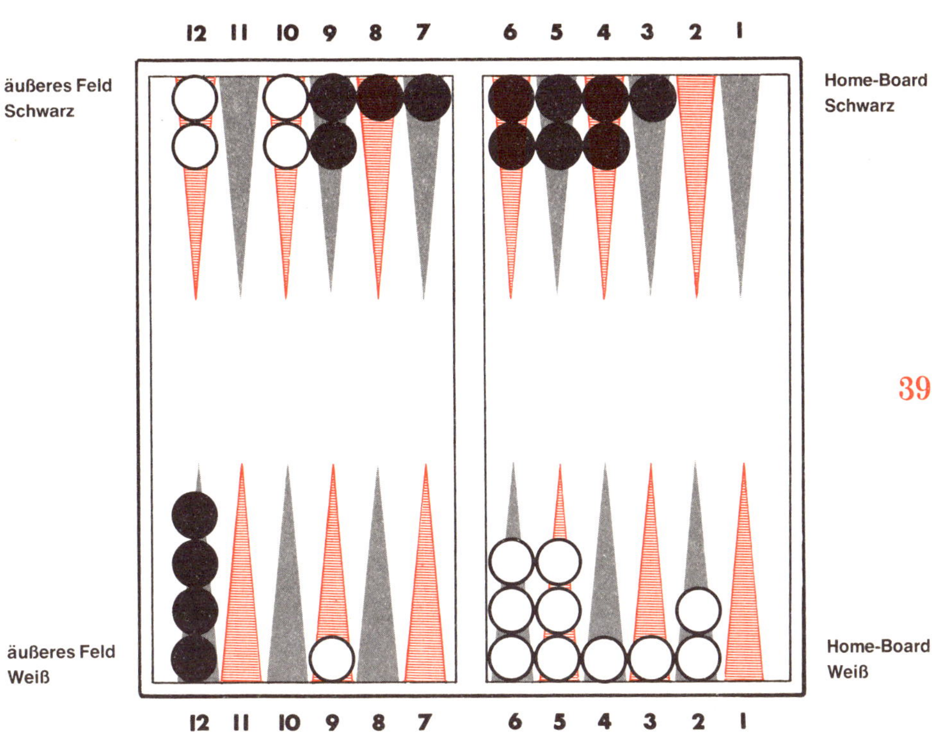

39

4. Wenn Sie Ihr Gegner in einem Running-Game doppelt, sollten Sie immer dann annehmen, wenn Sie weniger als 15 Prozent der Gesamtpunktzahl Ihres Gegners zurückliegen (das heißt also, wenn seine Führung weniger als 15 Prozent beträgt).
In Diagramm 39 ergibt Ihre Gesamtpunktzahl 109 und Ihr Vorsprung gegenüber Ihrem Gegner (Gesamtpunktzahl 118) beträgt somit 9; diese 9 entspricht etwa $8^1/_4$ Prozent Ihrer Gesamtpunktzahl, so daß Sie zwar doppeln, jedoch nicht re-doppeln sollten.
Im letzten Kapitel haben wir uns mit der Frage beschäftigt, was Sie mit dem Verdopplungswürfel tun sollten, wenn Ihre beiden letzten Steine auf Ihrem Sechser-Punkt stehen, während Ihr Gegner noch drei Steine auf seinem Einser-Punkt hat.
Wir wollen zunächst ausrechnen, wie groß Ihre Chance ist, das Spiel zu gewinnen, wenn es zu Ende gespielt wird. Sie würden gewinnen, wenn Sie in einem Wurf abräumen, oder aber wenn Sie ein zweites Mal zum Würfeln kämen und dann abräumen würden.
Nach Tabelle 4 beträgt Ihre Chance, in zwei Würfen abzuräumen, 78 Prozent, und die Chance, in einem Wurf abzuräumen 11 Prozent. Folglich errechnet sich Ihre Chance, mit Ihrem zweiten Wurf abzuräumen, aus der Differenz, und das macht 67 Prozent. Es kann jedoch passieren, daß Sie ein zweites Mal gar nicht mehr würfeln können. Ihr Gegner hat eine Chance von eins zu sechs (sechs mögliche Würfe von sechsunddreißig), einen Pasch zu würfeln und das Spiel zu gewinnen, bevor Sie noch einmal zum Würfeln kommen. Demnach ist Ihre Siegeschance 11 Prozent plus 5/6 von 67 Prozent. Das ergibt zusammen 67 Prozent.
Eine Wahrscheinlichkeit von 67 Prozent entspricht in etwa einer Chance von zwei zu eins zu Ihren Gunsten – also sollten Sie entweder doppeln oder re-doppeln. Wenn Sie dann als nächstes 2–1 würfeln und sofort zurückgedoppelt werden, werden Sie vielleicht bereuen, je gedoppelt zu haben – aber Sie sollten dieser Möglichkeit dennoch keine weitere Beachtung schenken.

Die Psychologie des Doppelns

Je mehr Sie Backgammon spielen, desto mehr wird Ihnen einleuchten, wie wichtig es ist, die speziellen Spielgewohnheiten Ihres Gegners kennenzulernen – besonders seine Einstellung zum Verdopplungswürfel.
Ist er ein schneller Doppler? Dann lassen Sie sich bitte etwas Zeit, bevor Sie ein Doppel von ihm annehmen. Er hofft grundsätzlich darauf, daß Sie akzeptieren. Machen Sie ihn erst einmal ein bißchen unsicher; möglicherweise wird er dann in Zukunft *noch früher* doppeln. Sie können sogar einmal ein ungesundes Doppel ablehnen – um ihn dazu zu bringen, noch übereilter und somit unüberlegter zu doppeln.
Ist er ein langsamer Doppler? So ein Spieler hofft inständig, daß Sie sein Doppel ablehnen. Wenn Sie das tatsächlich tun, so lassen Sie sich bitte Zeit damit. Wenn Sie aber annehmen, sollten Sie das schnell und geradezu freudig tun. Er wird dann in Zukunft noch eine Spur langsamer doppeln.

Neigt er dazu, riskante Doppel abzulehnen? Dann können Sie sich ruhig ein paar ungesunde Doppel leisten; wenn er nur eins von dreien ablehnt, werden Sie auf die Dauer bereits gewinnen.
Neigt er dazu, berechtigte Doppel anzunehmen? Dann zögern Sie Ihre Doppel ruhig noch ein bißchen hinaus. Er wird sie trotzdem annehmen.
Achten Sie darauf, wie der Spielstand sein Doppeln und sein Akzeptieren und Verweigern Ihrer Doppel beeinflußt. Verlierer neigen dazu, aus schlechten Positionen heraus zu doppeln und Doppel anzunehmen, die sie eigentlich ablehnen müßten; sie können keinen Boden gutmachen, wenn sie immer nur einen Punkt pro Spiel gewinnen oder gar Spiele verlieren.
Bei Gewinnern verhält sich das genau entgegengesetzt. Sie sind schnell bei der Hand, Doppel abzulehnen und lassen sich viel Zeit, bevor sie selbst den Verdopplungswürfel drehen. Aber Sie wollen auch weiterhin im Plus bleiben und haben daher etwas dagegen, daß Ihnen das Spiel sozusagen aus der Hand genommen wird.
Lassen Sie sich nicht entmutigen, wenn es Dinge gibt, die Sie beim ersten Lesen dieses Kapitels nicht richtig verstehen. Nehmen Sie sich jetzt die nächsten Kapitel vor, aber versuchen Sie, immer wieder auf dieses hier zurückzukommen.

8 Strategie nach den ersten Zügen

Selbst wenn Sie es bisher noch nicht getan haben (obwohl wir das stark hoffen): Es wird Ihnen bei diesem und den folgenden Kapiteln von großem Nutzen sein, wenn Sie Ihr Backgammon-Board vor sich aufbauen, die einzelnen Spielzüge Schritt für Schritt eigenhändig nachvollziehen und sich die verschiedenen Positionen gründlich anschauen.

Wir beginnen mit einer Situation, in der Sie (Weiß, wie üblich) nach den ersten paar Zügen einen schnellen Vorteil erlangt haben. Mit Ihrem ersten Wurf 3–1 machten Sie Ihren Fünfer-Punkt und hatten somit einen guten Start. Schwarz würfelte 4–2 und machte seinen Vierer-Punkt. Nun würfeln Sie 4–1.

Ihr erster Gedanke ist, einfach Ihren Achter-Punkt zu verstärken, und zwar mit einem Stein vom schwarzen Zwölfer-Punkt. Tun Sie das nicht! Sie wollen schließlich noch mehr Punkte machen, und deshalb sollten Sie die 4 dazu verwenden, um mit einem der fünf Steine vom schwarzen Zwölfer-Punkt auf Ihren Neuner-Punkt zu ziehen. Damit stellen Sie zwar einen Blot hin, aber er kann nur mit 6–2 oder 5–3 getroffen werden, da Ihre Steine auf dem Fünfer-Punkt den Blot sowohl gegen Pasch 4 als auch gegen Pasch 2 abschirmen.

Für die 1 gibt es zwei verschiedene Züge. Sie können Ihre zwei hinteren Steine splitten, oder Sie können mit einem Stein von Ihrem Sechser-Punkt auf Ihren Fünfer-Punkt ziehen. Beide Züge sind gut, aber wir halten es für besser, die zwei hinteren Steine zu splitten. Damit haben Sie nämlich die Chance, mit 4–3 den schwarzen Fünfer-Punkt oder mit 6–5 den schwarzen Bar-Punkt zu machen, und außerdem läßt Ihnen dieser Zug zwei Möglichkeiten, um irgendeinen Blot des Gegners in seinem äußeren Feld zu treffen.

Schwarz würfelt ebenfalls 4–1. Er möchte nicht den gleichen Zug wie Sie machen, da er sonst einen weiteren Blot auf seinem Neuner-Punkt hätte und von Ihrem Stein auf seinem Zweier-Punkt mit 6–1, 5–2 oder 4–3 und von Ihrem Stein auf seinem Einser-Punkt mit 6–2, Pasch 4, oder Pasch 2 getroffen werden könnte – womit Sie dann insgesamt zehn Treffermöglichkeiten hätten.

Statt dessen versucht er, Ihr Spiel zu verzögern, und schlägt beide Blots in seinem Board mit einem der Steine von seinem Sechser-Punkt. Damit sind Sie erst einmal mit zwei Steinen draußen und haben nur elf Möglichkeiten, um seinen Blot auf seinem Einser-Punkt beim Hereinwürfeln zu treffen. Und wenn schon: Es würde ihm nicht viel ausmachen, da das Spiel gerade erst begonnen hat und ihm drei Steine in Ihrem inneren Feld durchaus von Vorteil sein können.
Wir haben nun die in Diagramm 42 gezeigte Stellung erreicht, und Sie sind am Wurf. Jeder einfache Wurf würde eine Verzögerung Ihres Spieles bedeuten, da Sie ja mit zwei Steinen draußen sind; und wenn Sie gar Pasch 6, Pasch 4 oder 6–4 würfeln, kostet Sie das einen ganzen Zug. Aber wir wollen uns einmal überlegen, wie Sie die vier anderen möglichen Pasch-Würfe spielen sollten – unter Berücksichtigung des Umstandes, daß Sie zunächst mit zwei Steinen hereinkommen müssen:
Pasch 5. Bringen Sie Ihre beiden Steine herein, und ziehen Sie sie bis auf den schwarzen Zehner-Punkt vor.
Pasch 3. Bringen Sie Ihre beiden Steine herein, und machen Sie dann mit zwei Steinen von Ihrem Sechser-Punkt Ihren Dreier-Punkt.
Pasch 2. Desgleichen, nur daß Sie dieses Mal Ihren Vierer-Punkt machen.
Pasch 1. Schlagen Sie mit jenen zwei Steinen seinen Blot auf seinem Einser-Punkt, und machen Sie dann mit zwei Steinen von Ihrem Achter-Punkt Ihren Bar-Punkt.
Einmal angenommen, Sie würfeln tatsächlich 6–1 und nehmen die 1, um seinen

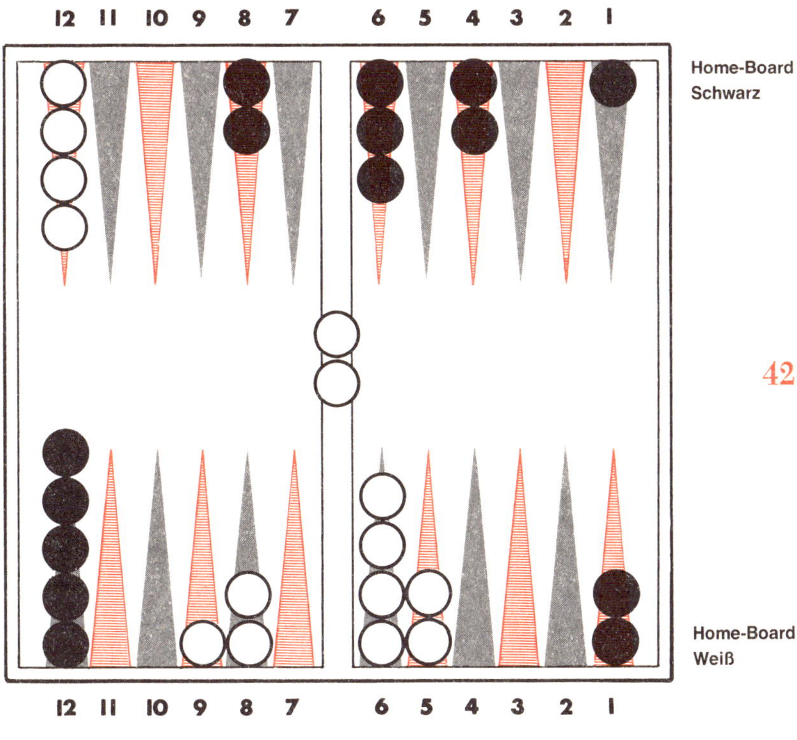

42

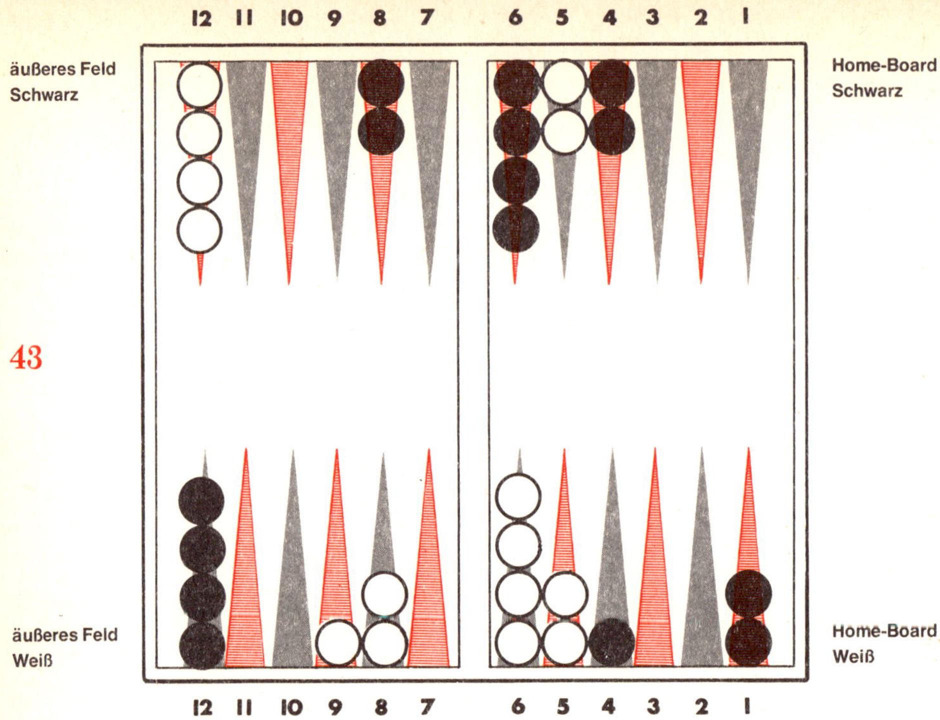

43

Blot auf dem schwarzen Einser-Punkt zu schlagen. Ihren anderen Stein können Sie nicht ins Spiel bringen, da der Sechser-Punkt vom Gegner besetzt ist, und somit geht Ihnen dieser Teil-Wurf verloren. Schwarz würfelt dann 5–1; er bringt seinen Stein mit der 1 herein und verstärkt mit der 5 seinen Achter-Punkt (indem er mit einem seiner Steine von Ihrem Zwölfer-Punkt zieht). Er hätte auch Ihren Blot auf seinem Einser-Punkt schlagen können, tat dies aber nicht, da er dann überhaupt keinen Nachschub mehr gehabt hätte. So aber hat er je drei Steine auf seinem Sechser- und seinem Achter-Punkt stehen und kann von jedem dieser beiden Punkte aus – je nach Belieben und Gelegenheit – manövrieren.

Seine drei Steine auf Ihrem Einser-Punkt bedeuten eine erhebliche Schwäche in seinem Spiel, aber ihm blieb gar nichts anderes übrig, als seinen geschlagenen Stein auf diesen Punkt zu stellen; und weiter vorziehen konnte er auch nicht.

Sie würfeln nun 5–4 und können zu Ihrer Freude den schwarzen Fünfer-Punkt machen – indem Sie mit der 5 hereinkommen und mit der 4 Ihren Stein vom schwarzen Einser- auf den schwarzen Fünfer-Punkt stellen. Schwarz würfelt dann 3–2 und benützt die 3, um einen Stein von Ihrem Einser-Punkt auf Ihren Vierer-Punkt zu ziehen, und die 2, um einen Stein von seinem Achter- auf seinen Sechser-Punkt zu stellen.

Das führt zu der Stellung in Diagramm 43. Ihre Position hat sich sehr positiv entwickelt. Mit Ihrem ersten Wurf konnten Sie Ihren Fünfer-Punkt und mit Ihrem letzten Wurf den schwarzen Fünfer-Punkt machen. Ihre zwei Steine auf diesem letzteren Punkt erlauben Ihnen einige Freiheiten mit Ihren vorderen Steinen, die zudem recht gut plaziert sind.

Auf der anderen Seite befindet sich Schwarz in einer ziemlich schwachen Position. Nicht, daß er etwas dafür könnte; nach seinem Eröffnungswurf von 4–2 hatte er einfach ein paar schlechte Würfe. Bei einem Spiel um Geld würden Sie sich zu diesem Zeitpunkt ein Doppel überlegen. Wie Sie sehen, könnten Sie mit neun Würfen (5–4, 5–2, 4–2, Pasch 4, Pasch 2, Pasch 1) seinen Blot, der so verlockend auf Ihrem Vierer-Punkt postiert ist, schlagen und gleichzeitig Ihren Punkt machen (was Sie natürlich mit 5–1, 4–1 oder 2–1 nicht in Betracht ziehen würden, da Sie sonst einen Blot auf Ihrem überaus wertvollen Fünfer-Punkt hätten). Da die anderen siebenundzwanzig Würfe jedoch weniger vorteilhaft wären, beschließen Sie, noch nicht zu doppeln und würfeln weiter. Wir werden einmal genau untersuchen, was Sie nun mit den verschiedenen Würfen machen können:

Pasch 6. Machen Sie Ihren Bar-Punkt mit zwei Steinen vom schwarzen Zwölfer-Punkt, und ziehen Sie mit den beiden Steinen vom schwarzen Fünfer-Punkt auf den schwarzen Elfer-Punkt. Der Blot auf Ihrem Neuner-Punkt bleibt Ihnen zwar, aber es wäre keine Tragödie, wenn Schwarz ihn treffen würde.

Pasch 5. Dieser Wurf bietet Ihnen verschiedene Möglichkeiten. Sie können mit Ihren beiden Steinen vom schwarzen Fünfer-Punkt bis zu Ihrem eigenen Zehner-Punkt ziehen; damit hätten Sie zwei weitere Geschütze, die Sie auf den schwarzen Blot auf Ihrem Vierer-Punkt richten könnten. Sie können aber auch mit zwei Steinen vom schwarzen Zwölfer-Punkt auf Ihren Dreier-Punkt ziehen. Mit keinem dieser Züge können Sie Ihren Blot auf dem Neuner-Punkt decken: Wenn Schwarz eine 5 oder 6–2 würfelt, trifft er ihn; mit einer 3 oder einem entsprechend kleineren Kombinationswurf täte er gut daran, Ihren Vierer-Punkt zu machen.

Beide genannten Züge mit Pasch 5 sind gut, aber ein weit besserer Zug wäre, zwei der 5er dazu zu verwenden, um mit zwei Steinen von Ihrem Achter-Punkt Ihren Dreier-Punkt zu machen; mit der dritten 5 sollten Sie mit Ihrem Stein von Ihrem Neuner-Punkt seinen Blot schlagen und mit der letzten 5 einen Stein vom schwarzen Zwölfer-Punkt auf Ihren Achter-Punkt stellen. Das ist eine sehr aggressive Spielweise, da Sie außer dem unvermeidlichen direkten Blot auf Ihrem Vierer-Punkt dem Gegner auch noch einen »Weitschuß« auf Ihren Blot auf dem Achter-Punkt ermöglichen. Wenn er Pasch 4 würfelt, trifft er beide Blots; wenn er irgendeine andere 4, 3–1 oder Pasch 2 würfelt, trifft er den Blot auf Ihrem Vierer-Punkt; wenn er 6–2 würfelt, schlägt er den Blot auf Ihrem Achter-Punkt. Das ergibt insgesamt sechzehn gute Wurfmöglichkeiten für ihn, aber nicht einer dieser sechzehn Würfe bringt ihm mehr als ein wieder einigermaßen ausgeglichenes Spiel. Wenn er andererseits Pech hat und irgendeine der neun Kombinationen von 6, 5 und 3 würfelt, bleibt sein geschlagener Mann draußen, und auch wenn er eine der elf verbleibenden Möglichkeiten würfelt, mit denen er zwar hereinkommen, Sie aber nicht treffen kann, wird er einen sehr schweren Stand gegen Sie haben.

Dadurch werden zwei wichtige Grundprinzipien beim Backgammon deutlich. Das erste ist Ihnen bereits bekannt: Wenn Sie schon einen Blot einem direkten Treffer aussetzen müssen (also einen »direkten« Blot haben), sollten Sie ihn da postieren, wo er Ihnen am meisten nützt, wenn er nicht getroffen wird. Der zweite Grundsatz besagt, daß Sie, wenn Sie einen Blot einem direkten Treffer aussetzen müssen, in fast allen Fällen besser daran tun, den feindlichen Blot zu schlagen, anstatt ihm die Möglichkeit zu geben, seinen nächsten Wurf nach Belieben zu ziehen. Denken Sie daran, daß jedesmal, wenn Sie einen seiner Steine hinauswerfen, die Chance besteht, daß er einen schlechten Wurf hat und nicht in der Lage ist, überhaupt einen Stein zu ziehen.

Pasch 4. Schlagen Sie seinen Blot auf Ihrem Vierer-Punkt mit den zwei Steinen von Ihrem Achter-Punkt. Dann können Sie entweder mit zwei Steinen vom schwarzen Zwölfer-Punkt auf Ihren Neuner-Punkt ziehen oder mit einem einzelnen Stein bis auf Ihren Fünfer-Punkt vorrücken. Wenn Schwarz darauf kein überdurchschnittlich guter Wurf gelingt, würden Sie ihn – vor allem, wenn es um Geld ginge – doppeln, und er täte gut daran, dieses Doppel abzulehnen.

Pasch 3. Ziehen Sie mit zwei Steinen vom schwarzen Zwölfer-Punkt auf Ihren Bar-Punkt.

Pasch 2. Machen Sie Ihren Vierer-Punkt mit zwei Steinen von Ihrem Sechser-Punkt, wobei Sie zwangsläufig seinen Blot schlagen. Die anderen zwei 2er benützen Sie, um mit einem Stein vom schwarzen Zwölfer-Punkt Ihren Neuner-Punkt zu machen.

Pasch 1. Entweder verwenden Sie alle vier 1er darauf, um Ihren Vierer-Punkt zu machen und seinen Blot zu schlagen (mit zwei Steinen von Ihrem Sechser-Punkt); oder Sie nehmen zwei 1er, um seinen Blot auf Ihrem Vierer-Punkt zu schlagen (mit einem Stein von Ihrem Sechser-Punkt) und machen mit den anderen beiden Ihren Bar-Punkt (mit den zwei Steinen von Ihrem Achter-Punkt).

6–5. Auf den ersten Blick scheint das kein besonders guter Wurf zu sein, aber wenn man genauer hinschaut, entdeckt man, daß Sie mit einem Stein vom schwarzen Fünfer-Punkt den Blot auf Ihrem Neuner-Punkt decken können.

6–4. Einer der wenigen schlechten Würfe in dieser Position. Wir würden wohl mit zwei Steinen vom schwarzen Zwölfer-Punkt ziehen. Der eine deckt Ihren Neuner-Punkt; der andere wird zum Blot auf Ihrem Bar-Punkt. Dieser Blot kann mit vierundzwanzig Würfen getroffen werden (jede 6 oder 3, sowie 5–1 und 4–2), aber das wäre kein großer Verlust für Sie, und wenn Schwarz den Blot nicht trifft, hätten Sie eine wirklich »bombensichere« Stellung. Alle anderen Züge würden Sie in eine mehr oder weniger unvorteilhafte Lage bringen.

6–3. Machen Sie Ihren Dreier-Punkt (mit dem Stein von Ihrem Neuner-Punkt und mit einem Stein von Ihrem Sechser-Punkt).

6–2. Machen Sie Ihren Bar-Punkt (mit je einem Stein vom schwarzen Zwölfer- und Ihrem Neuner-Punkt).

6–1. Kein sehr guter Wurf. Wir würden den Blot von Ihrem Neuner-Punkt auf Ihren Dreier-Punkt stellen und mit einem Stein von Ihrem Sechser- auf Ihren Fünfer-Punkt ziehen. Mögliche Alternativen, wie z. B. mit je einem Stein vom schwarzen Fünfer- auf den schwarzen Zwölfer-Punkt zu ziehen, oder mit der 6 vom schwarzen Fünfer- auf den schwarzen Elfer-Punkt und mit der 1 von Ihrem Neu-

ner- auf Ihren Achter-Punkt zu ziehen, würden Ihre Position erheblich schwächen.
5–4. Machen Sie Ihren Vierer-Punkt und schlagen Sie seinen Blot (mit dem Stein von Ihrem Neuner- und einem von Ihrem Achter-Punkt).
5–3. Schlagen Sie den Stein auf Ihrem Vierer-Punkt mit dem Stein auf Ihrem Neuner-Punkt und ziehen Sie mit einem Stein vom schwarzen Zwölfer-Punkt auf Ihren Zehner-Punkt. Die Gründe für diesen Zug sind im wesentlichen die gleichen, die wir Ihnen zuvor für den von uns empfohlenen Pasch 5 genannt haben.
5–2. Ein sehr guter Wurf. Sie schlagen seinen Blot und machen gleichzeitig Ihren Vierer-Punkt.
5–1. Schlagen Sie den Blot auf Ihrem Vierer-Punkt mit Ihrem Stein vom Neuner-Punkt und ziehen Sie mit einem Stein von Ihrem Sechser-Punkt auf Ihren Fünfer-Punkt. Falls Ihr Blot überlebt, sind Sie in einer ausgezeichneten Position; wird er getroffen, ist Ihre Lage immer noch zufriedenstellend.
4–3. Machen Sie Ihren Neuner-Punkt mit einem Stein vom schwarzen Zwölfer-Punkt und stellen Sie (mit der 3) einen Blot auf Ihren Zehner-Punkt.
4–2. Machen Sie Ihren Vierer-Punkt (mit je einem Stein von Ihrem Achter- und Ihrem Sechser-Punkt); damit setzen Sie die beiden Blots auf Ihrem Achter- und Ihrem Neuner-Punkt zwar möglichen »Weitschüssen« aus, aber immerhin haben sie erst einmal seinen Blot erwischt.
4–1. Machen Sie Ihren Neuner-Punkt mit einem Stein vom schwarzen Zwölfer-Punkt und rücken Sie mit einem Stein von Ihrem Sechser- auf Ihren Fünfer-Punkt vor.
3–2. Kein allzu guter Wurf. Schlagen Sie einfach seinen Stein auf Ihrem Vierer-Punkt mit dem Stein von Ihrem Neuner-Punkt.
3–1. Machen Sie Ihren Neuner-Punkt mit einem Stein vom schwarzen Zwölfer-Punkt.
2–1. Nehmen Sie die 2, um seinen Blot auf Ihrem Vierer-Punkt zu schlagen, und die 1, um Ihren Stein vom Neuner-Punkt auf Ihren Achter-Punkt zu stellen. Genausogut können Sie aber auch Ihren Bar-Punkt machen und einen Blot auf Ihrem Achter-Punkt stehen lassen.
Sie werden bei all diesen Zügen bemerkt haben, daß es keineswegs angebracht ist, nur auf Sicherheit zu spielen, sondern daß Sie mit jedem Wurf versuchen sollten, Ihre ohnehin schon glänzende Stellung noch weiter zu verbessern. Wenn es um Geld geht, sollte Ihnen daran gelegen sein, Ihren Vorsprung so auszubauen, daß Sie frühzeitig doppeln können, und das werden Sie auch sofort tun, sobald Schwarz einen Zug von Ihnen nicht mit einem mindestens ebenso guten beantworten kann. Andererseits ist Ihre Situation so günstig, daß selbst ein erstklassiger Zug von Schwarz Ihren Spielvorteil nicht in Frage stellen kann. Die Steine auf dem schwarzen Fünfer-Punkt stellen einen Sicherheitsanker dar – für den Fall, daß Ihr Gegner einen Ihrer möglichen Blots treffen sollte.
Nehmen wir einmal an, Sie würfeln tatsächlich 5–2, machen Ihren Vierer-Punkt und schlagen den schwarzen Blot. Er würfelt 6–5 und kommt nicht herein. Diese Position sehen Sie im Diagramm 44.
Ihre Stellung ist jetzt gut genug, um ein Doppel zu rechtfertigen – und Schwarz

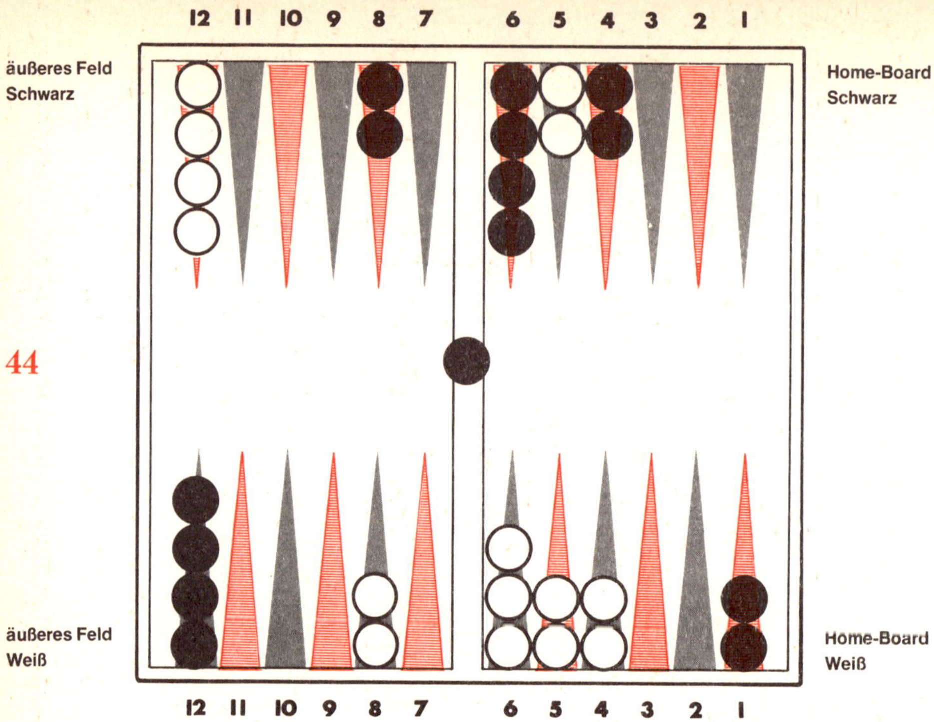
12 11 10 9 8 7 6 5 4 3 2 1
äußeres Feld
Schwarz
Home-Board
Schwarz
äußeres Feld
Weiß
Home-Board
Weiß
12 11 10 9 8 7 6 5 4 3 2 1

44

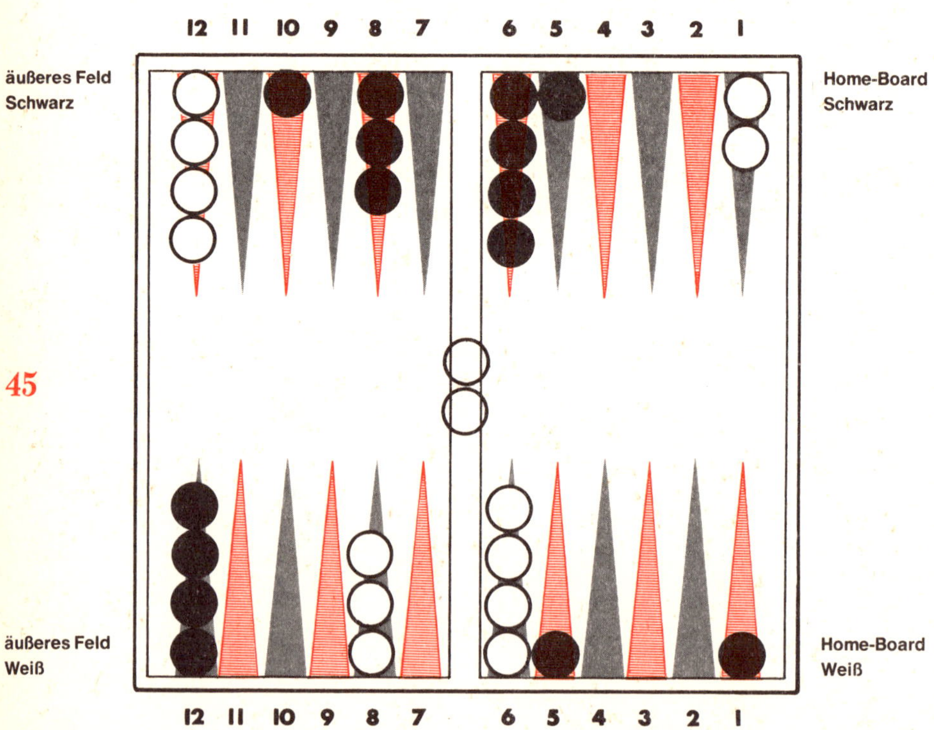
12 11 10 9 8 7 6 5 4 3 2 1
äußeres Feld
Schwarz
Home-Board
Schwarz
äußeres Feld
Weiß
Home-Board
Weiß
12 11 10 9 8 7 6 5 4 3 2 1

45

wäre gut beraten, das Doppel abzulehnen und ein neues Spiel zu beginnen. Der Grund, warum Sie ihn zu diesem Zeitpunkt doppeln sollten, ist, daß Ihnen der Spatz in der Hand lieber ist als die Taube auf dem Dach. Sie verzichten zwar auf ein mögliches Gammon (in diesem Fall die Taube), bekommen aber sofort den Spatz in die Hand. Außerdem besteht immer die Chance, daß ein zu allem entschlossener Spieler Ihr Doppel annehmen wird – aufgrund des Ankers, den er auf Ihrem Einser-Punkt »geworfen« hat. Dieser Anker bedeutet, daß Schwarz – ganz egal, wie schlecht seine nächsten Würfe auch sein mögen – immer noch die Möglichkeit haben könnte, Sie am Ende zu treffen und damit das Spiel noch für sich zu entscheiden.

In unserem nächsten Spiel haben wir einen schlechten Start. Sie würfeln zunächst 6–2 und entscheiden sich für den aggressiven Zug, einen Stein vom schwarzen Zwölfer-Punkt auf Ihren Fünfer-Punkt zu stellen. Schwarz würfelt 4–3. Er schlägt Ihren Blot auf dem Fünfer-Punkt mit der 4 und zieht mit der 3 einen Stein ums Eck herum auf seinen Zehner-Punkt.

Ihr zweiter Wurf ist 5–1. Sie kommen mit der 5 herein und nehmen die 1, um den Stein auf Ihrem Fünfer-Punkt mit einem Stein von Ihrem Sechser-Punkt zu schlagen. Da Sie ohnehin bereits in der Defensive sind, macht Ihnen die Möglichkeit, erneut geschlagen zu werden nichts weiter aus. Schwarz würfelt diesmal ebenfalls 5–1, kommt mit der 5 herein und schlägt Ihren Stein auf Ihrem Fünfer-Punkt. Dann verwendet er die 1, um Ihren Stein auf *seinem* Fünfer-Punkt zu schlagen. Das bringt uns zu Diagramm 45.

Wir haben zwar einen schlechten Start erwischt, aber das heißt nicht, daß Schwarz sein Spiel bis jetzt besonders gut entwickelt hätte. Sie liegen mit 4 Steinen hinten (einschließlich der beiden, die draußen sind), aber er hat noch keinen zweiten Punkt in seinem Board gemacht.

Sie würfeln 4–2 und bringen Ihre beiden Steine herein. Schwarz würfelt 4–1. Mit der 1 macht er seinen Fünfer-Punkt und mit der 4 Ihren Fünfer-Punkt. Er hätte seinen Blot von seinem Zehner-Punkt auf seinen Sechser-Punkt ziehen und damit in Sicherheit bringen können, aber das ist eine Spielweise, die wir als kleinkariert und auf lange Sicht als dümmlich bezeichnen müssen. Es stört ihn herzlich wenig, wenn dieser Stein auf seinem Zehner-Punkt geschlagen wird; er würde in einem potentiellen Running-Game immer noch vorne liegen, und mit beiden Fünfer-Punkten in seiner Hand befände er sich in der weit besseren Ausgangsposition.

Sie würfeln 5–2. Die 2 ist sehr nützlich, da sie Ihnen die Möglichkeit gibt, mit Ihrem Stein vom schwarzen Zweier-Punkt den schwarzen Vierer-Punkt zu machen. Das beste, was Sie mit der 5 machen können, ist, mit einem Stein vom schwarzen Zwölfer-Punkt auf Ihren Achter-Punkt zu ziehen. Schwarz würfelt wiederum 4–1 und macht seinen Neuner-Punkt. Wir befinden uns nun in Position 46.

Sie befinden sich zu diesem Zeitpunkt in der schwächeren Position, aber Schwarz hat noch einen langen Weg zu gehen, und Ihre vier hinteren Steine werden ihm beim Versuch, aus seinem Vorteil Kapital zu schlagen, einigen Ärger bereiten. Da Sie diese vier Steine nicht für immer hinten stehenlassen können, hätten wir nichts

46

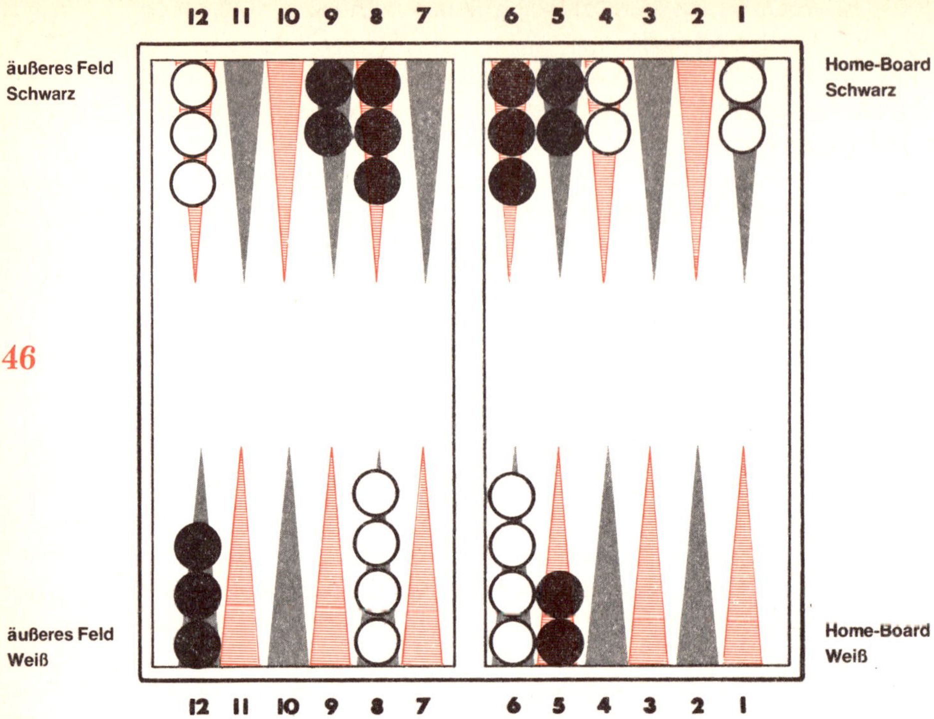
12 11 10 9 8 7 6 5 4 3 2 1
äußeres Feld Schwarz
Home-Board Schwarz
äußeres Feld Weiß
Home-Board Weiß
12 11 10 9 8 7 6 5 4 3 2 1

47

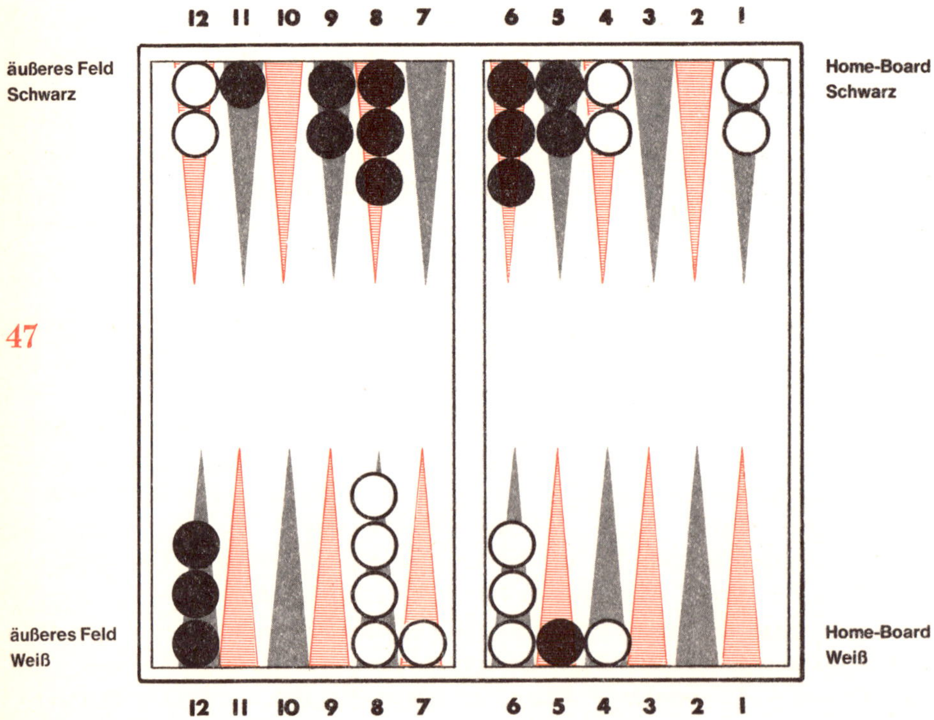
12 11 10 9 8 7 6 5 4 3 2 1
äußeres Feld Schwarz
Home-Board Schwarz
äußeres Feld Weiß
Home-Board Weiß
12 11 10 9 8 7 6 5 4 3 2 1

dagegen, wenn Sie aus Verzögerungsgründen noch einen fünften Stein ins innere Feld von Schwarz bekämen.

Nachdem Sie 6–2 gewürfelt haben, stellen Sie deshalb einen Stein vom schwarzen Zwölfer-Punkt auf Ihren Bar-Punkt und einen Stein von Ihrem Sechser-Punkt auf Ihren Vierer-Punkt.

Manche Spieler würden – wenn sie Schwarz wären – nun sofort doppeln. Wir empfehlen dies nicht. An der Stelle von Weiß würden wir so ein Doppel sogar begrüßen: Weiß ist zwar in der etwas schwächeren Position, aber der Vorteil, den Verdopplungswürfel auf seine Seite zu bekommen, würde das mehr als wettmachen. Wir haben diesen Punkt ausführlich in Kapitel 7 besprochen; denken Sie bitte daran, daß Sie, wenn der Verdopplungswürfel auf Ihrer Seite des Tisches liegt, der einzige Spieler sind, der das Recht hat, ihn auf die nächsthöhere Zahl zu drehen, und daß darin ein entscheidender Vorteil liegen kann.

Schwarz ist zu gerissen, um in dieser Situation zu doppeln. Er würfelt 5–4 und zieht mit einem Stein von Ihrem Fünfer-Punkt auf seinen Elfer-Punkt. Damit kommen wir zu Diagramm 47.

Schwarz war zwar nicht gezwungen, mit seiner 5–4 einen Blot stehenzulassen, aber ihm liegt daran, seine zwei hinteren Steine nach Hause zu bringen, bevor Sie Ihr Board verbessern können und solange Sie auf Ihrem Board noch einen Blot offen haben. Sie würfeln als nächstes 6–3. Sie haben verschiedene Möglichkeiten, diesen Zug zu ziehen, aber keine ist besonders gut. Das beste wäre noch, mit der 6 Ihren Bar-Punkt zu machen und mit der 3 einen Stein vom schwarzen Einser-Punkt auf den schwarzen Vierer-Punkt zu ziehen. Schwarz würfelt darauf 3–1. Er könnte mit der 1 Ihren Blot auf dem schwarzen Zwölfer-Punkt schlagen, tut das aber nicht. Er hat keinerlei Interesse daran, daß Sie einen fünften Stein in sein Board bekommen, und macht statt dessen seinen Zehner-Punkt (mit einem Stein vom weißen Zwölfer-Punkt und mit dem Stein von seinem Elfer-Punkt). Damit haben wir die Position in Diagramm 48 erreicht.

Schwarz steht jetzt sehr gut, und Ihre Lage hat sich verschlechtert. Sie liegen zu weit zurück, um in einem Running-Game mithalten zu können, und Sie sind nicht weit genug zurück, um Ihr Heil in einem »Backgame« suchen zu können. Sie brauchen also sofort einen guten Wurf.

Wir wollen uns einmal überlegen, welche Würfe gut genug wären, um Schwarz davon abzuhalten, Sie beim nächsten Wurf zu doppeln – oder gut genug, daß Sie, falls er Sie doppeln sollte, annehmen könnten. Das sind:

Pasch 3. Mit zwei der 3er ziehen Sie von Ihrem Achter-Punkt und schlagen damit den Blot auf Ihrem Fünfer-Punkt; decken Sie dann den Blot auf Ihrem Vierer-Punkt mit einem der Steine von Ihrem Bar-Punkt, und ziehen Sie mit dem Stein vom schwarzen Zwölfer-Punkt auf Ihren Zehner-Punkt.

Pasch 2. Nehmen Sie zwei 2er, um mit den zwei Steinen von Ihrem Bar-Punkt seinen Blot auf Ihrem Fünfer-Punkt zu schlagen; decken Sie den Blot auf Ihrem Vierer-Punkt mit einem Stein von Ihrem Sechser-Punkt und ziehen Sie mit dem Stein vom schwarzen Zwölfer-Punkt auf Ihren Elfer-Punkt.

Pasch 1 und 3–1. Schlagen Sie den gegnerischen Blot und machen Sie Ihren Fün-

48

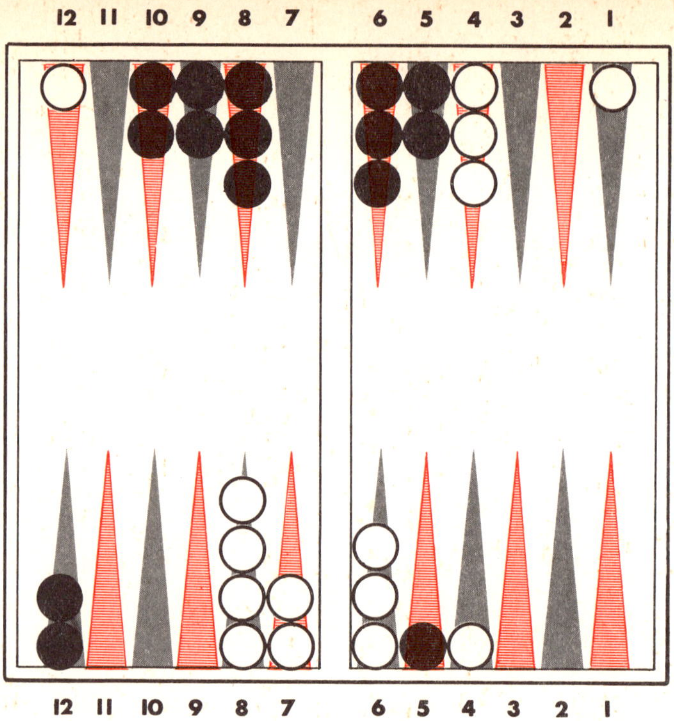

fer-Punkt (wobei Sie in beiden Fällen mit je einem Stein von Ihrem Achter- und Ihrem Sechser-Punkt ziehen). Kümmern Sie sich nicht weiter um Ihren einzelnen Stein auf Ihrem Vierer-Punkt: Wenn er getroffen wird, haben Sie ein gutes Backgame; wird er nicht getroffen, haben Sie beste Aussichten, fünf Punkte hintereinander zu machen.

6–5 und 5–3. Nehmen Sie den schwarzen Zwölfer-Punkt wieder in Besitz (bei 6–5, indem Sie mit Ihrem Stein vom schwarzen Einser-Punkt auf den schwarzen Zwölfer-Punkt ziehen, und bei 5–3, indem Sie einen der Steine vom schwarzen Vierer-Punkt nehmen).

6–3. Machen Sie den schwarzen Bar-Punkt – mit Ihrem Stein vom schwarzen Einser-Punkt und einem der Steine vom schwarzen Vierer-Punkt.

4–3 und 3–2. Schlagen Sie mit der 3 den Stein auf Ihrem Fünfer-Punkt und decken Sie den Blot auf Ihrem Vierer-Punkt mit der 2 oder der 4 (je nachdem).

4–1. Decken Sie mit der 4 den Blot auf Ihrem Vierer-Punkt, und schlagen Sie mit der 1 seinen Blot auf Ihrem Fünfer-Punkt.

Wenn Sie einen dieser siebzehn Würfe haben, könnten Sie das Spiel wieder einigermaßen ausgeglichen gestalten und den zu Beginn verlorenen Boden gutmachen. Schwarz könnte zwar trotzdem doppeln, aber Ihre Position ist nun so gut, daß Sie ruhig annehmen sollten. Bei einem der anderen neunzehn Würfe sollten Sie sich damit abfinden, das Spiel sofort aufzugeben, falls Schwarz doppeln sollte. Wenn Sie ein Doppel in einer schwachen Situation ablehnen, kostet Sie das schließlich kein Vermögen – und wie heißt es doch so richtig: »neues Spiel, neues Glück«.

9 Positionen im fortgeschrittenen Stadium

Das geschlossene Board

Das beste, was Ihnen im Endstadium des Spiels passieren kann, ist ein geschlossenes Board (das heißt, alle sechs Punkte in Ihrem inneren Feld unter Kontrolle zu haben), während Ihr Gegner mit einem oder gar mehreren Steinen draußen ist. Wenn bisher niemand gedoppelt hat oder Sie mit einem Re-Doppel an der Reihe sind, sollten Sie entweder doppeln (und das Spiel damit wahrscheinlich beenden, da Ihr Gegner ablehnen wird) oder weiterspielen und auf ein mögliches Gammon ausgehen. Auf jeden Fall hoffen Sie, Ihre restlichen Steine sicher nach Hause zu bringen und Sie dann herauszunehmen, ohne Ihrem Gegner eine Treffermöglichkeit zu bieten. Das wird Ihnen selbst bei sorgfältigstem Spiel nicht immer gelingen. Wie dem auch sei: Zunächst besteht Ihr Problem darin, Ihre restlichen Steine an den Punkten vorbeizubringen, die der Gegner außerhalb Ihres Homeboards besetzt haben mag.
Wenn Sie sich Position 49 ansehen, werden Sie feststellen, daß Sie, wenn Sie entweder Pasch 3 oder Pasch 4 würfeln, gezwungen sind, Ihr Board »aufzumachen«. Bei Pasch 3 können Sie mit zwei Steinen vom schwarzen Bar-Punkt auf den schwarzen Zehner-Punkt ziehen, aber dann müssen Sie zwei Steine in Ihrem inneren Feld bewegen. Bei Pasch 4 sind Ihre beiden hinteren Steine blockiert; Sie können drei 4er mit Ihrem Stein vom schwarzen Zehner-Punkt ziehen, müßten dann aber noch einen Stein in Ihrem Home-Board bewegen. Der beste Zug wäre, mit Ihrem Stein vom schwarzen Zehner-Punkt bis auf Ihren Bar-Punkt vorzuziehen und dann mit den zwei Steinen von Ihrem Sechser-Punkt auf Ihren Zweier-Punkt vorzurücken. So vermeiden Sie wenigstens einen direkten Blot.
Damit sind wir bei einem interessanten Punkt. Pasch-Würfe sind im allgemeinen eine sehr gute Sache, aber sie müssen irgendwie gezogen werden, und das bedeutet in manchen Situationen zumindest ein Ärgernis, wenn nicht gar eine totale Katastrophe.

49

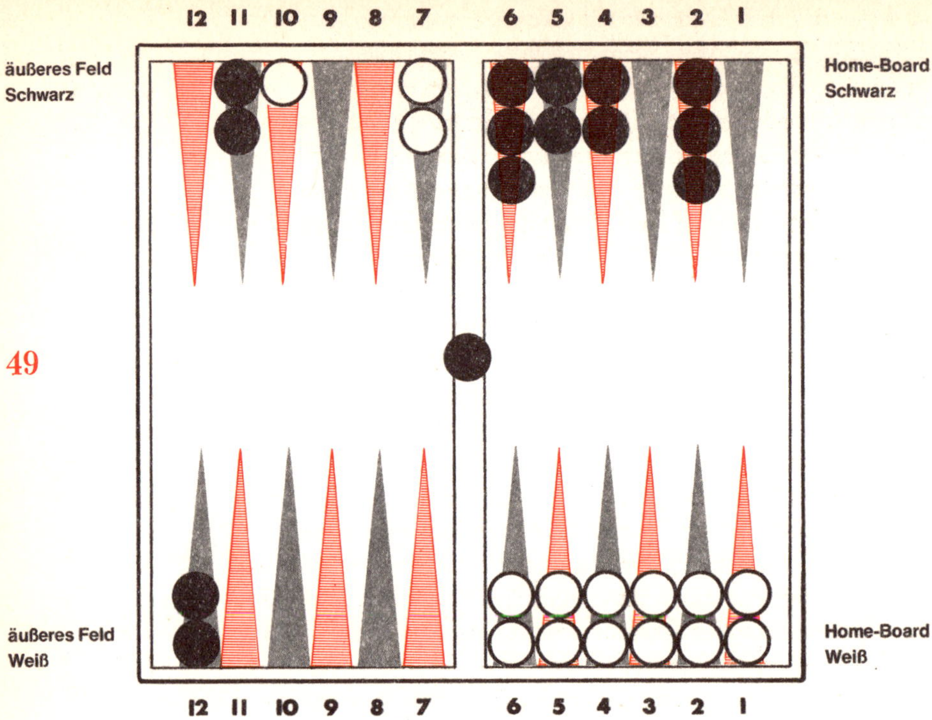

12 11 10 9 8 7 6 5 4 3 2 1
äußeres Feld Schwarz
Home-Board Schwarz
äußeres Feld Weiß
Home-Board Weiß
12 11 10 9 8 7 6 5 4 3 2 1

50

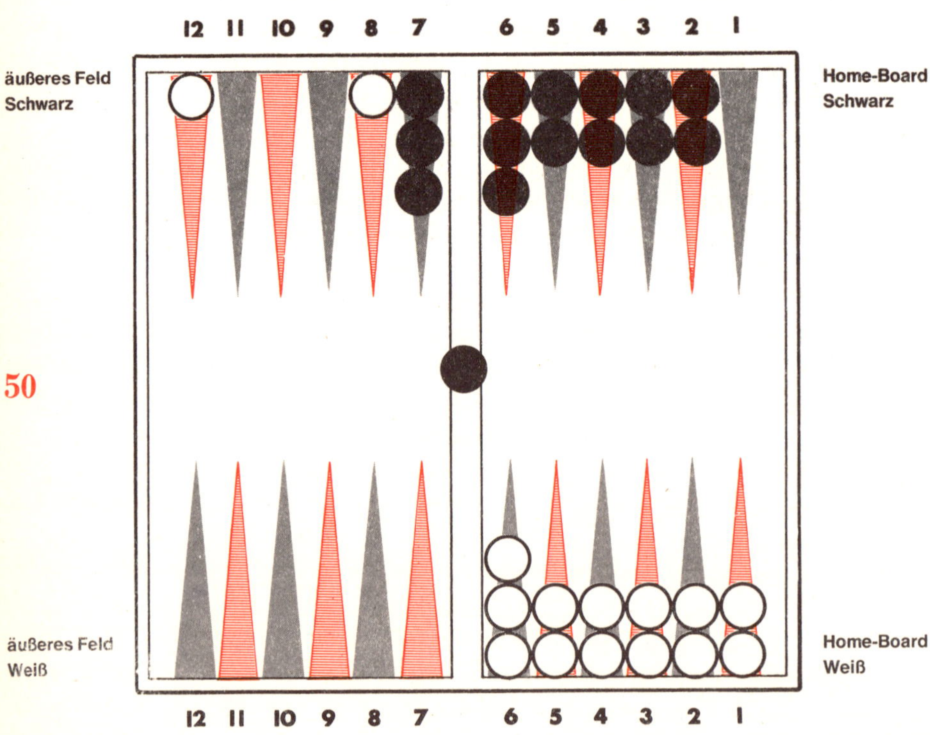

12 11 10 9 8 7 6 5 4 3 2 1
äußeres Feld Schwarz
Home-Board Schwarz
äußeres Feld Weiß
Home-Board Weiß
12 11 10 9 8 7 6 5 4 3 2 1

In vorliegendem Fall zwingt Sie Ihr Pasch, Ihr Board aufzumachen, aber so wie die Chancen stehen, wird Ihnen das nicht weiter schaden. Aber einmal angenommen, auf Ihren ersten Pasch 3 folgt ein weiterer. Sie müßten dann auch noch Ihren Fünfer- und Ihren Vierer-Punkt aufgeben, und die drei Steine, die Sie immer noch auf dem schwarzen Zehner-Punkt hätten, wären dann sozusagen hilflose Waisenkinder. Sie könnten dann zwar einen hohen Pasch würfeln und sie in Sicherheit bringen, aber die Wahrscheinlichkeit spricht eher dafür, daß Sie Ihrem Gegner verschiedene Treffermöglichkeiten bieten und das Spiel am Ende verlieren würden.
Wir wollen einmal davon ausgehen, daß Sie keinen Pasch 3 oder Pasch 4, sondern 4–1 würfeln. Wenn Sie allzu sorglos sind, können Sie einfach mit dem Stein vom schwarzen Zehner-Punkt auf Ihren eigenen Zehner-Punkt ziehen. Dieser Zug würde Sie in Schwierigkeiten bringen, wenn Ihr nächster Wurf Pasch 4 wäre.
Wenn Sie, um dem vorzubeugen, statt dessen mit einem Stein vom schwarzen Bar-Punkt auf den schwarzen Zwölfer-Punkt ziehen, mag das völlig sicher erscheinen. Sie könnten dann sowohl Pasch 4 als auch Pasch 3 ziehen – aber stellen Sie sich einmal vor, daß Sie dann als nächstes Pasch 1 würfeln. Versuchen Sie das einmal, ohne Ihr Board aufzumachen! Es wird Ihnen nicht gelingen – weil Sie mit Ihren Steinen außerhalb Ihres inneren Feldes nicht mehr als drei 1er ziehen können.
Der richtige Zug mit Ihrer 4–1 ist, mit Ihrem Stein vom schwarzen Zehner-Punkt auf Ihren Elfer-Punkt und mit einem Stein vom schwarzen Bar-Punkt auf den schwarzen Achter-Punkt zu ziehen. Jetzt können Sie jeden folgenden Wurf ohne Schwierigkeiten ziehen.
Selbst wenn Sie keine vom Gegner besetzten Punkte mehr zu überwinden haben, liegt Ihnen daran, Ihre Steine so nach Hause zu bringen, daß Sie, falls Sie gezwungen sind, Ihr Board aufzumachen, keinen Blot stehen lassen. Es gibt keine absolute Versicherung gegen eine Serie von schlechten Würfen; Ihr Ziel muß daher sein, sich so gut wie möglich abzusichern.

Sehen Sie sich Diagramm 50 an. Sie befinden sich in keiner unmittelbaren Gefahr, da Sie jeden Pasch problemlos ziehen können. Sie würfeln 3–2 – und schon bei diesem Wurf läßt sich die Spreu vom Weizen trennen. Ob Sie es glauben oder nicht: Sie können selbst diesen harmlosen kleinen Zug völlig verkehrt spielen.
Angenommen, Sie rücken mit dem Stein vom schwarzen Achter-Punkt auf Ihren eigenen Zwölfer-Punkt vor. Das sieht absolut sicher aus und ist es auch – für diesen einen Wurf. Aber stellen Sie sich vor, Sie würfeln als nächstes Pasch 6. Mit zwei 6en bringen Sie den Stein vom schwarzen Zwölfer-Punkt auf Ihren Einser-Punkt; die anderen beiden verwenden Sie, um den Stein auf Ihrem Zwölfer-Punkt auf Ihren Sechser-Punkt zu bringen und dann herauszunehmen. Damit wären wir bei Position 51.
Der eine weiße Stein links neben dem Board ist der Stein, den Sie gerade herausgenommen haben. Da Sie ein geschlossenes Board haben, können Sie sofort noch einmal würfeln, und es gibt nun eine Menge Würfe, die Sie zwingen würden, Ihrem Gegner eine direkte Trefferchance zu geben. Vor allem dann, wenn Sie Pasch 6, Pasch 5, 6–5, 6–4, 6–3 oder 6–2 würfeln, lassen Sie unweigerlich einen Blot ste-

51

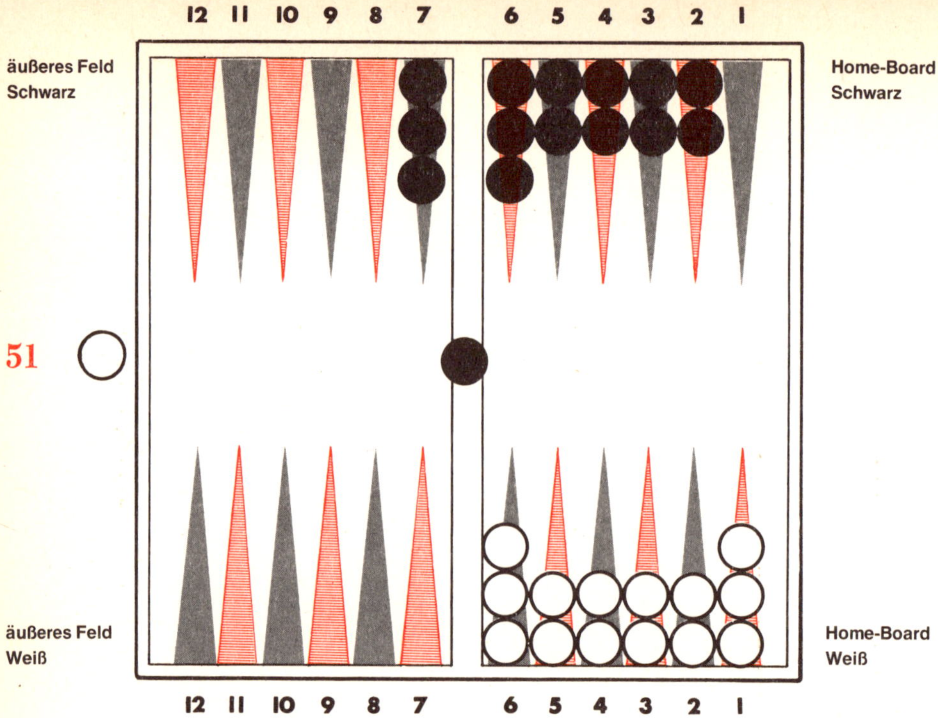

hen, während andere mögliche Kombinationen, die für den Augenblick sicher erscheinen mögen, schon einen Wurf später zu Schwierigkeiten führen können.
Wir wollen noch einmal zu Diagramm 50 zurückgehen; der richtige Zug mit der 3–2 wäre, die 3 mit Ihrem Stein vom schwarzen Achter-Punkt und die 2 mit einem Stein vom Sechser-Punkt auf Ihren Vierer-Punkt zu gehen. Das ergibt Position 52. Werfen Sie einen Blick auf Ihr eigenes Backgammon-Board; überprüfen Sie die Stellung (was Sie, wie wir hoffen, auch bei den anderen Positionen getan haben), und Sie werden feststellen, daß Sie jede mögliche Kombination von zwei Würfen hintereinander völlig risikolos ziehen können.
Zurück zu Diagramm 50. Dieses Mal wollen wir annehmen, daß Sie 2–1 würfeln. Das scheint Ihnen kaum Kopfzerbrechen bereiten zu können, und ohne sich viel Gedanken um etwaige Folgen zu machen, ziehen Sie mit dem Stein vom schwarzen Zwölfer-Punkt auf Ihren Elfer-Punkt und mit einem Stein von Ihrem Sechser- auf Ihren Fünfer-Punkt. Dann würfeln Sie Pasch 6 – und sind gezwungen einen Blot auf Ihrem Sechser-Punkt stehenzulassen. Hätte sich das vermeiden lassen? Mit Leichtigkeit. Tatsächlich ist es so, daß Sie den einzigen Weg gefunden haben, der Sie in Schwierigkeiten bringen konnte. Jeder andere Zug mit der 2–1 wäre völlig sicher gewesen.
Wenn Sie viel Backgammon spielen, wird sich diese Art von Sorglosigkeit als recht kostspielig erweisen.

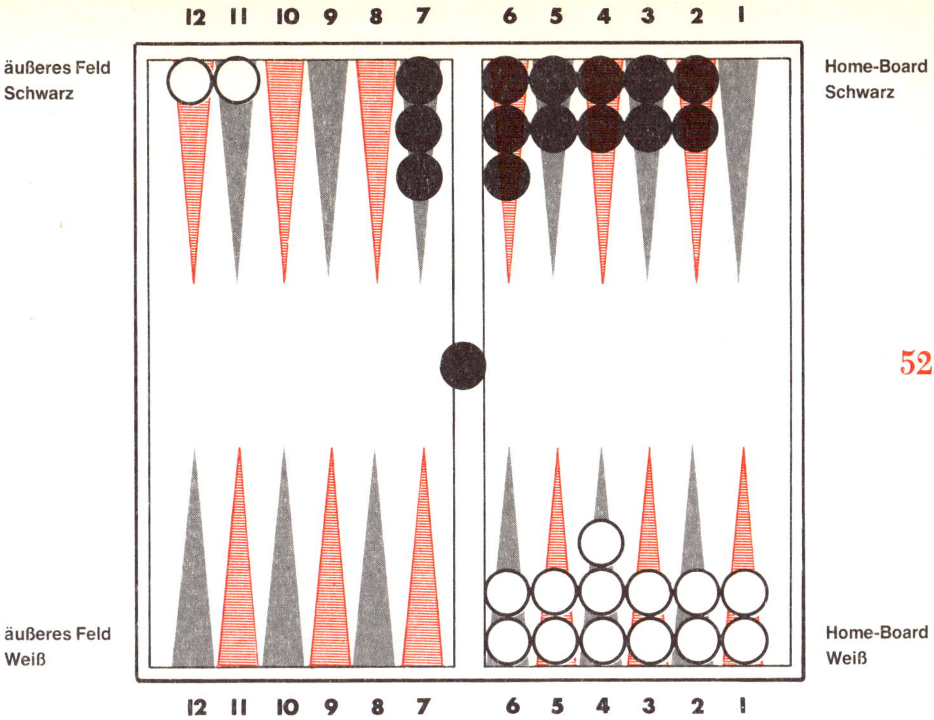
12 11 10 9 8 7 6 5 4 3 2 1
äußeres Feld Schwarz
Home-Board Schwarz
äußeres Feld Weiß
Home-Board Weiß
12 11 10 9 8 7 6 5 4 3 2 1

52

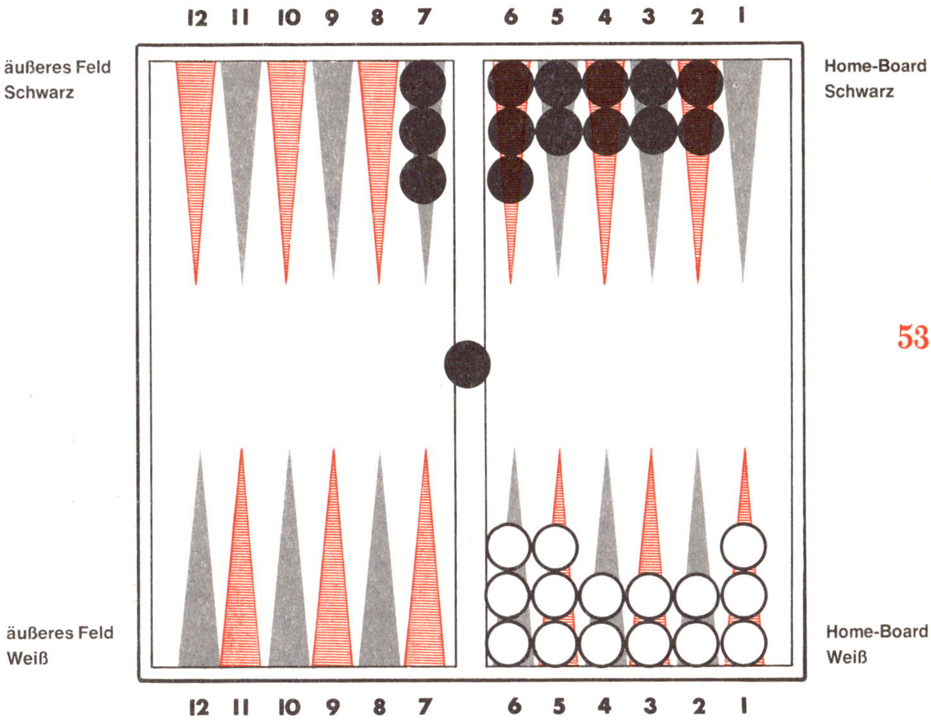
12 11 10 9 8 7 6 5 4 3 2 1
äußeres Feld Schwarz
Home-Board Schwarz
äußeres Feld Weiß
Home-Board Weiß
12 11 10 9 8 7 6 5 4 3 2 1

53

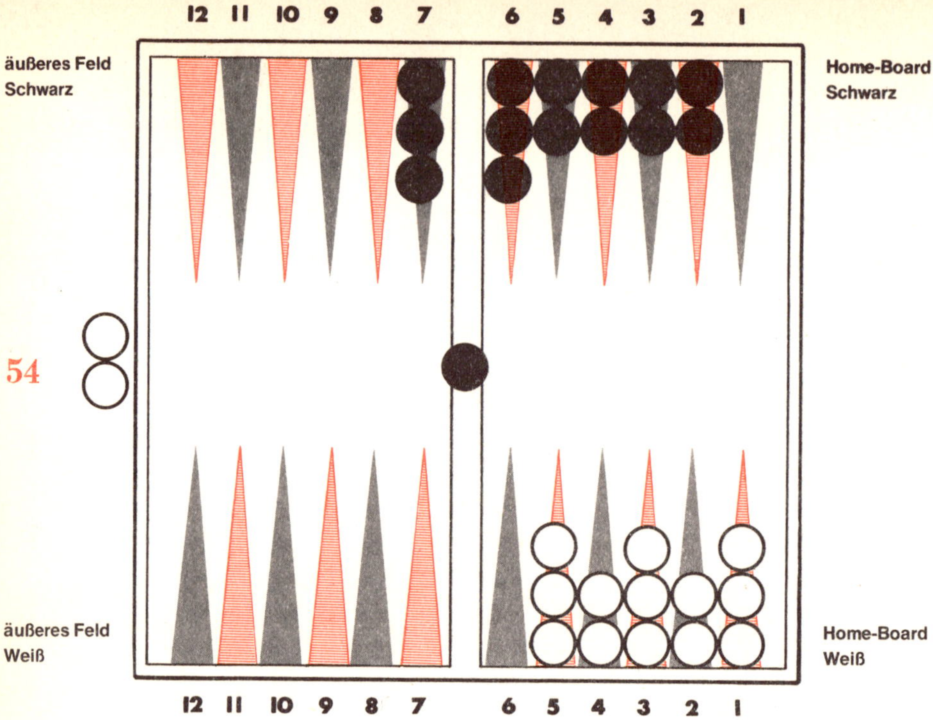

54

Aufmachen oder Öffnen

Eine »idiotensichere« Stellung gibt es praktisch nicht – vor allem dann nicht, wenn die Würfel verrückt spielen. Die Stellung in Diagramm 53 gilt als die »Traumstellung«, wenn man mit dem Abräumen beginnt. Sie haben alle Ihre Steine in Ihrem inneren Feld, und es gibt keine Kombination von zwei Würfen hintereinander, die Sie zwingen könnte, einen Blot stehenzulassen. Einmal angenommen Sie würfeln 6–2. Sie nehmen einen Stein von Ihrem Sechser-Punkt heraus und ziehen mit einem Stein von Ihrem Fünfer- auf Ihren Dreier-Punkt vor. Dann würfeln Sie 6–1. Sie nehmen einen Stein von Ihrem Sechser-Punkt heraus und ziehen mit dem anderen auf Ihren Fünfer-Punkt. Damit wären wir bei der Stellung, die Sie in Diagramm 54 sehen. Schwarz hat nun eine Chance hereinzukommen und darf folglich wieder würfeln. Wenn er sofort eine 6 hat, haben Sie keine Sorgen mehr, aber stellen Sie sich vor, daß er keine 6 würfelt und weiterhin draußen bleibt; wenn nun Ihr nächster Wurf Pasch 6, Pasch 5, Pasch 4, 6–5, 6–4 oder 5–4 ist, müssen Sie einen Blot stehenlassen.
Wir wollen uns eine andere Situation vornehmen. In Position 55 haben Sie eine ausgezeichnete Chance, ein Gammon zu gewinnen. Schwarz hat noch zwei Steine draußen und noch drei weitere Steine, die er zunächst einmal in sein inneres Feld bringen muß.

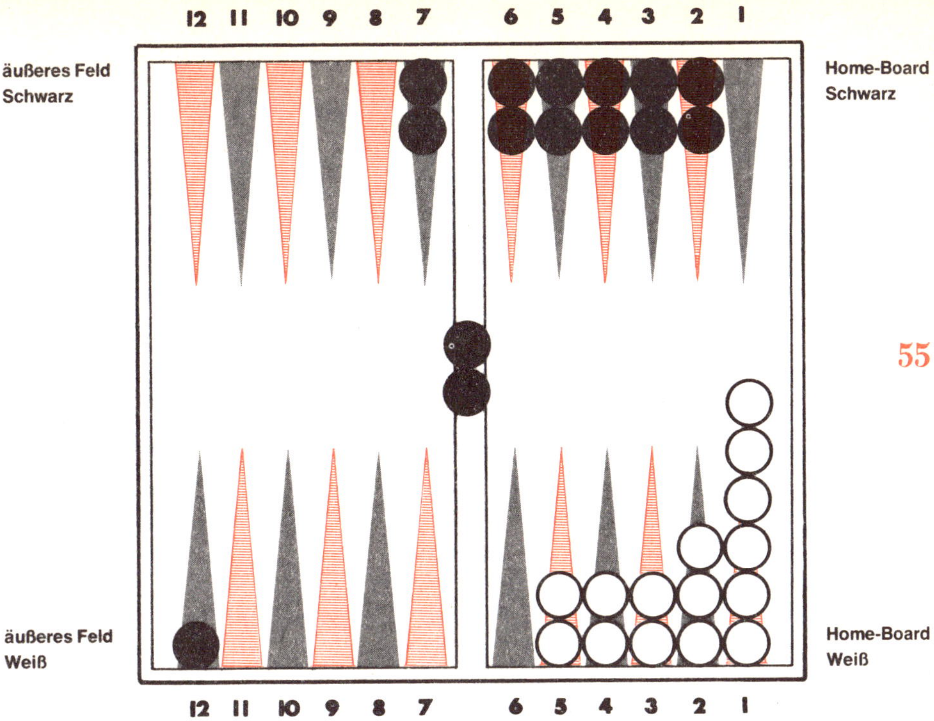

55

Sie würfeln Pasch 1. Sie können vier Steine von Ihrem Einser-Punkt herausnehmen und werden ziemlich sicher ein Gammon gewinnen, falls Sie ihm später nicht eine Treffermöglichkeit bieten müssen und auch tatsächlich getroffen werden. Sie können etwas sorgsamer spielen, indem Sie nur zwei Steine vom Einser-Punkt herausnehmen und zwei Steine von Ihrem Fünfer- auf Ihren Vierer-Punkt stellen. Ihre Chance, ein Gammon zu gewinnen, ist dann immer noch beachtlich, und die Gefahr, in Schwierigkeiten zu geraten, erheblich reduziert. Wenn Sie dazu neigen, sowohl Hosenträger als auch Gürtel zu tragen, können Sie noch mehr auf Sicherheit spielen und mit zwei Steinen von Ihrem Fünfer- auf Ihren Dreier-Punkt ziehen.
Wir empfehlen den Mittelweg, da der Sicherheitszug Ihre Aussichten auf ein Gammon doch erheblich vermindert.
Einmal angenommen, daß Schwarz statt zwei Steinen nur noch einen draußen hätte und der andere bereits in seinem Home-Board wäre. In diesem Fall wäre es richtig, alle vier Steine vom Einser-Punkt herauszunehmen. Sie müßten sich dann nämlich ein bißchen beeilen, um ein Gammon zu schaffen, und ein kleines Risiko sollte man dabei getrost in Kauf nehmen.

Denken Sie immer daran, wenn Sie Ihr Board aufmachen (oder »öffnen«) müssen: *Als allgemeine Regel gilt, daß Sie zuerst den Sechser-Punkt aufmachen, dann den Fünfer-Punkt, usw.*

56

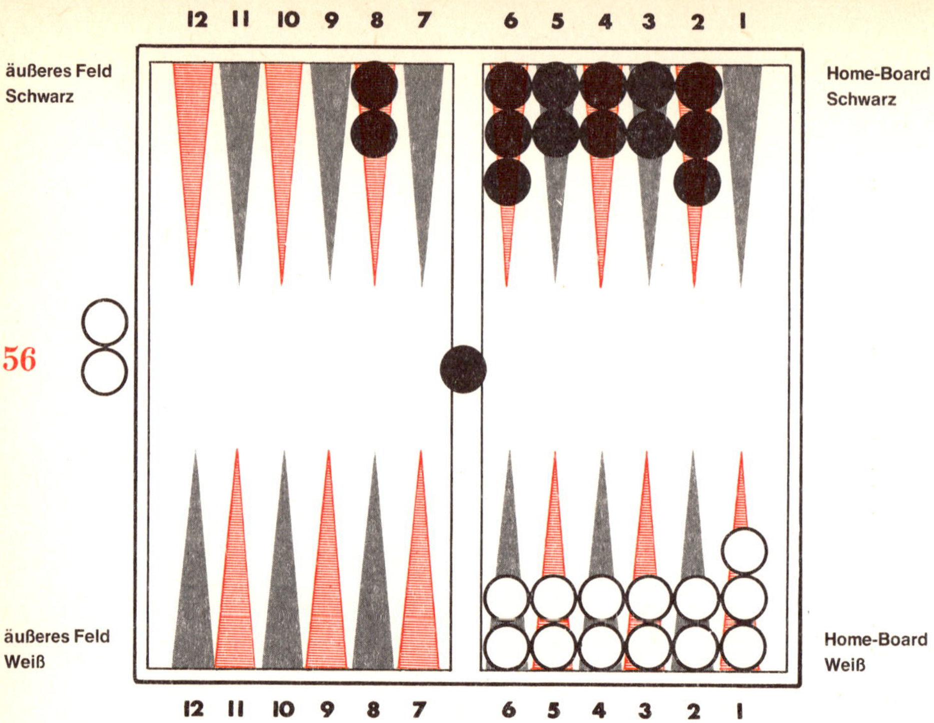

In Diagramm 56 haben Sie schon zwei Steine herausgenommen und würfeln nun 5–4. Nehmen Sie keinen weiteren Stein heraus! Rücken Sie mit den zwei Steinen vom Sechser-Punkt weiter nach vorne; Sie haben praktisch keine Chance, ein Gammon zu gewinnen und werden das Spiel auch kaum verlieren – es sei denn, Sie lassen einen Blot stehen. Wenn Sie die 5–4 so ziehen, daß Sie einen Stein vom Fünfer-Punkt herausnehmen und mit dem anderen auf den Einser-Punkt vorrücken und dann zufällig 6–1 oder 5–1 würfeln, müßten Sie einen Blot offenlassen.

Es gibt eine wichtige Ausnahme von dieser Regel. Angenommen, daß Sie in Position 56 eine 5–1 würfeln. Wenn Sie den Sechser-Punkt auflösen, ergibt das Position 57. Wenn Schwarz nicht mit dem nächsten Wurf hereinkommt und Sie dann Pasch 6, Pasch 5, Pasch 4, 6–5, 6–4, 6–3, 6–2, 5–4, 5–3 oder 5–2 würfeln (insgesamt siebzehn mögliche Würfe), haben Sie einen Blot.

In diesem Fall ist es daher richtig, den Fünfer-Punkt aufzulösen, woraus sich Position 58 ergibt. In dieser Stellung lassen Sie nur dann einen Blot stehen, wenn Sie Pasch 6, Pasch 5, Pasch 4, 6–1 oder 5–1 würfeln (macht insgesamt nur sieben schlechte Würfe).

Feindliche Steine auf Ihrem Einser-Punkt

Wenn Sie zwei oder mehr gegnerische Steine auf Ihrem Einser-Punkt eingeschlossen haben, werden sie dort so lange stehenbleiben, bis Sie mit dem Abräumen be-

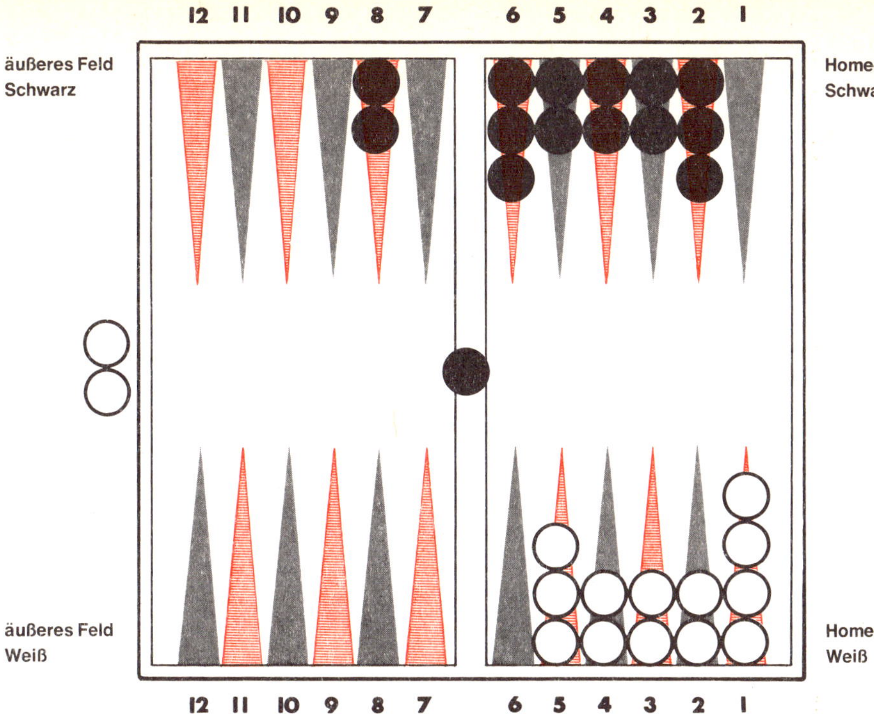
12 11 10 9 8 7 6 5 4 3 2 1
äußeres Feld
Schwarz
Home-Board
Schwarz
äußeres Feld
Weiß
Home-Board
Weiß
12 11 10 9 8 7 6 5 4 3 2 1
57

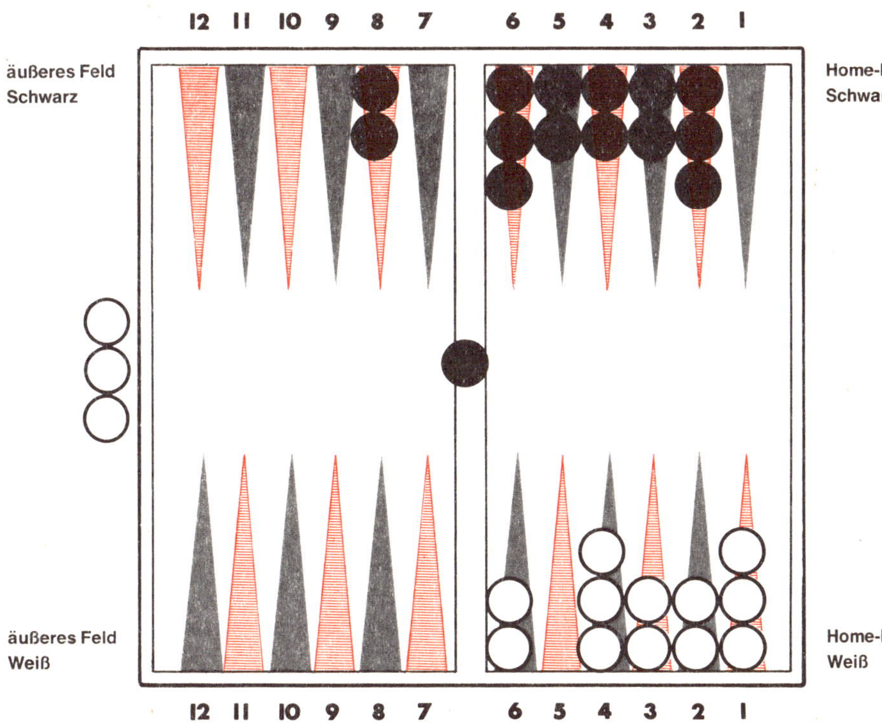
12 11 10 9 8 7 6 5 4 3 2 1
äußeres Feld
Schwarz
Home-Board
Schwarz
äußeres Feld
Weiß
Home-Board
Weiß
12 11 10 9 8 7 6 5 4 3 2 1
58

ginnen. Bei Stellungen dieser Art spricht einiges dafür, daß Sie Ihrem Gegner früher oder später eine Treffer-Chance bieten werden. Der Einsatz ist hoch: Wenn Sie nicht getroffen werden, gewinnen Sie wahrscheinlich ein Gammon, aber wenn Sie getroffen werden, verlieren Sie wahrscheinlich das Spiel. Im Gegensatz zur Situation des geschlossenen Boards muß Ihr Gegner mit seinen anderen Steinen ziehen, während Sie Ihre Steine nach Hause bringen.

Wenn Sie ihn zwingen können, sein eigenes Board aufzumachen, können Sie es sich erlauben, getroffen zu werden; deshalb muß Ihnen daran gelegen sein, Ihr Spiel zu verzögern.

In der Position, die wir in Diagramm 59 zeigen, sind Sie hoch erfreut, 2–1 zu würfeln. Das ist der kleinste Wurf, den es gibt, und er bietet Ihnen die Möglichkeit, vier Steine auf Ihren Bar-Punkt zu stellen. Damit sind Sie nicht mehr in der Lage, eine 6 zu ziehen, so daß Sie Ihre Stellung, falls Sie 6er würfeln sollten, noch eine Weile behaupten könnten.

Schwarz würfelt dann 6–1. Ihm liegt ebenfalls daran, sein Spiel zu verzögern. Deshalb bringt er beide Steine in sein inneres Feld (er zieht mit dem Stein von seinem Neuner-Punkt auf seinen Dreier-Punkt und mit dem Stein von seinem Bar-Punkt auf seinen Sechser-Punkt). Nun kann auch er keine 6 mehr ziehen.

Die Position in Diagramm 60 hat sich ein paar Züge später entwickelt. Weiß hat seine Steine bestens nach Hause gebracht, und Schwarz ist es gelungen, sein Board so einigermaßen zu halten. Weiß kann sich noch ziemlich sicher fühlen, jedenfalls einen Zug lang. Er würfelt 6–3.

Er muß einen Stein von seinem Sechser-Punkt herausnehmen und kann entweder einen weiteren Stein vom Dreier-Punkt abräumen oder mit einem Stein vom Fünfer- auf den Zweier-Punkt ziehen.

Im allgemeinen ist es richtig, einen ungeraden Stein von einem hohen Punkt nach vorn zu rücken, aber in diesem Fall ist es empfehlenswerter, den Stein vom Dreier-Punkt herauszunehmen. Außer daß dies Ihre Chance, ein Gammon zu gewinnen, um eine Spur erhöht, ist der Zug auch bei weitem sicherer.

Einmal angenommen daß Schwarz keine 6 würfelt und somit mit seinen beiden Steinen auf Ihrem Einser-Punkt stehenbleiben kann. Nun wollen wir einmal sehen, was Weiß bei seinem nächsten Wurf alles passieren kann.

Wenn Weiß, wie wir vorgeschlagen haben, einen Stein von seinem Dreier-Punkt herausgenommen hat, bleiben ihm noch zwei Steine auf dem Sechser-Punkt und drei Steine auf dem Fünfer-Punkt. Er wird nur dann einen Blot offenlassen, wenn er als nächstes Pasch 6 oder 6–5 würfelt.

Was aber würde passieren, wenn er mit einem Stein vom Fünfer- auf den Zweier-Punkt vorgezogen wäre? Dann hätte er je zwei Steine auf dem Sechser- und dem Fünfer-Punkt. Wenn er 5–4 würfelt, müßte er einen dieser zwei Steine auf dem Fünfer-Punkt ungedeckt stehenlassen; und wenn er 6–5 würfelt, würde es ihm noch viel schlimmer ergehen: er hätte je einen Blot auf dem Fünfer- und dem Sechser-Punkt.

Daher kann es gar keine Frage geben, daß es richtiger ist, den Stein vom Dreier-Punkt herauszunehmen. Sie sollten es sich in diesen und ähnlichen Fällen zur Regel

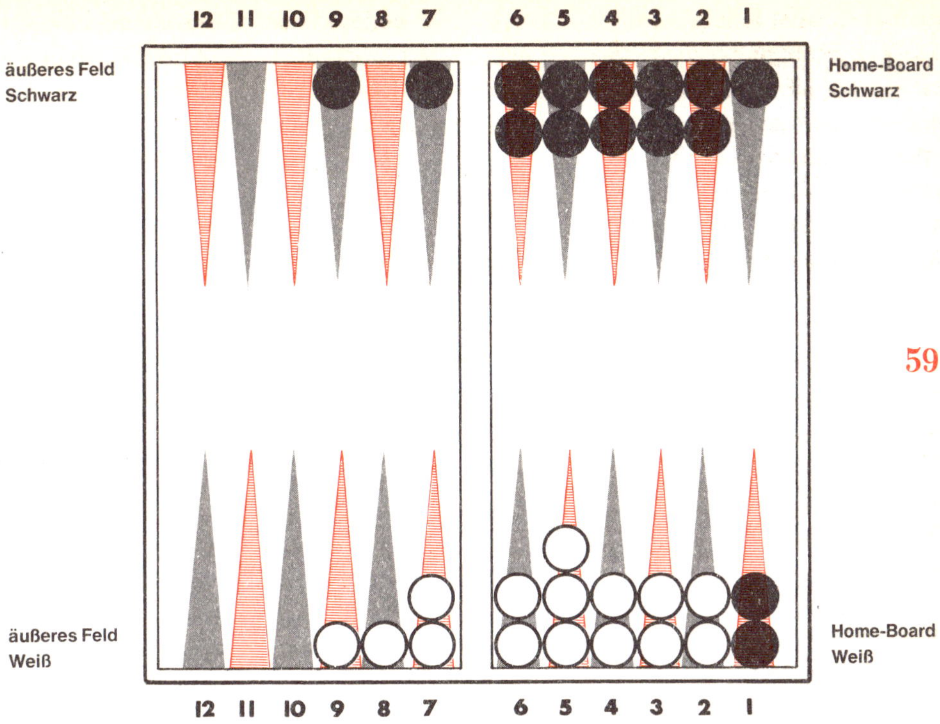
12 11 10 9 8 7 6 5 4 3 2 1
äußeres Feld Schwarz
Home-Board Schwarz
äußeres Feld Weiß
Home-Board Weiß
12 11 10 9 8 7 6 5 4 3 2 1

59

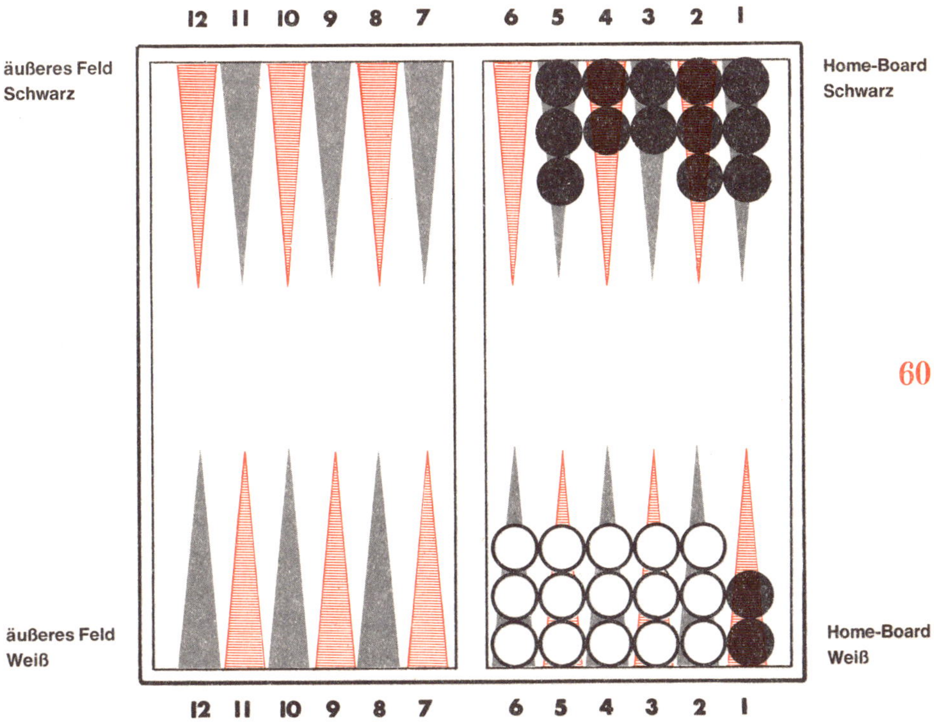
12 11 10 9 8 7 6 5 4 3 2 1
äußeres Feld Schwarz
Home-Board Schwarz
äußeres Feld Weiß
Home-Board Weiß
12 11 10 9 8 7 6 5 4 3 2 1

60

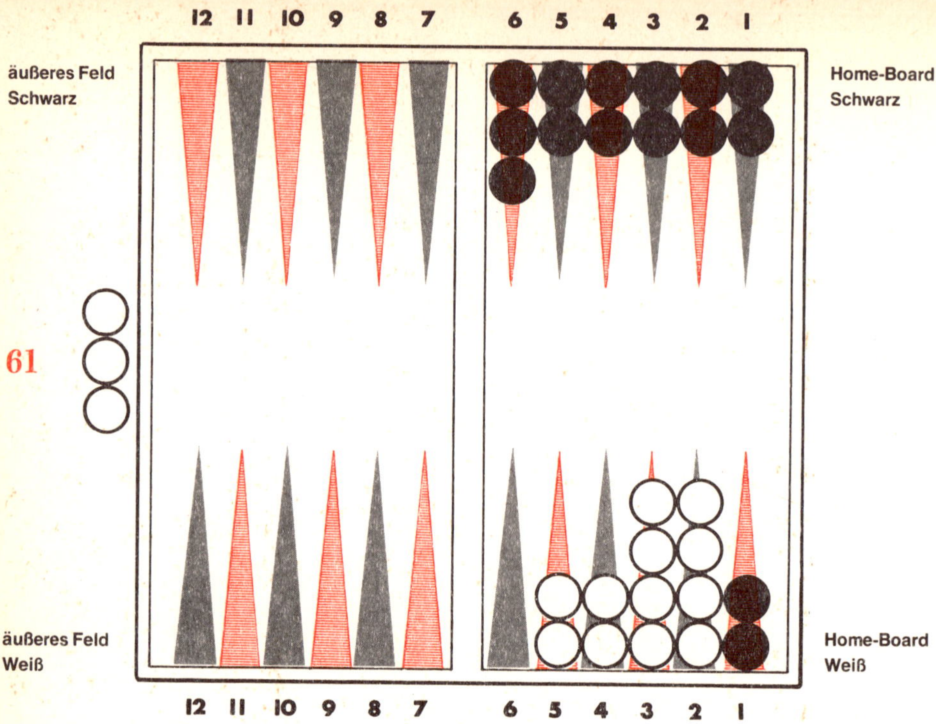

machen, stets so zu ziehen, daß Sie, wenn Sie einen schlechten Wurf haben, nur einen Blot – und nicht zwei – stehenlassen müssen.
Dennoch sollten Sie nicht vergessen, daß als Grundregel gilt, die Steine von Ihren höheren Punkten nach vorn zu rücken.
Ein weiterer grundsätzlicher Punkt, den man stets im Auge behalten muß, ist der, daß man, sobald ein Gammon in Sicht ist, auf das übliche Sicherheitsspiel verzichten sollte. Wir wollen uns jetzt ein Beispiel anschauen, bei dem selbst die größten Könner – was den besten Zug betrifft – geteilter Meinung sein dürften. Sehen Sie sich Position 61 an; Sie würfeln Pasch 2.
Ein optimistischer Spieler wird alle vier Steine vom Zweier-Punkt herausnehmen und sich dabei sagen: »Ich habe gute Aussichten, ein Gammon zu gewinnen. Mag sein, daß ich ihm schon beim nächsten Wurf eine Treffermöglichkeit geben muß, aber selbst wenn mein Blot getroffen wird, kann ich das Spiel noch gewinnen.«
Ein eher konservativer Spieler wird mit seinen zwei Steinen vom Fünfer- auf den Dreier-Punkt und mit seinen zwei Steinen vom Vierer- auf den Zweier-Punkt ziehen. Er sagt sich: »Wenn ich Glück habe, kann ich trotzdem ein Gammon gewinnen. Beim nächsten Wurf werde ich ohnehin keinen Blot stehenlassen und wahrscheinlich auch beim übernächsten nicht. Wenn ich weiterhin so spiele, kann mir wirklich nicht viel passieren.«
Wir geben zwar der konservativen Spielweise den Vorzug, würden aber niemandem, dem die riskantere Taktik lieber ist, daraus einen Vorwurf machen.

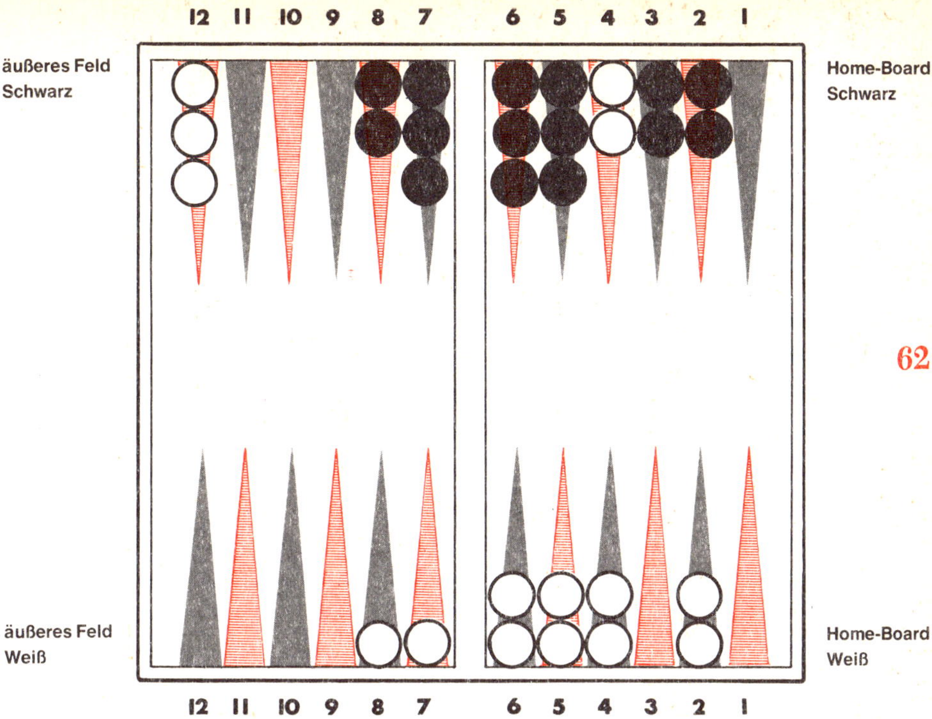

62

Wenn Sie einen Punkt im gegnerischen Board halten

Eine Situation wie diese könnte man ein »teilweises Back-Game« nennen. Wenn Sie nur einen Punkt im inneren Feld des Gegners besetzt haben, können Sie erst einmal abwarten. Wenn es Ihrem Gegner nicht gelingt, alle seine Steine an diesem einen Punkt vorbeizubringen, haben Sie immer noch eine Chance, ihn zu treffen, und wenn Sie das schaffen, werden Sie möglicherweise auch das Spiel gewinnen.

Je höher der Punkt ist, den Sie in seinem Board besetzt haben, desto geringer ist die Chance, daß Sie einen Treffer landen können. Wir wollen nicht alle möglichen Züge von jedem seiner sechs Punkte aus durchdiskutieren, aber wir möchten Ihnen vor Augen führen, daß die Wahl zwischen »laufen« und »abwarten« nicht immer einfach ist und daß Sie, wenn Sie schon von einem hohen Punkt aus »laufen«, nicht einen Stein im gegnerischen Board stehenlassen sollten, wenn die große Gefahr besteht, daß dieser Blot geschlagen wird. In Position 62 wäre es folglich absolut idiotisch, mit einem Stein zu laufen, wenn Sie 6–4 würfeln sollten. Ziehen Sie einfach mit zwei Steinen vom schwarzen Zwölfer-Punkt. Sie laufen nicht unbedingt Gefahr, ein Gammon zu verlieren, wenn Sie mit Ihren zwei Steinen auf dem schwarzen Vierer-Punkt stehenbleiben. Wenn Sie andererseits mit einem dieser Steine laufen, und Schwarz dann irgendeine Kombination von 4ern, 3ern, 2ern und 1ern würfelt, wird er Sie schlagen und seinen Vierer-Punkt machen; und dann befinden Sie sich in akuter Gefahr, ein Gammon zu verlieren.

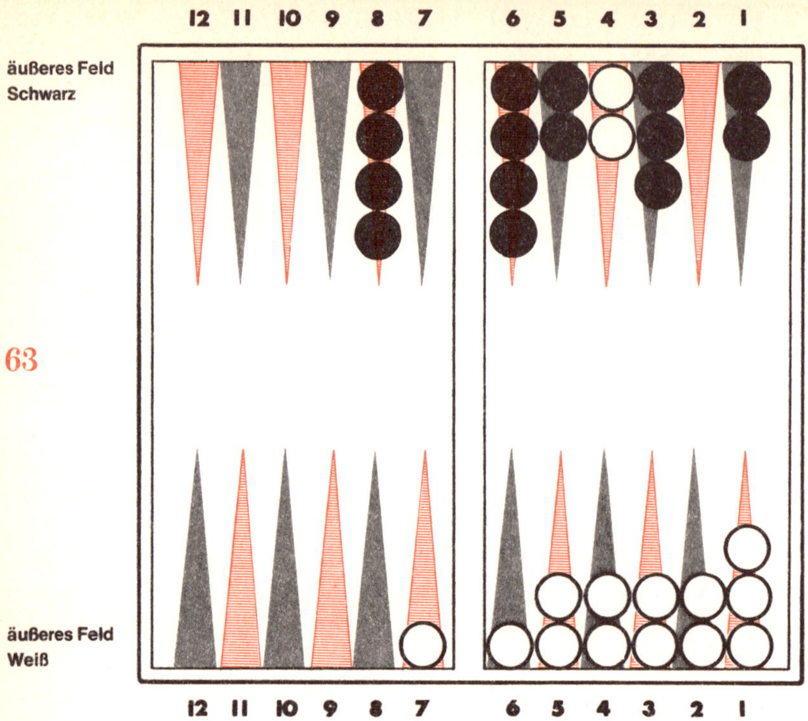
12 11 10 9 8 7 6 5 4 3 2 1
äußeres Feld
Schwarz
äußeres Feld
Weiß
12 11 10 9 8 7 6 5 4 3 2 1

63

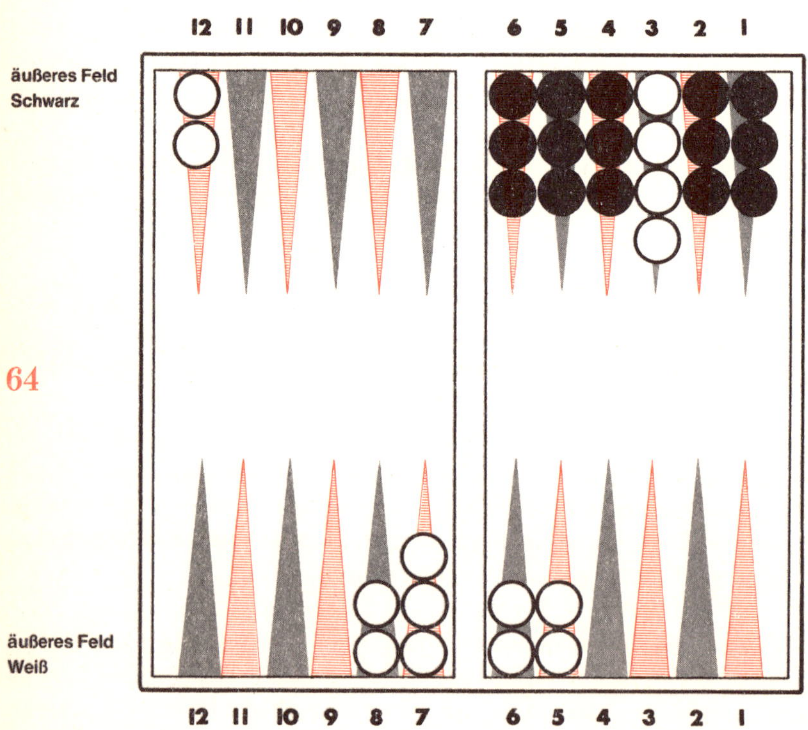
12 11 10 9 8 7 6 5 4 3 2 1
äußeres Feld
Schwarz
äußeres Feld
Weiß
12 11 10 9 8 7 6 5 4 3 2 1

64

In dieser Situation würden Sie nicht einmal mit beiden Steinen laufen, wenn Sie 6–5 würfeln sollten. Ihnen liegt daran, den Vierer-Punkt zu halten und auf die Chance zu lauern, einen der schwarzen Steine zu treffen. Wenn Sie warten, riskieren Sie damit noch lange kein Gammon, aber wenn Sie laufen, haben Sie praktisch keine Chance mehr, das Spiel zu gewinnen.
Position 63 ist ein anderer Fall. Ihre Gesamtpunktzahl bei einem Running-Game (siehe Kapitel 6) beträgt nur 86 (42 für Ihre zwei Steine auf dem schwarzen Vierer-Punkt plus 7 für Ihren Stein auf Ihrem Bar-Punkt sowie 37 für die zwölf Steine in Ihrem inneren Feld), während Ihr Gegner auf 77 Punkte kommt (32 für die vier Steine auf seinem Achter-Punkt und 45 für die elf Steine in seinem Home-Board). Wenn Sie 6–4 würfeln, können Sie, wenn Sie wollen, mit den beiden Steinen in seinem inneren Feld warten, aber das sollten Sie nicht tun. Laufen Sie mit einem Stein! Schwarz kann Ihren Blot schlagen und seinen Vierer-Punkt machen, wenn er Pasch 4, Pasch 2, Pasch 1 oder 4–2 würfelt. Mit 4–3, 4–1, 3–2 oder 2–1 kann er Ihren Blot »en passant« schlagen (das heißt, er schlägt Sie und bringt den Stein, mit dem er Sie schlägt, dann in Sicherheit). Schafft er das nicht, können Sie mit Ihrem letzten Stein beim nächsten Wurf ebenfalls laufen und haben dann eine fast gleichwertige Chance, das Running-Game zu gewinnen. Wenn Sie warten, vermindern Sie diese Chance, da Sie diese beiden hinteren Steine erst einmal ums Board herumbringen müssen, bevor Sie anfangen können, Steine herauszunehmen.
Zu Position 64 kam es, weil Sie schon frühzeitig den schwarzen Dreier-Punkt besetzt hatten, später dann ein paarmal getroffen wurden und keine 3er würfelten, um die geschlagenen Steine wieder ins Spiel zu bekommen. Sie haben keine Chance in einem Running-Game und kaum Aussichten, einem Gammon zu entgehen, es sei denn, Sie treffen einen gegnerischen Blot. Das beste ist, mit zwei der vier Steine vom schwarzen Dreier-Punkt so schnell wie möglich um das Board herumzuziehen und die anderen beiden Steine da zu lassen, wo sie sind – in der schwachen Hoffnung, daß Sie vielleicht doch noch einen Treffer landen können. Es besteht zwar keine Chance, daß Ihnen das sofort gelingen wird, aber wenn Schwarz schlecht würfelt, wäre es immerhin denkbar, daß er irgendwann einen Blot stehen lassen muß.

Wenn Sie den gegnerischen Einser-Punkt besetzt haben

Dies ist die klassische Stellung für ein »halbes« Back-Game. Man gerät da nur selten ganz freiwillig hinein. Sie ergibt sich meist daraus, daß man den Einser-Punkt erst dann machen konnte, als der Gegner mit seinen restlichen Steinen bereits auf dem Heimweg war oder daß man einfach noch nicht dazu gekommen ist, seine beiden hinteren Steine in Richtung »Heimat« zu bewegen.
Der verstorbene Buddy Simonson, einer der größten Backgammon-Spieler aller Zeiten, pflegte, wenn er in einer sonst hoffnungslosen Position den gegnerischen Einser-Punkt gemacht hatte, zu bemerken: »Jetzt bin ich bis zum Schluß dabei.« Was er damit meinte, war, daß er, solange er diesen Punkt halten konnte, die

Chance hatte, einen Blot zu treffen, und daß er, sollte er diesen Blot tatsächlich treffen, das Spiel noch durchaus gewinnen konnte.

Das ist absolut richtig. Wir haben schon Spiele erlebt, die noch gewonnen wurden, nachdem der Gegner bereits vierzehn Steine herausgenommen hatte. Nicht, daß wir es als besonders angenehm empfinden, ständig gegen nur einen einzelnen Stein zu spielen, aber »solange es Leben gibt, gibt es auch Hoffnung«, und solange man diesen Einser-Punkt hält, hat man noch eine Chance.

Wenn Sie mehr als zwei Steine auf dem gegnerischen Einser-Punkt haben, bedeuten diese Extra-Steine nur eine Belastung für Sie. Jeder Extra-Stein erhöht die Gefahr, ein Gammon oder ein Backgammon zu verlieren; versuchen Sie also, mit allen Steinen außer zweien herauszukommen. Wenn Sie einen überflüssigen Stein auf einen anderen Punkt im schwarzen Board stellen können, wo er eine zusätzliche Bedrohung der schwarzen Steine darstellt, sollten Sie das tun. Wenn nicht, ist es ratsam, mit diesen Extra-Steinen so schnell wie möglich aus dem schwarzen Home-Board zu verschwinden.

Sehen Sie sich Position 65 an. Sie würfeln 6–3. Nehmen Sie die 3, um einen Stein auf den schwarzen Vierer-Punkt zu stellen, und die 6, um mit dem Stein vom schwarzen Zwölfer-Punkt auf Ihren Bar-Punkt zu ziehen.

Sie können möglicherweise ein Gammon oder sogar ein Backgammon verlieren; aber wenn Schwarz als nächstes zufällig 6–5 würfelt, hat er je einen Blot auf seinem Sechser- und seinem Fünfer-Punkt; und Sie haben dann beste Aussichten, das Spiel noch zu gewinnen, da Sie mindestens einen Blot treffen, wenn Sie nun irgend etwas außer Pasch 6, Pasch 3 oder 6–3 würfeln.

Wenn Sie nur zwei Steine auf dem Einser-Punkt haben, empfiehlt es sich im allgemeinen, sie dort zu belassen. Wenn Sie – in Position 66 – z. B. 6–1 würfeln würden, wäre es ziemlich albern, mit einem Stein aus dem schwarzen Home-Board herauszugehen, und geradezu selbstmörderisch, Ihre beiden Steine zu splitten und einen auf den schwarzen Zweier-Punkt zu stellen. Der erste Zug würde es Schwarz ermöglichen, Ihren Blot zu schlagen und gleichzeitig den Punkt zu machen, wenn er irgendeinen Wurf ohne 6 und ohne 1 hätte; mit dem zweiten Zug würden Sie ihm gar *zwei* Blots zum »Abschuß freigeben«.

Andere Stellungen mögen zwar nicht so extrem sein wie diese, aber als allgemeine Regel gilt, daß Sie mit zwei Steinen auf dem Einser-Punkt stehen bleiben sollten, *solange Ihr Gegner Steine auf zwei oder mehr Punkten in seinem Board postiert hat.*

In Position 67 würfeln Sie ebenfalls 6–1; splitten Sie Ihre zwei hinteren Steine indem Sie mit einem auf den Zweier-Punkt vorrücken – Schwarz muß Ihnen dann mit ziemlicher Sicherheit eine doppelte Treffermöglichkeit geben. Wenn er 3–2 würfelt, hätten Sie sogar *drei* Blots »zur freien Auswahl«.

In Situationen wie die in Diagramm 67 gezeigten werden Sie nicht oft geraten, aber Sie dürften häufig mit der klassischen Stellung konfrontiert werden, in der alle verbleibenden Steine Ihres Gegners auf seinem Zweier-Punkt stehen. In diesem Fall ist es von entscheidender Bedeutung, daß Sie nur noch einen Stein auf dem Einser-Punkt stehen lassen. Wenn Sie nämlich zwei Steine dort stehen haben und er 6–1, 5–1, 4–1, 3–1 oder 2–1 würfelt, nimmt er einfach nur einen Stein heraus und

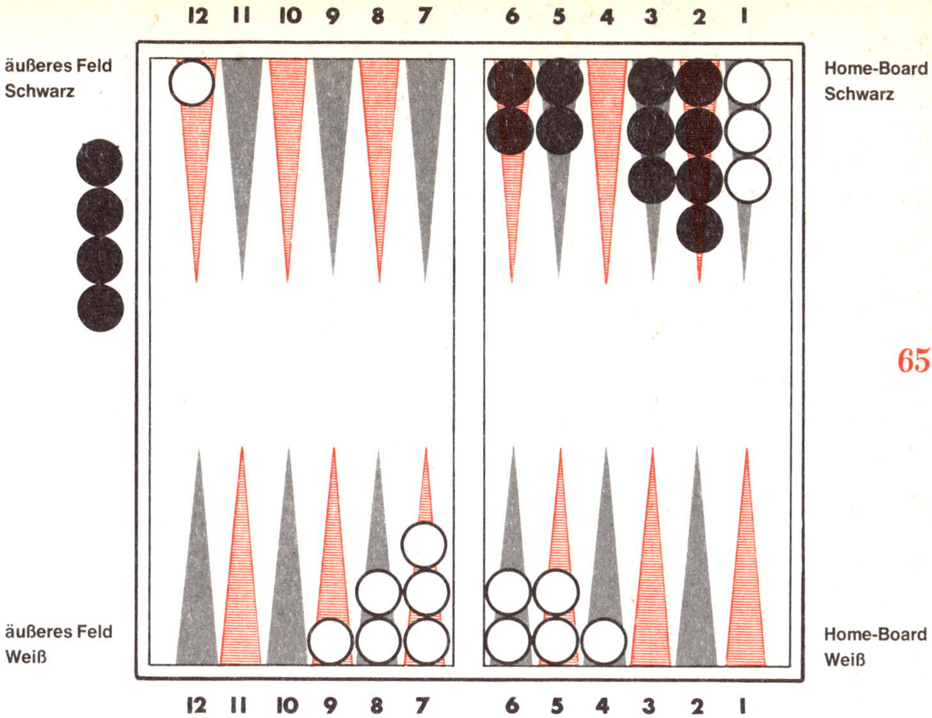
12 11 10 9 8 7 6 5 4 3 2 1
äußeres Feld
Schwarz
Home-Board
Schwarz
äußeres Feld
Weiß
Home-Board
Weiß
12 11 10 9 8 7 6 5 4 3 2 1

65

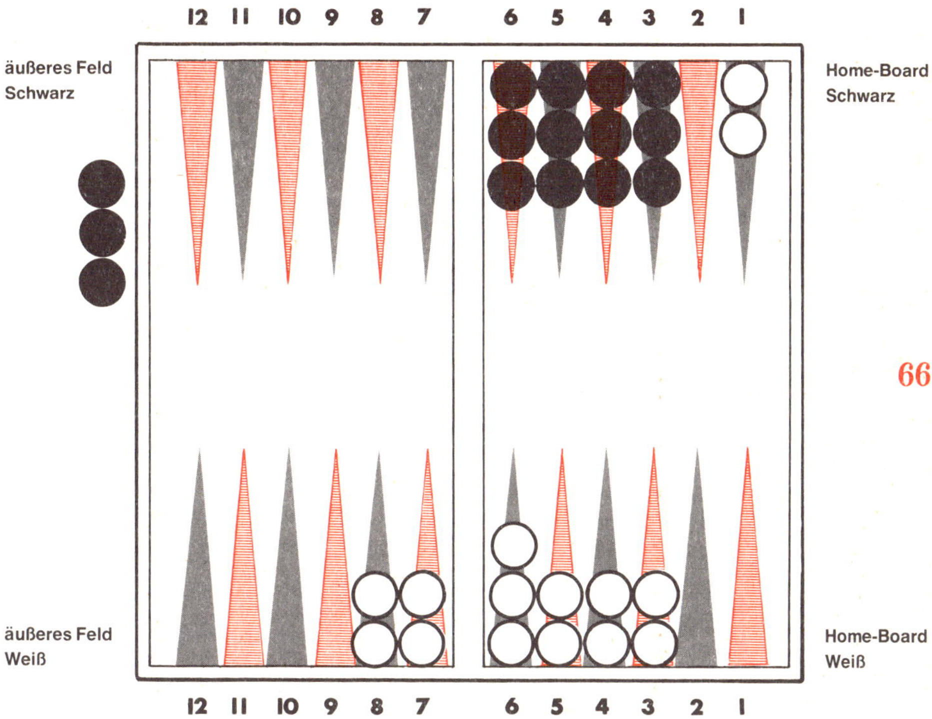
12 11 10 9 8 7 6 5 4 3 2 1
äußeres Feld
Schwarz
Home-Board
Schwarz
äußeres Feld
Weiß
Home-Board
Weiß
12 11 10 9 8 7 6 5 4 3 2 1

66

braucht die 1 überhaupt nicht zu ziehen. Wenn Sie aber nur einen Stein dastehen haben, muß er ihn mit der 1 schlagen und Ihnen damit die Möglichkeit zu einem Gegentreffer einräumen.
Wenn Sie nur noch zwei Steine auf dem schwarzen Einser-Punkt haben und mit einem oder mit beiden laufen können, sollten Sie das nicht tun, wenn Ihre Chance, einem Gammon zu entgehen, nur minimal ist. Laufen Sie indes unverzüglich, wenn Sie sehen, daß Sie ein Gammon vermeiden und somit mit dem Verlust eines einfachen Spieles davonkommen können.
Wenn Sie nur noch einen Stein auf dem schwarzen Einser-Punkt haben, sollten Sie fast immer laufen, wenn Sie dadurch vielleicht ein Gammon verhindern können. Rein sportlich gesehen macht es sich zwar recht gut, standhaft auszuharren und auf ein Wunder zu warten, aber in finanzieller Hinsicht ist es besser, seine Verluste in Grenzen zu halten.
Wenn Sie jene klassische Stellung erreicht haben, in der alle verbleibenden schwarzen Steine auf seinem Zweier-Punkt stehen, während Sie einen Stein auf seinem Einser-Punkt haben, besteht Ihr Hauptproblem in der Frage, ob Sie nun – in der verzweifelten Hoffnung, das Schicksal doch noch zu wenden – ausharren sollen oder doch lieber laufen und damit wenigstens ein Backgammon vermeiden sollen.
Angenommen, Schwarz hat nur noch zwei Steine auf seinem Zweier-Punkt. Die meisten Spieler warten dann und hoffen, aber das ist albern. Laufen Sie einfach davon und lassen Sie ihn sein Gammon gewinnen! Wir wollen uns die Sache einmal ganz genau überlegen.
Schwarz wird ein dreifaches Spiel (Backgammon) gewinnen wenn er alles außer 6–1, 5–1, 4–1, 3–1 oder 2–1 würfelt. In anderen Worten: die Chancen sprechen sechsundzwanzig zu zehn oder fast drei zu eins dafür, daß Sie ein Backgammon verlieren.
Und selbst wenn er einen schlechten Wurf hat, kann er immer noch ein dreifaches Spiel gewinnen. Wenn Sie dann nämlich mit 3–2 wieder hereinkommen, sind Sie weder in der Lage, ihn zu treffen noch aus seinem Home-Board herauszukommen. Was haben Sie davon, wenn Sie warten? Nur wenn er einen dieser zehn schlechten Würfe hat und Sie dann eine 1 würfeln und seinen Blot treffen, geht Ihre Rechnung auf. Sie haben elf Möglichkeiten, eine 1 zu würfeln (Pasch 1, 6–1, 5–1, 4–1, 3–1, 2–1); somit besteht Ihre Chance aus dem Ergebnis von 10/36 mal 11/36. Das macht genau 110/1296, und somit stehen die chancen mehr als zehn zu eins gegen Sie.
Wenn Sie also verzweifelt abwarten, verlieren Sie in drei von vier Fällen und können nur in weniger als einem von elf Fällen gewinnen. Deshalb gilt: *Bleiben Sie nicht mit einem Stein auf dem schwarzen Einser-Punkt stehen, wenn er nur noch zwei Steine auf seinem Zweier-Punkt hat.*
Wenn Schwarz noch drei Steine auf seinem Zweier-Punkt hat, ist die Situation genau umgekehrt. Ihm bleiben nur fünf Würfe (jeder Pasch außer Pasch 1), die Sie ein Backgammon kosten würden; ein Wurf, der Ihnen keine Treffermöglichkeit bietet (Pasch 1: er schlägt Ihren Stein auf dem Einser-Punkt und nimmt ihn heraus; dann zieht er mit den zwei verbleibenden Steinen vom Zweier- auf den Einser-

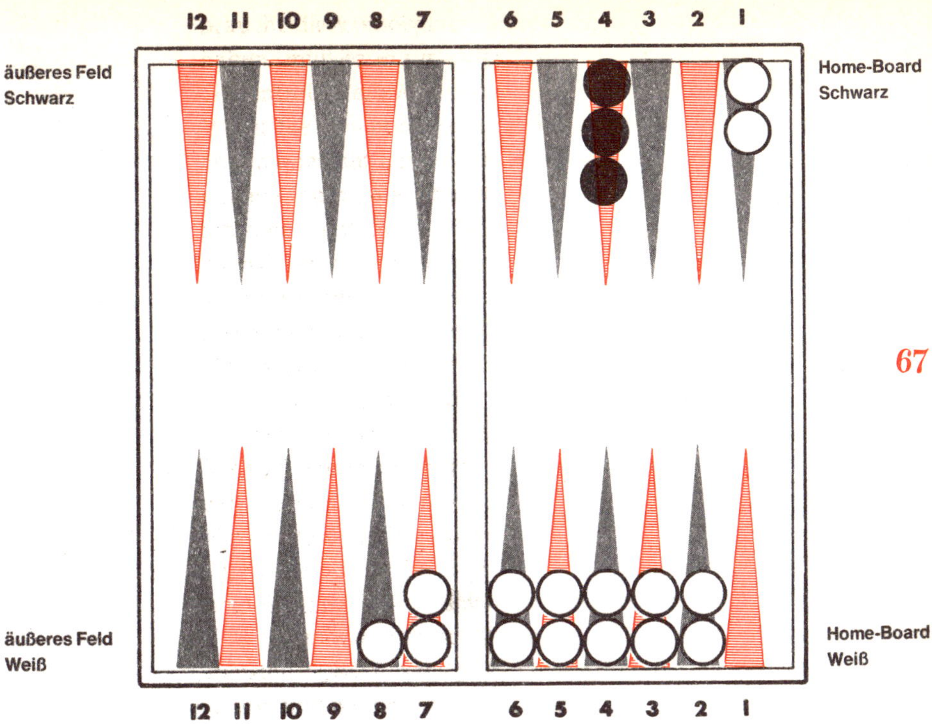

67

Punkt), und drei Würfe, mit denen er Ihnen eine Treffermöglichkeit geben würde. Zwanzig dieser Würfe bieten Ihnen eine einfache Trefferchance – zehn (6–1, 5–1, 4–1, 3–1 und 2–1) eine doppelte.

Hinzu kommt, daß Sie, wenn er zwei Blots stehen lassen muß und Sie beide treffen, das Spiel wahrscheinlich gewinnen werden. Daher gilt: *Bleiben Sie mit einem Stein auf dem schwarzen Einser-Punkt stehen, wenn er noch drei Steine auf dem Zweier-Punkt hat.*

Wenn er mit vier Steinen auf seinem Zweier-Punkt steht, sollten Sie einen Wurf abwarten, wenn Sie keine Chance sehen, ein Gammon zu vermeiden; aber laufen Sie so schnell Sie können, wenn eine *gewisse* Chance besteht, dem Gammon zu entgehen! Denken Sie daran: Wenn Sie laufen und er dann eine 1 würfelt, braucht er wahrscheinlich drei Würfe, um alle seine Steine abzuräumen. Und wenn Ihr Stein auf seinem Einser-Punkt Ihr einziger Stein ist, den Sie noch nicht in Ihr Home-Board gebracht haben, könnten Ihnen diese drei Würfe Zeit genug geben, um mit Ihrem Stein nach Hause zu laufen und einen Stein herauszunehmen – womit Sie das Gammon verhindert hätten.

Wenn er mehr als vier Steine auf seinem Zweier-Punkt hat, sollten Sie laufen und versuchen, ein Gammon zu vermeiden; ist das aber nicht »drin«, müssen Sie eben warten und auf einen Treffer hoffen.

10 Das Back-Game

Es gab einmal eine Zeit, in der Backgammon grundsätzlich »auf Nummer sicher« gespielt wurde. Immer wenn man einen Blot stehen ließ, der dann getroffen wurde, hatte man im Hinblick auf ein Running-Game wesentlich an Boden verloren, und die Theorie besagte, daß man sich solche Rückschläge einfach nicht erlauben konnte.

Mit der Weiterentwicklung des Spiels in den letzten Jahren ist diese Sicherheitspolitik fast vollständig von der Spielfläche verschwunden. An Ihre Stelle ist eine Taktik getreten, die etwa lautet: *Um seine Stellung zu verbessern, ist es unerläßlich, hin und wieder ein Risiko einzugehen – und um ein mögliches Running-Game sollte man sich erst Gedanken machen, wenn es soweit ist.*

Wir glauben, daß einige Spitzenspieler in dieser Beziehung ein bißchen übertreiben. Wer auf die Dauer gewinnen will, sollte die Möglichkeit eines Running-Games nie außer acht lassen. Er muß zwar nicht auf den Punkt genau wissen, wie er gerade steht, aber er sollte sich auf jeden Fall klar darüber sein, ob er weit vorn, ein bißchen vorn, etwa gleich auf, ein bißchen hinten oder weit hinten liegt.

Wenn er in Führung liegt, sollte er versuchen, seine Steine aus der Reichweite der gegnerischen Steine herauszubekommen und zu laufen. Wenn er ein bißchen hinten liegt, sollte er versuchen, den Kontakt mit den Steinen des Gegners aufrechtzuerhalten und seine eigenen Steine so zu postieren, daß er sich, falls er entsprechend hohe Würfe hat, schnell vom Gegner lösen und »nach Hause« laufen kann. Wenn er weit zurückliegt, sollte er ein »vorgerücktes Back-Game« versuchen.

Bei einem vorgerückten Back-Game versucht der Spieler, der hinten liegt, den Vierer- oder Fünfer-Punkt seines Gegners zu besetzen. Dieser Punkt stellt dann sowohl einen ruhenden Anker als auch eine Drohung gegen die letzten Steine des Gegners dar, die dieser noch in sein Board bringen muß.

Ein volles Back-Game kann sich entweder direkt oder aus einem vorgerückten Back-Game entwickeln. Von einem Back-Game ist dann die Rede, wenn Sie zwei Punkte im inneren Feld Ihres Gegners gemacht haben. Wenn Sie seinen Einser-

und Dreier- oder seinen Einser- und Zweier-Punkt besetzt haben, spricht man von einem klassischen Back-Game. Diese beiden Punktepaare sind die besten, die man machen kann. Das »beschleunigte Back-Game« ist eine verunglückte Variante. Dabei halten Sie zwar zwei gute Punkte im gegnerischen Board, aber unglücklicherweise waren Sie gezwungen, mit Ihren anderen Steinen so schnell vorwärtszumarschieren, daß sie sich bereits alle auf Ihrem Dreier-, Zweier- und Einser-Punkt »drängeln«. Deshalb nützt es Ihnen nicht viel, wenn Sie schließlich mit einem Ihrer hinteren Steine einen Blot Ihres Gegners treffen. Ihr Gegner wird nämlich keine großen Schwierigkeiten haben, diesen Blot sofort wieder ins Spiel und dann ums Board herum in sein inneres Feld zu bringen. Wenn Sie drei Punkte im gegnerischen Board halten, ist Ihr Back-Game ausgesprochen »super«. Es macht den Versuch Ihres Gegners, alle seine Steine in Sicherheit zu bringen, fast zu einem Ding der Unmöglichkeit. Der einzige Haken bei der Sache ist, daß Sie nur noch neun Steine haben, mit denen Sie außerhalb des inneren Feldes Ihres Gegners manövrieren können; das erschwert Ihre Bemühungen, Ihr eigenes Board »zu bauen«, erheblich.

Diagramm 68 zeigt ein beschleunigtes Back-Game. Sie halten den schwarzen Einser- und Zweier-Punkt, aber Sie haben Ihren eigenen Fünfer- und Sechser-Punkt nicht mehr unter Kontrolle, und wenn nicht ein Wunder geschieht, werden Sie diese Punkte auch nicht mehr machen können. Es ist höchst unwahrscheinlich daß Sie

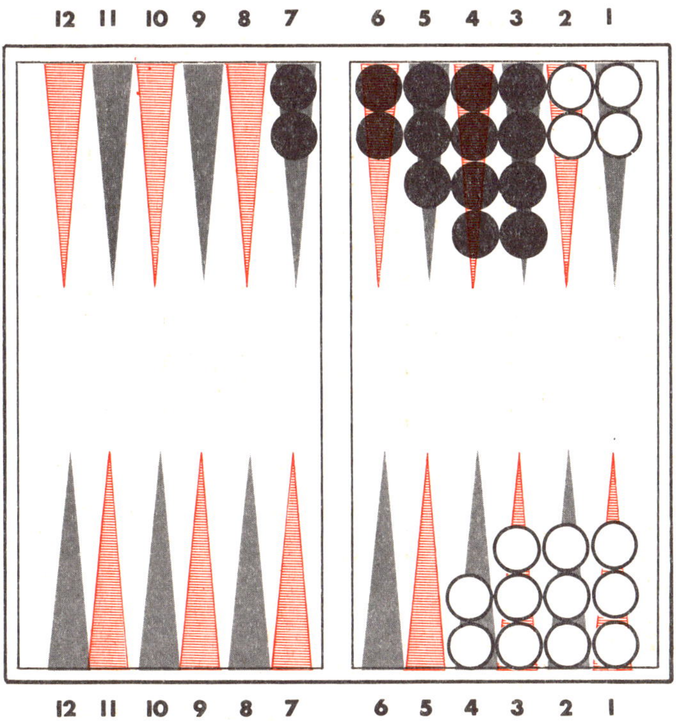

68

dieses Spiel noch gewinnen, und das einzige, worauf Sie bei realistischer Einschätzung der Lage hoffen können, ist, ein Gammon zu vermeiden.
In Position 69 sehen wir ein gutes Back-Game. Sie können es zwar mit ein paar hohen Pasch-Würfen schnell kaputtmachen, aber wenn Sie von diesem Pech verschont bleiben, ist die Position Ihrer vorderen Steine so günstig, daß Sie, falls Sie einen Blot Ihres Gegners treffen sollten, sofort doppeln und Ihn damit zur Aufgabe zwingen können. Und was besonders wichtig ist: Ihre hinteren Steine sind so gut postiert, daß Sie aller Wahrscheinlichkeit nach *mehrere* Treffermöglichkeiten bekommen und mindestens einen Blot erwischen werden. Natürlich kann es Ihnen auch passieren, daß Sie ein Gammon verlieren. *Mit einem guten Back-Game gewinnt man in mehr als der Hälfte der Fälle, aber wenn man verliert, verliert man mit ziemlicher Sicherheit ein Gammon, also doppelt.*
Deshalb sollten Sie niemals nur des bloßen Nervenkitzels wegen in ein Back-Game gehen. *Tun Sie das nur, wenn Ihnen nichts anderes übrig bleibt.*
Denken Sie auch daran, daß Sie, sobald Sie in ein Back-Game gegangen sind, bemüht sein müssen, weit genug hinten zu liegen, damit Sie, wenn Sie im späteren Spielverlauf endlich einen gegnerischen Blot treffen, ein zufriedenstellendes Home-Board haben und Ihren Gegner somit daran hindern können, seinen geschlagenen Stein sofort wieder ins Spiel und dann ums Board herum nach Hause zu bringen. Daher gilt: *Sobald Sie zwei Punkte im gegnerischen Board gemacht haben, sollten Sie noch weitere Steine vom Gegner schlagen lassen, um Ihr eigenes Spiel zu verzögern und vor allem das Tempo Ihrer vorderen Steine zu »bremsen«.* Sie wollen schließlich verhindern, daß sich Ihre Steine auf den vorderen Punkten in Ihrem Board aufeinandertürmen. Stellen Sie Ihre Blots so hin, daß Ihrem Gegner gar nichts anderes übrig bleibt, als Sie zu schlagen.
Andererseits sollten Sie Ihren Gegner, falls er ein Back-Game »aufziehen« will, nicht dabei unterstützen. Schlagen Sie nicht jeden Blot, den er Ihnen hinstellt – nur weil es Ihnen Spaß macht, Ihn immer wieder hinauszuwerfen. Lassen Sie ihn mit seinen vorderen Steinen ruhig vorwärtsmarschieren; wenn er »zu schnell« wird, ist sein Back-Game nämlich nicht mehr viel wert.

Nun wollen wir uns einmal anschauen, wie sich ein typisches Back-Game entwikkelt. Position 70 ergab sich wie folgt: Schwarz begann mit 4–2 und machte seinen Vierer-Punkt. Wir würfelten 5–2 und zogen mit zwei Steinen vom schwarzen Zwölfer-Punkt auf unseren Achter- und Elfer-Punkt. Schwarz würfelte 6–4 und traf den Blot auf unserem Elfer-Punkt. Wir würfelten 5–4 und machten den schwarzen Fünfer-Punkt, und zwar mit dem geschlagenen Stein und mit einem Stein vom schwarzen Einser-Punkt. Schwarz würfelte dann 5–4 und machte mit dem Stein von unserem Elfer-Punkt und einem Stein von unserem Zwölfer-Punkt seinen Neuner-Punkt.
In einem möglichen Running-Game liegen wir jetzt schon ein gutes Stück zurück. Schwarz hat 4–2, 6–4, und 5–4 gewürfelt, was zusammen 25 Punkte ergibt. Wir haben 5–2 und 5–4 – also zusammen 16 Punkte – gewürfelt, haben aber, als unser Blot geschlagen wurde, 14 Punkte verloren; macht also netto nur noch 2 Punkte.

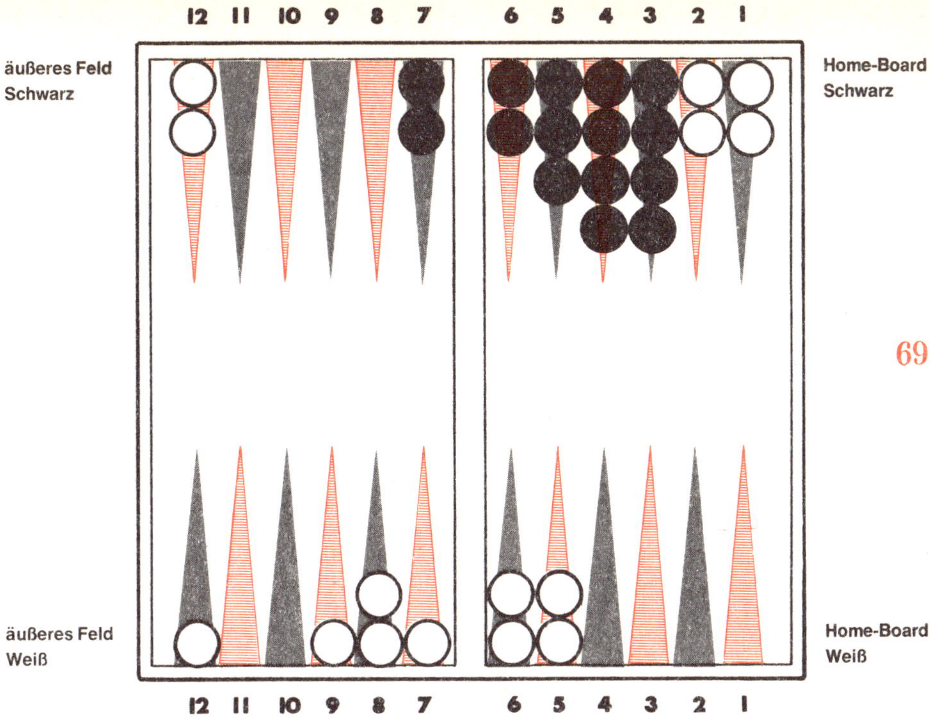
12 11 10 9 8 7 6 5 4 3 2 1
äußeres Feld Schwarz
Home-Board Schwarz
äußeres Feld Weiß
Home-Board Weiß
12 11 10 9 8 7 6 5 4 3 2 1

69

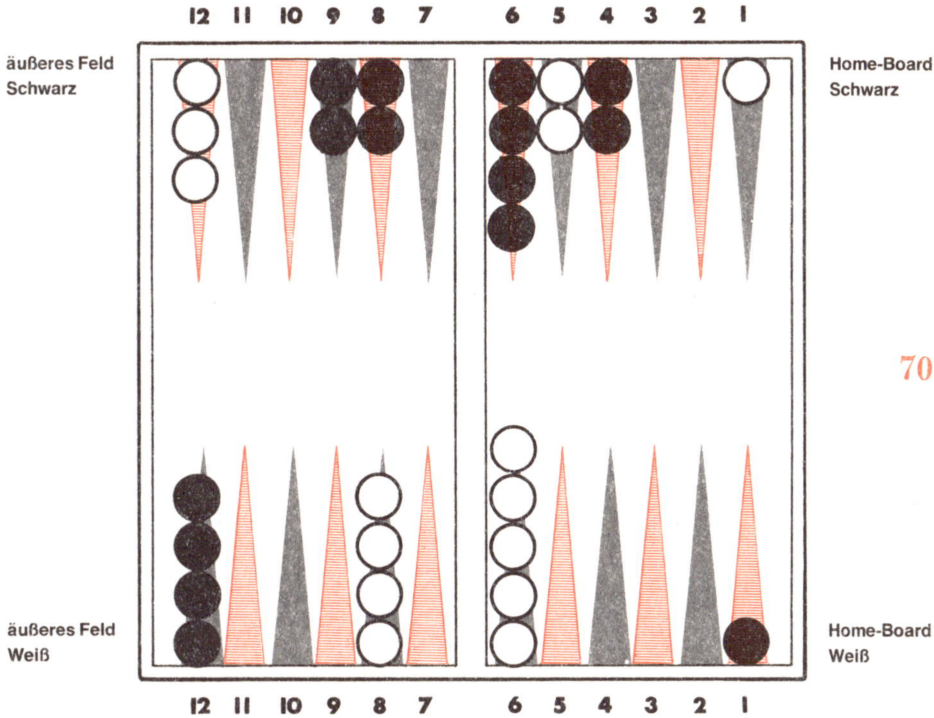
12 11 10 9 8 7 6 5 4 3 2 1
äußeres Feld Schwarz
Home-Board Schwarz
äußeres Feld Weiß
Home-Board Weiß
12 11 10 9 8 7 6 5 4 3 2 1

70

Außerdem hat Schwarz die bessere Position. Er hält vier Punkte in seinem inneren und seinem äußeren Feld und hat einen seiner beiden hinteren Steine gut ins Spiel gebracht. Wir haben nur das, womit wir begonnen haben – vom schwarzen Einser-Punkt abgesehen; außerdem haben wir den schwarzen Fünfer-Punkt gemacht – und das ist der einzige Lichtblick.

Unser erstes Ziel muß sein, diesen Fünfer-Punkt zu verstärken – als Operationsbasis gegen die schwarzen Steine, die sich auf dem Weg nach Hause befinden. Wenn wir eine 4 würfeln, sollten wir mit dem Stein vom schwarzen Einser- auf den schwarzen Fünfer-Punkt vorrücken; wenn nicht, lassen wir ihn – als zusätzliche Waffe – da, wo er ist.

Einmal angenommen, wir würfeln 6–5. Wir liegen noch nicht weit genug zurück, als daß es ratsam wäre, etwas anderes zu unternehmen, als den hinteren Stein auf den schwarzen Zwölfer-Punkt und somit in Sicherheit zu bringen. Damit hätten wir eine einigermaßen gesunde Ausgangsposition für ein normales Spiel.

Wenn wir andererseits eine sehr niedrige Zahlenkombination würfeln würden, wäre es angebracht, etwas für unser Home-Board zu tun. Wir würfeln dann tatsächlich 2–1 und ziehen mit einem Stein von unserem Achter- auf unseren Fünfer-Punkt.

Wenn Schwarz eine 4, 3–1 oder Pasch 2 würfelt, wird er diesen Blot schlagen, aber das macht uns nichts aus. Wir haben dann einen vierten Stein im gegnerischen Board und können nun darangehen, ein Back-Game zu entwickeln. Schwarz könnte uns auch treffen, wenn er Pasch 1 hätte, aber ein guter Spieler würde das nicht tun. Er würde es vorziehen, mit den beiden Steinen vom Neuner-Punkt seinen Bar-Punkt zu machen.

In Wirklichkeit würfelt Schwarz 5–4. Er schlägt unseren Blot mit der 4 und verwendet die 5, um mit einem Stein von unserem Zwölfer-Punkt seinen Achter-Punkt zu verstärken. Daraus ergibt sich Position 71.

Wir würfeln ein weiteres Mal 2–1. Ob Sie es glauben oder nicht: Das ist jetzt ein guter Wurf. Es gibt verschiedene Möglichkeiten, diesen Zug zu ziehen, aber keine, die optimal wäre. Aber es gibt eine schlechteste Möglichkeit, diesen Zug zu ziehen, und zwar, indem man den geschlagenen Stein auf den schwarzen Dreier-Punkt stellt. Damit haben wir nichts gewonnen und setzen einen Stein drei »tödlichen« Kombinationsmöglichkeiten aus. Der einzige »Vorteil« dieses Zuges besteht darin, daß Schwarz uns wahrscheinlich doppeln würde, und wenn wir ein kleines Glücksspielchen riskieren wollen, können wir dieses Doppel annehmen und das Spiel vielleicht sogar gewinnen. Wahrscheinlicher ist allerdings, daß wir am Ende ein Gammon verlieren, aber manchen Spielern, denen Geld nicht sonderlich viel bedeutet, scheint das ziemlich egal zu sein.

Ein weiterer schlechter Zug wäre es, den geschlagenen Stein auf den Einser-Punkt zu stellen und mit einem Stein von unserem Achter- auf unseren Sechser-Punkt zu ziehen. Das einzige, was man mit diesem Zug bewirkt, ist eine Schwächung der eigenen Position im vorderen Spielfeld.

Die guten Züge, unter denen Sie wählen können, sind: (a) machen Sie den schwarzen Zweier-Punkt; (b) kommen Sie auf dem schwarzen Zweier-Punkt herein, und

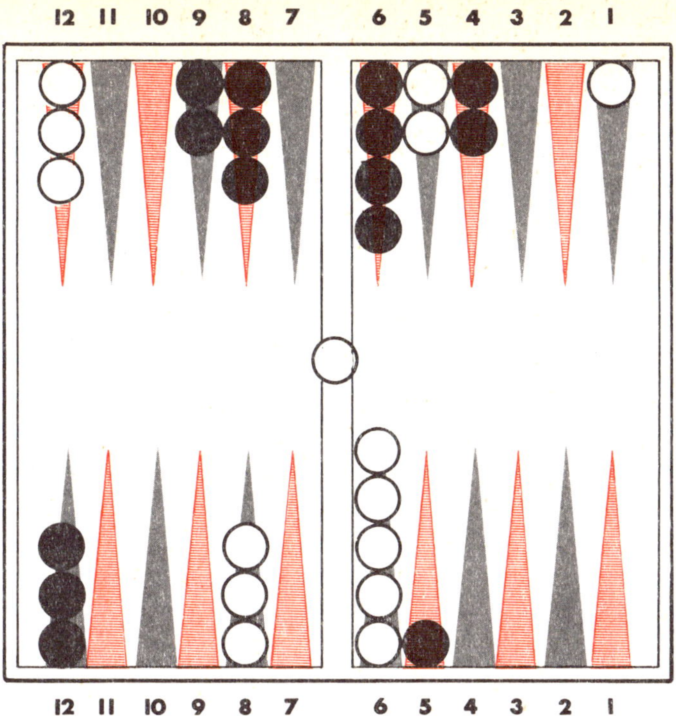

71

schlagen Sie den Blot auf unserem Fünfer-Punkt; (c) machen Sie den schwarzen Einser-Punkt und rücken Sie mit einem Stein auf unseren Vierer-Punkt vor und (d) machen Sie den schwarzen Einser-Punkt, und stellen Sie einen Blot auf unseren Elfer-Punkt.

Jeder dieser Züge geht in Ordnung. Wenn in einer »Chouette« (siehe Kapitel 12) der »Kapitän« einen von ihnen vorschlagen würde, würden wir das etwa mit den Worten »ist mir ziemlich egal« kommentieren. Im vorliegenden Fall haben wir indes unsere eigene Meinung. Wir glauben, daß der schlechteste der vier Züge Zug (a) ist: wir würden lieber den Einser- als den Zweier-Punkt halten.

Zug (b) dient am besten dem Zweck, einen fünften Stein ins gegnerische Board zu bekommen und damit unser Spiel weiter zu verzögern: Schwarz könnte gezwungen sein, diesen Blot auf unserem Fünfer-Punkt zu schlagen. Der Nachteil des Zuges besteht darin, daß wir damit drei Blots offenlassen und noch keinen zweiten Punkt für unser Back-Game gemacht haben.

Zug (c) beschert uns jenen wertvollen Extra-Punkt, den wir für ein Back-Game benötigen, aber der Stein auf unserem Vierer-Punkt ist unserem zweiten Ziel – nämlich der Spielverzögerung – nicht gerade förderlich.

Zug (d) gibt uns erstens den wichtigen Einser-Punkt und kann zweitens die gewünschte Bremswirkung auslösen; für ein richtiges Back-Game brauchen wir unbedingt noch einen weiteren Stein im schwarzen Home-Board. Wenn wir in der Folge nicht vorwiegend kleine Würfe haben, werden wir unsere beiden Punkte im schwar-

72

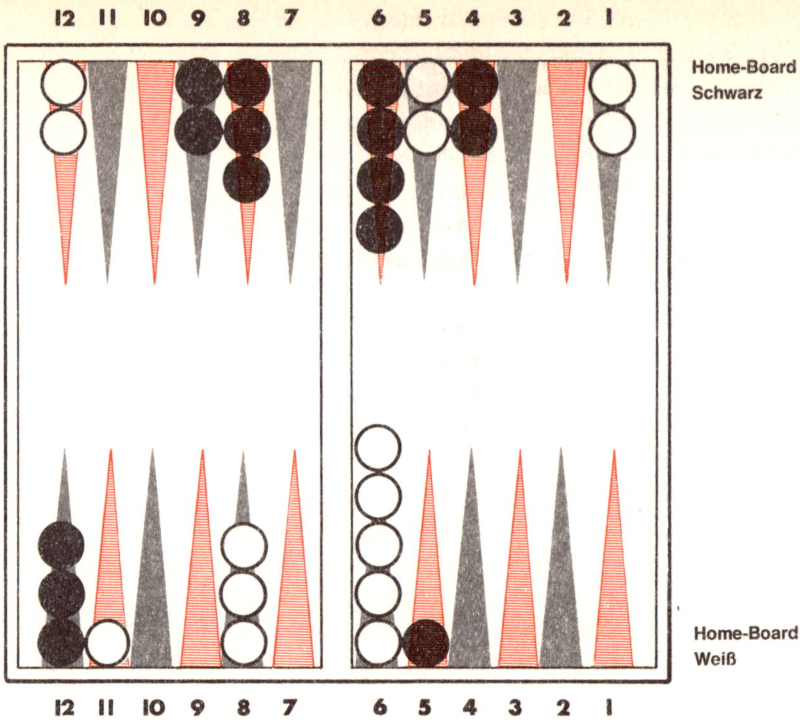

zen Board kaum halten können. Einen fünften Stein aber könnten wir so postieren, daß er immer wieder geschlagen würde – und damit wären wir in der Lage, unsere Position im gegnerischen Home-Board zu behaupten.

Wir entscheiden uns also für (d), und das bringt uns zu Position 72.

Wir werden uns nun für einen Augenblick auf die andere Seite des Tisches begeben und Schwarz ein bißchen über die Schulter schauen. Er weiß, daß wir ein Back-Game aufziehen wollen, und wenn er ein guter Spieler ist, wird er da nicht mitmachen.

Er kann den Blot auf unserem Elfer-Punkt schlagen, wenn er Pasch 6, Pasch 2, 6–5, 6–4, 6–3, 6–2, 6–1, 5–1 oder 4–2 würfelt. Die richtigen Züge für diese Würfe sind:

Pasch 6. Den Blot schlagen und mit den drei Steinen vom weißen Zwölfer-Punkt auf den schwarzen Bar-Punkt ziehen.

Pasch 2. Mit den zwei Steinen vom Neuner-Punkt seinen Bar-Punkt machen; dann den Stein vom weißen Fünfer-Punkt auf den weißen Neuner-Punkt stellen, um Weiß (also uns) in Versuchung zu führen, ihn zu schlagen.

6–5 und 6–4. Den ganzen Zug mit dem Stein von unserem Fünfer-Punkt ziehen, ohne den Blot zu schlagen. Mit 6–5 kann er sich auf den schwarzen Neuner-Punkt in Sicherheit bringen, und mit 6–4 hat er einen Blot auf dem schwarzen Zehner-Punkt.

6–3. Er sollte mit dem Stein von unserem Fünfer-Punkt auf seinen Elfer-Punkt ziehen. Da er in diesem Fall die 3 nicht zuerst ziehen kann, muß er unseren Blot schlagen; aber etwas anderes bleibt ihm gar nicht übrig.

6–2 und 6–1. Er sollte seinen Bar-Punkt machen. Bei 6–2 würde das einen Blot (auf seinem Neuner-Punkt) ergeben, aber das darf Schwarz nicht weiter stören.

5–1 und 4–2. Unseren Blot schlagen. Auch in diesem Fall gibt es keinen besseren Zug.

Sie werden sich fragen, warum wir noch nicht erwähnt haben, daß Schwarz uns zu diesem Zeitpunkt doppeln sollte. Er ist ohne Frage klar im Vorteil! Das schlimme ist nur, daß das Spiel noch lange nicht »gelaufen« ist, und die Erfahrung wird Sie lehren, daß es nicht selten ein schweres Verlustgeschäft ist, wenn man ein gesundes Back-Game zu früh doppelt. Und gerade zum augenblicklichen Zeitpunkt hätten wir, falls Schwarz uns doppeln würde, alle Veranlassung, dieses Doppel anzunehmen.

Es gibt zwei Gründe, warum wir das Doppel annehmen könnten: Erstens hat Schwarz noch einige Klippen zu umschiffen, bevor er seine Steine sicher nach Hause gebracht hat und mit dem Abräumen anfangen kann; zweitens ist es wahrscheinlich, daß wir einige Trefferchancen bekommen, bevor Schwarz sein inneres Feld erreicht hat.

Zurück zum Spiel. Wir wollen einmal annehmen, daß Schwarz 6–1 würfelt und damit seinen Bar-Punkt macht. Darauf gäbe es für uns ein paar recht gute Gegenwürfe, aber dummerweise würfeln wir 5–2 und wissen damit nichts Besseres anzufangen, als mit unseren zwei verbleibenden Steinen auf dem schwarzen Zwölfer-Punkt unseren Elfer-Punkt zu machen und unseren Achter-Punkt zu verstärken. Jetzt wäre für Schwarz der richtige Augenblick gekommen, uns zu doppeln, und dieses Mal sollten wir ablehnen. Wir werden kaum unsere Stellung in seinem Home-Board halten können und werden uns deshalb damit zufriedengeben, ein einfaches Spiel zu verlieren und ein neues zu beginnen.

Hätten wir die 5–2 auch so ziehen können, daß unsere Position gut genug gewesen wäre, um das Doppel anzunehmen? Allerdings!

Wir hätten uns den (schwachsinnig erscheinenden) Zug einfallen lassen können, mit einem Stein vom schwarzen Zwölfer-Punkt auf den weißen Achter-Punkt zu ziehen und einen Stein vom weißen Sechser-Punkt auf den weißen Vierer-Punkt zu stellen. Das würde Position 73 ergeben. Mit diesem Manöver machen wir es Schwarz ziemlich schwer, ums Board herumzukommen, ohne einen unserer Blots zu schlagen – und uns damit das angestrebte Back-Game zu geben. Außerdem sind wir drauf und dran, einen weiteren Punkt in unserem inneren Feld zu machen, und obwohl wir möglicherweise ein Gammon verlieren werden, haben wir jetzt eine gute Chance, das Spiel doch noch aus dem Feuer zu reißen.

Wie wir schon erwähnt haben, enden fast alle Back-Games auf die gleiche Weise: Entweder man gewinnt das Spiel oder man verliert ein Gammon.

Schwarz doppelt uns nun, und wir nehmen an. Dann würfelt Schwarz 3–1, und ihm fällt nichts Besseres ein, als unseren Blot auf seinem Zwölfer-Punkt zu schlagen und dann weiter auf seinen Neuner-Punkt zu ziehen. Wir würfeln 6–5 und ziehen

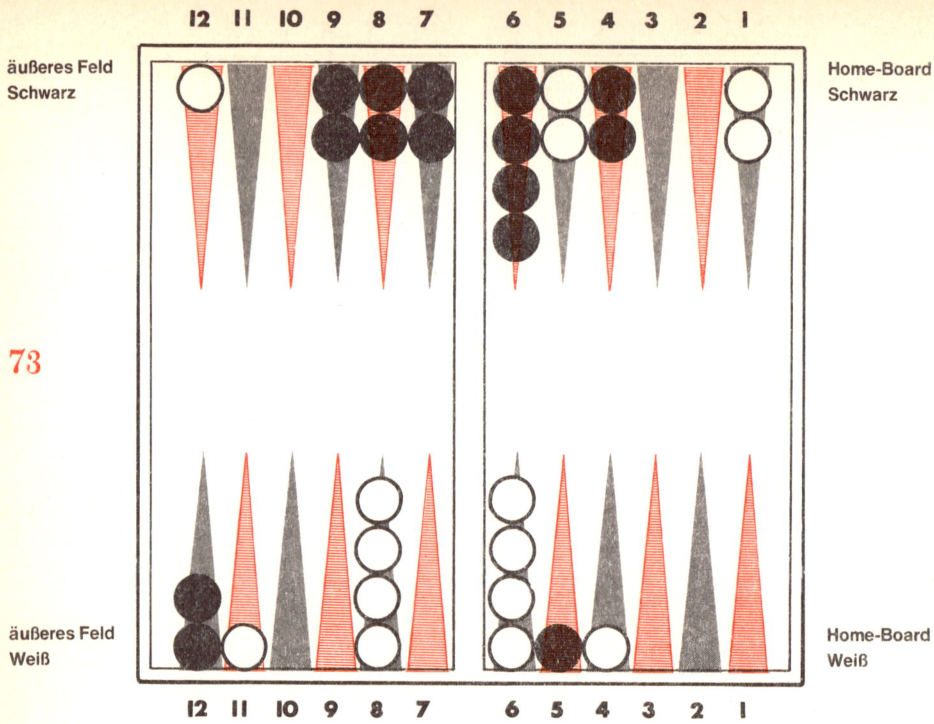

73

einfach mit unserem geschlagenen Stein auf den schwarzen Elfer-Punkt. Wir haben unser Spiel ein bißchen verzögert und haben immer noch zwei Blots herumstehen, die er möglicherweise schlagen muß.

Ein paar Würfe später haben wir Position 74 erreicht. Schwarz ist am Wurf und seine Steine stehen recht günstig, aber wir halten immer noch seinen Einser und seinen Fünfer-Punkt.

Schwarz würfelt 6–2 – ein geradezu unverschämt guter Wurf. Er kann damit zwei verschiedene Züge machen. Der eine wäre, seinen Zweier-Punkt zu machen. Der andere sähe so aus, daß er seinen Neuner-Punkt aufgibt und seinen Bar- und seinen Dreier-Punkt mit je einem Stein verstärkt. Wir würden dem letzteren Zug den Vorzug geben, hätten aber nichts dagegen, wenn sich unsere Partner in einer Chouette für den anderen Zug erwärmen würden. Wie dem auch sei, Schwarz beschließt, seinen Zweier-Punkt zu machen, und wir würfeln darauf 5–1 und ziehen mit unserem Stein vom schwarzen Elfer-Punkt auf unseren Neuner-Punkt und mit einem Stein von unserem Sechser- auf unseren Fünfer-Punkt. Das ergibt Position 75.

Wenn es Schwarz gelingt, an den beiden von Weiß gehaltenen Punkten vorbeizukommen, kann er ein Gammon gewinnen; wenn er getroffen wird und dann nicht sofort einen »Sensationswurf« macht, werden wir ihn re-doppeln; er müßte dann wohl ablehnen, und das Spiel wäre vorbei. Sollte Schwarz, nachdem wir ihn hinausgeworfen haben, aber sehr schlecht würfeln, würden wir uns vielleicht sogar stark

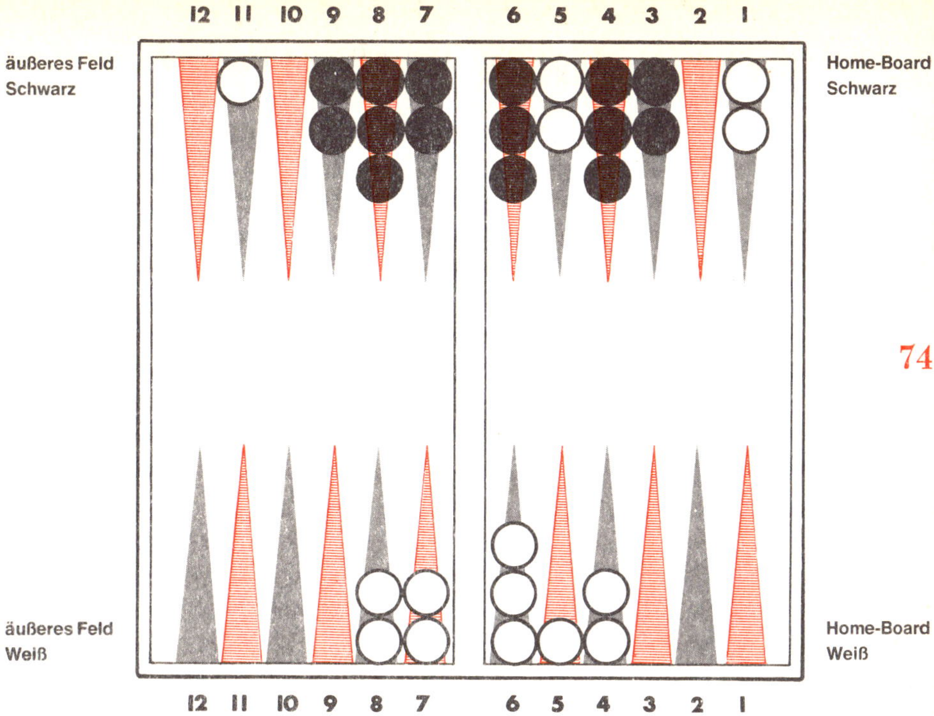
12 11 10 9 8 7 6 5 4 3 2 1
äußeres Feld
Schwarz
Home-Board
Schwarz
äußeres Feld
Weiß
Home-Board
Weiß
12 11 10 9 8 7 6 5 4 3 2 1

74

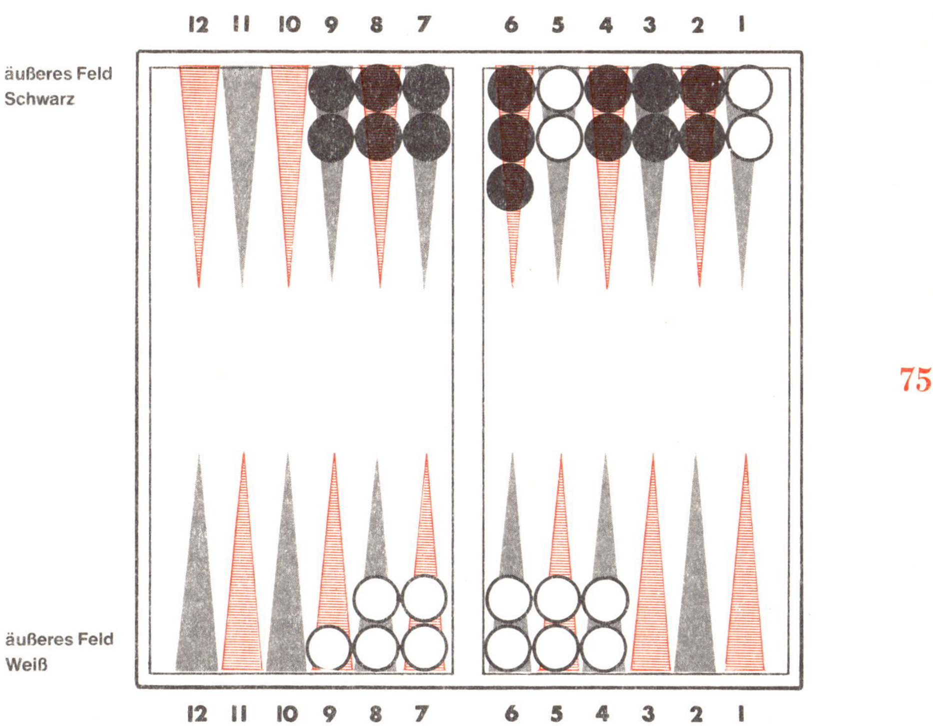
12 11 10 9 8 7 6 5 4 3 2 1
äußeres Feld
Schwarz
äußeres Feld
Weiß
12 11 10 9 8 7 6 5 4 3 2 1

75

76

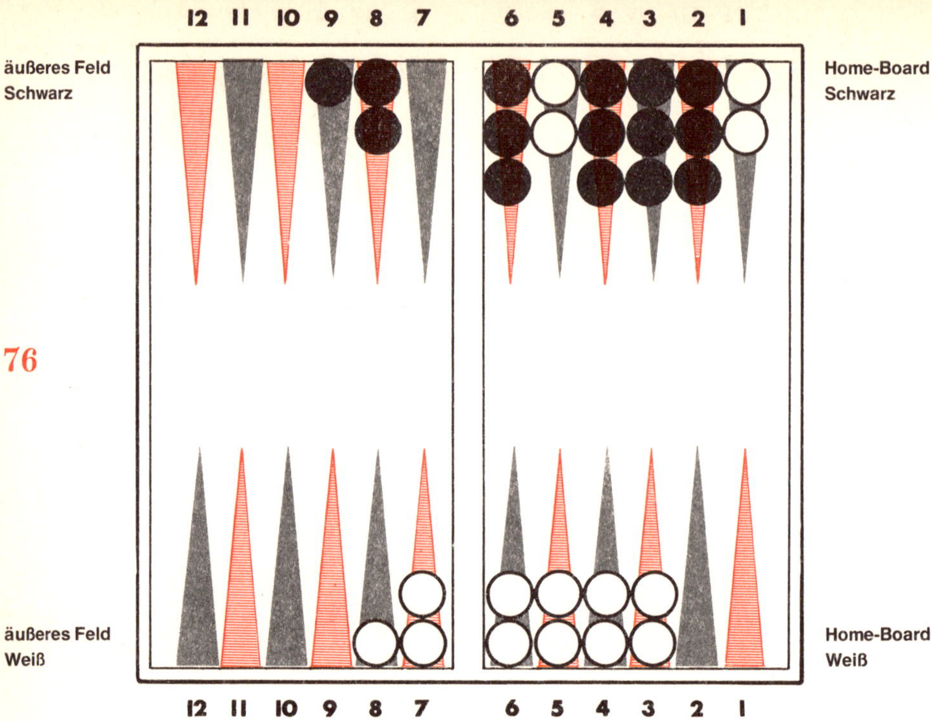

genug fühlen, um auf das Re-Doppel zu verzichten und nun unsererseits ein Gammon zu versuchen!

Schwarz würfelt 4–3 und hat damit – zumindest im Augenblick – noch keine Probleme. Dennoch ist dies ein schlechter Wurf für ihn, da er mit zwei Steinen von seinem Bar-Punkt ziehen muß (falls er nicht – was noch schlechter wäre – einen Blot stehenlassen will). Wir würfeln dann 6–5 und geben den weißen Achter-Punkt auf, um den weißen Dreier-Punkt zu machen (mit dem Stein von unserem Neuner-Punkt und einem der Steine von unserem Achter-Punkt). Unser »Empfangskomitee« ist immer noch bestens gerüstet!

Schwarz würfelt ein weiteres Mal 4–3 und ist nun gezwungen, einen Punkt aufzumachen. Er kann weder die 4 vom Neuner-Punkt noch die 3 vom Achter-Punkt ziehen, sondern nur einen Stein vom Sechser-Punkt bewegen; er beschließt daher, mit einem Stein vom Neuner- bis auf seinen Zweier-Punkt vorzurücken. Damit haben wir Position 76 erreicht. Sie werden sich wundern, warum er den Neuner- und nicht den Achter-Punkt geöffnet hat. Das liegt daran, daß er mit diesem Zug einen Blot hinstellt, der von jeder 4, einer 6–2 oder Pasch 2 getroffen werden kann – was insgesamt 14 Treffermöglichkeiten ergibt. Wenn er den Achter-Punkt geöffnet hätte, wäre sein Blot von jeder 3, einer 2–1 oder einer 6–1 getroffen worden – insgesamt also von 15 möglichen Würfen.

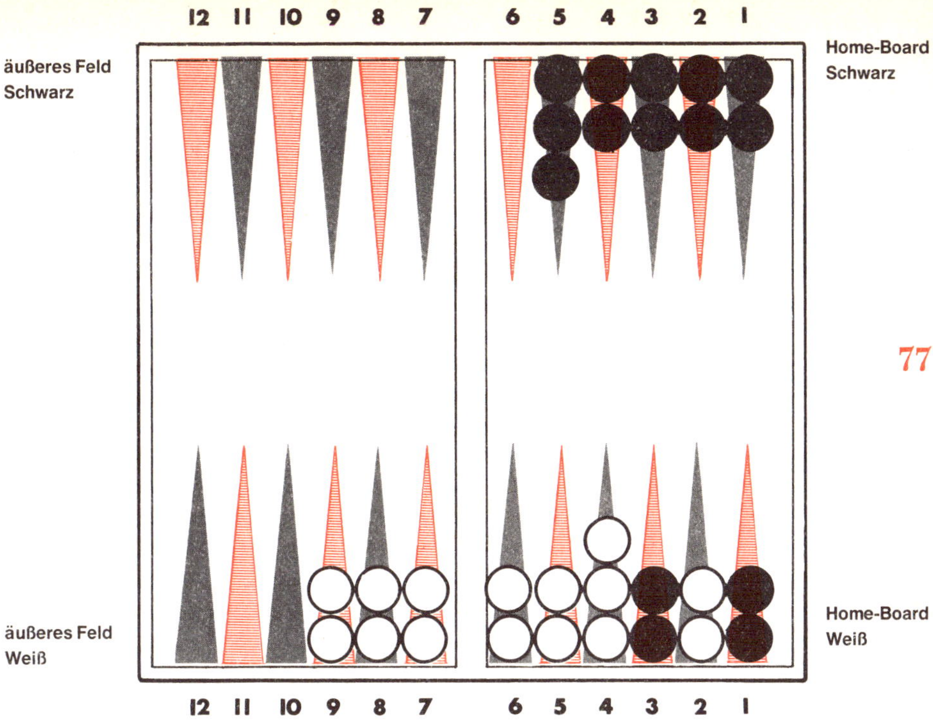

77

Diese Position 76 ist typisch für ein von beiden Seiten gut gespieltes Back-Game. Weiß gewinnt, falls er den Blot auf dem schwarzen Neuner-Punkt trifft – es sei denn, Schwarz würde sofort darauf der »Wunderwurf« von 6–2 gelingen. Die Tatsache, daß Weiß jetzt eine Treffermöglichkeit bekommen hat, rechtfertigt bereits das Wagnis, das er mit dem Annehmen des Doppels von Schwarz eingegangen war. Selbst wenn Weiß jetzt nicht trifft, besteht die Aussicht, daß er später noch mindestens eine weitere Trefferchance erhält.
Warum also hat Schwarz überhaupt gedoppelt? Weil er durchaus die Möglichkeit hatte, alle seine Steine an unseren sämtlichen Punkten vorbeizubringen, ohne uns eine Trefferchance zu geben, und somit ein Gammon gewonnen hätte. Er doppelte uns also aus gutem Grund. Und wir akzeptierten in der Hoffnung, daß sich eine Position ergeben würde, wie sie dann auch tatsächlich eingetreten ist.

Einige Back-Game-Stellungen

In Position 77 spielt Schwarz ein Back-Game. Sie würfeln 5–3 und müssen entweder Ihren Neuner-Punkt auflösen (was Position 78 ergibt) oder Ihren Bar-Punkt (Position 79).

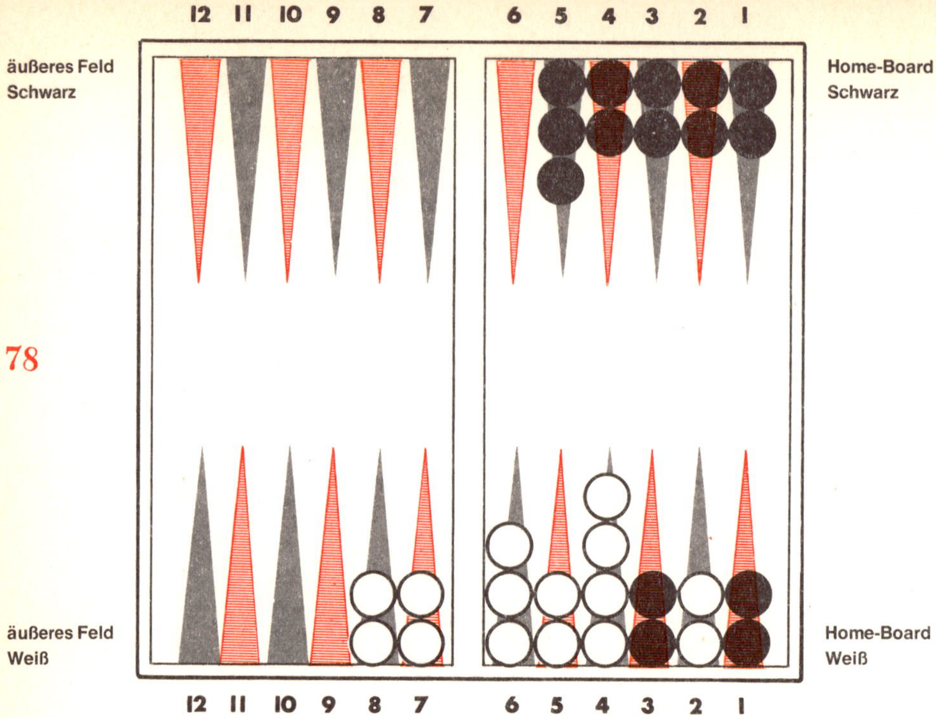

Welchen Zug sollten Sie machen? Position 78 sieht ziemlich gut aus. Sie halten immer noch 5 Punkte hintereinander. Allerdings wäre der einzig schlechte Wurf für Schwarz eine Kombination mit einer 6, die ihn zwingen würde, von Ihrem Dreier-Punkt »abzuziehen«, wo Sie ihn dann böse erwischen könnten (bei Pasch 6 könnten Sie ihm natürlich nicht viel anhaben). Wenn er keine 6 würfelt, muß er in seinem Home-Board ziehen, aber wenn er Pasch 5, 5–4, 5–3, 5–2 oder 5–1 hat, kann er die 5 überhaupt nicht »fahren« und wird daher sein Board behalten. Wenn Sie dann 6–5 würfeln, müssen Sie mit je einem Stein von Ihrem Achter- und Ihrem Bar-Punkt ziehen und könnten somit von jeder 4, 5 oder 6 getroffen werden, was insgesamt siebenundzwanzig Treffermöglichkeiten ergibt.
Position 79 sieht zwar nicht ganz so günstig aus, ist aber trotzdem ein bißchen solider. Zunächst einmal müßte Schwarz einen der Punkte in seinem Board aufmachen, wenn er Pasch 4, 5–4 oder eine 6 würfelt (insgesamt vierzehn Möglichkeiten). In Position 78 sind es nur elf Würfe, die ihn zwingen würden, einen Punkt in seinem Board aufzumachen. Hinzu kommt, daß Sie, falls Schwarz den *Status quo* beibehalten kann und Sie 6–5 würfeln, zwar auch zwei Blots offenlassen müßten, aber nur von vierundzwanzig statt von siebenundzwanzig Würfen getroffen werden könnten.
Folglich würden wir Position 79 leicht den Vorzug geben.
In Position 80 sieht es mit Ihrem Back-Game nicht sonderlich gut aus, da Sie Ihre vorderen Steine nicht zufriedenstellend bremsen konnten und somit auch dann in

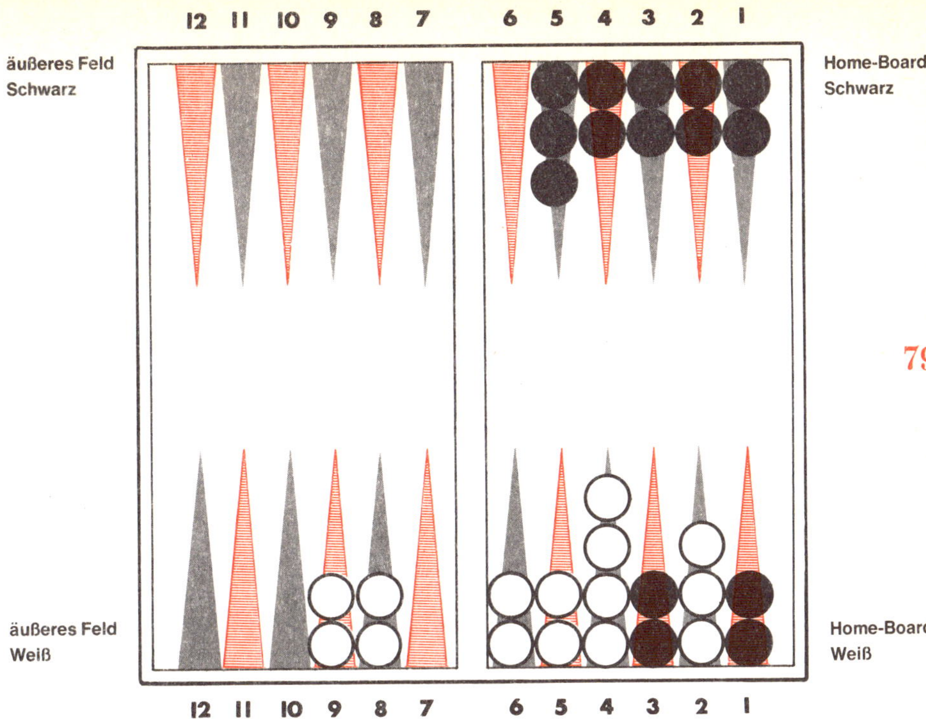
12 11 10 9 8 7 6 5 4 3 2 1
äußeres Feld Schwarz
Home-Board Schwarz
äußeres Feld Weiß
Home-Board Weiß
12 11 10 9 8 7 6 5 4 3 2 1

79

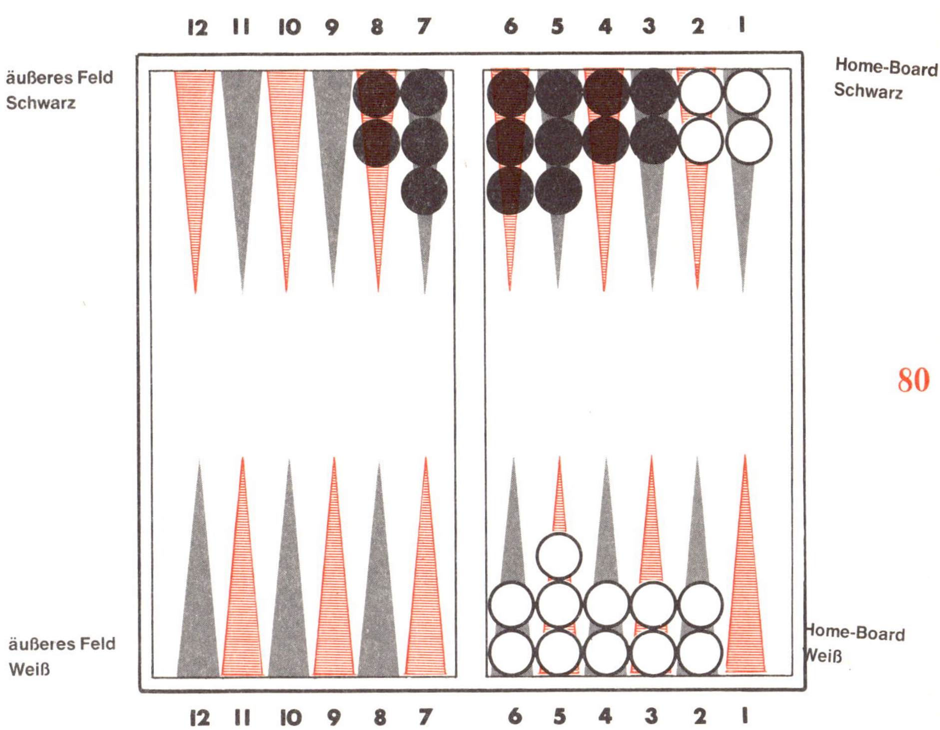
12 11 10 9 8 7 6 5 4 3 2 1
äußeres Feld Schwarz
Home-Board Schwarz
äußeres Feld Weiß
Home-Board Weiß
12 11 10 9 8 7 6 5 4 3 2 1

80

81

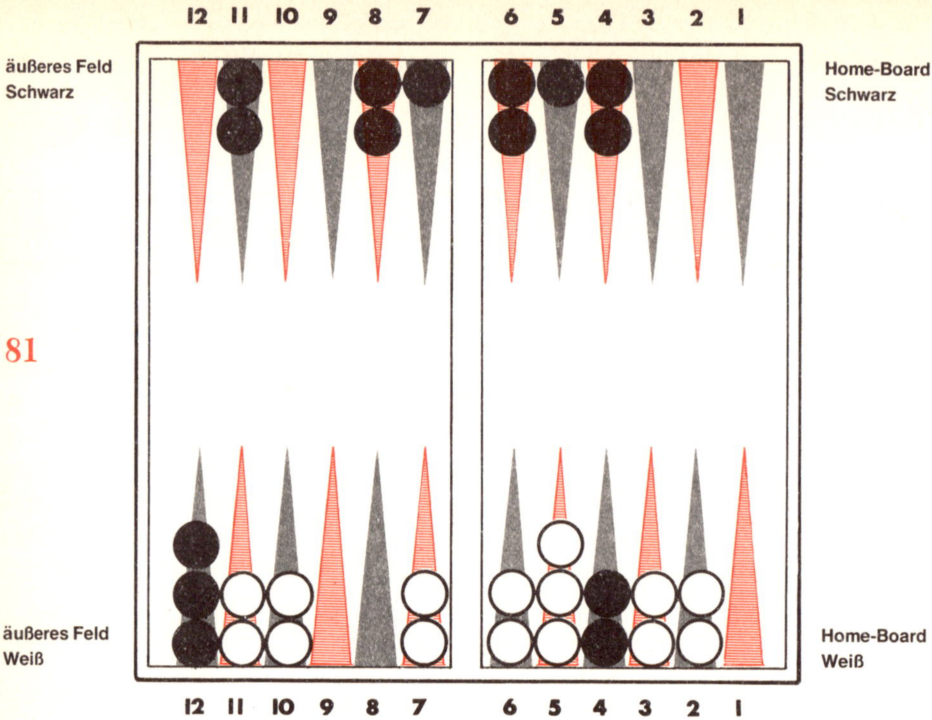
12 11 10 9 8 7 6 5 4 3 2 1
äußeres Feld Schwarz
Home-Board Schwarz
äußeres Feld Weiß
Home-Board Weiß
12 11 10 9 8 7 6 5 4 3 2 1

82

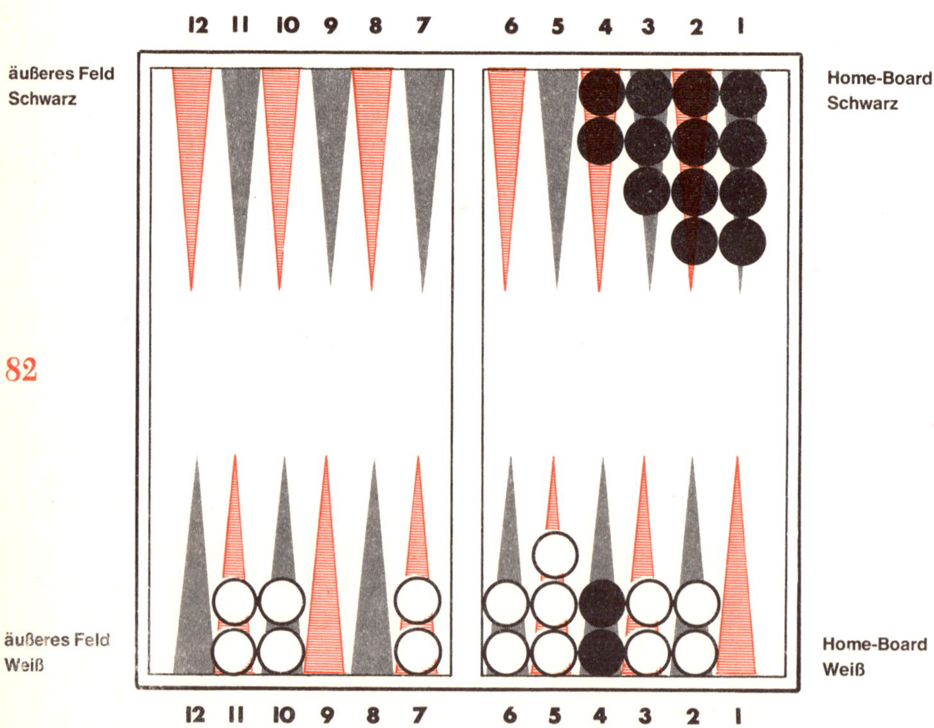
12 11 10 9 8 7 6 5 4 3 2 1
äußeres Feld Schwarz
Home-Board Schwarz
äußeres Feld Weiß
Home-Board Weiß
12 11 10 9 8 7 6 5 4 3 2 1

Schwierigkeiten kommen können, wenn Sie schließlich einen Blot Ihres Gegners treffen sollten. Sie befinden sich in einer der zwei klassischen Back-Game-Positionen: Sie halten den schwarzen Einser- und Zweier-Punkt. Schwarz hat seine Steine jedoch ausgezeichnet postiert, und wenn er als nächstes nicht 6–5 oder Pasch 4 würfelt, werden Sie keinen sofortigen Treffer landen können.

Sie würfeln 2–1 und können mit diesem Wurf sehr zufrieden sein. Sie könnten Ihr Fünf-Punkte-Board halten, wenn Sie mit dem dritten Stein auf Ihrem Fünfer-Punkt auf Ihren Zweier-Punkt vorziehen würden, aber der richtige Zug ist, Ihren Sechser-Punkt aufzugeben und mit diesen beiden Steinen auf Ihren Vierer- und Ihren Fünfer-Punkt zu ziehen. Das mag Ihnen vielleicht lächerlich vorkommen: Warum einen Punkt aufgeben, wenn es sich vermeiden läßt? Daß dieser Zug trotzdem richtig ist, liegt daran, daß Sie soviel wie möglich von Ihrem Board behalten wollen. Sie werden wahrscheinlich weder beim nächsten noch beim übernächsten Wurf einen Blot treffen können. Wenn Sie versuchen, Ihren Sechser-Punkt zu halten, müssen Sie jede etwa folgende 5 ziehen; wenn Sie aber den Sechser-Punkt aufgeben, verzögern Sie Ihr Spiel, da Sie eine 5 überhaupt nicht ziehen können, und somit dürften Sie Ihren Fünfer-, Vierer-, Dreier- und Zweier-Punkt noch für einige Zeit halten können.

In Position 81 hat Schwarz eigentlich gar kein richtiges Back-Game, da er nur einen Punkt im weißen Board hält, aber er liegt im Running-Game so weit zurück (151 zu 93), daß Sie kaum verlieren können, wenn es ihm nicht gelingt, einen Blot von Ihnen zu erwischen. Sie würfeln 5–4. Sie haben zwei Möglichkeiten: Entweder Sie ziehen mit den beiden Steinen von Ihrem Elfer-Punkt auf Ihren Bar- und Ihren Sechser-Punkt oder mit den zwei Steinen von Ihrem Zehner-Punkt auf Ihren Sechser- und Ihren Fünfer-Punkt.

Der richtige Zug ist, mit den beiden Steinen von Ihrem Zehner-Punkt zu ziehen. Wenn Sie nicht eine gehörige Portion Glück haben, müssen Sie nämlich früher oder später einen Blot stehenlassen. Wenn Sie Ihren Zehner-Punkt behalten und später auf diesem Punkt einen Blot haben sollten, wäre er jeder 6 (ein direkter Treffer) sowie einigen kombinierten Würfen ausgesetzt. Wenn Sie jedoch den von uns empfohlenen Zug machen und somit Ihren Elfer-Punkt noch halten, würde ein späterer Blot auf diesem Punkt nur von einer 7 (also einem kombinierten Wurf) erreicht werden.

In Position 82 befinden sich Ihre Steine in genau der gleichen Position, und Schwarz hat wiederum zwei Steine auf Ihrem Vierer-Punkt, aber die anderen dreizehn Steine in seinem Home-Board sind ein gutes Stück weiter vorn. Ihre Gesamtpunktzahl ist immer noch 93, seine dagegen nur 71, so daß er in einem Running-Game in Führung liegen würde. Seine Führung ist nicht erheblich, da Sie damit rechnen können, als erster mit dem Abräumen anzufangen, aber dennoch hat er alles in allem die Nase ein bißchen vorn. Ihr Ziel muß daher sein, diese beiden Steine auf Ihrem Vierer-Punkt solange wie möglich aufzuhalten und einen von ihnen zu schlagen, sobald Sie Gelegenheit dazu haben.

Wenn Sie also auch in diesem Fall 5–4 würfeln, sollten Sie Ihren Elfer-Punkt auflösen und den Zehner-Punkt halten, um mögliche 6er zu blockieren. Wenn Schwarz

Pasch 6 würfelt, kann er überhaupt nicht ziehen; wenn er 6–3, 6–2 oder 6–1 würfelt, kann er die 6 nicht ziehen und muß die 1, 2 oder 3 – ziemlich nutzlos – in seinem inneren Feld bewegen. Wenn er Pasch 5 oder Pasch 4 würfelt, kann er Ihnen mit beiden Steinen davonlaufen, aber dagegen sind Sie ohnehin machtlos. Wenn er 6–5, 6–4, eine 5 oder eine 4 würfelt, ist er gezwungen, Ihren Vierer-Punkt aufzumachen, womit sein verbleibender Stein auf diesem Punkt dann direkten Treffern durch eine 6, eine 3, eine 2 oder eine 1 ausgesetzt wäre. Sie sollten diesen Stein auch dann schlagen, wenn Sie dadurch einen Blot auf dem Vierer-Punkt hätten. Die Chancen sprechen dagegen, daß Sie getroffen werden, und es ist von wesentlicher Bedeutung, daß Sie sein Spiel verzögern. Übrigens wären 5–1, 4–2 und 4–1 für Schwarz »tödliche« Würfe. Er müßte mit einem Stein aus Ihrem Board herausziehen, und damit wären gleich beide hinteren Steine in akuter Gefahr. Aller Wahrscheinlichkeit nach könnten Sie beide hinauswerfen, bevor er auch nur mit einem entkommen könnte.

Dabei bleibt noch ein weiterer Punkt zu berücksichtigen. Wenn Schwarz 5–4 würfelt, ist es das beste, mit beiden Steinen zu ziehen. Er würde zwar von einer direkten 2 oder 1 getroffen werden, aber das sind nur zwanzig von sechsunddreißig Möglichkeiten. Wenn er einen Stein in Ihrem Board stehenläßt, wird er von jedem Wurf – außer Pasch 5, Pasch 4 oder 5–4 getroffen – und das sind zweiunddreißig von sechsunddreißig Würfen.

Reihenfolge der bevorzugten Punkte beim Back-Game

Es gibt zehn mögliche Kombinationen von je zwei Punkten, die Sie in einem Back-Game halten können (nämlich die verschiedenen Kombinationen der Punkte Eins, Zwei, Drei, Vier und Fünf im Home-Board des Gegners). In einem klassischen Back-Game gelten der Einser- und Dreier-Punkt oder der Einser- und Zweier-Punkt als ideal. Darin sind sich alle möglichen Fachleute, die wir gefragt haben, einig, und ebenso einmütig wurde uns bestätigt, daß der Einser- und Dreier-Punkt dem Einser- und Zweier-Punkt eine Spur überlegen ist.

Dagegen konnten wir keine Übereinstimmung bezüglich der Reihenfolge der übrigen acht Möglichkeiten feststellen. Wir baten deshalb einige der besten Spieler der Welt um ihre Meinung. Zu unserem Erstaunen gaben keine zwei dieser Spieler die gleiche Reihenfolge an!

Zu den Befragten gehörten Barclay Cooke, der Altmeister des New Yorker »Racquet Clubs«, und sein Sohn Walter, die zusammen wohl das beste Vater-und-Sohn-Paar der Welt sind; Tim Holland, Gewinner dreier großer Turniere; Porter Ijams, der bei drei großen Turnieren bis ins Endspiel kam und einer der beständigsten Spitzenspieler ist; Tobias Stone, einer der ganz großen Bridge-Spieler, der auch bereits ein großes Backgammon-Turnier gewonnen hat; Paul Miller aus Los Angeles, einer der besten Spieler der Westküste; und Stephan Raphael aus London, der seit langem einer der besten – wenn nicht der beste – Spieler Englands ist.

Wir wollen Ihnen hier nicht die Reihenfolge jedes einzelnen nennen, sondern haben uns statt dessen erlaubt, die verschiedenen Meinungen sozusagen unter einen Hut zu bringen:

Beste Punkte	Eins und Drei
zweitbeste Punkte	Eins und Zwei
drittbeste Punkte	Zwei und Drei
viertbeste Punkte	Zwei und Vier
fünftbeste Punkte	Drei und Vier
sechstbeste Punkte	Eins und Vier
siebentbeste Punkte	Drei und Fünf
achtbeste Punkte	Vier und Fünf
neuntbeste Punkte	Zwei und Fünf
schlechteste Punkte	Eins und Fünf

Wenn Sie fragen, warum die Kombination von Einser- und Dreier-Punkt vor der Kombination von Einser- und Zweier-Punkt rangiert: Das hat etwas mit dem sogenannten »Timing« zu tun.
Wenn Sie den Einser- und Zweier-Punkt halten, wird Ihr Gegner früher oder später in eine Lage kommen, in der er weder eine 5 noch eine 6 ziehen kann; und solange er diese Zahl würfelt, ist es ihm möglich, seine Stellung zu halten, während Sie vielleicht Ihr eigenes Home-Board öffnen müssen. Wenn Sie den Einser- und Dreier-Punkt halten, hat er mehr Bewegungsfreiheit und wird daher nicht so leicht seine Stellung behaupten können, so daß Sie eher eine Chance haben, ihn zu erwischen, solange Ihr Home-Board noch einigermaßen geschlossen ist.
Es ist interessant, daß nur einer der befragten Spieler der allgemeinen Meinung, wonach der Fünfer-Punkt der schlechteste Back-Game-Punkt ist, entschieden widersprach. Stephen Raphael, unser britischer Experte, war der erste Spieler, der sein gesamtes Spiel auf die beiden Fünfer-Punkte ausrichtete. Er brauchte den gegnerischen für die Verteidigung und benützte seinen eigenen für den Angriff. Aber da Stephen von Natur aus eher konservativ ist, war sein erstes Ziel stets der gegnerische Fünfer-Punkt.
Sobald er dann ein Back-Game aufziehen wollte, versuchte er, neben diesem einfach einen weiteren Punkt im gegnerischen Board zu machen, und ließ sich auf eine Art Allzweck-Spiel ein, bei dem er je nach Belieben vom Fünfer-Punkt ziehen und den zweiten Punkt als letzte Waffe aufrechterhalten konnte; damit hatte er eine gute Chance, wenigstens ein Gammon zu verhindern, falls es ihm nicht gelang, den Gegner doch noch zu treffen.
Unsere anderen Experten ziehen es dagegen vor, ihr Back-Game konsequent aufzubauen und auf Gewinn zu spielen – frei nach dem Motto »alles oder nichts«.
Denken Sie immer daran, daß das Back-Game von den meisten Spitzenspielern der Welt als ein reines Glücksspiel betrachtet wird, das man entweder gewinnt oder doppelt verliert.

11 Außergewöhnliche Züge

Einige der folgenden außergewöhnlichen Züge werden immer wieder gespielt und gelten nur deshalb als »außergewöhnlich«, weil sie den allgemeinen Grundprinzipien des Spieles zu widersprechen scheinen.
Einer dieser Züge besteht darin, einen Stein auf Ihrem Einser-Punkt zu schlagen – mit dem Ziel, Ihren Gegner an einer weiteren Verbesserung seiner Position im eigenen Feld zu hindern.
Sehen Sie sich Position 83 an. Ihre Lage ist nicht gerade rosig, und die 5–2, die Sie nun würfeln, macht die Sache auch nicht besser. Mit der 2 müssen Sie Ihren Stein von der Bar reinbringen. Angenommen, Sie verwenden nun die 5 dazu, um – wie sonst üblich – mit einem Stein vom schwarzen Zwölfer- auf Ihren Achter-Punkt zu ziehen. Wenn Schwarz Sie noch nicht gedoppelt hat, wird er es jetzt tun, und Sie sollten ablehnen. Siebenundzwanzig Würfe (alles außer Pasch 5, 5–3, 5–1, 4–3 oder 4–1) würden ihm ermöglichen, entweder seinen Bar- oder seinen Vierer-Punkt zu machen. Ferner könnte er mit 4–1 Ihre beiden Steine schlagen; und auch mit den anderen Würfen ließe sich etwas Positives anfangen. Daher würden Sie – falls Sie sein Doppel annehmen und weiterspielen sollten – sehr wahrscheinlich ein Gammon verlieren.
Um Zeit zu gewinnen und der Gefahr, gedoppelt zu werden, vorerst zu entgehen, sollten Sie daher auf die konservative Spielweise verzichten. Nehmen Sie statt dessen die 5, um seinen Blot auf Ihrem Einser-Punkt zu schlagen. Damit gewinnen Sie vor allem etwas Zeit, da Ihr Gegner einen Teil seines nächsten Wurfes in Ihrem Home-Board ziehen muß. Wenn er 6–1 oder 4–1 würfelt, wird er mit der 1 Ihren Blot auf Ihrem Einser-Punkt schlagen und mit der 6 oder der 4 Ihren Blot auf seinem Zweier-Punkt, so daß Sie dann mit zwei Steinen draußen wären. Wenn er 5–1 würfelt, wird er den gleichen Zug machen, nur daß er dieses Mal mit der 5 Ihren Stein auf seinem Einser-Punkt schlägt. Pasch 1, Pasch 2 oder Pasch 3 wären ebenfalls sehr gute Würfe für ihn. Das ergibt insgesamt neun hervorragende Würfe – ein Vorteil, der jedoch noch nicht zum Doppeln berechtigt.

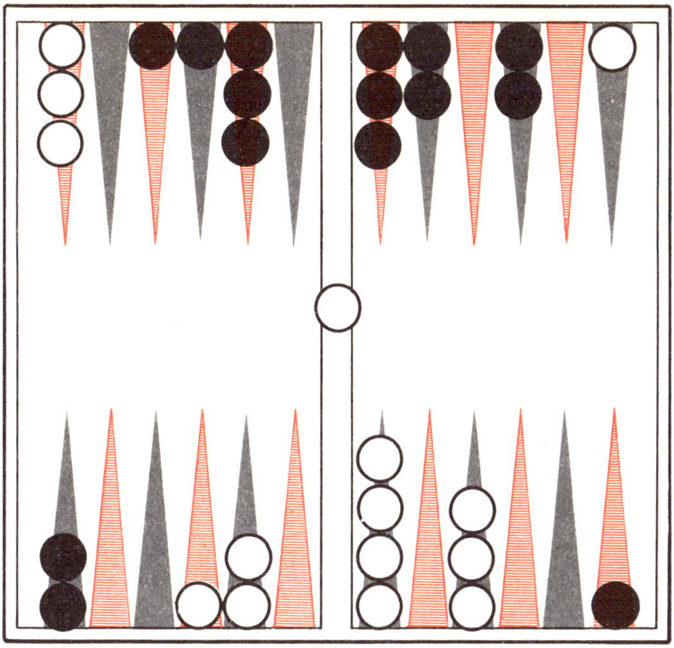

83

Der Zug könnte Ihnen sogar eine unerwartete »Dividende« bescheren: wenn Schwarz Pasch 6, Pasch 4 oder 6–4 würfelt, wäre sein ganzer Wurf »für die Katz«. Sie werden noch in viele ähnliche Situationen geraten, in denen Ihr bester – oder manchmal sogar einziger – Verteidigungszug darin besteht, einen gegnerischen Stein in Ihrem Board zu schlagen und Ihren Gegner dadurch »auf Trab« zu halten. Position 84 zeigt die Möglichkeit, einen Stein auf dem Einser-Punkt zu schlagen und damit in die Offensive zu gehen. Sie würfeln 4–1. Sie könnten natürlich in aller Ruhe Ihren Neuner-Punkt machen, aber Sie tun weit besser daran, mit einem der Steine von Ihrem Sechser-Punkt seine beiden Blots zu schlagen. Hier ist eine Analyse seiner möglichen Gegenwürfe:

Anzahl der Würfe, mit denen er seine beiden Steine hereinbringen und Ihren Blot schlagen kann	7
Anzahl der Würfe, mit denen er seine beiden Steine hereinbringen aber Ihren Blot nicht schlagen kann	9
Anzahl der Würfe, mit denen er einen Stein hereinbringen und Ihren Blot schlagen kann	4
Anzahl der Würfe, mit denen er einen Stein hereinbringen, aber Ihren Blot nicht schlagen kann	12
Anzahl der Würfe, mit denen er keinen seiner beiden Steine hereinbringen kann	4
mögliche Würfe insgesamt	36

Seine einzigen guten Würfe sind Pasch 1, Pasch 2, Pasch 3 und Pasch 5, und keiner davon würde Sie empfindlich treffen. Mit Pasch 1 schlägt er Sie auf Ihrem Einser-Punkt und macht seinen Bar-Punkt; mit Pasch 2 macht er Ihren Zweier- und seinen Vierer-Punkt; mit Pasch 3 macht er beide Dreier-Punkte; mit Pasch 5 bringt er beide Steine herein und schlägt den Blot auf Ihrem Zehner-Punkt.
Keiner der übrigen zweiunddreißig Würfe ist ihm von besonderem Nutzen. Die zwölf Würfe, mit denen er einen Stein hereinbringen kann, ohne Ihren Blot zu treffen, geben Ihnen einen deutlichen Vorteil, und falls er Pasch 6, 6–4 oder Pasch 4 würfelt und somit keinen Stein hereinbringen kann, sollten Sie ihn schleunigst doppeln – und er sollte ablehnen.
Jetzt wollen wir uns einmal ansehen, was er mit den einzelnen Würfen anfangen könnte, wenn Sie Ihren Neuner-Punkt gemacht hätten:
Pasch 1. Er macht seinen Bar-Punkt, zieht mit einem Stein von seinem Sechser- auf den Fünfer-Punkt und rückt mit dem Stein von Ihrem Einser- auf Ihren Zweier-Punkt vor.
Pasch 2. Er macht seinen Vierer- und Ihren Fünfer-Punkt – ein sehr starker Zug.
Pasch 3. Er macht seinen Bar-Punkt.
Pasch 4. Er hat verschiedene ausgezeichnete Züge zur Auswahl. Sie sind alle so gut, daß wir auf die einzelnen Vorzüge nicht weiter einzugehen brauchen.
Pasch 5. Er macht seinen Einser- und seinen Dreier-Punkt, so daß Sie mit einem Stein auf der Bar sind, während er vier Punkte in seinem Board unter Kontrolle hat. Sie brauchen jetzt einen sehr guten Wurf, um überhaupt »überleben« zu können.
Pasch 6. Er macht seinen Bar-Punkt und zieht mit seinem Stein vom weißen Fünfer- auf seinen Achter-Punkt.
6–5. Er läuft vom weißen Fünfer-Punkt bis zu seinem Neuner-Punkt. Er möchte nicht riskieren, auf Ihrem Fünfer-Punkt geschlagen zu werden.
6–4. Er hat drei etwa gleichwertige Möglichkeiten. Er kann den weißen Fünfer-Punkt machen und einen Blot auf seinen Bar-Punkt stellen; wir ziehen diesen Zug vor, da er, falls Sie nicht eine 6, 5–1, 4–2 oder Pasch 3 würfeln, das Spiel nun in der Hand hätte. Die anderen beiden Züge wären, mit dem Stein von Ihrem Fünfer- auf seinen Zehner-Punkt zu ziehen (unserer Meinung nach der zweitbeste Zug) oder seinen Zweier-Punkt zu machen (drittbeste Möglichkeit).
6–3. Er läuft vom weißen Fünfer-Punkt auf seinen eigenen Elfer-Punkt.
6–2. Er macht den weißen Bar-Punkt.
5–4. Mit der 4 macht er den weißen Fünfer-Punkt, mit der 5 verstärkt er seinen eigenen Achter-Punkt.
5–3. Er macht seinen Dreier-Punkt.
5–2. Er zieht vom weißen Fünfer- auf den weißen Zwölfer-Punkt.
5–1. Kein guter Wurf. Er sollte entweder mit der 5 Ihren Blot auf seinem Einser-Punkt schlagen (ein reines Stör-Manöver) und die 1 nach Belieben ziehen oder mit dem Stein vom weißen Fünfer- auf den weißen Zehner-Punkt ziehen und mit einem Stein von seinem Sechser- auf seinen Fünfer-Punkt vorrücken.
4–3. Er macht den weißen Fünfer-Punkt und zieht einen Stein von seinem Zwölfer- auf seinen Zehner-Punkt.

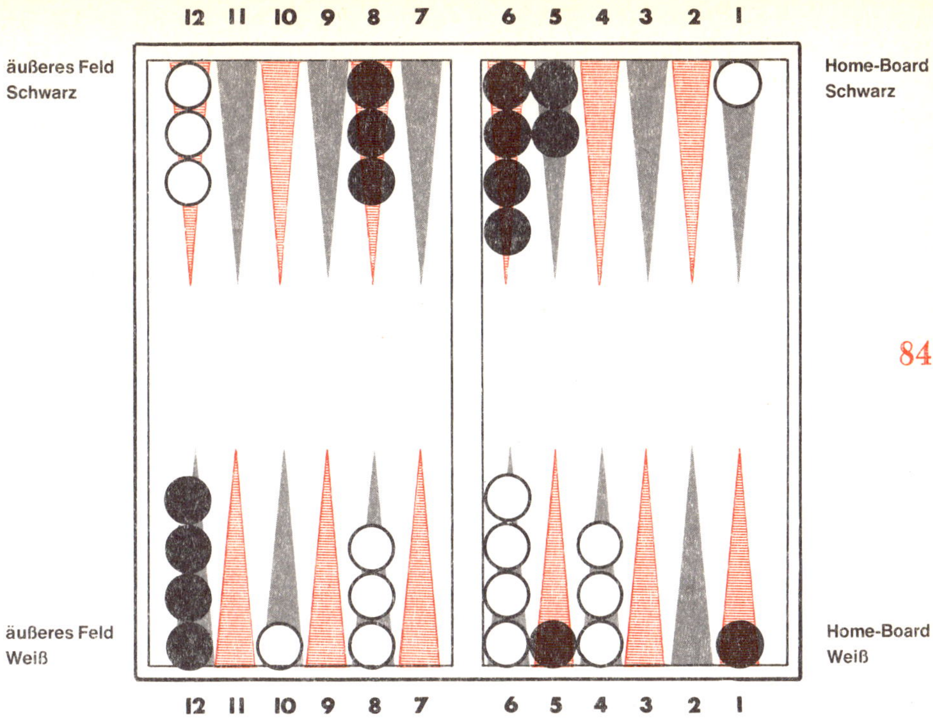

84

4–2. Zwei gute Alternativen: Er kann seinen Vierer-Punkt machen, oder er kann den weißen Fünfer-Punkt machen und mit einem Stein auf seinen Elfer-Punkt ziehen.
4–1. Er macht den weißen Fünfer-Punkt und zieht mit einem Stein von seinem Sechser- auf seinen Fünfer-Punkt.
3–2. Kein guter Wurf. Es gibt verschiedene Möglichkeiten, ihn zu ziehen. Wir halten es für das beste, mit dem Stein vom weißen Fünfer-Punkt auf den weißen Zehner-Punkt zu ziehen.
3–1. Er macht den weißen Fünfer-Punkt.
2–1. Nicht besonders gut. Sein bester Zug ist, mit seinem Stein vom weißen Einser-Punkt auf den Dreier-Punkt vorzuziehen und mit einem Stein von seinem Sechser- auf seinen Fünfer-Punkt vorzurücken.
Sie sehen also, daß der Unterschied zwischen den beiden Möglichkeiten, die 4–1 in Position 84 zu ziehen, ganz erheblich ist. Wenn Sie den von uns empfohlenen aggressiven Zug machen, hätte Ihr Gegner vier gute Gegenwürfe, sechzehn mittelmäßige, zwölf schlechte und vier katastrophale. Wenn Sie sich für den konservativen Zug entscheiden, hat er nur acht schwache Würfe (6–4, 5–1, 3–2 und 2–1), während die anderen achtundzwanzig möglichen Würfe entweder gut oder sehr gut wären.
Zu Position 85 kam es, nachdem Schwarz frühzeitig seinen Zweier-Punkt gemacht

und dann erfolglos versucht hatte, mit einem seiner hinteren Steine zu entkommen. Sie haben diesen Stein geschlagen und im weiteren Verlauf beide schwarzen Steine in Ihrem inneren Feld »festgenagelt«. Außerdem haben Sie Ihn ein paar Züge zuvor gedoppelt, und er beging den Fehler, anzunehmen. Sie sind nun drauf und dran, ein Gammon zu gewinnen, und würfeln 5–3.

Sie können diesen Wurf ganz auf sicher spielen, indem Sie mit je einem Stein von Ihrem Bar- und Ihrem Fünfer-Punkt auf Ihren Zweier-Punkt ziehen, aber das wäre wirklich schlecht gespielt. Erstens würde es Ihre Chance, ein Gammon zu gewinnen, stark vermindern, da Schwarz dann seinen nächsten Wurf voll ausnützen könnte. Zweitens würden Sie damit ein »Türmchen« auf Ihrem Zweier-Punkt bauen und Ihre gesamte Position um einiges schwächen. Deshalb kommt dieser Zug eigentlich nicht in Frage, und Sie beschließen, ein kleines Risiko einzugehen.

Sie haben zwei Möglichkeiten: (a) schlagen Sie seinen Blot auf dem Dreier-Punkt mit der 3 und ziehen Sie mit der 5 einen Stein von Ihrem Bar-Punkt auf Ihren Zweier-Punkt; und (b) schlagen Sie seinen Blot auf dem Einser-Punkt mit der 5 und ziehen Sie die 3 vom Bar- auf den Vierer-Punkt.

Keiner dieser beiden Züge bedeutet ein wirkliches Risiko. Jeder wird ein Gammon zur Folge haben, wenn Schwarz nicht gleich beim ersten Wurf wieder hereinkommt. *Wenn* er jedoch hereinkommt und einen Punkt in Ihrem Board macht, sind die Aussichten, ein Gammon zu gewinnen, nicht mehr rosig. Er wird diesen Punkt behaupten und mit seinem anderen Stein ungehindert ums Board herumziehen. Wenn er Glück hat, kann er sogar selbst ein gutes Board bauen, möglicherweise gegen Ende einen Blot von Ihnen treffen und das Spiel schließlich noch gewinnen. Meist jedoch wird er sich damit zufriedengeben müssen, ein Gammon zu verhindern.

Wenn er beim Hereinkommen Ihren Blot trifft, wird er wahrscheinlich zwei Blots in Ihrem Board offen haben, und seine Lage dürfte immer noch trostlos sein. Seine zwei Punkte, die er in seinem Board hält, werden Ihnen kaum Schwierigkeiten bereiten, und Sie sollten seine Blots schlagen, wann immer Sie können.

Von diesen zwei Zügen ist (b) der bessere, aber es gibt einen dritten Zug, den die meisten Spitzenspieler machen würden: Sie würden beide Blots mit je einem Stein von Ihrem Sechser-Punkt schlagen. Damit riskieren Sie immer noch nicht Kopf und Kragen, können aber auf außergewöhnliche Weise ein Gammon gewinnen. Wenn er nicht sofort beide Steine wieder hereinbringt, werden Sie Ihr Board umgehend »dichtmachen«, und dann mit dem Abräumen anfangen. Wenn er nur einen Stein hereinbringt, wird er immer noch einen Stein auf der Bar haben, mit dem er so schnell nicht mehr hereinkommen dürfte.

Nur mit 3–1, Pasch 3 oder Pasch 1 könnte er etwas Vernünftiges anfangen und dieses kleine Risiko sollten Sie ruhig eingehen.

Manchmal kann einem ein Doppeltreffer in zweierlei Hinsicht dienen. In Position 86 würfeln Sie 3–1. Ihre Position ist denkbar schwach und verlangt nach verzweifelten Maßnahmen. Sie haben sich bereits auf ein Back-Game eingestellt, aber Sie wollen noch mehr Steine nach hinten bekommen – oder Ihre vorderen Steine in eine günstigere Stellung bringen. Mit der 1 schlagen Sie den Blot auf Ihrem Fünfer-

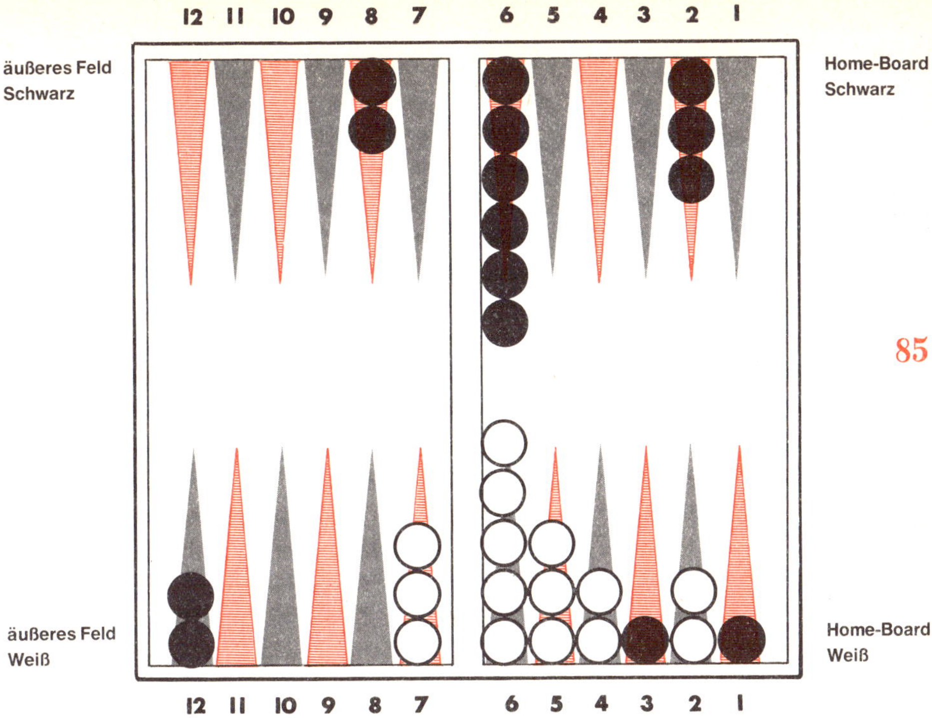
12 11 10 9 8 7 6 5 4 3 2 1
äußeres Feld Schwarz
Home-Board Schwarz
äußeres Feld Weiß
Home-Board Weiß
12 11 10 9 8 7 6 5 4 3 2 1

85

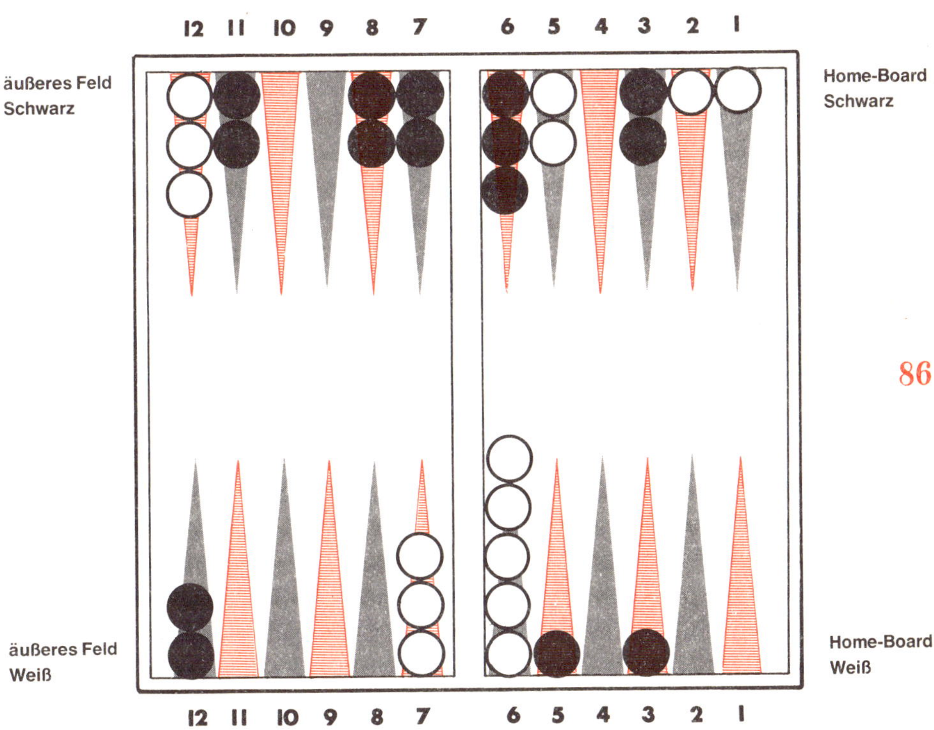
12 11 10 9 8 7 6 5 4 3 2 1
äußeres Feld Schwarz
Home-Board Schwarz
äußeres Feld Weiß
Home-Board Weiß
12 11 10 9 8 7 6 5 4 3 2 1

86

87

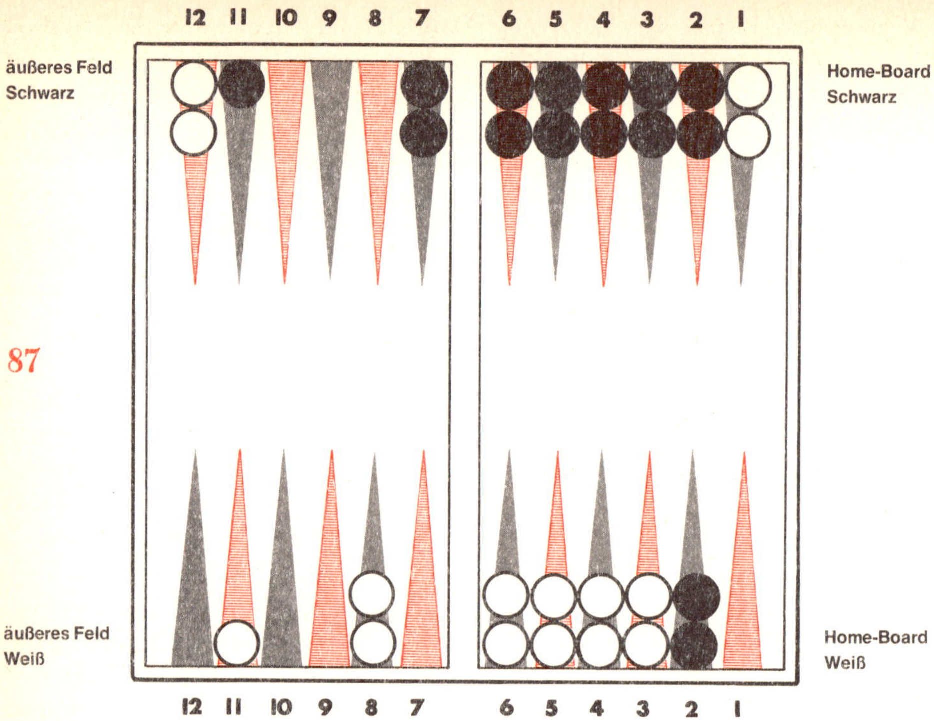

Punkt. Mit der 3 könnten Sie einen Stein vom schwarzen Zweier-Punkt auf den Fünfer-Punkt stellen, aber Sie sollten lieber den Blot auf Ihren Dreier-Punkt mit einem weiteren Stein von Ihrem Sechser-Punkt schlagen.

Wenn es Schwarz nicht gelingt, einen Ihrer beiden Blots zu treffen, sind Sie drauf und dran, ein gutes Board zu bauen. Wenn er Sie trifft, bekommen Sie die erforderlichen Extra-Steine, um ein gutes Back-Game gegen ihn aufzuziehen.

In Position 87 hat Schwarz Sie ein paar Würfe zuvor gedoppelt und inzwischen einen Sechser-Block gegen Ihre beiden hinteren Steine gebildet. Nun würfeln Sie 5–4. Dafür gibt es einen – und nur einen! – guten Zug. Sie ziehen mit dem Stein von Ihrem Elfer- auf Ihren Bar-Punkt und mit einem Stein vom schwarzen Zwölfer- auf Ihren Achter-Punkt.

Es wird Sie nicht gerade fröhlich stimmen, wenn Schwarz nun eine 5 würfelt und Ihren Blot auf Ihren Bar-Punkt trifft, aber auch dann ist das Spiel noch nicht verloren. Wenn es Ihnen ein paarmal hintereinander nicht gelingt, mit Ihrem geschlagenen Stein auf seinem Einser-Punkt hereinzukommen, und er in der gleichen Zeit keine weitere 5 würfelt, können Sie Ihre Stellung halten, während er zunächst seinen Sechser-Block und dann sein Board aufmachen muß.

Selbst wenn er mit seinem zweiten Stein von Ihrem Zweier-Punkt herauskommt und den Blot schlägt, den Sie auf seinem Zwölfer-Punkt stehen haben, halten Sie ja immer noch den Einser-Punkt in seinem inneren Feld und haben eine Chance, das Spiel zu gewinnen, falls er nicht die richtigen Zahlen würfelt.

Wenn er bei seinem ersten Wurf keine 5 würfelt (und vergessen Sie nicht, daß die Chancen fünfundzwanzig zu elf dagegenstehen), liegen Sie mit zwei Steinen »auf der Lauer«, um Ihren eigenen Sechser-Block zu schließen. Wenn Ihnen das gelingt, müßte er – da er insgesamt weiter vorn liegt – seinen Block wahrscheinlich als erster aufmachen, und damit hätten Sie das Spiel in der Tasche.
Nur am Rande: Wenn er statt einer 5 Pasch 3 oder Pasch 4 würfelt, kommt er nicht umhin, seinen Sechser-Block sofort zu öffnen, und Sie könnten ihn dann auf der Stelle re-doppeln.

Das Schlagen von zwei Steinen

Wenn Sie zwei Blots Ihres Gegners schlagen können, sollten Sie das gewöhnlich tun. Der Grund dafür ist, daß Sie ihn damit beträchtlich unter Druck setzen. Er muß zunächst beide Steine wieder ins Spiel bringen, und wenn er als nächstes keinen spielbaren Pasch würfelt, befindet er sich in einer Zwangslage. Wenn er aber einen spielbaren Pasch würfelt, muß er die Hälfte dieses Wurfes darauf verwenden, seine beiden Steine wieder hereinzubringen.
Was das Schlagen von zwei Steinen so stark macht, ist die Tatsache, daß die Chancen, beim nächsten Wurf beide Steine auf einmal zurück ins Spiel zu bringen, gegen ihn stehen. Selbst wenn Sie nur einen Punkt in Ihrem inneren Feld halten, liegen die Chancen, daß er beide Steine mit einem Wurf hereinbekommt, bei fünfundzwanzig zu elf, sind also nur etwas besser als zwei zu eins. Wenn Sie zwei Punkte in Ihrem Board halten, stehen die Chancen fünf zu vier *dagegen,* und wenn Sie gar drei Punkte gemacht haben, drei zu eins zu seinen Ungunsten.
Deshalb ist es fast immer empfehlenswert, zwei Blots außerhalb Ihres Home-Boards zu schlagen. Die einzigen Ausnahmen sind: (1) ein anderer hervorragender Zug bietet sich an; oder (2) Sie befinden sich ohnehin schon erheblich im Vorteil und wollen ihrem Gegner nicht zu einem Back-Game verhelfen.
Selbst wenn Sie einen Blot in Ihrem Home-Board offenlassen müssen, um zwei seiner Steine schlagen zu können, ist der »Doppelschluß« eine gute Sache. Wenn er Ihren Blot trifft, haben Sie zwar im Running-Game etwas an Boden verloren, aber wenn er nicht trifft (und die Chancen sprechen dagegen), haben Sie einen beträchtlichen Vorsprung herausgeholt.
Als extremes Beispiel für einen Doppeltreffer gilt, wenn Sie zwei Blots in Ihrem Home-Board schlagen und damit zwei eigene Blots stehen lassen. Das mag auf den ersten Blick geradezu selbstmörderisch erscheinen. Warum sich so bewußt in ein Risiko stürzen? Spricht die Wahrscheinlichkeit nicht dafür, daß Ihr Gegner mindestens einen dieser Blots treffen wird? Oder besteht nicht sogar die Gefahr, daß er sie beide trifft?
Natürlich spricht alles dafür, daß er einen trifft, und natürlich kann er sogar beide treffen. Unter welchen Umständen sollte man sich also auf diesen Zug einlassen?
Es gibt zwei Situationen, in denen Sie das tun sollten. Die erste ist jene, die wir bereits bei Position 86 besprochen haben: wenn Sie sich in einer verzweifelten Lage befinden und daher auf einen verzweifelten Rettungsversuch angewiesen sind.

Vielleicht ist er gerade dabei, seine Position in seinem inneren oder äußeren Feld entscheidend zu verstärken. Wenn Sie zwei Steine schlagen, stören Sie diese bedrohliche Entwicklung – zumindest für einen Wurf. Und was, wenn er dann Ihre beiden Blots trifft? Na wenn schon: Dann haben Sie die Chance, mit beiden wieder hereinzukommen und ein Back-Game aufzuziehen.
Position 88 zeigt die andere Situation, in der Sie den bewußten Zug machen sollten: Sie streben ein Gammon an.
Sie würfeln 6–4. Mit der 6 müssen Sie den Blot auf Ihrem Zweier-Punkt schlagen. Wie sollten Sie die 4 ziehen?
Sie können mit einem Stein von Ihrem Achter-Punkt auf Ihren Vierer-Punkt ziehen. Wenn Schwarz dann eine 2 würfelt, kommt er herein und schlägt Ihren Blot; wenn er eine 1 würfelt, macht er Ihren Einser-Punkt. Im letzteren Fall ist es dann sehr unwahrscheinlich, daß Sie ein Gammon gewinnen werden, da er diesen Punkt bis zum Schluß halten und mit seinen anderen Steinen ums Board herum nach Hause ziehen würde. Er kann das Spiel am Ende sogar noch gewinnen – falls Sie ein Blot offenlassen müssen, und er ihn trifft. Andererseits hat er gute Aussichten, entweder Ihren Einser- oder Ihren Zweier-Punkt zu machen – und das hätte etwa die gleichen Folgen.
Es ist also besser, mit der 4 den Stein auf Ihrem Einser-Punkt zu schlagen. Damit ist er mit zwei Steinen draußen, und Sie haben je einen einzelnen Stein auf Ihrem Einser- und Ihrem Zweier-Punkt stehen. Wenn er Pasch 2 oder Pasch 1 würfelt, kann er zwar einen Punkt in seinem Board machen, aber seine Lage wäre immer noch ziemlich schlecht. Wenn er 2–1 würfelt, wird er ebenfalls ein Gammon vermeiden können. *Wenn er jedoch irgend etwas anderes würfelt, werden Sie mit ziemlicher Sicherheit ein Gammon gewinnen.*

Taktische Finessen beim Abräumen

In fast allen Fällen sollten Sie beim Abräumen so viele Steine wie möglich herausnehmen und jene Steine, die Sie nicht herausnehmen können, auf etwaige offene Punkte verteilen. Aber auch da gibt es Ausnahmen. Angenommen, Sie würfeln Pasch 1, wenn Sie je zwei Steine auf Ihrem Einser-, Zweier- und Dreier-Punkt stehen haben. Normalerweise würden Sie drei Steine herausnehmen und hätten dann noch einen Stein auf dem Zweier- und zwei Steine auf dem Dreier-Punkt. Damit ist ziemlich sicher, daß Sie das Spiel mit den nächsten beiden Würfen beenden können.
Aber angenommen, Ihr Gegner steht so günstig, daß Ihnen nur noch ein weiterer Wurf bleibt. *In diesem Fall müssen Sie den Zug finden, der Ihnen die beste Chance bietet, beim nächsten Wurf abzuräumen.* Folglich nehmen Sie nur die beiden Steine von Ihrem Einser-Punkt heraus und rücken mit den zwei Steinen von Ihrem Dreier- auf Ihren Zweier-Punkt vor! Von dieser Stellung aus können Sie mit jedem Pasch – ausgenommen Pasch 1 – abräumen; in der anderen Position würde Ihnen weder Pasch 1 noch Pasch 2 etwas nützen.

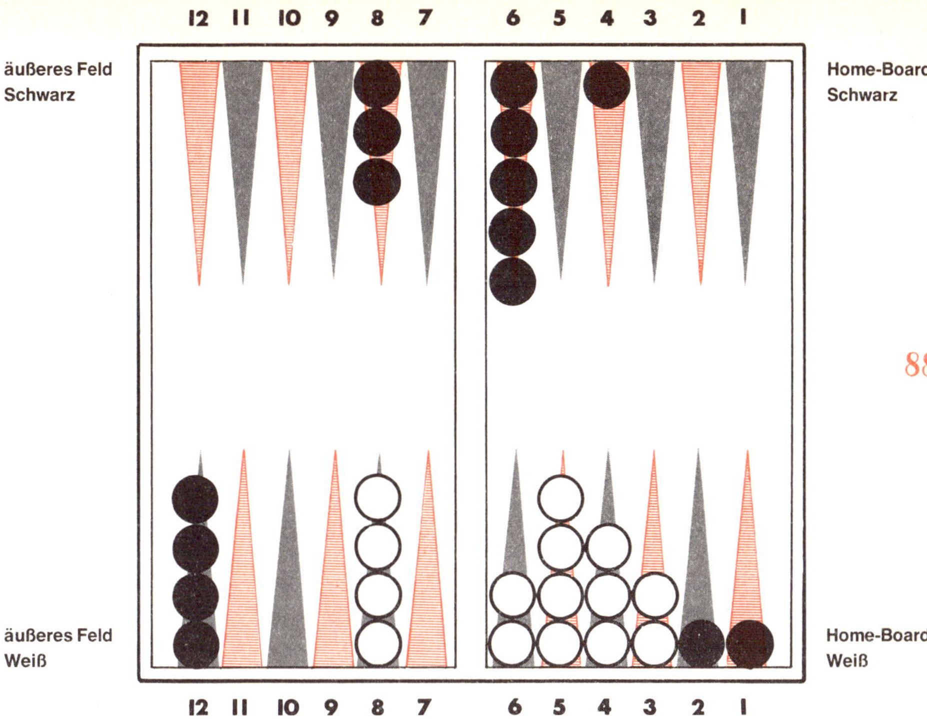
12 11 10 9 8 7 6 5 4 3 2 1
äußeres Feld Schwarz
Home-Board Schwarz
äußeres Feld Weiß
Home-Board Weiß
12 11 10 9 8 7 6 5 4 3 2 1

88

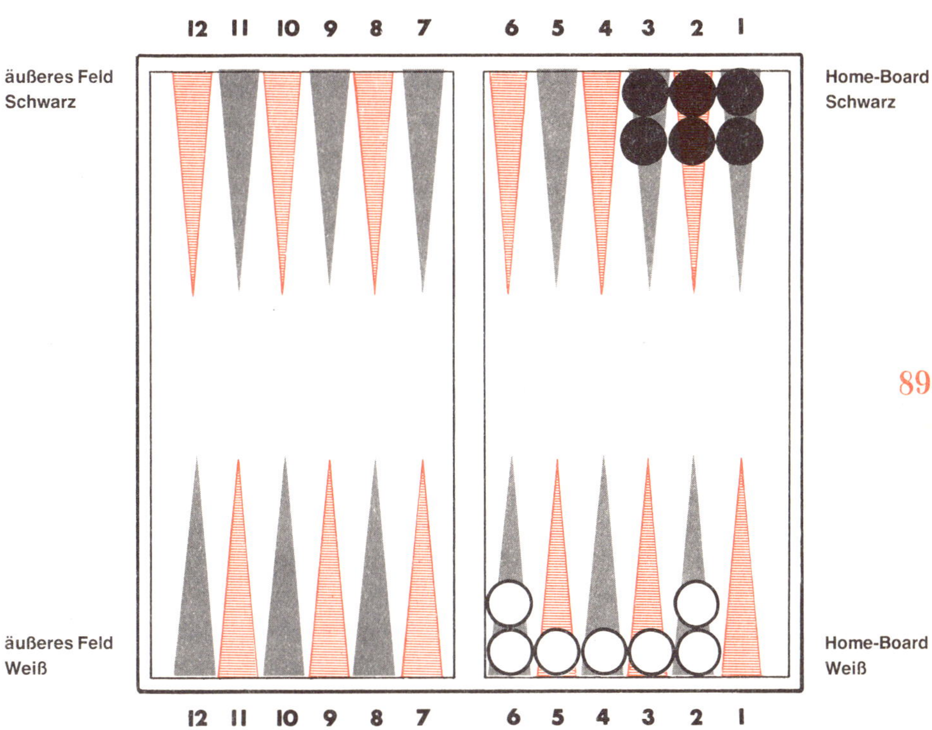
12 11 10 9 8 7 6 5 4 3 2 1
äußeres Feld Schwarz
Home-Board Schwarz
äußeres Feld Weiß
Home-Board Weiß
12 11 10 9 8 7 6 5 4 3 2 1

89

Dieses Beispiel macht deutlich, daß Sie immer so spielen sollten, wie es Ihre augenblickliche Lage verlangt. *Wenn Sie vorn liegen, sollten Sie Vorsorge gegen schlechte Würfe – wie etwa Einser – treffen; wenn Sie hinten liegen, sollten Sie versuchen, sich in eine Position zu bringen, in der Sie Paschwürfe maximal ausnützen können.*
Sehen Sie sich die Positionen 89 und 90 an. In beiden Fällen würfeln Sie 6–1. Der richtige Zug in 89 wäre der, der sich aus Diagramm 91 ergibt. Den richtigen Zug für 90 können Sie Diagramm 92 entnehmen.
Im ersten Fall (Position 89) müssen Sie nämlich damit rechnen, daß Schwarz in drei Würfen abgeräumt haben wird. *Somit würden Ihnen nach diesem Wurf nur noch zwei Würfe bleiben.* Wenn Sie mit einem Stein vom Sechser- auf den Fünfer-Punkt ziehen, könnten Sie dann mit Pasch 5 oder Pasch 6 vier Steine herausnehmen.
Im zweiten Fall (90) gehen Sie davon aus, daß Schwarz noch vier Würfe braucht und Sie somit nur noch dreimal würfeln können; *deshalb kommt es darauf an, in diesen drei Würfen abzuräumen.* Sie benötigen ja nicht unbedingt einen Pasch, und mit je einem Stein auf jedem Punkt können Sie beim nächsten Wurf mit Sicherheit zwei herausnehmen.

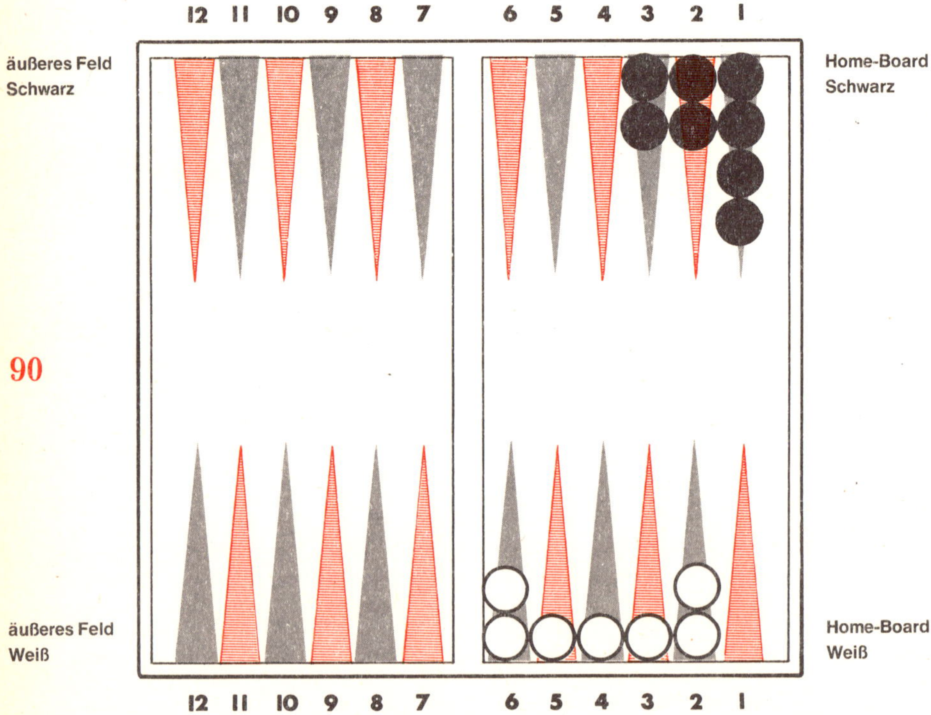

90

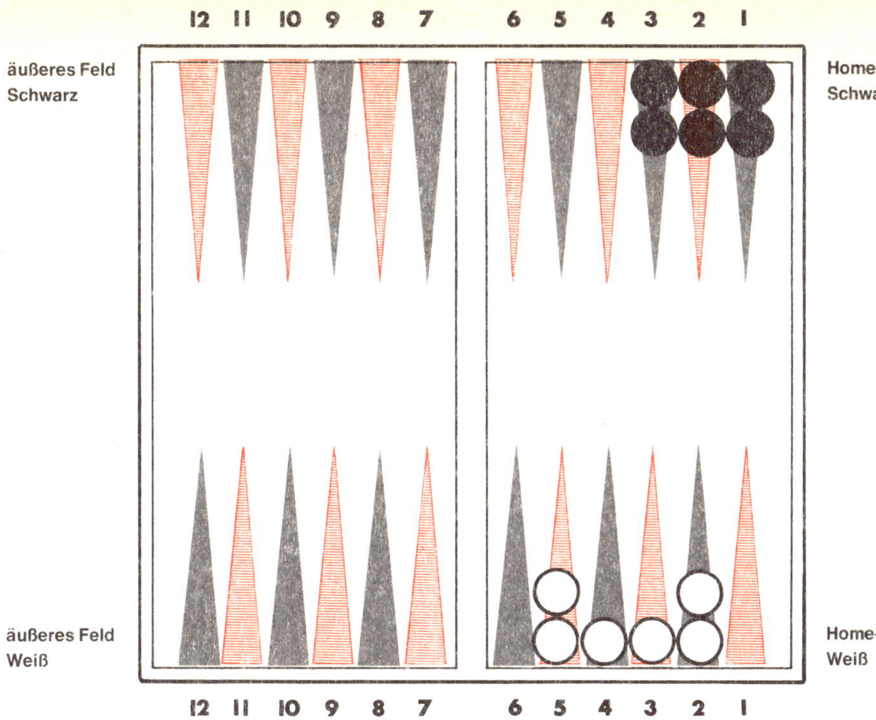
12 11 10 9 8 7 6 5 4 3 2 1
äußeres Feld Schwarz
Home-Board Schwarz
äußeres Feld Weiß
Home-Board Weiß
12 11 10 9 8 7 6 5 4 3 2 1

91

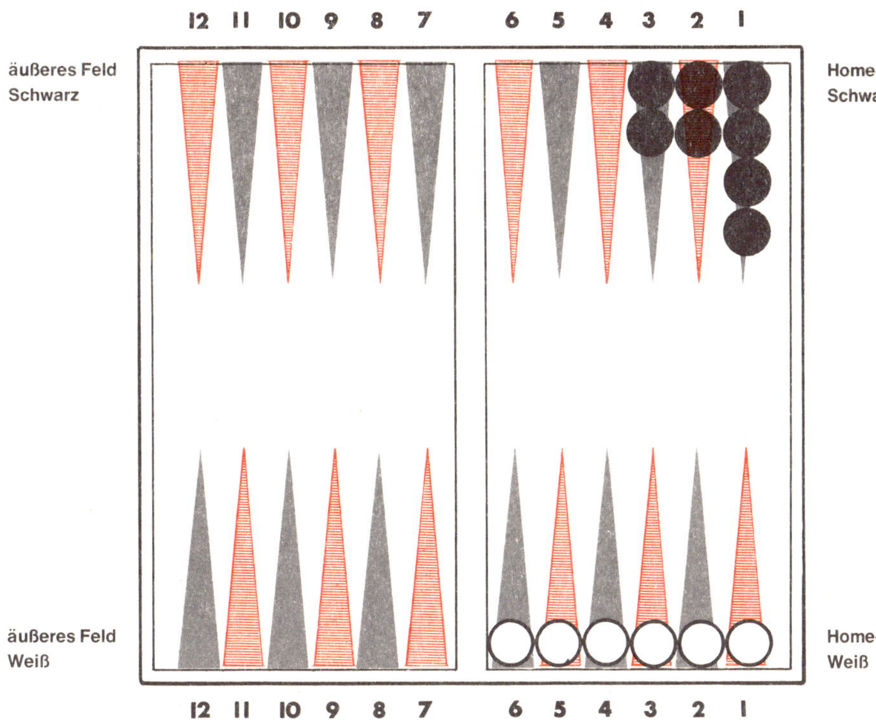
12 11 10 9 8 7 6 5 4 3 2 1
äußeres Feld Schwarz
Home-Board Schwarz
äußeres Feld Weiß
Home-Board Weiß
12 11 10 9 8 7 6 5 4 3 2 1

92

12 Chouette

Eine Chouette ist eine Backgammon-Partie für mehr als zwei Spieler und somit eine etwas unterhaltsamere Form des Spiels. Sie kann von drei, vier, fünf oder noch mehr Teilnehmern gespielt werden. Zu Beginn rollen alle beteiligten Spieler einen Würfel. Der Spieler, der die höchste Zahl gewürfelt hat, ist »der Mann in der Box« (oder einfach »die Box«), und er spielt allein gegen alle anderen.

Der Spieler, der die zweithöchste Zahl würfelt, ist der »Kapitän« aller jener Spieler, die gegen die Box spielen. Wer die dritthöchste Zahl hat, wird Spieler Nummer 1, wer die vierthöchste Zahl hat, wird Spieler Nummer 2, und so weiter. Sie sind alle Partner des Kapitäns, und obwohl sie ihn bei jedem einzelnen Zug beraten können, sind Sie letztlich an seine Entscheidung gebunden – außer, wenn der Mann in der Box doppelt; in diesem Fall kann jeder Spieler selbst entscheiden, ob er das Doppel annehmen (»ich bin dabei«) oder ablehnen will (»ich steige aus«).

Wenn zu Beginn gleiche Zahlen gewürfelt werden, wird ein zweites Mal gewürfelt, und zwar nur von den Spielern, die die gleichen Zahlen hatten. Die endgültigen Zahlen bestimmen dann die Reihenfolge der einzelnen Spieler.

Während der ganzen Partie halten die Spieler eine gewisse Rangordnung ein. Der Gewinner eines Spieles darf beim nächsten Spiel in die Box. Wenn der Kapitän gewinnt, kommt er in die Box; sein unterlegener Gegner muß ans Ende der »Warteliste« und ist damit der letzte Spieler der gegnerischen Mannschaft. Jeder der Partner des Kapitäns rückt um einen Platz nach vorn, so daß Spieler Nummer 1 nun Kapitän wird, und so weiter. Wenn der Mann in der Box gewinnt, bleibt er in der Box, aber der unterlegene Kapitän muß wieder ganz von hinten anfangen, und seine Partner rücken um je einen Platz nach vorn.

Jeder weitere Spieler, der sich zu einem späteren Zeitpunkt am Spiel beteiligen möchte, kann sich ans Ende der Warteliste setzen lassen.

Gewertet wird das Spiel so, daß der Mann in der Box gegen jeden einzelnen seiner Gegner spielt. Wenn er ein Spiel um einen Punkt gewinnt, verliert jeder der anderen Spieler einen Punkt. Wenn er verliert, verliert er je einen Punkt an jeden seiner

Gegner. Wenn er also gegen drei Spieler verliert, verliert er den dreifachen Einsatz; wenn er gegen drei Spieler gewinnt, gewinnt er den dreifachen Einsatz.

Wenn die Box während des Spieles doppelt und der Kapitän »aussteigt«, kann ein – oder mehrere andere – Spieler das Doppel annehmen. Der Ranghöchste der Spieler, die das Doppel akzeptieren, wird dann Kapitän und spielt das Spiel weiter. Wenn er gewinnt, kommt er in die Box, und die anderen rücken entsprechend auf, wobei der unterlegene Mann in der Box ans Ende der Warteliste muß und der Kapitän, der das Doppel abgelehnt hat, an die vorletzte Stelle kommt. Wenn ein Spieler, der das Doppel annimmt, das Spiel dann verliert, wird er damit nicht seinen Platz in der Reihenfolge los. Jeder Spieler, der ein Doppel ablehnt, ist »aus dem Spiel« und darf den Kapitän nicht mehr beraten.

Angenommen, die Box spielt gegen den Kapitän und die Spieler 1, 2, 3 und 4; der Mann in der Box doppelt, und nur die Spieler 2 und 4 akzeptieren. Wenn die Box gewinnt, wird Spieler 1 Kapitän; Spieler 2 wird Nummer 1, Spieler 3 wird Nummer 2, Spieler 4 wird Nummer 3, und der Kapitän wird Nummer 4. Wenn Spieler 2 – also der ranghöhere der beiden Spieler, die das Doppel angenommen haben –, gewinnt, kommt er in die Box; Spieler 1, der das Doppel abgelehnt hat, wird Kapitän; Nummer 3 wird Spieler 1; Nummer 4 wird Spieler 2; der ursprüngliche Kapitän wird Nummer 3; und der unterlegene Mann in der Box wird Nummer 4.

Gewöhnlich pflegen der Kapitän und seine Partner ziemlich schnell zu doppeln. Sinn der Sache ist, den Mann in der Box ein bißchen unter Druck zu setzen. Dagegen ist der Mann in der Box meist ein bißchen vorsichtiger mit seinen Doppeln, da er immer ein – möglicherweise sehr »teures« – Re-Doppel in Betracht ziehen muß. Dennoch scheint es – aus welchen Gründen auch immer – ein gewisses »Chouette-Fieber« zu geben. Der gleiche Spieler, der in einem normalen Spiel zu zweit nur sehr bedächtig doppelt, dreht den Verdopplungswürfel in einer Chouette nicht selten mit einer gehörigen Portion Verwegenheit.

Der Kapitän in einer Chouette sollte nicht bei jedem Zug seine Partner um Rat fragen. Wenn er einen »sonnenklaren« Zug zu ziehen hat, wäre es reine Zeitverschwendung, den Fortgang des Spiels mit der Frage »Was soll ich tun« zu verzögern.

In verzwickteren Situationen kann der Kapitän seinen Zug machen, die Würfel dann aber im Board liegenlassen, um seinen Partnern Gelegenheit zu geben, ihre Meinung zu äußern. Bei sehr schwerwiegenden Entscheidungen bittet er gewöhnlich um verschiedene Vorschläge.

Ständiges Diskutieren wegen jedes zweiten Zuges ist bei einer Chouette ebenso albern wie überflüssig. Sie sollten sich immer nur dann zu Wort melden, wenn sich Ihre Partner über einen ungewöhnlichen Zug den Kopf zerbrechen; aber in Situationen, in denen der vom Kapitän vorgeschlagene Zug etwa genauso gut ist wie der, den Sie bevorzugen würden, sollten Sie dem Kapitän die Entscheidung überlassen.

Nehmen wir z. B. an, daß er 5–3 als Eröffnungswurf hat. Sie sind dafür, mit zwei Steinen vom schwarzen Zwölfer-Punkt auf Ihren Achter- und Zehner-Punkt zu ziehen, aber der Kapitän möchte lieber den Dreier-Punkt machen. Lassen Sie ihm kommentarlos seinen Willen. Sein Zug ist ungefähr genauso gut wie der Ihre; und

wenn Sie jetzt schon zu streiten anfangen, kann es Ihnen passieren, daß er und seine Partner Ihnen gar nicht mehr richtig zuhören, wenn Sie im weiteren Spielverlauf etwas wirklich Wichtiges zu sagen haben.
Wenn ein Spieler während des Spiels den Tisch verläßt, sollte er einen seiner Partner bitten, seine Interessen für ihn wahrzunehmen. Tut er das nicht, ist er automatisch an die Entscheidungen des Kapitäns gebunden.
Wenn er nicht bekanntgibt, daß er ganz oder zeitweilig aus dem Spiel aussteigt, bleibt er bis zu seiner Rückkehr einer der Spieler gegen die Box – wobei er natürlich in dieser Zeit nicht Kapitän werden kann. Er rückt also vor bis zur Nummer 1 und behält diesen Platz, bis er zurückkommt.
Wenn er längere Zeit fortbleibt, haben die anderen Spieler das Recht, ihn ganz vom Spiel auszuschließen – obwohl er in diesem Fall sicherheitshalber darum bitten sollte, ihn zeitweilig »auszulassen«, nachdem das laufende Spiel beendet ist. In beiden Fällen wird er, wenn er schließlich zurückkommt, als »Neuling« behandelt und kommt ans Ende der Warteliste.

Besondere Probleme bei der Chouette

Aus bestimmten Gründen möchte jeder Spieler bei einer Chouette in die Box. Theoretisch gesehen ist der Mann in der Box entschieden im Nachteil, und zwar aus zwei Gründen: Erstens übersehen selbst die besten Spieler hin und wieder den richtigen Zug; wenn sich mehrere Spieler beraten, kann sich so eine Nachlässigkeit kaum ergeben. Zweitens ist der Mann in der Box ständig unter Druck, da er ja ein Mehrfaches des Einsatzes der anderen Spieler riskiert.
Dennoch möchte ein Gewinner in der Box bleiben, um noch mehr zu gewinnen; und ein Verlierer möchte in die Box, um seine Verluste wettzumachen.
Deshalb sieht man immer wieder Spieler, die jedes noch so schlechte Doppel annehmen, weil Sie unbedingt in der Box bleiben oder in die Box kommen wollen. Kein Gegner hat irgend etwas dagegen, wenn die Box ein riskantes Doppel akzeptiert (da die anderen Spieler ja von den Fehlern der Box nur profitieren können). Aber es ist ziemlich ärgerlich, wenn ein einzelner Spieler ein Doppel annimmt und damit alle anderen Spieler für längere Zeit vom Spiel ausschließt. Um diesem Übel abzuhelfen, gibt es eine spezielle »Hausregel«, die besagt: Wenn ein einzelner Spieler ein Doppel annimmt, solange zwischen den gegnerischen Steinen noch »Kontakt« besteht, kommt er, falls er das Spiel verliert, ans Ende der Warteliste. Damit kann man zwar den Kapitän nicht davon abhalten, ein schlechtes Doppel anzunehmen, aber es hat zweifellos eine abschreckende Wirkung auf die übrigen Spieler.

Das Auszahlen eines Partners

Die Partner in einer Chouette sind – was das Doppeln betrifft – nicht immer einer Meinung. Genauer: Sie sind es sehr selten. Wenn die Box doppelt, kommt es vor, daß manche Spieler aussteigen, andere zögernd annehmen und noch andere mit

Freuden akzeptieren. Manchmal passiert es auch, daß der Kapitän doppeln möchte und keiner seiner Partner damit einverstanden ist – oder genau umgekehrt.
Der Kapitän hat das Recht, auf einem Doppel zu bestehen, aber er wird das kaum tun, wenn ihn seine Partner einstimmig bitten, noch ein bißchen damit zu warten. Wenn er trotzdem doppeln will, kann er jedem seiner Partner, die nicht mitmachen wollen, anbieten, ihn auszuzahlen. Er tut das, indem er jedem von ihnen den einfachen Einsatz bezahlt. Wenn also der Kapitän von 2 auf 4 doppeln möchte, zahlt er jedem seiner Partner, die dagegen sind, je zwei Punkte und übernimmt dann ihre Spielanteile.

Vorkaufsrecht

Die Box hat auf alle Abmachungen zwischen den Partnern ein Vorkaufsrecht. Wenn der Kapitän also seine vier Partner auszahlen möchte, kann der Mann in der Box – anstelle des Kapitäns – alle vier (oder auch nur zwei) ausbezahlen. Das hat zur Folge, daß die Box das Doppel annehmen kann, ohne das damit verbundene vierfache Risiko übernehmen zu müssen.

Doppeln als taktisches Mittel

Manchmal ist es für den Mann in der Box ein taktisch kluger Schachzug, ein etwas ungesundes Doppel zu riskieren (oder zumindest ein Doppel, das er für etwas ungesund *hält*), wenn er glaubt, damit den einen oder anderen Gegner zur Aufgabe zwingen zu können. Wenn er das tatsächlich erreicht, hat er bereits ein recht befriedigendes Ergebnis erzielt – selbst, wenn er das Spiel dann noch verlieren sollte.

Vergleiche bei der Chouette

Wie wir im nächsten Kapitel noch im einzelnen erörtern werden, kann ein Spieler seinem Gegner jederzeit einen Vergleich anbieten.
Angenommen, die Spieler haben den Mann in der Box auf 8 gedoppelt und ihr Spiel läuft nun denkbar schlecht, daraufhin kann jeder der Spieler seinem Gegenüber ein »Angebot« machen – etwa mit den Worten: »Wenn Du mir einen Punkt gibst, steige ich aus.« Der Mann in der Box kann ganz nach Belieben entweder auf dieses Angebot eingehen oder von dem, der aussteigen will, seinerseits ein oder zwei Punkte fordern.
Angebote dieser Art – ob von einem Spieler oder vom Mann in der Box – sind so lange verbindlich, bis sie zurückgezogen werden, oder einer der Teilnehmer gewürfelt hat. Ferner kann ein Angebot eines Spielers auch von jedem seiner Partner angenommen werden; dieser Partner hat dann ab sofort für zwei Spieleinheiten geradezustehen. Aber selbst wenn so ein Handel zwischen zwei Partnern bereits abgeschlossen ist, kann der Mann in der Box immer noch sein Vorkaufsrecht geltend machen.

Wenn der Mann in der Box einer bestimmten Anzahl von Spielern ein Angebot unterbreitet und auch die übrigen Spieler dieses Angebot annehmen wollen, ist er nicht verpflichtet, sich darauf einzulassen. In solchen Fällen werden diejenigen Spieler berücksichtigt, die als erste akzeptiert haben.

Gemeinsames Annehmen

Wenn die Box doppelt, können zwei Spieler »gemeinsam annehmen«. Mit anderen Worten: Sie nehmen zusammen *ein* Doppel an und lehnen das andere ab. In diesem Fall bleiben beide Spieler im Spiel – es sei denn, man hat vorher vereinbart, daß nur ein Spieler für beide weiterspielen darf.

Partner für die Box

Wenn sich sieben oder mehr Spieler an einem Spiel beteiligen, darf sich der Mann in der Box einen Partner nehmen. Diesem steht das volle Recht der Beratung zu, und er ist zu gleichen Teilen an Gewinn und Verlust beteiligt. Wenn der Mann in der Box und sein Partner doppeln, kann jeder der Gegner nach Belieben annehmen oder aussteigen; wenn die Box gedoppelt wird, kann der Partner aussteigen, aber in diesem Fall übernimmt die Box den Einsatz des Partners und muß dann mit doppeltem Einsatz weiterspielen. Wenn andererseits die Box aussteigt und der Partner ein Doppel akzeptiert, kassiert der Partner die Punkte von der Box und spielt zum doppelten Einsatz weiter.

Zur Vereinfachung der speziellen Probleme dieses Spiels schlagen wir folgende Regeln vor:

1. Jeder Spieler außer dem Kapitän darf als Partner in die Box.
2. Ein Spieler kann es ablehnen, Partner in der Box zu werden.
3. Der Partner verliert seinen Platz in der Reihenfolge der Warteliste; wenn die Box verliert, rückt der Mann in der Box an die letzte und sein Partner an die vorletzte Stelle.
4. Der Mann in der Box ist nicht verpflichtet, sich einen Partner zu nehmen.

Ein großartiger »Handel«

Die folgende Geschichte passierte bei einem Spiel zwischen sieben Spielern in Lucaya auf den Bahamas. Porter Ijams (einer der besten Spieler der Welt) war einer der sechs Spieler, die der Box gegenübersaßen. Sie hatten auf 8 gedoppelt, und wenig später verkaufte Porter seinen Anteil für sechs Punkte an einen seiner Partner. Damit war er vorerst aus dem Spiel – und mit sechs Punkten im Plus. Die Box spielte um achtundvierzig Punkte (sechs Spieler mal acht Punkte); ein paar Züge danach, stimmte Porter zu, sich für sechs weitere Punkte zur Hälfte an der Box zu beteiligen. Damit hatte er bereits zwölf Punkte gut und spielte um vierundzwanzig. Wieder ein paar Züge später re-doppelten Porter und sein neuer Partner (also die

Box) auf 16. Drei Spieler stiegen aus und drei nahmen an; daraufhin fragte der Mann in der Box Porter, ob er für die vierundzwanzig Punkte, die die drei ausgestiegenen Spieler bezahlt hatten, die Partnerschaft auflösen und ihn (die Box) allein gegen die drei verbleibenden Spieler weiterspielen lassen würde. Porter war einverstanden und hatte sich somit sechsunddreißig Punkte »erhandelt«. Wie genial das war, zeigte die Tatsache, daß die Box das Spiel am Ende verlor!
Die offiziellen Regeln für eine Chouette finden Sie in Kapitel 15.

13 Vergleiche oder »Settlements«

Es gibt keine Regel, die besagt, daß ein Backgammon-Spiel zu Ende gespielt werden muß. Die Spieler können ein Spiel jederzeit – in beiderseitigem Einvernehmen – beenden. Bei »alten Hasen« kommt es manchmal vor, daß sie ein Spiel schon nach den ersten paar Würfen annullieren – weil keiner der Spieler bisher einen sichtbaren Vorteil erlangt hat und das Spiel ebenso langwierig wie langweilig zu werden droht. Nur einmal angenommen, beide Spieler würfeln gleich zu Beginn je zweimal 6–5. Jeder hat seine beiden hinteren Steine in Sicherheit gebracht, und der Spieler, der nun am Wurf ist, hat einen ganz leichten Vorsprung. Er würfelt 3–1, und sein Vorsprung schmilzt dahin. Er liegt zwar noch mit 4 Punkten vorn, aber der andere ist am Wurf. Da der Durchschnittswurf $8^1/_6$ Augen beträgt, liegen beide nun praktisch gleichauf, und der Ausgang des Spiels hängt somit ausschließlich vom Würfelglück ab. Besonders aufregende Situationen oder eine Chance, sein Können unter Beweis zu stellen, wird es nicht mehr geben – wenn die Spieler also nicht gerade wild darauf sind, den Verdopplungswürfel ständig hin und her zu schieben, sollten Sie das Spiel einfach aufgeben und ein neues beginnen.

Noch häufiger ergibt sich Gelegenheit, einen Vergleich (oder ein »Settlement«) auszuhandeln, wenn bereits mehrere Male gedoppelt wurde und der Ausgang des Spieles schließlich von einem einzigen Wurf abhängt. Zum Beispiel: Der Verdopplungswürfel steht auf 8, und Sie haben je einen Stein auf Ihrem Dreier- und Ihrem Fünfer-Punkt, während Ihr Gegner nur noch zwei Steine auf seinem Einser-Punkt hat. Sie sind am Wurf; um zu gewinnen, müssen Sie mit beiden Steinen herauskommen.

Nach Adam Riese gibt es für Sie vierzehn mögliche Gewinn- und zweiundzwanzig mögliche Verlustwürfe, und damit ist Ihre Lage alles andere als rosig. Nun bietet Ihnen Ihr Gegner an, sich mit zwei Punkten zufriedenzugeben – anstatt den Wurf abzuwarten und möglicherweise acht Punkte zu gewinnen. Dieses Angebot hört sich recht großzügig an, ist es aber in Wirklichkeit gar nicht. Tatsächlich ergibt ein korrekter Vergleich in fast allen Fällen mathematisch weniger, als Sie eigentlich erwartet hatten.

Wir wollen uns das einmal ausrechnen. Angenommen, Sie würden die genannte Stellung sechsunddreißigmal erreichen und jedes Spiel zu Ende spielen. Sie könnten davon ausgehen, daß Sie vierzehn Spiele gewinnen und zweiundzwanzig verlieren würden – was unter dem Strich einen Verlust von acht Spielen ergibt. Da der Verdopplungswürfel auf 8 steht, würde sich der gesamte Verlust in diesen sechsunddreißig Spielen auf acht mal acht oder vierundsechzig Punkte belaufen – *woraus sich ein Durchschnitt von $1^7/_9$ Punkte pro Spiel ergibt.*

Folglich sind die zwei Punkte, die der Gegner von Ihnen verlangt, ein kleines bißchen zuviel, und eineinhalb Punkte wären ein kleines bißchen zuwenig.

Wenn man bei Spielen dieser Art einen Vergleich aushandelt, sollte man stets auf volle Zahlen (bzw. Mark) auf- oder abrunden und nicht um Bruchteile eines Punktes »schachern«. Dabei versteht es sich eigentlich von selbst, daß derjenige Spieler, der insgesamt in Führung liegt, ein Auge zudrückt. Angenommen, bei dem obenerwähnten Spiel geht es um eine Mark pro Punkt. Wenn Sie insgesamt vorn liegen, sollten Sie zwei Mark zahlen; stehen Sie jedoch im Minus, sind DM 1,50 angemessen.

Möglicherweise halten Sie nicht viel davon, sich beim Spiel auf einen Vergleich einzulassen. Wie dem auch sei: *Wir empfehlen Ihnen dringend, auf etwaige Settlements nur dann einzugehen, wenn Sie ganz genau wissen, was Sie da eigentlich tun.*

Ein weiteres Beispiel. Der Verdopplungswürfel steht auf 32 und befindet sich auf Ihrer Seite. Ihr Gegner ist am Wurf und hat seine letzten beiden Steine auf dem Vierer- und dem Einser-Punkt, während Sie nur noch einen auf Ihrem Einser-Punkt haben. Er hat neunundzwanzig Gewinnwürfe und sieben Verlustwürfe (sehen Sie sich Tabelle 4 an – er verliert, wenn er 3–2, 3–1, 2–1 oder Pasch 1 würfelt).

Demnach würde sich Ihr Nettoverlust in sechsunddreißig Spielen auf zweiundzwanzig Punkte belaufen. Da der Würfel auf 32 steht, müssen Sie zweiundzwanzig mit zweiunddreißig multiplizieren; das ergibt für sechsunddreißig Spiele 704 Punkte. Jetzt dividieren Sie den Gesamtverlust von 704 Punkten durch die Anzahl der Spiele, also durch sechsunddreißig. Damit haben Sie den zu erwartenden Verlust pro Spiel – also neunzehnfünfneuntel ($19^5/_9$) Einheiten.

Wenn Sie Ihrem Gegner nun neunzehn Punkte anbieten, müssen Sie damit rechnen, daß er dieses Angebot höchst ungehalten ablehnt – nicht, weil Ihr Angebot eigentlich ein bißchen höher liegen müßte, sondern weil er wahrscheinlich vierundzwanzig oder fünfundzwanzig Punkte eher für angemessen hält. Mit anderen Worten: Er würde vielleicht sogar ein großzügigeres Angebot von zwanzig oder einundzwanzig Punkten ablehnen.

Vertauschen Sie die Rollen – Sie sind jetzt der Spieler, der mit neunzehnfünfneuntel Punkten im Vorteil ist. Vielleicht bieten Sie Ihrem Gegner an, sich mit achtzehn, siebzehn oder gar sechzehn Punkten zufriedenzugeben und er wüßte dann, daß Sie sich mehr als fair verhalten. Sollte er Ihr freundliches Angebot ablehnen, so würden Sie das wahrscheinlich mit einer Bemerkung wie »Zum Teufel, dann lasse ich es eben darauf ankommen – und wenn es mich mein letztes Kleingeld kostet!« kommentieren.

Wir haben so ein Beispiel kürzlich erlebt. Schwarz hatte in einem Running-Game auf 8 gedoppelt und Weiß hatte daraufhin sehr gut gewürfelt; schließlich wurde eine Position erreicht, in der Weiß noch zwei Steine auf seinem Zweier-Punkt und Schwarz noch zwei Steine auf seinem Einser-Punkt hatte. Weiß war am Wurf.

Weiß hatte eine gute Ausgangsposition für ein Re-Doppel. Seine Position war sogar so günstig, daß Schwarz ein mögliches Re-Doppel eigentlich nicht annehmen konnte. Die Chancen zugunsten von Weiß standen sechsundzwanzig zu zehn, also nur wenig unter drei zu eins, und das richtige Settlement wäre siebeneinneuntel Punkte gewesen (sechsundzwanzig weniger zehn, also sechzehn mal sechzehn – die Zahl auf der der Verdopplungswürfel dann gestanden hätte – ergibt 256, geteilt durch die Anzahl der Spiele, sechsunddreißig, macht siebeneinneuntel).

Weiß war sich dessen natürlich bewußt, aber er lag insgesamt ziemlich weit vorne und bot daher großzügigerweise an, sich mit nur sechs Punkten zufriedenzugeben. Schwarz hatte sich seine Chancen ebenfalls ausgerechnet und wußte, daß Weiß ein sehr nobles Angebot gemacht hatte; trotzdem erwiderte er: »Ich möchte es lieber darauf ankommen lassen. Dopple mich ruhig.«

Weiß doppelte. Dann würfelte er 5–2 und hatte sechzehn Punkte gewonnen.

Andere scheinbar einfache Situationen sind manchmal komplizierter, als man denkt. Sehen Sie sich zum Beispiel Position 93 an.

Weiß ist am Wurf und hat die Möglichkeit, den Blot auf dem schwarzen Fünfer-Punkt zu treffen. Die Chancen, daß er ihn nicht trifft, stehen fünfundzwanzig zu elf, und daraus ergibt sich, daß Weiß in sechsunddreißig Spielen mit einem Nettoverlust von vierzehn Punkten rechnen müßte.

Weiß hat außerdem eine hauchdünne Chance, das Spiel auch dann zu gewinnen, wenn er diesen Blot nicht trifft. Wenn er dieses Mal oder auch bei den nächsten Würfen nicht hereinkommt, kann er vielleicht später einen anderen Blot treffen. Und auch in einem Running-Game hat er eine winzige Chance: mit einem Pasch 6 wäre er schon fast gleichauf; ebenso, wenn er mit einer sechs hereinkommt und dann ein paar hohe Paschs würfelt. Genausogut kann Weiß aber auch ein Gammon verlieren. Über den Daumen gepeilt heben sich die Chance, ein Gammon zu verlieren, und die verschiedenen Gewinnchancen ungefähr gegeneinander auf, und daher müßte man beim Versuch eines Settlements von diesem einen (also dem nächsten) Wurf ausgehen.

Nehmen wir an, der Verdopplungswürfel steht auf 4. In sechsunddreißig Spielen würde Weiß vier mal vierzehn oder sechsundfünfzig Punkte verlieren, und das entspricht einem Durchschnittsverlust von einfünfneuntel Punkten pro Spiel. Bei einem Einsatz von einer Mark pro Punkt wäre das korrekte Vergleichsangebot also 1,50 Mark!

Verändern Sie die schwarze Position ein bißchen, indem Sie einen Stein vom Fünfer-Punkt und zwei der drei Steine vom Vierer-Punkt herausnehmen, so daß Schwarz nun einen Blot auf seinem Vierer-Punkt hat.

Nun sind die Aussichten von Weiß, möglicherweise noch ein Running-Game zu gewinnen, praktisch gleich Null und die Gefahr, daß er ein Gammon verlieren wird, hat sich beträchtlich erhöht.

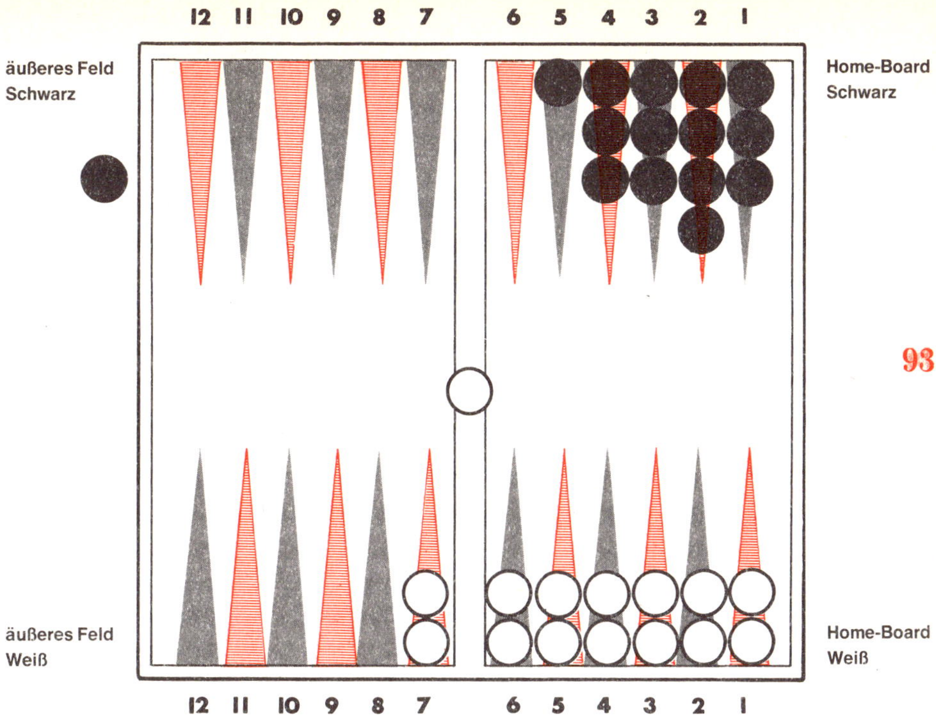
12 11 10 9 8 7 6 5 4 3 2 1
äußeres Feld
Schwarz
Home-Board
Schwarz
äußeres Feld
Weiß
Home-Board
Weiß
12 11 10 9 8 7 6 5 4 3 2 1

93

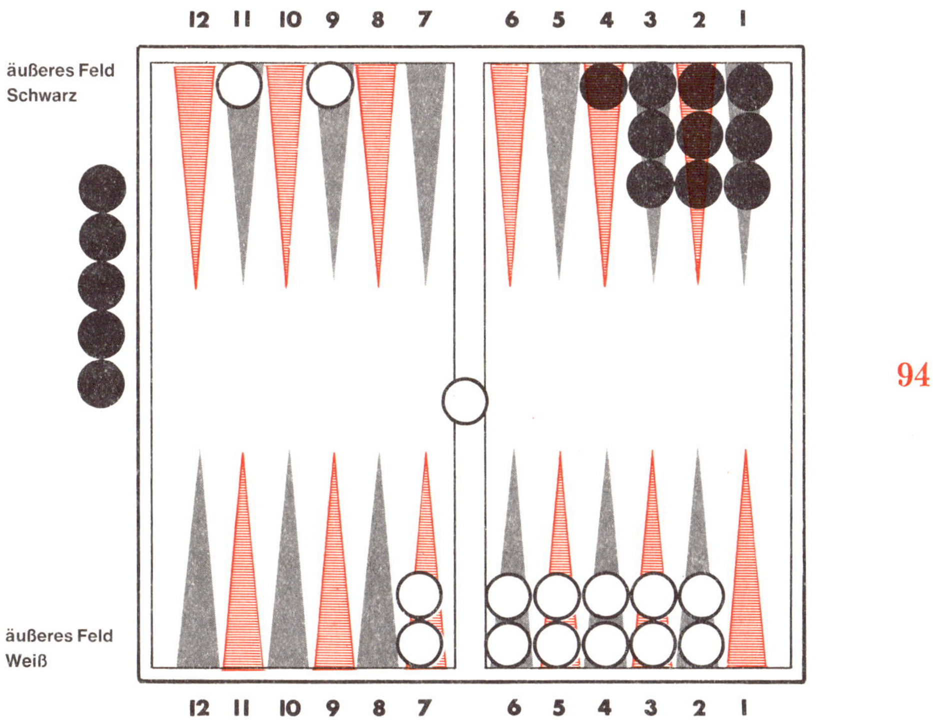
12 11 10 9 8 7 6 5 4 3 2 1
äußeres Feld
Schwarz
äußeres Feld
Weiß
12 11 10 9 8 7 6 5 4 3 2 1

94

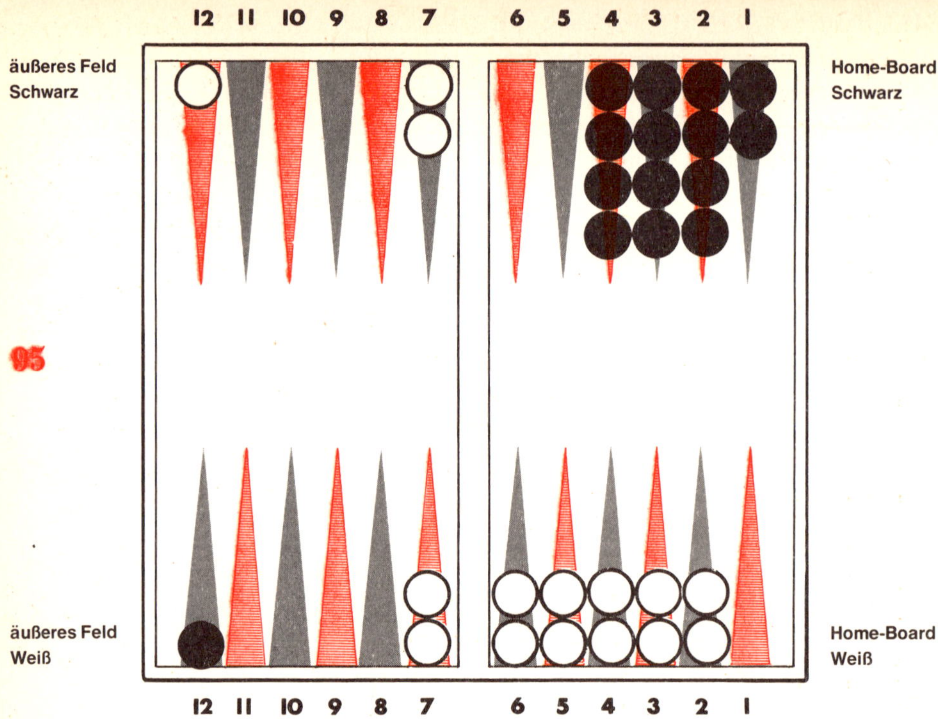

95

Wenn er den Blot trifft, wird er trotzdem gewinnen, aber bei einem fairen Settlement müßte man zu diesem Zeitpunkt das mögliche Gammon berücksichtigen; Weiß sollte eine vorzeitige Beendigung dieses Spiels 2 Mark oder sogar 2,50 Mark wert sein.

Wenn wir die Stellung ein weiteres Mal leicht verändern und zwei weiße Steine vom weißen Einser-Punkt in das schwarze äußere Feld stellen, erreichen wir Position 94. Wenn Weiß den Blot auf dem schwarzen Vierer-Punkt trifft, kann er immer noch gewinnen.

Trifft er ihn nicht, wird er mit ziemlicher Sicherheit ein Gammon verlieren. Sein Plus ergibt 11/36 mal vier (da der Verdopplungswürfel auf vier steht) oder 44/36. Sein Minus ergibt 25/36 mal acht (da ein Gammon den Einsatz verdoppelt) oder 200/36, und somit ist seine Minuserwartung insgesamt 156/36 oder 4,33. Da eine geringe Chance besteht, daß er den Blot nicht trifft und dennoch ein Gammon vermeidet, läge ein fairer Vergleich wohl bei vier Punkten.

Position 95 ergab sich in einer Chouette, an der fünf Spieler beteiligt waren. Weiß war in der Box und hatte zu einem früheren Zeitpunkt auf 16 gedoppelt. Später wollte der Kapitän den Kubus auf 32 drehen. Seine drei Partner waren einmütig dagegen, und obwohl der Kapitän ohne Zustimmung seiner Partner hätte doppeln können, bot er ihnen an, sie auszuzahlen. Sie verkauften ihm ihre Anteile zu je sechzehn Punkten, und er doppelte auf 32. Weiß nahm das Doppel an, und das Spiel ging somit um 128 Punkte, da Schwarz ja für alle vier Spieler spielte. Nachdem Position 95 erreicht war, doppelte Weiß auf 64 (was also insgesamt 256 Punkten entsprach), und Schwarz nahm das Doppel an.

Das war durchaus in Ordnung. Eigentlich hätte Weiß gar nicht doppeln dürfen, da die Chancen, den schwarzen Stein auf dem weißen Zwölfer-Punkt zu treffen, nur zwei zu eins zu seinen Gunsten standen. Nachdem er gedoppelt hatte, hätte ihn ein Verfehlen des schwarzen Blots das Spiel gekostet, da Schwarz dann den Würfel auf seiner Seite hätte und Weiß ein Doppel auf 128 wohl kaum hätte annehmen können; hätte er nicht gedoppelt, würde er auch dann noch eine Gewinnchance haben, wenn er den Blot nicht treffen würde. Sei es wie es sei – Weiß hatte gedoppelt, und somit standen insgesamt 256 Punkte auf dem Spiel. Doch bevor der nächste Wurf gemacht wurde, bestanden die anderen Spieler auf einem Settlement. Mathematisch gesehen standen Weiß ein Drittel von 256 Punkten zu, also fünfundachtzigeindrittel Punkte.

Schwarz weigerte sich, soviel zu zahlen – mit dem Hinweis darauf, daß er selbst dann, wenn Weiß seinen Blot treffen sollte, das Spiel noch gewinnen könnte. Schließlich gab sich Weiß dann fairerweise mit achtzig Punkten zufrieden.

Settlements auf halbem Weg

Man muß nicht unbedingt das ganze Spiel auf dem Vergleichsweg »erledigen«. Es kommt auch vor, daß die Spieler manchmal, wenn der Würfel auf 16 oder 32 steht, an einem Vergleich interessiert sind oder das Spiel zum Teil rückgängig machen möchten. Stellen Sie sich zum Beispiel vor, daß Sie in einer recht verzwickten Situation auf 32 gedoppelt haben, und daß sich dann eine noch viel verzwicktere Situation entwickelt. Sie sehen alle möglichen Überraschungen auf sich zukommen – einschließlich der Möglichkeit, daß Ihnen der Verdopplungswürfel mit der 64 zugeschoben wird. Sie bieten deshalb an, Ihr letztes Doppel zurückzunehmen.

Das hätte zur Folge, daß der Verdopplungswürfel wieder auf Ihrer Seite wäre. Der Gegner lehnt ab und macht einen Gegenvorschlag, wonach Sie den Würfel zwar auf 16 zurückdrehen dürfen, er aber auf seiner Seite des Tisches liegen bleiben soll. Diese Regelung wäre natürlich günstiger für ihn.

Sie machen deshalb einen dritten Vorschlag: Der Würfel wird auf 16 zurückgedreht und dann in die Mitte gestellt, so daß jeder von Ihnen das Recht hat, als nächster zu doppeln. Sie können ihm aber auch gestatten, den Würfel auf seiner Seite zu behalten – vorausgesetzt, er erklärt sich damit einverstanden, Sie eine bestimmte Anzahl von Würfen nicht zu doppeln.

Wir haben schon erlebt, daß sich Diskussionen dieser Art endlos in die Länge gezogen haben – und dann einigten sich die Verhandlungspartner schließlich darauf »das Ganze einfach zu vergessen«.

Erhöhung des Einsatzes

Es besteht die Möglichkeit, den Verdopplungswürfel in beiderseitigem Einvernehmen zu drehen. Eine typische Situation ist dann gegeben, wenn ein Spieler gerade

drauf und dran ist zu doppeln. Sein Gegner sagt: »Wenn du doppelst, nehme ich an.«
Der erste Spieler erwidert darauf: »Warum drehen wir den Würfel dann nicht gleich auf 2 und lassen ihn, wo er ist?« – was bedeutet, daß der Würfel in der Mitte bleibt, und jeder Spieler das Recht hat, zu einem späteren Zeitpunkt zu doppeln. Wenn sein Gegner annimmt, ist das im Endeffekt das gleiche wie ein automatisches Doppel.

Doppelte Doppel

Manche Spieler halten es für einen besonderen Nervenkitzel, wenn man dem Gegner, sobald er gedoppelt wird, das Recht einräumt, den Würfel gleich auf die nächsthöhere Zahl zu drehen. Eine entsprechende Backgammon-Regel gibt es zwar nicht, aber ausgesprochene Glücksspieler schaffen sich damit die Möglichkeit, den Verdopplungswürfel noch schneller als sonst zu drehen.

14 Wie man ein Backgammon-Turnier veranstaltet

Wie die meisten Spiel- und Sportarten kann auch Backgammon ohne weiteres turniermäßig gespielt werden. Tatsächlich ist Backgammon ein so vielseitiges Spiel, daß es verschiedene Arten von Turnieren ermöglicht. Wenn man ein Turnier aufziehen will, besteht der erste Schritt darin, daß man die nötigen Interessenten dafür findet; der nächste Schritt wäre, die Turnierregeln sowie die Spielbedingungen festzusetzen.

Natürlich werden Sie sich, wenn möglich, stets an die offiziellen Backgammon-Regeln halten, aber außerdem empfiehlt es sich, automatische Doppel von vornherein auszuschließen und Doppel und Re-Doppel weitgehend zu beschränken. Wenn das Turnier nach dem sogenannten K.-o.-System gespielt wird, wobei ein Spiel entweder gewonnen oder verloren wird und die Höhe des Sieges keine weitere Bedeutung hat, besteht keine Veranlassung, das normale Doppeln einzuschränken. Wenn jemand ein Spiel mit 8, 16 oder 32 Punkten verlieren will, so ist das seine Sache. Bei Turnieren, die nach einem bestimmten Punkt-System gespielt werden, sollten Sie allerdings nur ein Doppel und ein Re-Doppel zulassen. In manchen Fällen können Sie auch eine obere Grenze für die möglichen Plus-Punkte in einem Spiel festsetzen, jedoch sollten Sie keine untere Grenze für die Minus-Punkte bestimmen.

Sogenannte »Round-Robin«-Turniere empfehlen sich besonders für eine Abendveranstaltung im Club oder zu Hause. Die Teilnehmerzahl ist beliebig. Wenn Sie also zwanzig Spieler für einen Nachmittag oder einen Abend zusammenhaben, so teilen Sie sie einfach in zwei Gruppen zu je zehn Spielern ein und lassen jeden Spieler der Gruppe A je eine Partie von drei Spielen gegen sechs Spieler der Gruppe B spielen. Nach jeder Partie bleiben die Spieler der Gruppe A auf ihren Plätzen, während die Spieler der Gruppe B jeweils einen Tisch weitergehen – so lange, bis sechs Partien zu Ende gespielt worden sind. Im Endspiel trifft dann der punktbeste Spieler aus Gruppe A auf den punktbesten Spieler der Gruppe B – und zwar in einer Partie, die über mehr als nur drei Spiele gehen sollte; wer diese Partie gewinnt, ist somit Turniersieger.

Die »Metropolitan Inter-Club League« in New York hat eine andere Turnierform eingeführt. Etwa zehn Clubs treffen sich zweimal im Jahr; jeder Club stellt ein Team von fünf Spielern, und jeder Spieler spielt gegen je einen Spieler der anderen Clubs. Automatische Doppel sind verboten und normale Doppel auf ein Doppel und ein Re-Doppel beschränkt, aber Plus- und Minuspunkte werden voll angerechnet. Sieger ist die Mannschaft, die die meisten Pluspunkte gesammelt hat. Mehr über solche Turniere später.

Ausscheidungsspiele

Normalerweise wird ein Backgammon-Turnier etwa wie ein Tennisturnier durchgeführt: nach dem sogenannten K.-o.-System. Die Ausscheidungsspiele dauern von Runde zu Runde länger (das heißt, man braucht immer ein, zwei Punkte mehr, um zu gewinnen). Bei solchen Turnieren ist es am besten, wenn die Teilnehmerzahl 16, 32, 64, 96, 128, 192 oder 256 Spieler beträgt (wenn es ein paar weniger sind, haben einige Spieler in der ersten Runde »Freilos«). Die Punktewertung ist ebenfalls wie beim Tennis, außer daß man keine zwei Spiele Vorsprung braucht, um zu gewinnen. Wenn also eine Partie auf elf Punkte angesetzt ist, gewinnt der Spieler, der zuerst elf Punkte erreicht – auch dann, wenn sein Gegner bereits zehn Punkte gemacht hat.
Die einzelnen Spielpaarungen werden gewöhnlich ausgelost: Jeder Spieler erhält eine Zahl, die Zahlen werden auf einen Zettel geschrieben, in einem Hut oder einem anderen Gefäß »gemischt« und dann »gezogen«. Jeder Spieler tritt gegen den Spieler mit der Zahl an, die gegen seine gezogen wurde. Die Gewinner der ersten Runde werden für die zweite Runde auf die gleiche Weise gegeneinander ausgelost – und so weiter. Nach jeder Runde scheiden die Hälfte der noch in dieser Runde verbliebenen Spieler aus, und die andere Hälfte kommt eine Runde weiter. Für das Endspiel bleiben somit nur noch die letzten beiden Spieler übrig. Wer dieses Endspiel gewinnt, ist Turniersieger. Die Anzahl der Punkte, um die jedes Spiel geht, wird gewöhnlich nach jeder Runde erhöht, aber das hängt natürlich auch davon ab, wieviel Zeit Sie für die Abwicklung des Turniers zur Verfügung haben.
Da ein Backgammon-Spiel (jedenfalls im Turnier) im Durchschnitt sechs bis acht Minuten dauert, hängt die Punktzahl, um die es jeweils geht, von der Anzahl der Spieler sowie von der verfügbaren Zeit ab. Wenn sich das Turnier nur über einen Nachmittag oder über einen Abend erstreckt und 16 Spieler daran teilnehmen, sollten Sie die Spiele der ersten Runde etwa auf sieben Gewinnpunkte ansetzen (d. h. der erste Spieler, der sieben Punkte erreicht, hat die Partie gewonnen). Bei 64 Teilnehmern werden zwei Runden mehr gespielt; die erste Runde sollte deshalb über fünf Gewinnpunkte gehen. Bei großen Turnieren, die sich über vier oder fünf Tage hinziehen, geht es in der ersten Runde gewöhnlich um 13 oder 15 Punkte; in jeder folgenden Runde wird um je zwei Punkte erhöht.
Je höher die Punktzahl ist, um die es in einer Partie geht, desto mehr Können und Erfahrung brauchen Sie, um zu gewinnen; je niedriger die Punktzahl ist, desto mehr entscheidet das reine Würfelglück über Sieg oder Niederlage.

Die Gegner beim Vierten, jährlich stattfindenden Internationalen Backgammon Turnier in Lucaya, Große Bahama Insel. Rechts Tim Holland, der Gewinner der Turniere in Las Vegas 1967 und 1968.

An einem typischen Tagesturnier könnten zum Beispiel 64 Spieler teilnehmen. Wenn es in der ersten Runde um fünf Punkte und in den Halbfinalspielen und im Finale um sieben oder neun Punkte geht, dauert das Ganze drei bis vier Stunden. Normalerweise fängt man um 2 Uhr nachmittags, oder um 9 Uhr abends an; Spieler, die sich um mehr als zehn Minuten verspäten, werden ausgeschlossen. Oft gibt es für jede Runde eine Zeitgrenze; der Regelausschuß kann etwa bestimmen, daß keine Partie länger als 45 Minuten dauern darf. Wenn zwei Spieler ihr Spiel dann noch nicht beendet haben, kann derjenige, der die höhere Zahl würfelt, zum Sieger erklärt werden; wenn allerdings Grund zu der Annahme besteht, daß einer der beiden Kontrahenten das ganze Turnier gewinnen könnte, kann der Ausschuß seine Erlaubnis zur Fortsetzung der Partie erteilen.

Es ist immer empfehlenswert, allen Spielern eine Liste mit den Turnierregeln zur Verfügung zu stellen. So eine Liste sieht etwa folgendermaßen aus:

1. Alle Meldungen bedürfen der Zustimmung der Turnierleitung.
2. Die Spieler dürfen ihre Steine nur mit einer Hand bewegen.
3. Die Spieler sollten ihre Spiele jeweils pünktlich beginnen und in einem angemessenen Tempo spielen.
4. Die Turnierleitung kann für jede Runde eine Zeitgrenze festsetzen.
5. Die Spieler sollten sich während des Spiels möglichst ruhig verhalten.
6. Für jede Runde steht ein Schiedsgericht zur Verfügung; in der Meisterschaftsklasse wird vom Viertelfinale an aufwärts jede Runde von einem Mitglied des Schiedsgerichts überwacht. Jeder Spieler kann ein Mitglied des Schiedsgerichts zur Beobachtung eines Spiels anfordern.
7. Zu Beginn eines Spiels kann jeder Spieler darauf bestehen, daß die Würfel »gemischt« werden. In diesem Fall schüttelt er die vier Würfel in einem Würfelbecher durcheinander und läßt sie dann ausrollen. Der Gegner nimmt sich einen Würfel, dann er selbst den nächsten, dann wieder der Gegner, und schließlich er selbst den letzten.
8. Wenn sich eine Meinungsverschiedenheit ergibt, darf kein Stein im Board mehr bewegt werden, bis ein Mitglied des Schiedsgerichtes zur Stelle ist. Er wird – zusammen mit mindestens einem Mitglied der Turnierleitung – die notwendige Entscheidung treffen, und diese Entscheidung ist endgültig. Wenn bereits wieder gewürfelt worden ist, kann der vorangegangene Zug nicht mehr angefochten werden.
9. Wenn einer der Würfel nicht flach auf dem Board liegt, müssen beide Würfel noch einmal geworfen werden; wenn er auf einem Stein landet, »brennt« er ebenfalls und beide Würfel müssen aufs neue gewürfelt werden. Bevor ein Spieler ein zweites Mal würfelt, darf er nicht doppeln, da er das Spiel bereits mit dem ersten Wurf – egal ob er nun »brannte« oder nicht – fortgesetzt hat.
10. Wenn ein Spieler würfelt, bevor sein Gegner seinen Zug beendet hat, muß er seinen Wurf wiederholen.
11. Beide Spieler sollten den jeweiligen Punktestand notieren – es sei denn, sie einigen sich vorher, daß nur einer von beiden »schreibt«.
12. Zuschauer sollten sich während eines Spiels ruhig verhalten; jeder Zuschauer kann von einem Spiel ausgeschlossen werden.

Vor Turnierbeginn sollten sich die Mitglieder der Turnierleitung zusammensetzen und strittige Regelfragen verbindlich klären, damit notwendige Entscheidungen während des Turniers schnell und präzise getroffen werden können.

Die Höhe und Ausschüttung etwaiger Preisgelder richtet sich nach der Anzahl der Spieler und der Art des Turniers. Die Gesamtsumme ergibt sich gewöhnlich aus einem Teil der Nenngelder, aus Spenden einzelner Spieler, aus dem »Versteigerungstopf« oder aus allen drei genannten Möglichkeiten. Bei 16 Spielern sollte es vier Preise geben, bei 32 Teilnehmern sechs; bei 64 mindestens acht, usw.

Bei Turnieren nach dem K.-o.-System ist es angebracht, eine »Trostrunde« zu spielen, damit die Verlierer der ersten Runde noch eine weitere Chance erhalten.

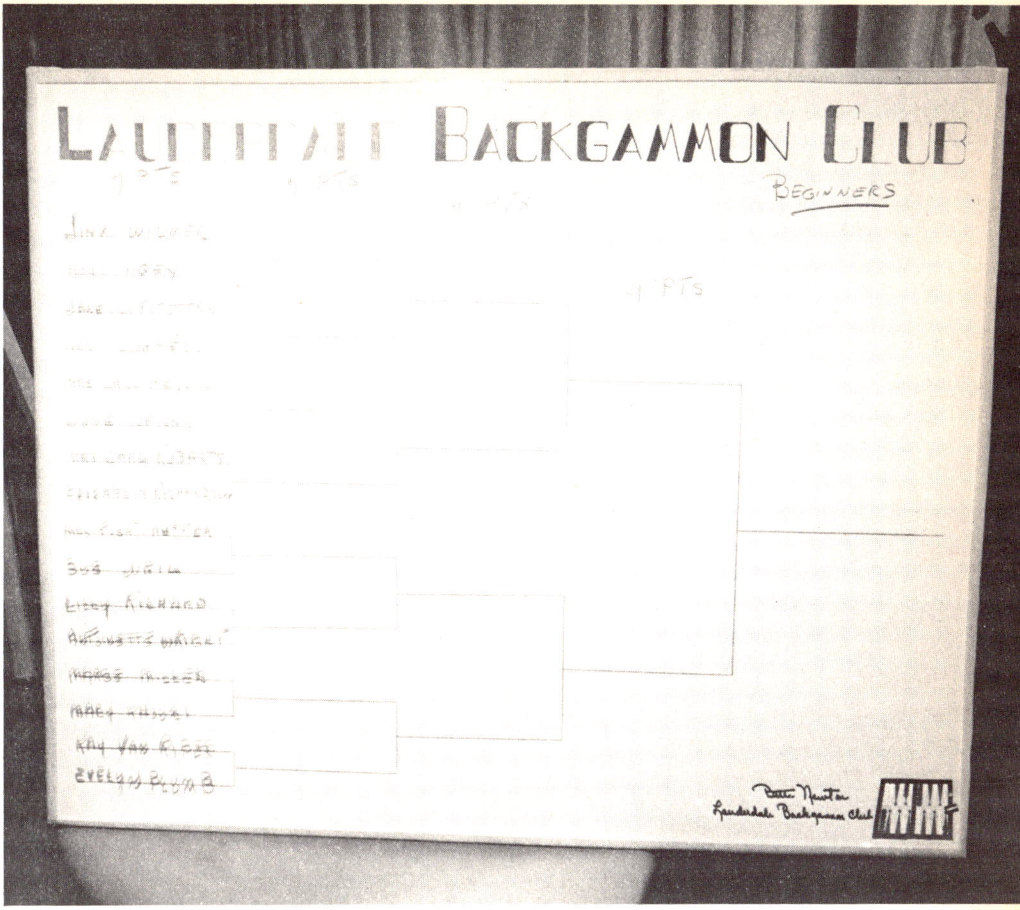

Beispiel einer Turniertafel (bei einem lokalen Turnier des Lauderdale Backgammon-Club, Florida).

Bei großen Turnieren wird die Sitzordnung meist so bestimmt, daß man einige Reihen langer Tische aufstellt. Auf jedem Tisch liegen Backgammon-Boards – mit einem Abstand von etwa 30 cm – nebeneinander. Für jeden Spieler stehen Aschenbecher, Bleistift und Papier bereit. An einer der vier Wände – etwa in der Mitte des Raums, damit jeder Spieler sie sehen kann – hängt eine Tafel mit den Spielergebnissen. An einem Tisch davor sitzt die Turnierleitung.
Manche Clubs, die wöchentliche Turniere abhalten, steigern das Interesse der Teilnehmer dadurch, daß sie am Jahresende einen besonderen Preis für denjenigen Spieler aussetzen, der in den vergangenen zwölf Monaten am besten abgeschnitten hat. Ein kleiner Prozentsatz des allwöchentlichen Preisgeldes wird einbehalten. Jeder Spieler bekommt für jede Partie, die er gewinnt, einen Punkt, und der Spieler, der nach Ablauf eines Jahres die meisten Punkte gesammelt hat, erhält den Sonderpreis.

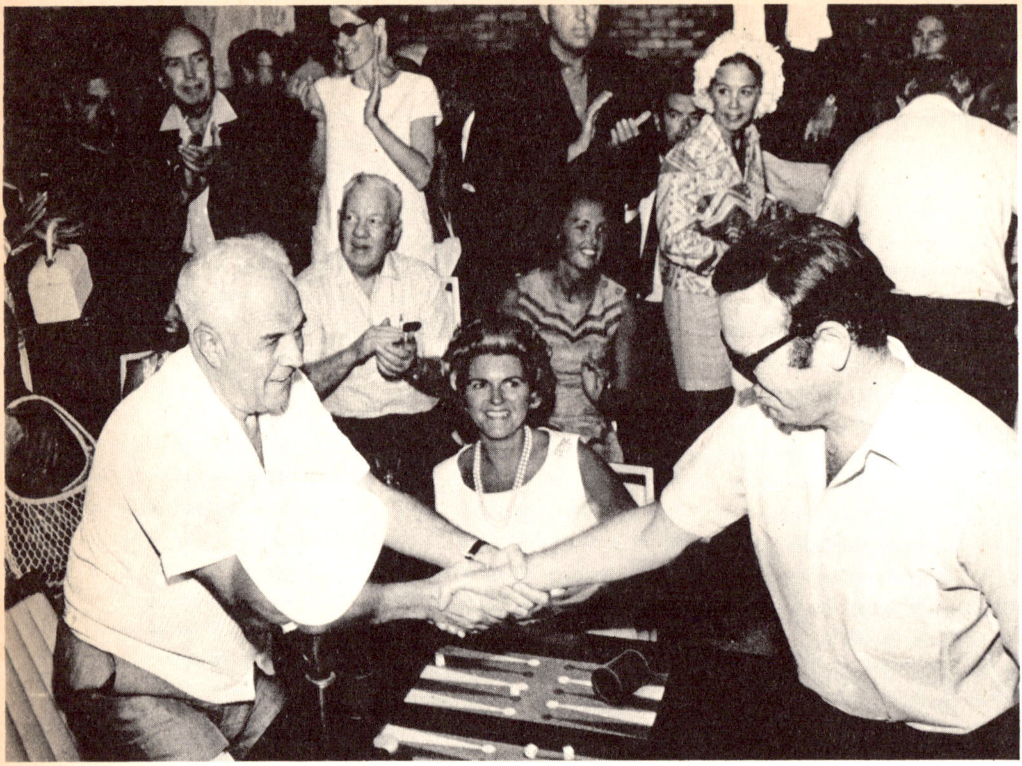

Viertes Internationales Backgammon-Turnier in Lucaya:
Tobias Stone (rechts) gratuliert Oswald Jacoby, dem Gewinner in diesem Ausscheidungsspiel und der auch Turniersieger wurde. (Foto v. David Workman.)

Bei K.-o.-Spielen ist Doppeln gewöhnlich erlaubt. Da es ziemlich gleichgültig ist, wie hoch Sie gewinnen oder verlieren, müssen Sie Ihre Taktik beim Doppeln oder Re-Doppeln dem jeweiligen Punktestand anpassen. Wenn Sie also nur noch einen Punkt benötigen, um eine Partie zu gewinnen, haben Sie nicht die geringste Veranlassung, Ihren Gegner zu doppeln – mehr als gewinnen können Sie schließlich nicht. Wenn andererseits Ihrem Gegner nur noch ein Punkt zum Gesamtsieg fehlt, sollten Sie ihn bei der erstbesten Gelegenheit doppeln. Wenn er akzeptiert, spielen Sie um zwei Punkte; für ihn geht es zwar um die gleichen zwei Punkte, aber der zusätzliche Punkt nützt ihm nicht viel.
Sie sollten außerdem stets die Gefahr eines möglichen Gammons im Auge behalten. Wenn Sie Ihr Gegner zum Beispiel auf 2 gedoppelt hat und vier Punkte braucht, um die Partie zu gewinnen, sollten Sie jeden Zug, mit dem Sie ein Gammon riskieren könnten, tunlichst vermeiden.

Internationale Backgammon-Turniere

Im Jahre 1964 kam Prinz Alexis Obolensky aus Palm Beach auf die Idee, ein internationales Backgammon-Turnier auf den Bahamas zu veranstalten – wo das Spielen durchaus legal und das Wetter durchweg prächtig ist. Für das erste Turnier meldeten sich 32 Teilnehmer – meist Mitglieder jener internationalen Gesellschaftsschicht, die allgemein als »Jet Set« bekannt ist. Das Turnier wurde von Charles Wacker aus Chikago gewonnen, der im Finale Porter Ijams aus New York bezwang.

1965 gab es 64 Meldungen, und es waren auch ein paar Spieler aus Europa dabei. Der Sieger hieß John Crawford, und Judd Streicher aus New York war Zweiter. 1966, als Oswald Jacoby zum ersten Mal gewann – er schlug im Endspiel Tony Vincent aus Miami –, waren es ebenfalls 64 Teilnehmer. Jacoby gewann auch 1967, als es 128 Meldungen gab, und noch einmal 1968. Seine Endspiel-Gegner waren Walter Cooke (1967) und Oakleigh Thorne (1968), beide aus New York. 1969 und 1970 hieß der Sieger jeweils Walter Cooke, der Oswald Jacoby (1969) und Jan Geary (1970) im Finale schlug.

In den Jahren 1967 und 1968 zog Obolensky ähnliche Turniere im Sands Hotel in Las Vegas auf. Die Teilnehmerzahl bei jedem dieser Turniere, die beide von Tim Holland gewonnen wurden, lag bei rund 128 Spielern. Hollands unterlegene Endspielgegner waren 1967 Porter Ijams und 1968 Reginald Kernan aus Paris.

Der »Clermont Club« in London veranstaltet seit 1966 alljährlich ein Backgammon-Turnier. Das erste wurde von Tim Holland gewonnen; die folgenden von Charles Jardine, Greville Howard, The Honourable Michael Pearson und 1970 von Claude Beer. Im »Crockford's Club« gab es 1966 ebenfalls ein Turnier, das von Tobias Stone aus New York gewonnen wurde. Ein weiteres Turnier fand 1969 in Estoril in Portugal statt. Das Endspiel gewann Lynn Madliner aus London gegen Owen Traynor aus Fort Lauderdale.

Beim 1970er Turnier auf den Bahamas gingen die Spiele der ersten Runde über 13 Punkte und erhöhten sich von Runde zu Runde um je zwei Punkte; im Endspiel ging es dann um 25 Gewinnpunkte.

In den englischen Clubs wird meist um weniger Punkte gespielt. Vom Standpunkt des wirklichen Könners aus gesehen ist so ein Turnier nicht gerade sehr befriedigend, da das Glück bei immer kürzerer Spieldauer eine immer größere Rolle spielt. Der einzige Vorteil liegt darin, daß sich Turniere auf diese Weise sehr viel schneller abwickeln lassen.

Trostrunden

Die Turniere auf den Bahamas und in Las Vegas dauerten je vier Tage, wobei an jedem der ersten drei Tage je zwei Runden und am vierten Tag die Endspiele gespielt wurden. Damit auch die ausgeschiedenen Spieler weiterspielen konnten, gab es zusätzlich zwei Trostrunden und eine Runde der »letzten Chance«.

Diese Wettbewerbe wurden folgendermaßen abgewickelt: Da es knapp unter 128 Meldungen gab, qualifizierten sich rund 90 Spieler (nämlich all jene, die in den ersten zwei Runden am ersten Tag ausgeschieden waren) für die erste Trostrunde. Am ersten Tag dieser Trostrunde wurden vier Runden gespielt, so daß danach noch

acht Spieler übrigblieben. In der ersten Runde ging es um 11 Punkte, in der zweiten um 12, in der dritten um 13 und in der vierten um 15 Punkte. Im Viertelfinale wurde bis 17 Punkte, im Hauptfinale bis 19 Punkte und im Endspiel bis 21 Punkte gespielt.
An der zweiten Trostrunde konnten alle Spieler teilnehmen, die nach dem zweiten Turniertag ausgeschieden waren. Das bedeutete, daß alle – außer jenen 16 Spielern – mitspielen konnten, die das Viertelfinale des Hauptturniers oder die nächste Runde der ersten Trostrunde erreicht hatten. Sieben Runden standen noch aus, aber da nur noch zwei Tage Zeit war, wollte man sechs Runden am ersten Tag »durchziehen«. Die Partien gingen um 7, 8, 9, 11, 13 und 15 Punkte und das für den nächsten Tag angesetzte Endspiel um 17 Punkte. Da man jedoch am ersten Tag nur fünf Runden geschafft hatte, blieben für den letzten Turniertag noch vier Spieler übrig. An der »letzten Chance« konnten sich alle Spieler außer jenen acht beteiligen, die noch in den anderen Wettbewerben spielten. Es wurden sieben Runden gespielt, und in jeder ging es um 5 Punkte.
Der »Topf« wurde so aufgeteilt, daß die letzten acht im Hauptturnier, die letzten vier in jeder Trostrunde und die beiden Finallisten der »letzten Chance« Preisgelder erhielten.

Turniere für Anfänger

Die Zahl der Anfänger, die sich für diese Turniere meldeten, war so groß, daß man neben der »Meisterklasse« eine »Anfängerklasse« einführte. Am Anfängerturnier nahmen fast so viele Spieler teil wie am Meisterturnier. Bei den Anfängern ging es jeweils nur um wenige Punkte, und der Verdopplungswürfel durfte nicht benutzt werden – weil man von einem Anfänger kaum erwarten kann, daß er mit diesem Würfel richtig umzugehen versteht. Gammons wurden natürlich angerechnet.
Auch beim Anfängerwettbewerb gab es Trostrunden.

Wie man sein Spiel im Turnier variiert

Wie wir bereits bemerkt haben, kommt es bei den üblichen Ausscheidungsspielen ausschließlich auf das Endergebnis an. In einer Partie, die auf 13 Gewinnpunkte angesetzt ist, spielt es überhaupt keine Rolle, ob Sie nun dreizehn zu null, dreizehn zu zwölf oder einundzwanzig zu zehn gewinnen. Das einzige, was zählt, ist, daß Sie gewonnen haben. Auch dem Verlierer macht es überhaupt nichts aus, ob sein Gegner mit fünfzig Punkten Vorsprung gewinnt; er hat nur dieses eine Spiel verloren – sonst nichts.
Folglich sollten Sie den Verdopplungswürfel mit größter Vorsicht behandeln – mit einer Ausnahme, wie gesagt. Diese Situation ist gegeben, wenn der Gegner nur noch einen weiteren Punkt benötigt, um die Partie zu gewinnen. In diesem Fall sollten Sie sofort doppeln. Warten Sie nicht erst, bis Ihre Stellung auch unter normalen Umständen ein Doppel rechtfertigen würde; zwingen Sie Ihren Gegner, gleich von Anfang an um zwei Punkte zu spielen.

Die Crawford-Regel

Bei den Turnieren auf den Bahamas und in Las Vegas kam man zu der Erkenntnis, daß dieses Im-voraus-Doppeln manchmal ein bißchen unfair ist. Zunächst wurde vorgeschlagen, jedes Doppel zu verbieten, sobald ein Spieler nur noch einen Punkt vom Gesamtsieg entfernt war; aber man sah dann ein, daß so eine Regelung zu einer Reihe von langweiligen und zeitraubenden Einzelspielen führen könnte – z.B. dann, wenn ein Spieler in einer Partie, die über 21 Punkte ging, mit 20 zu 10 Punkten führen würde.

Schließlich schuf John Crawford, der meist Vorsitzender der jeweiligen Turnierausschüsse war, eine Regel, wonach ein Spieler, dem nur noch ein Punkt zum Gesamtsieg fehlt, im ersten Spiel, das folgt, nicht gedoppelt werden darf; in allen weiteren Spielen danach kann er jedoch wieder gedoppelt werden. Damit hat ein Spieler, der so knapp vor dem Sieg steht, *ein* »Sicherheitsspiel«, in dem ihn sein Gegner nicht sofort doppeln und ihm dann vielleicht mit einem glücklichen Gammon oder Backgammon noch den Sieg vor der Nase wegschnappen kann.

Wenn es um ein Gammon geht

Bei einem normalen Backgammon-Spiel gehen Sie immer dann auf ein Gammon aus, wenn sich die Gelegenheit dazu bietet und Ihre Lage entsprechend ist.

Bei Turnierspielen sollten Sie sich mit der Möglichkeit eines Gammons wesentlich gründlicher befassen.

Tim Holland führte einmal in einem Spiel, das auf neunzehn Punkte angesetzt war, mit siebzehn zu zwölf; beim nächsten Spiel ging er gleich von Anfang an auf ein Gammon aus. Er hatte ziemlich schnell einen gewissen Vorsprung erreicht, wußte aber, daß sein Gegner im Fall eines Doppel aufgeben würde und Tim somit immer noch einen Punkt zuwenig hätte. Also spielte Tim weiter und ging ein paar zusätzliche Risiken ein, um in eine günstige Gammon-Position zu kommen. Natürlich riskierte er damit, dieses Spiel zu verlieren, aber er hatte ja noch ein gutes »Polster« und wollte die Partie unbedingt beenden – was er dann auch tat.

Wir haben auch schon erlebt, wie Barcley Cooke ein Doppel unter sehr ungewöhnlichen Umständen ablehnte. Barclay führte sechzehn zu dreizehn – in einer Partie, die um siebzehn Gewinnpunkte ging. Im nächsten Spiel würfelte sein Gegner zunächst 3–1 und machte seinen Fünfer-Punkt. Barclay würfelte 5–4 und zog mit je einem Stein auf seinen Achter- und seinen Neuner-Punkt. Daraufhin wagte sein Gegner eines dieser »Ich-habe-nichts-mehr-zu-verlieren-«Doppel, und Barclay lehnte ab. Es begründete das so: »Wenn er noch ein paar gute Würfe hat, kann er auf ein Gammon ausgehen. Wenn ich dieses Doppel ablehne, habe ich immer noch zwei weitere Spiele vor mir; wenn ich akzeptiere und dann ein Gammon verliere, hat er mit diesem einen Spiel die ganze Partie gewonnen.«

Wenn Sie insgesamt in Führung liegen, sollten Sie sehr vorsichtig mit dem Doppeln sein, besonders im Anfangsstadium des Spiels. Ihr Gegner könnte Sie nämlich sofort zurückdoppeln und Sie damit in erhebliche Schwierigkeiten bringen. Andererseits können und sollten Sie ziemlich unbedenklich doppeln, sobald Sie hinten liegen; Sie werden sich wundern, wie oft Ihr Gegner ablehnen und Ihnen diesen Punkt kampflos überlassen wird! Es gibt allerdings eine wichtige Ausnahme: Riskieren Sie niemals ein ungesundes Doppel, wenn Ihr Gegner nur noch zwei Punkte braucht, um die Partie zu gewinnen.

Wie man sich auf seinen Gegner einstellt

Als Tony Vincent 1967 beim Turnier auf den Bahamas bis ins Endspiel (gegen Oswald Jacoby) vordrang, war er eigentlich noch ein Backgammon-Neuling. Deshalb witterte er seine beste Chance gegen Jacoby darin, den Verdopplungswürfel möglichst häufig zu drehen. Er doppelte frühzeitig und oft. Jacoby jedoch ging ihm nicht in die Falle; ihm lag daran, eine vorschnelle Entscheidung zu verhindern – wobei er davon ausging, daß seine Chancen, die Partie zu gewinnen, um so günstiger waren, je mehr einzelne Spiele gespielt werden mußten.
Beide lagen mit ihren Überlegungen richtig. Wenn Sie glauben, daß Sie besser spielen als Ihr Gegner, sollten Sie übereilte Doppel vermeiden und sich genau überlegen, ob Sie ein Doppel Ihres Gegners annehmen wollen oder nicht. Wenn Sie sich Ihrem Gegner spielerisch unterlegen fühlen, sollten Sie öfter einmal ein Risiko eingehen und dafür sorgen, daß der Verdopplungswürfel ständig in Bewegung ist. Sie können zwar ein paar Spiele hintereinander Glück haben, aber es ist unwahrscheinlich, daß Ihre Glückssträhne gegen einen erfahrenen Gegner bis zum Ende einer längeren Partie anhalten wird.
Um Ihnen ein gutes Beispiel für diese Theorie zu geben: Gordon Leib lehnte in einer Partie – in der ersten Turnierrunde – ein Doppel ab, das er von jedem etwas stärkeren Gegner angenommen hätte. Die Partie ging über dreizehn Gewinnpunkte und Gordon lag fünf zu sechs hinten. Sein Gegner hatte von Backgammon offensichtlich wenig Ahnung, lag aber trotzdem mit einem Punkt in Führung. Er doppelte früh und Gordon nahm an. Als das Running-Game dann begann, hatte Gordon einen beachtlichen Vorsprung herausgespielt, und die Chancen standen etwa vier zu eins zu seinen Gunsten. Er re-doppelte auf 4. Sein Gegner nahm an und hatte in der Folge so unwahrscheinlich gute Würfe, daß die Chancen schließlich wieder zwei zu eins zu *seinen* Gunsten standen und er auf 8 zurückdoppeln konnte.
Gordon hatte zwei Möglichkeiten: Er konnte entweder ablehnen und damit mit fünf zu zehn Punkten hintenliegen, oder er konnte annehmen und damit dieses eine Spiel die ganze Partie entscheiden lassen. Gegen einen Spieler von gleicher Klasse hätte Gordon das Doppel angenommen; gegen diesen Spieler aber rechnete er sich auch bei einem Rückstand von fünf Punkten eine recht gute Chance aus, die Partie noch zu gewinnen. Er lehnte das Doppel ab. Seine Theorie war etwa: Warum sollte er sich von dem verflixten Würfel in einem einzigen Running-Game schlagen lassen, wenn er mit seinem Können und seiner Erfahrung die nächsten Spiele und damit auch die ganze Partie für sich entscheiden konnte?

Prinz Nicholas Toumanoff im Turnier (Foto v. Patrick Fisher.)

Wir wissen nicht, was passiert wäre, wenn Gordon das Doppel angenommen hätte – aber wir wissen, daß er den Fünf-Punkte-Rückstand aufholte und die Partie tatsächlich noch gewann. In einem Spiel um Geld hätte er das Doppel natürlich ohne Zögern angenommen.

»Round-Robin«

Wie wir schon sagten, ist ein »Round-Robin«-Wettbewerb gewöhnlich ein Tagesturnier, bei dem jeder Teilnehmer ein paar kurze Partien gegen verschiedene Gegner austrägt und seine Plus- oder Minuspunkte von Spiel zu Spiel addiert werden. Bei großen Turnieren dieser Art ist jeder Backgammon-Tisch numeriert und auf der einen Seite mit »Nord« und auf der anderen mit »Süd« gekennzeichnet. Die Nord-Spieler bleiben immer sitzen, während die Süd-Spieler nach jeder Partie zum Tisch mit der nächsthöheren Nummer »weiterwandern« (der Spieler am Tisch mit der höchsten Nummer geht zum Tisch mit der niedrigsten). Da es meist viele Spieler gibt und gewöhnlich nur drei oder vier Stunden zur Verfügung stehen, spielt jeder Spieler etwa vier bis sechs Partien die aus je drei Spielen bestehen. Die Gesamtzahl der gewonnenen Punkte wird auf der Ergebnistafel neben dem Namen des jeweiligen Spielers eingetragen. Wenn vier Partien angesetzt worden sind, gewinnt derjenige Spieler das Turnier, der nach Abschluß dieser vier Partien die meisten Pluspunkte gesammelt hat.

Üblicherweise wird bei Turnieren dieser Art das Doppeln entweder ganz verboten oder auf ein Doppel und ein Re-Doppel beschränkt. Aber selbst in einer Partie zu drei Spielen, in denen jeweils nur ein Doppel und ein Re-Doppel erlaubt sind, ist es möglich, daß diese Partie mit sechsunddreißig zu null gewonnen wird. Das wäre der Fall, wenn der Würfel in jedem Spiel auf 4 gedreht und der Unterlegene jedesmal ein Backgammon verlieren würde. Solche Ergebnisse dürften zwar äußerst selten sein, aber ein sechzehn zu null kann man schon hin und wieder erleben. Und selbst eine »Packung« von vierundzwanzig zu null soll gelegentlich vorkommen.

Um ein Round-Robin-Turnier zu gewinnen, müssen Sie die einzelnen Partien möglichst hoch für sich entscheiden. Es mag Sie zwar sehr befriedigen, wenn Sie alle Ihre Gegner mit zwei zu eins, vier zu zwei oder ähnlich knappen Ergebnissen schlagen, aber mit einem Plus von zwölf Punkten nach sechs Partien werden Sie das Turnier kaum gewinnen.

Da Sie in jedem Spiel nur einmal doppeln können, sollten Sie das nicht leichtfertig tun. Dagegen können Sie ruhig einmal ein kleines Risiko eingehen, wenn sich Ihnen die Chance bietet, ein Gammon oder ein Backgammon zu gewinnen.

Wie wir zu Beginn des Kapitels erwähnt haben, wird das Round-Robin-System von der »Metropolitan Inter-Club Backgammon League« in New York angewandt, der die zehn führenden Clubs der Stadt angehören. Jeder Club nominiert eine fünfköpfige Mannschaft, und man tritt zweimal im Jahr im »Metropolitan Club« gegeneinander an. Die Spieler jeder Mannschaft werden in einer Rangfolge von 1 bis 5 nominiert, und jeder Ranglistenerste spielt jeweils gegen die Ranglistenersten der anderen Mannschaften, und der Ranglistenzweite gegen die übrigen Ranglistenzweiten – und so weiter. Folglich werden – wenn alle zehn Clubs teilnehmen – neun Partien zu je 3 Spielen oder insgesamt siebenundzwanzig Spiele gespielt. Pro Spiel sind je ein Doppel und ein Re-Doppel erlaubt.

Gewinner ist diejenige Mannschaft, deren fünf Spieler insgesamt die höchste Punktzahl aufzuweisen haben.

Es gibt noch eine andere, etwas individuellere Variante dieser Turnierform. Dabei spielt jeder Teilnehmer gegen jeden, wobei eine Partie über eine bestimmte Anzahl von Punkten geht; das Ganze zieht sich oft über mehrere Tage hin. Doppeln ist erlaubt, aber die Ergebnisse werden etwas anders gewertet. Ganz egal, wie groß der Punktunterschied bei einer Partie auch sein mag: Der Sieger erhält einen Punkt, der Verlierer keinen. Das dient einem sehr wichtigen Zweck: Wenn Sie eine Partie mit viel Glück haushoch gewinnen, hätten Sie damit gleich einen gewaltigen Vorsprung vor den übrigen Teilnehmern; so jedoch wird Ihnen nur ein einziger Gewinnpunkt gutgeschrieben.

Einmal angenommen, wir haben fünfzehn Spieler. Wenn Ihnen mehrere Tage für ein Turnier zur Verfügung stehen, können Sie vierzehn Partien zu je elf Punkten ansetzen (denken Sie daran, daß eine Partie über elf Punkte bedeutet, daß der erste Spieler, der elf Punkte erreicht, der Sieger ist – und nicht, daß ein Spieler mit einem Unterschied von elf Punkten gewinnen muß). Wenn Sie nur einen einzigen Abend haben, um das Turnier abzuwickeln, sollten die Partien um nicht mehr als drei Punkte gespielt werden. Wenn es sich vorwiegend um Anfänger handelt, empfiehlt es sich, jede Partie auf nur ein Spiel zu beschränken und den Verdopplungswürfel überhaupt nicht zu verwenden.

Nach Abschluß der vierzehn Spiele in Ihrem Fünfzehn-Mann-Turnier ist der Spieler mit den meisten Gewinnpunkten der Gesamtsieger. Vergessen Sie nicht, daß der Gewinn einer Partie nur einen Punkt bedeutet; wenn alle Spieler also in etwa gleich stark sind, dürften zehn Gewinnpunkte für den Gesamtsieg ausreichen.

Wenn am Ende zwei Spieler mit der gleichen Punktzahl auf dem ersten Platz liegen, entscheidet das Ergebnis des Spiels, das beide vorher gegeneinander ausgetragen haben, über den Turniersieg.

»Ein Wurf für alle«

Diese Turnierform eignet sich besonders für eine Gruppe von weniger erfahrenen Spielern. Die Teilnehmerzahl sollte auf vierzehn oder höchstens sechzehn Spieler beschränkt bleiben, da das Ganze bei mehr Teilnehmern zu lange dauern würde.

Angenommen, wir haben sechzehn Spieler. Man stellt acht Backgammon-Tische auf und kennzeichnet jeden mit »Nord« und »Süd«. An einem Ende des Raumes schüttelt und rollt eine am Spiel nicht beteiligte Person die Würfel und ruft die abwechselnd für Nord und Süd gewürfelten Zahlen auf – so lange, bis alle Spiele beendet sind.

Der besondere Spaß an der Sache liegt in den unterschiedlichen Ergebnissen. Manchmal verlaufen die Spiele zwei, drei oder sogar vier Züge lang völlig gleich, aber spätestens nach dem sechsten Wurf ist keine Position mehr wie die andere. Es kann sogar passieren, daß es sowohl auf der Nord- wie auf der Südseite zu einem Gammon kommt!

Wenn alle Spiele beendet sind, rückt jeder Süd-Spieler einen Tisch weiter – genau wie beim Round-Robin-Turnier.

Für gewöhnlich ist nur ein Doppel und ein Re-Doppel pro Spiel erlaubt.

15 Die offiziellen Backgammon-Regeln

Wie wir in der Einführung schon bemerkt haben, forderte Wheaton Vaughan, der Präsident des »Card and Backgammon Commitee« des New Yorker »Racquet and Tennis Club« im Jahre 1931 Vertreter anderer Clubs auf, sich mit ihm an einen Tisch zu setzen und die verschiedenen Backgammon-Regeln in einem Kodex zusammenzufassen. Dieser Kodex wurde bald überall auf der Welt übernommen und allgemein anerkannt. Soweit wir wissen, ist Oswald Jacoby das einzige noch lebende Mitglied dieses Komitees, aber ihre Regeln sind bis heute praktisch unverändert geblieben und entsprechen im wesentlichen denen, die wir hier anführen. Die Neubearbeitung erfolgte in Übereinstimmung mit der »International Backgammon Association« und der »Inter-Club League of New York«.
Denken Sie daran, daß Regeln dazu da sind, um Streitigkeiten zu verhindern – und nicht, um welche zu verursachen. Versuchen Sie nie, die Regeln ausschließlich zu Ihrem eigenen Vorteil auszulegen.

Das Spiel

1. Backgammon wird von zwei Personen gespielt.
2. Gespielt wird mit dreißig Steinen – fünfzehn von einer Farbe und fünfzehn von einer anderen – die, wie auf der folgenden Seite gezeigt, aufgestellt werden, und zwar auf einem Board, das aus vier Rechtecken zu je sechs Dreiecken (Punkten) besteht.
In Diagramm 96 befinden sich rechts die Home-Boards (oder inneren Felder) der beiden Spieler. Das bedeutet, daß Weiß sein Home-Board rechts vor sich hat und Schwarz das seine links vor sich. Es ist allgemein üblich, die Home-Boards immer auf jener Seite zu haben, die der Lichtquelle am nächsten ist.
3. Zum Hereinkommen und Herausnehmen sind die Punkte in beiden inneren Feldern von eins bis sechs numeriert – beginnend mit dem Punkt, der der äußersten Kante des Boards am nächsten liegt.

4. Die Spielrichtung verläuft vom inneren Feld des Gegners über das äußere Feld des Gegners und das äußere Feld des Spielers bis zum inneren Feld des Spielers.
5. Die einzelnen Spielzüge werden von zwei Würfeln bestimmt, die in einem Würfelbecher geschüttelt und dann herausgerollt werden.
6. a) Vor dem ersten Spiel kann jeder Spieler verlangen, daß um die Wahl des Platzes, der Steine oder der Würfel gewürfelt wird. Ansonsten setzen Sie sich einfach hin, stellen Ihre Steine auf und beginnen mit dem Spiel.
6. b) Zu Beginn jedes weiteren Spiels kann ein Spieler verlangen, daß die Würfel neu verteilt werden. In diesem Fall schüttelt er alle vier Würfel in einen Würfelbecher und läßt sie dann herausrollen. Der Gegner sucht sich einen Würfel aus – dann der Spieler – dann wieder der Gegner – und schließlich wieder der Spieler, der also den letzten Würfel nimmt.

Die Würfe

7. Zur Eröffnung des Spiels rollt jeder Spieler einen einzelnen Würfel. Würfeln beide die gleiche Zahl, wird der Wurf wiederholt. Wer die höhere Zahl würfelt, darf den ersten Zug machen, und zwar mit den beiden von ihm und seinem Gegner gewürfelten Zahlen. Danach würfeln die Spieler abwechselnd mit je zwei Würfeln.

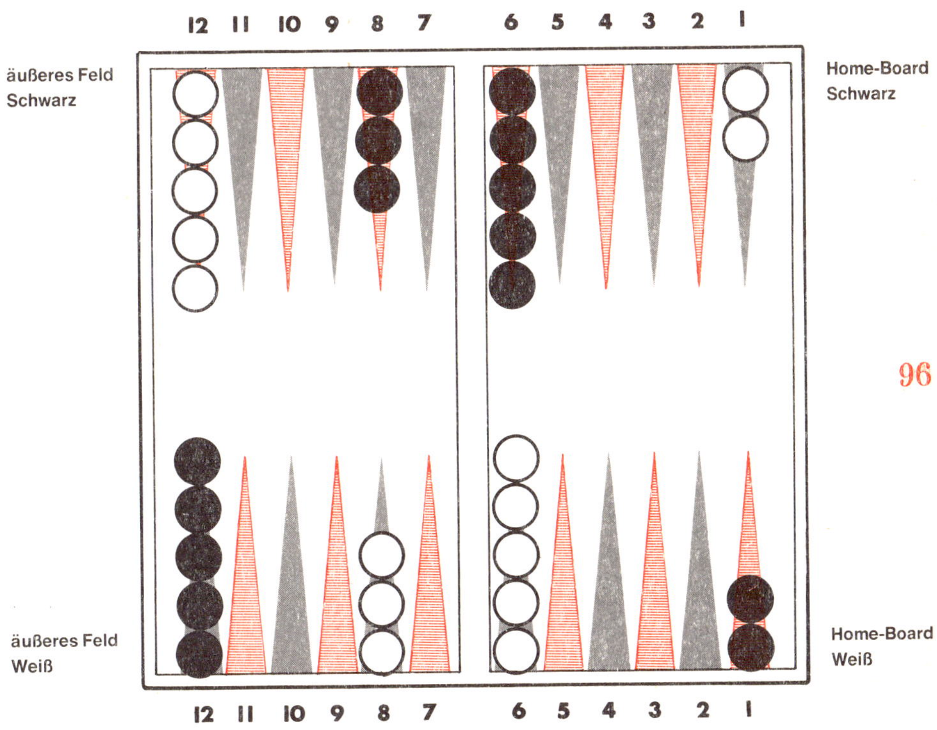

96

8. Die Würfel müssen richtig geschüttelt und zusammen herausgerollt werden und flach (also nicht schräg) auf der Boardhälfte zur Rechten des Spielers zum Stillstand kommen; ist das nicht der Fall, muß der Wurf wiederholt werden.
9. Wenn ein Spieler würfelt, bevor der Gegner seinen Zug beendet hat, muß der Wurf wiederholt werden.
10. Ein Zug gilt als gespielt, wenn der Spieler seine Steine gezogen hat und seine Würfel aus dem Board nimmt. Wenn er die Würfel aufnimmt, bevor er alle Zahlen gezogen hat, die er eigentlich hätte ziehen können, kann sein Gegner darauf bestehen, daß der Zug entweder vollendet oder nicht vollendet wird. Sobald ein Spieler gewürfelt hat, gilt der vorangegangene Zug seines Gegners als endgültig (siehe Regel 19).

Die Züge

11. Unter Ziehen oder Bewegen der Steine versteht man:
a) das Vorwärtsrücken eines Steines (oder mehrerer Steine) um die genaue Anzahl der Augen, die jeder der beiden gerollten Würfel anzeigt. Man kann mit einem Stein die Gesamtzahl der gewürfelten Augen ziehen, oder mit einem Stein die Augenzahl des einen Würfels und mit einem anderen die Augenzahl des zweiten Würfels.
b) das Hereinstellen eines Steines in das innere Feld des Gegners – auf den Punkt, der der gewürfelten Zahl entspricht.
c) das Herausnehmen eines Steines aus dem eigenen inneren Feld, wenn sich kein Stein mehr außerhalb dieses Home-Boards oder auf der Bar befindet (siehe Regel 17).
12. Bei Doppelwürfen (Pasch) wird die doppelt gewürfelte Zahl viermal gezogen.
13. Wenn möglich, müssen beide gewürfelten Zahlen gezogen werden. Jede der beiden Zahlen kann als erste gezogen werden. Wenn nur eine der beiden Zahlen gezogen werden kann, muß – wenn möglich – die höhere Zahl gezogen werden.
14. Kein Stein darf so gezogen werden, daß er dabei auf einen Punkt aufsetzt (oder »zwischenlandet«), der von zwei oder mehr gegnerischen Steinen besetzt ist.
15. Wenn ein Stein auf einem Punkt landet, auf dem ein einzelner Stein (Blot) des Gegners steht, so ist dieser Blot »geschlagen« und muß von dem schlagenden Spieler aus dem Board genommen und auf die Bar in der Mitte des Spiel-Boards gelegt werden; er kann dann (siehe Regel 11 b) wieder hereingewürfelt werden.
16. Ein Spieler, der einen Stein auf der Bar hat, darf mit keinem anderen Stein ziehen, solange er den geschlagenen Stein nicht wieder ins Spiel gebracht hat.
17. Beim Herausnehmen (oder »Abräumen«) wird ein Stein jeweils von jenem Punkt herausgenommen, der der gewürfelten Zahl entspricht, oder von dem höchsten noch besetzten Punkt, der niedriger ist als die gewürfelte Zahl. Wird eine Zahl gewürfelt, deren entsprechender Punkt im Board unbesetzt ist, darf mit dieser Zahl kein Stein von einem niedrigeren Punkt herausgenommen werden, solange noch ein Stein auf einem höheren Punkt steht. Man ist nicht verpflichtet, einen Stein heraus-

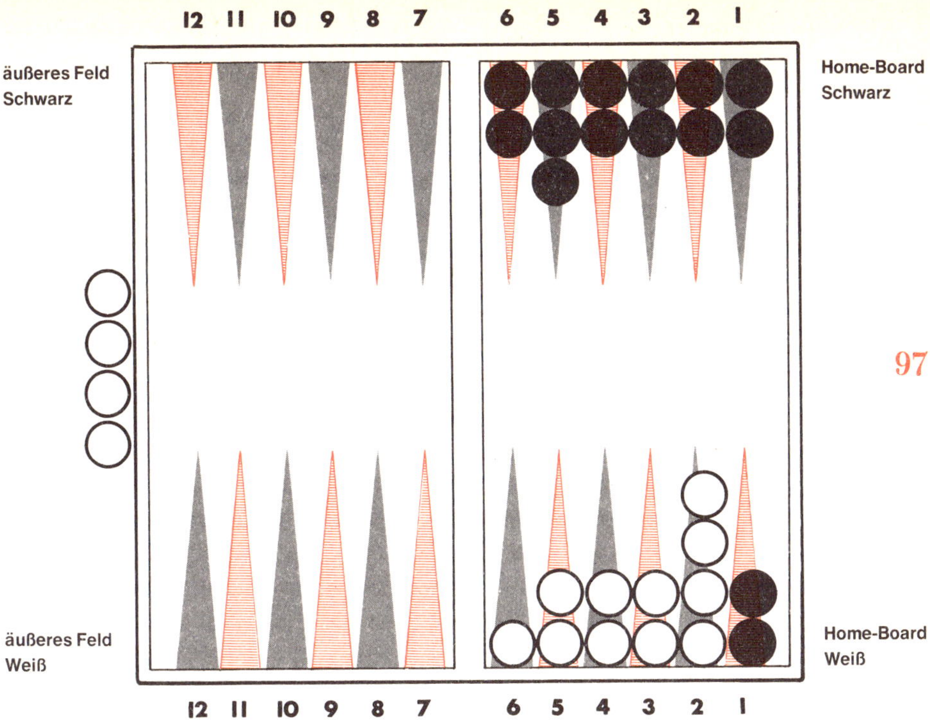

97

zunehmen, solange man mit einem Stein innerhalb des Boards vorrücken kann. Auch in diesem Fall findet Regel 13 Anwendung.
Ein Beispiel: In Diagramm 97 würfeln Sie 6–1. Sie können mit der 1 Ihren Stein vom Sechser-Punkt auf den Fünfer-Punkt stellen und dann mit der 6 einen Stein vom Fünfer-Punkt herausnehmen; damit vermeiden Sie es, einen einzelnen Stein stehenzulassen und den schwarzen Steinen auf Ihrem Einser-Punkt eine Trefferchance zu geben. Mit anderen Worten: Regel 13, die besagt, daß Sie *jede der beiden gewürfelten Zahlen zuerst ziehen dürfen, vorausgesetzt, daß Sie beide Zahlen ziehen,* gilt beim Herausnehmen genauso wie in allen anderen Situationen.

Fehler

18. Wenn die Steine irrtümlich falsch aufgestellt wurden, muß dieser Fehler korrigiert werden, sofern er von einem der beiden Spieler vor Ende des zweiten Spielzugs bemerkt wird.
19. Bei einem Fehler während des Spiels kann jeder der beiden Spieler vor dem nächsten Wurf verlangen, daß dieser Fehler korrigiert wird. Der falsch gezogene Stein muß richtig gezogen werden; der Spieler darf jedoch auch den ganzen Zug neu – und, wenn er will, völlig anders – ziehen.

Wertung

20. Das Spiel gewinnt, wer als erster alle seine Steine herausgenommen hat.
Ein Gammon wird gewonnen, wenn der Gegner noch keinen einzigen seiner Steine herausgenommen hat. In diesem Fall verdoppelt sich der Einsatz.
Ein Backgammon wird gewonnen, wenn der Gegner noch keinen seiner Steine herausgenommen hat und sich noch ein oder mehrere seiner Steine im inneren Feld des Siegers oder auf der Bar befinden. In diesem Fall verdreifacht sich der Einsatz.
21. Verdopplung.
a) *Automatische Doppel:*
Jedesmal, wenn beim Eröffnungswurf gleiche Zahlen gewürfelt werden, verdoppelt sich der Einsatz. Automatische Doppel gelten allerdings nur dann, wenn sich die Spieler vorher darauf geeinigt haben; inzwischen ist man in weiten Kreisen dazu übergegangen, solche Doppel möglichst zu beschränken.
b) *Freiwillige Doppel:*
Jeder Spieler kann eine Verdopplung des gegenwärtigen Einsatzes anbieten. Danach wechselt das Recht zu doppeln jeweils von einem Spieler zum anderen, wobei jeweils derjenige Spieler, der das letzte Doppel angenommen hat, als nächster doppeln darf.
Ein Spieler darf nur dann doppeln oder re-doppeln, wenn er am Wurf ist und bevor er gewürfelt hat. Dabei gilt ein Wurf auch dann als bereits vollzogen, wenn die Würfel »brennen«.
Ein Doppel kann angenommen oder abgelehnt werden. Wird ein Doppel abgelehnt, ist das Spiel damit beendet, und der Spieler, der ablehnt, verliert den Einsatz, um den es vor der Verdopplung ging.
22. Bei einem Gammon (oder Backgammon) verdoppelt (oder verdreifacht) sich der Einsatz, der gerade auf dem Spiel steht.

Chouette

23. Chouette wird von drei oder mehr Teilnehmern gespielt.
24. Zu Beginn des Spiels rollt jeder Teilnehmer einen Würfel. Wer die höchste Zahl würfelt, ist der »Mann in der Box«, der Spieler mit der nächsthöheren Zahl ist der »Kapitän«. Die übrigen Spieler rangieren je nach der Zahl, die sie gewürfelt haben, hinter dem Kapitän und rücken in dieser Reihenfolge nach.
25. Der erste Wurf bestimmt die Reihenfolge der einzelnen Spieler, aber bei gleichen Zahlen würfeln nur jene Teilnehmer ein weiteres Mal, die diese gleichen Zahlen hatten. Die höhere Zahl hat immer Vorrang.
26. Jeder neue Spieler, der sich an einer Chouette beteiligen möchte, kann aufgenommen werden. Er beginnt beim ersten Spiel, an dem er teilnimmt, an letzter Stelle der »Warteliste«.
27. Nachdem die Reihenfolge bestimmt worden ist, beginnen der Mann in der Box und der Kapitän mit dem Spiel, und zwar so, als ob sie nur zu zweit spielen würden – außer, daß die übrigen Spieler Partner des Kapitäns sind.

28. Der Mann in der Box spielt allein und auf eigene Rechnung – gegen jeden seiner Gegner. Er bleibt so lange in der Box, bis er verliert. In diesem Fall kommt er an die letzte Stelle der Warteliste (außer, wenn gerade ein neuer Spieler aufgenommen wurde). Der Spieler, der im letzten Spiel Kapitän war, kommt nun in die Box.
29. Der Kapitän darf sich bei jedem Problem, das sich aus dem Spielverlauf ergibt, von jedem seiner Partner – oder auch von allen gemeinsam – beraten lassen. Die letzte Entscheidung liegt jedoch bei ihm – von der anschließend genannten Ausnahme abgesehen. Wenn er verliert, kommt er wieder an die letzte Stelle der Warteliste (außer, wenn gerade ein neuer Spieler aufgenommen wurde). Beim nächsten Spiel wird dann der ranghöchste Partner neuer Kapitän.
30. Alle Partner sind an die Entscheidungen des Kapitäns gebunden – außer im Fall eines Doppels durch den Mann in der Box. In diesem Fall hat jeder einzelne Spieler das Recht, das Doppel abzulehnen oder anzunehmen, und zwar ohne Rücksicht auf die Entscheidung des Kapitäns.
31. Wenn der Kapitän ein Doppel der Box nicht akzeptiert, verliert er seine Position und schuldet dem Mann in der Box den Einsatz, um den es für ihn (den Kapitän) vor dem Doppel ging.
32. Ein Doppel, das vom Kapitän abgelehnt wurde, kann von jedem der anderen Spieler angenommen werden. Der Ranghöchste jener Spieler, die das Doppel annehmen, ist bis zum Ende dieses Spiels Kapitän.
33. Das Annehmen oder Ablehnen eines Doppels ändert für den Fall, daß der neue Kapitän verliert, nichts an der Reihenfolge der Spieler; wenn der neue Kapitän gewinnt, kommt er in die Box.
34. Die Spieler, die das Doppel nicht annehmen, scheiden aus und dürfen für den Rest dieses Spiels keine Ratschläge mehr erteilen.

16 Regel-Anhang: Abweichungen

Prägen Sie sich die Regeln aus dem vorangegangenen Kapitel sorgfältig ein. Bei Turnieren sollten diese Regeln gewissenhaft befolgt werden. Wenn Sie jedoch in privatem Kreis spielen, können Sie in bestimmten Fällen von den genannten Richtlinien abweichen. In diesem Kapitel werden wir auf die häufigsten dieser Abweichungen eingehen und außerdem einige »Hausregeln« erörtern. Solange eine dieser Abweichungen nicht die Grundidee des Spiels verfälscht, sehen wir keinen Grund, warum Sie nicht wie die meisten anderen Spieler verfahren sollten. Es ist allerdings wichtig, daß Sie die Auswirkung, die jede dieser Abweichungen auf das Spiel haben kann, in vollem Umfang begreifen.
Zunächst drei ziemlich »gängige« Abweichungen:

Abweichung 1: Keine Backgammons

Um ein Gammon zu gewinnen, ist einige Erfahrung und ein beträchtliches Können erforderlich, und daher gilt ein Gammon als einer der Höhepunkte des Spiels. Dagegen ist ein Backgammon gewöhnlich das Ergebnis einer beträchtlichen Glückssträhne auf seiten des Gewinners und einer gehörigen Portion Pech auf seiten des Verlierers. Natürlich haben Sie nichts dagegen, ein dreifaches Spiel zu gewinnen, aber Ihr Gegner dürfte ganz schön verärgert sein, und daher gibt es einige Leute, die dreifache Spiele grundsätzlich nicht gelten lassen.
Vor allem in Europa geht der Trend dahin, daß dreifache Spiele nur selten gezählt werden. Wenn Sie es sich zur Regel machen wollen, auf dreifache Spiele von vornherein zu verzichten, ist das natürlich Ihre Sache (was uns betrifft: Wir ziehen die normale Spielweise vor). Auf jeden Fall sollten Sie sich schon vor Spielbeginn unmißverständlich zu diesem Punkt äußern und dann mit Ihrem Gegner entsprechend einigen.

Abweichung 2: Keine Gammons in ungedoppelten Spielen

Diese Abweichung wird manchmal die »Jacoby-Regel« genannt, da sie Oswald Jacoby als erster ins Spiel gebracht hat. Dabei ging er davon aus, daß ein Spieler manchmal schon zu einem sehr frühen Zeitpunkt einen »haushohen« Vorsprung herausholt und dann beschließt, lieber auf ein Gammon auszugehen, anstatt zu doppeln und das Spiel somit sofort zu beenden. Bei einem Turnier ist das durchaus in Ordnung. Und auch bei »Privatspielen« gibt es – sofern bereits gedoppelt wurde –, keinen Grund, warum man nicht versuchen sollte, sich die Extra-Punkte zu holen. Wenn jedoch noch überhaupt nicht gedoppelt wurde, dürfte es wahrscheinlich ein ziemlich langweiliges Spiel werden (besonders für den Verlierer), und der Verdopplungswürfel würde auch weiterhin nicht angerührt werden. Und deshalb halten sich einige Spieler an die Jacoby-Regel – kein Gammon in ungedoppelten Spielen – die dem Unterlegenen erlaubt, seinem Gegner ein einfaches Spiel zuzugestehen und dann ein neues zu beginnen. Damit wird das Spiel beschleunigt, und da diese Regelung beiden Spielern zugutekommt, wenden auch wir sie so oft wie möglich an. Manche Spieler lassen die Jacoby-Regel nur gelten, solange es kein *reguläres* Doppel gibt (im Gegensatz zum automatischen Doppel); davon halten wir nicht allzuviel.

Die Jacoby-Regel kann erheblichen Einfluß auf den Verlauf einzelner Spiele haben. Jeder Spieler kann zu Beginn des Spiels die gewagtesten Risiken eingehen, da er, falls er nicht gedoppelt wird, nur mit dem Verlust eines einzelnen Punktes rechnen muß. Außerdem sagt sich der Spieler, der sich schon frühzeitig in einem beachtlichen Vorteil befindet: »Wenn ich jetzt nicht dopple, kann ich höchstens einen Punkt gewinnen. Wenn ich dopple, und mein Gegner ablehnt, bekomme ich diesen einen Punkt sofort. Wenn er annimmt, kann ich vielleicht drei, vier oder sechs Punkte gewinnen – je nachdem, ob ich ein Gammon oder gar ein Backgammon schaffe.«

Abweichung 3: Möglichkeiten bei der Chouette

Ein Spieler in einer Chouette kann sich zwar mit dem Kapitän beraten, muß ihm aber das letzte Wort überlassen, außer wenn es um ein Doppel oder ein Re-Doppel geht. Wenn die Box doppelt, kann ein Spieler ohne Rücksicht auf die Entscheidung des Kapitäns annehmen oder ablehnen – aber wenn der Kapitän darauf besteht, seinerseits zu doppeln, können seine Partner kaum etwas dagegen unternehmen: Die Entscheidung des Kapitäns ist unanfechtbar.

Wir finden, daß die folgende Regel einer Chouette wesentlich angemessener ist:

a) Wenn der Kapitän auf einem Doppel besteht und die *Mehrzahl seiner Partner* dagegen ist, können sie verlangen, daß der Kapitän den gegenwärtigen Spieleinsatz an sie auszahlt. In diesem Fall steht dem Mann in der Box ein Vorkaufsrecht zu.

b) Wenn der Kapitän auf einem Doppel besteht und *die Hälfte oder weniger als die Hälfte seiner Partner* gegen das Doppel sind, können die Spieler, die dagegen sind, aus dem laufenden Spiel aussteigen. Für diesen Fall kann der Mann in der Box ver-

langen, daß der Kapitän die Spielanteile der ausgeschiedenen Teilnehmer übernimmt.
Es kommt häufig vor, daß der Mann in der Box sein Vorkaufsrecht in bezug auf a) wahrnimmt. In bezug auf b) haben wir das noch nie erlebt.
Wir wollen zum Beispiel einmal annehmen, daß der Kapitän zwei Partner hat. Der Würfel steht auf 4 und der Kapitän beharrt darauf, auf 8 zu doppeln. Da beide Partner das ablehnen, schreibt der Kapitän jedem von ihnen vier Punkte gut und doppelt dann auf 8. Wenn die Box annimmt, spielen dann beide Seiten um je vierundzwanzig Punkte, von denen der Kapitän ja bereits acht an seine ehemaligen Partner ausbezahlt hat.
Diese Regel hat eine sehr heilsame Wirkung: Sie hindert manchen Kapitän daran, aus purem Trotz oder aus einer Laune heraus zu doppeln oder zu re-doppeln.

Hier sind noch ein paar andere Abweichungen, die Sie kennen sollten:

Ablehnen des ersten Wurfs

Die einfachste Form dieser Variante sieht folgendermaßen aus: Jeder Spieler rollt einen Würfel (wodurch sich bei gleichen Zahlen bereits ein automatisches Doppel ergeben kann), und wenn dem Spieler mit der höheren Zahl der Eröffnungswurf nicht paßt, dreht er den Verdopplungswürfel auf die nächsthöhere Zahl und würfelt mit seinen beiden Würfeln ein weiteres Mal. Diesen Wurf muß er dann spielen.
Meist ist es so, daß auch der zweite Spieler ein zweites Mal würfeln darf, wenn ihm sein erster Wurf nicht gefällt; bevor er würfelt, dreht auch er den Kubus auf die nächsthöhere Zahl.

Ferner wird meist vereinbart, daß man den Würfel ein weiteres Mal dreht, wenn einer der Spieler (oder beide) bei ihrem zweiten Wurf einen Pasch würfeln.
Diese kleine Zusatzvereinbarung kann zur Folge haben, daß der Verdopplungswürfel schon vor Spielbeginn »heißläuft«. Angenommen jeder Spieler würfelt am Anfang eine 4. Damit wird der Verdopplungswürfel automatisch auf 2 gedreht. Als nächstes würfeln sie 5 und 1. Der Spieler mit der 5 dreht den Kubus auf 4 und würfelt dann Pasch 5. Er muß diesen Wurf zwar als Eröffnungszug ziehen, aber da er einen Pasch gewürfelt hat, wird der Verdopplungswürfel nun auf 8 gedreht. Jetzt kommt aber noch der zweite Spieler dran. Er würfelt Pasch 6, was wiederum eine automatische Verdopplung bedeutet. Natürlich nimmt er diesen Wurf an, aber der Verdopplungswürfel steht jetzt bereits auf 16 – und das Spiel hat gerade erst begonnen! Um zu verhindern, daß der Verdopplungswürfel bei dieser Spielweise völlig außer Rand und Band gerät, einigt man sich gewöhnlich darauf, daß der Kubus mindestens auf 2 und höchstens auf 8 gedreht wird. Selbst wenn er bereits auf 8 steht, bevor der zweite Spieler das erste Mal würfelt, hat er dennoch das Recht auf einen zweiten Wurf, falls er den ersten nicht mag.

Eröffnung mit vier Würfeln

Bei dieser Spielart würfelt jeder Spieler zu Beginn mit seinen *beiden* Würfeln. Der Spieler mit der höchsten Augenzahl (Paschwürfe zählen in diesem Fall nur einfach – Pasch 4 ergibt also 8, usw.) hat den ersten Wurf, und er darf den Verdopplungswürfel drehen und ein weiteres Mal würfeln. Sein Gegner darf, wenn er mit dem ersten Wurf nichts anfangen kann, ebenfalls ein zweites Mal würfeln.
Wir wollen einmal sehen, in welche Höhen diese Verdopplungsform führen kann. Wenn die Spieler die gleiche Augenzahl würfeln, (z. B. der eine Pasch 4 und der andere 3–5), ergibt das ein automatisches Doppel, und der Wurf muß wiederholt werden. Wenn beide genau die gleichen Zahlen würfeln (z. B. 5–4), so wird das als *zwei* automatische Doppel gewertet. Und jedesmal, wenn ein Pasch gewürfelt wird, gibt es ein weiteres automatisches Doppel!

Eingeschränkte Doppel

Wenn Sie jemals einem Spieler begegnen sollten, der Ihnen eine der genannten Spielarten ohne jede Beschränkung der Eröffnungsdoppel vorschlägt, geben wir Ihnen einen einfachen Rat: Spielen Sie nicht mit ihm! Sie können es sich nicht leisten – und er wahrscheinlich auch nicht.
An Orten wie etwa dem »New Yorker Racquet Club« ist der Benutzung des Verdopplungswürfels eine gewisse Beschränkung auferlegt: Das Spiel muß entweder bei 4 oder bei 8 begonnen werden. Mit anderen Worten: Man spielt einfach um das Vierfache des vereinbarten Einsatzes, und dabei ist nur ein automatisches Doppel erlaubt.
Was dabei herauskommt, kann man sich leicht vorstellen. Wenn der Einsatz ein Dollar pro Punkt ist, spielt man entweder um vier oder um acht Dollar. Tatsächlich geht es fast immer um acht.
Bei einer Begrenzung auf minimal 2 und maximal 8 Punkte sollten Sie sich ebenfalls darauf einstellen, daß Sie nur selten bei 2, sondern in den meisten Fällen bei 8 beginnen.
Wir können allerdings mit Genugtuung berichten, daß die Unart der mehrfachen Eröffnungsdoppel allmählich von der Bildfläche verschwindet. Das erinnert uns an jenen wohlhabenden Texaner, der zu einer neuen Spielart von Gin Rommé eingeladen worden war. Die anderen Spieler machten alle möglichen Vorschläge: Pik sollte doppelt zählen, Herz dreifach und Karo vierfach; außerdem waren zusätzliche Punkte für »Gin«, »Schneider« und andere Spezialitäten vorgesehen. Der Mann aus Texas hörte sich das eine Zeitlang an und sagte dann: »Ich bin ein Junge vom Land. Laßt uns doch einfach ein ganz normales Gin Rommé spielen. Aber da euch ja an einem hohen Gewinn zu liegen scheint – warum spielen wir dann nicht gleich um zehn Dollar pro Punkt?« Das gleiche Prinzip gilt auch beim Backgammon: Wenn Sie unbedingt »gambeln« wollen, spielen Sie ruhig um einen hohen Einsatz – aber spielen Sie ein vernünftiges Spiel.

Taktik beim Ablehnen des Eröffnungszuges

Wenn Sie »mit Ablehnen« spielen, sollten Sie so gute Würfe wie 3–1, 4–2 oder 6–1 auf jeden Fall annehmen. Wenn Sie ein zweites Mal würfeln und Ihr zweiter Wurf besonders schlecht ist, sollten Sie lieber auf Sicherheit spielen. Wenn Sie als zweiten Wurf also 5–3 würfeln, versteht es sich von selbst, daß Sie Ihren Dreier-Punkt machen. Hüten Sie sich, mit zwei Steinen vom gegnerischen Zwölfer-Punkt zu gehen und somit einen einzelnen Stein auf Ihren Zehner-Punkt zu stellen. Vergessen Sie nicht, daß Ihr Gegner zwei Versuche hat, um Sie zu treffen, da ja auch er, falls ihm sein erster Wurf nicht paßt, ein zweites Mal würfeln darf.
Der Spieler, der als zweiter zieht, sollte eine Spur flexibler sein. Angenommen, Sie spielen so, daß der Würfel zu Beginn auf 4 oder auf 8 gedreht werden muß. Ihr Gegner hat mit Pasch 1 begonnen, und der Verdopplungswürfel steht auf 4. Nun sind Sie dran – und Sie haben einen erbärmlichen Wurf. Spielen Sie ihn trotzdem! Warum wollen Sie den Würfel auf 8 drehen (was Sie tun müßten, um ein zweites Mal würfeln zu können), wenn Sie sich schon jetzt in einer so miesen Situation befinden?
Noch ein gutgemeinter Rat: Eine Menge jener Leute, die »mit Ablehnung« spielen, würfeln automatisch ein zweites Mal – um das Spiel »anzuheizen«. Tun Sie das nicht! Wenn Sie einen guten ersten Wurf haben, sollten Sie ihn nehmen; Ihr zweiter Wurf könnte ein Alptraum sein.

Ein Wurf für alle

Bei dieser Spielart werden gleichzeitig mehrere Spiele mit den gleichen Würfen gespielt. Obwohl dieses faszinierende Spiel von jeder geraden Anzahl von Spielern gespielt werden kann, bleibt es in der Regel auf vier Spieler beschränkt. Dabei spielen also zwei gegen zwei. Nur die Spieler an einem von beiden Tischen würfeln. Immer wenn ein Spieler gewürfelt hat, ruft er seine Zahlen seinem Partner am anderen Tisch zu, der dann ebenfalls zieht. Natürlich darf man die Zahlen nicht bekanntgeben, bevor die Spieler am anderen Tisch ihren letzten Zug beendet haben.
Die Wertung erfolgt so, daß die Punkte an den beiden Tischen einfach zusammengezogen werden. Wenn Spieler A an Tisch 1 also zwei Punkte verloren und sein Partner an Tisch 2 vier Punkte gewonnen hat, liegt die Mannschaft A nach Ende des ersten Spiels mit zwei Punkten in Führung.
Selbst bei ausgesprochenen Könnern ist es immer wieder erstaunlich festzustellen, wie schnell sich die verschiedenen Positionen an den zwei oder mehr Tischen voneinander unterscheiden.
Diese Spielweise erfreut sich vor allem in den New Yorker Clubs steigender Beliebtheit und gewinnt auch sonst auf der Welt ständig neue Freunde – vergleichbar etwa jenem Siegeszug, den das sehr ähnliche System beim Bridge vor rund vierzig Jahren antrat.

17 Andere Backgammon-Arten

Wie wir in der Einführung schon erwähnt haben, wurde bei einigen antiken Varianten des Spiels mit drei Würfeln gespielt und Boards in den verschiedensten Ausführungen verwendet. Aber bei allen möglichen Backgammon-Arten, die heute noch überall auf der Welt gespielt werden, wird mit zwei Würfeln gewürfelt, und jeder Spieler bewegt fünfzehn Steine um ein im wesentlichen stets gleiches Backgammon-Board herum. Auch das Ziel ist stets das gleiche: Man muß die Steine zunächst ins eigene innere Feld bringen und dann herausnehmen.
Bei manchen Abarten dieses Spiels gibt es allerdings überhaupt keine Blots; statt der sonst üblichen zwei Steine genügt ein einzelner Stein, um einen Punkt zu besetzen, und sechs einzelne Steine hintereinander bilden einen Sechser-Block.
Bei Paschwürfen darf die gewürfelte Zahl gewöhnlich viermal gezogen werden, aber bei einigen wenigen Spielarten ist es so, daß ein Pasch einen weiteren Wurf gestattet. Und obwohl in der Regel ein Spieler, der seinen ganzen Wurf nicht ziehen kann, auf den unspielbaren Teil des Wurfes verzichten muß, gibt es auch Varianten, bei denen dann der Gegner die unspielbare Zahl ziehen darf.
Bei einigen Spielarten sind die Steine zu Beginn nicht in der beim Backgammon üblichen Form aufgestellt; entweder sie befinden sich am Anfang alle außerhalb des Boards oder alle auf einem bestimmten Punkt. Wir können unmöglich auf alle Backgammon-Arten eingehen, die heute gespielt werden. Aber wir wollen uns wenigstens kurz mit den interessantesten beschäftigen. Beginnen wir mit ein paar Anfängerspielen.

Eureika

Im Mittleren Osten wird den Kindern, bevor sie mit Backgammon beginnen, zunächst dieses einfachere Spiel beigebracht. Jeder Spieler stellt je drei Steine auf seinen Einser-, Zweier- und Dreier-Punkt und je zwei Steine auf seinen Vierer-, Fünfer- und Sechser-Punkt. Zu Beginn rollt jeder Spieler einen Würfel, und wer

die höhere Zahl hat, darf anfangen. Nachdem man gewürfelt hat, nimmt man jeweils einen Stein von dem Punkt, der der gewürfelten Zahl entspricht, heraus. Wer als erster alle seine fünfzehn Steine herausgenommen hat, gewinnt.
Können und Geschick spielen dabei nur eine sehr untergeordnete Rolle, und derjenige Spieler, der den ersten Zug machen darf, ist gewöhnlich der Sieger.

Blast-Off

Dieses einfache Spielchen haben wir selbst erfunden. Die Grundaufstellung ist die gleiche wie beim Backgammon, nur werden die beiden hinteren Steine jedes Spielers (die sonst auf dem gegnerischen Einser-Punkt stehen) auf den gegnerischen Zwölfer-Punkt (wo sich ja bereits fünf Steine befinden) gebracht. Das Spiel verläuft genau wie ein normales Backgammon – nur können keine Blots geschlagen werden; es kommt also nur darauf an, welcher Spieler die höheren Zahlen würfelt.
Es gehört keine besondere Meisterschaft dazu, um zu lernen, wie man die einzelnen Würfe am vorteilhaftesten ziehen muß. Wenn der Verdopplungswürfel eingesetzt wird, kommt man außerdem schnell dahinter, wann man in einem Running-Game doppeln sollte und wann nicht. Mit anderen Worten: Anfänger haben nicht nur Spaß an der Sache, sondern können auch etwas dabei lernen.

Moultezim

Neben dem normalen Backgammon wird in der Türkei noch eine Abart gespielt, die sich *Moultezim* nennt und ein paar grundsätzliche Unterschiede aufweist – schon was das Board und die Aufstellung der Steine betrifft. Beim Moultezim befindet sich der weiße Einser-Punkt (und das weiße innere Feld) rechts unten wie beim normalen Backgammon, aber der schwarze Einser-Punkt (und das schwarze innere Feld) ist oben *links* anstatt oben rechts; der schwarze Zwölfer-Punkt (und das schwarze äußere Feld) liegt oben *rechts,* wo sich beim regulären Backgammon sein Einser-Punkt und sein inneres Feld befinden. Die Ausgangsstellung ist so, daß alle fünfzehn weißen Steine vom schwarzen Zwölfer-Punkt (dem normalen schwarzen Einser-Punkt) und alle fünfzehn schwarzen Steine vom weißen Zwölfer-Punkt (also dem weißen Zwölfer-Punkt auch im normalen Spiel) aus beginnen. Schwarz muß alle seine Steine über alle vierundzwanzig Punkte ums Board bewegen: zunächst rechts herum vom weißen Zwölfer-Punkt über das weiße äußere Feld ins weiße innere Feld, dann ins schwarze äußere Feld (im normalen Spiel also sein inneres Feld) dann in sein eigenes (neues) inneres Feld und weiter links herum (statt wie beim regulären Backgammon rechts herum). Weiß zieht ebenfalls in entgegengesetzter Uhrzeigerrichtung: vom schwarzen Zwölfer-Punkt im schwarzen äußeren Feld ins schwarze innere Feld, dann ins weiße äußere Feld und ins weiße innere Feld und schließlich rechts heraus, wie beim normalen Spiel.
Das vordringlichste Ziel besteht darin, einen Sechserblock zu bilden, um den Gegner daran zu hindern, sein Homeboard zu erreichen; ist das geschafft, bringt man seine Steine schleunigst nach Hause und nimmt sie dann heraus.

Die Spielregeln sind die gleichen wie beim Backgammon – mit folgenden Ausnahmen:

1. Es können keine Steine geschlagen werden; es gibt keine Blots. Ein einzelner Stein hält den Punkt, auf dem er steht, genauso besetzt, wie ihn beim Backgammon zwei Steine unter Kontrolle haben, und für seinen Gegner ist dieser Punkt gesperrt.
2. Sie dürfen in Ihrem äußeren Feld nicht mehr als vier Punkte besetzen. Das bedeutet, daß Sie direkt vor dem Startpunkt Ihres Gegners (also vor Ihrem Zwölfer-Punkt) keinen Sechserblock bilden können.
3. Zu Beginn des Spiels rollt jeder Spieler einen Würfel. Der Spieler mit der höheren Zahl würfelt dann mit *beiden* Würfeln ein weiteres Mal und macht seinen ersten Zug.
4. Sie müssen erst einen Stein in Ihr äußeres – oder inneres Board bringen, bevor Sie mit einem zweiten Stein von Ihrem Startpunkt aus ziehen dürfen. Anders ausgedrückt: Sie müssen Ihren ersten Stein an den gegnerischen Steinen auf Ihrem Zwölfer-Punkt vorbeibringen, bevor Sie irgendeinen anderen Stein bewegen dürfen.

Diese vierte Regel mag Ihnen nicht besonders wichtig erscheinen, aber stellen Sie sich nur einmal vor, was passiert, wenn Ihre ersten vier Würfe Pasch 6, Pasch 6, Pasch 3 und Pasch 1 wären. Da Schwarz Ihren Zwölfer-Punkt besetzt hat, können Sie beim ersten Wurf nur eine 6 ziehen, und beim zweiten Wurf sind Sie völlig bewegungsunfähig. Beim dritten Wurf können Sie mit jenem einen Stein drei weitere Felder vorrücken, und beim vierten Wurf können Sie zwei der vier Einser ziehen. Inzwischen dürfte Ihr Gegner einen Stein über den Trennungsstrich und an Ihren anderen Steinen vorbeigebracht haben, und wahrscheinlich hat er ein paar weitere Steine in Ihrem äußeren Feld untergebracht; angenommen, Sie haben Ihren Neuner- und Ihren Zehner-Punkt besetzt. Nun würfeln Sie 4–1 – und können sich ein weiteres Mal nicht bewegen. Zwei Züge später hat er dann vielleicht seinen Sechser-Block in Ihrem äußeren Feld geschlossen, und Sie können von nun an so lange nicht mehr ziehen, bis er diesen Sechser-Block wieder aufgemacht hat.

Jetzt macht er sich daran, mit seinen anderen neun Steinen ums Board herumzuziehen, und wenn ihm nichts Unvorhergesehenes widerfährt, wird er mit sechs von ihnen einen zweiten Sechser-Block bauen, der sich von seinem Zehner- bis zu seinem Fünfer-Punkt erstreckt (den Elfer-Punkt darf er ja – siehe Regel 2 – nicht besetzen). Darauf löst er dann seinen Sechser-Block in Ihrem äußeren Feld auf, und nachdem Sie nun mit Ihrem einzelnen Stein in Ihr eigenes Board ziehen konnten, können Sie nun endlich auch einen Ihrer anderen vierzehn Steine auf seinem Zwölfer-Punkt bewegen – aber nur dann, wenn Sie eine 1 würfeln.

Natürlich ist es beim Moultezim meist so, daß jeder Spieler seinen ersten Stein mit zwei oder drei Würfen in sein äußeres Feld bringen und dann mit den anderen Steinen ziehen kann. Zu diesem Zeitpunkt sollten Sie versuchen, einen oder zwei weitere Punkte in Ihrem äußeren Feld zu besetzen und so viele Punkte wie möglich im äußeren Feld Ihres Gegners (direkt vor Ihrem Startpunkt) machen. Es ist taktisch fast immer unklug, zu Beginn des Spiels einen Ihrer Steine in Ihr inneres Feld zu stellen.

Wenn es Ihnen gelingt, irgendwo in Ihrem eigenen Board einen Sechser-Block zu bilden, dürften Sie das Spiel gewinnen. Ein Sechser-Block im Board Ihres Gegners ist nicht annähernd so wertvoll, da seine Steine, die Sie blockieren, viel näher an seinem Homeboard sind als die Steine, mit denen Sie Ihren Block gebildet haben, an Ihrem eigenen Homeboard; damit haben Sie also, sobald das Running-Game beginnt und Sie Ihren Block auflösen müssen, kaum einen Vorteil.
Selbst wenn Sie keinen Sechser-Block bauen können, sollten Sie nicht vergessen, daß Ihnen jeder Punkt »gehört«, den Sie irgendwo im Board besetzt haben, und beim Moultezim – wie bei allen anderen Backgammon-Arten auch – befindet sich jener Spieler im Vorteil, der die größere Anzahl von Punkten hält.

Acey – Deucy

Dieses Spiel wird vor allem in der amerikanischen Marine gespielt. Es ist einigen Backgammon-Arten im Mittelmeerraum so ähnlich, daß man annehmen darf, daß es ursprünglich von dorther stammt. Bei diesem Spiel beginnen alle Steine außerhalb des Boards. Sie werden hereingewürfelt und in derselben Weise um das Board gezogen wie die Steine beim normalen Backgammon. Mit anderen Worten: Die weißen Steine kommen zunächst in das schwarze Homeboard, durchlaufen dann das schwarze äußere Feld und das weiße äußere Feld, bis sie sich schließlich alle im weißen Homeboard befinden; dann beginnt Weiß, sie herauszunehmen. Schwarz kommt mit seinen Steinen im weißen Homeboard herein und zieht in entsprechender Weise ums Board herum.
Die Regeln sind die gleichen wie beim Backgammon, außer daß man jederzeit jeden beliebigen Stein ziehen kann – egal ob man mit anderen Steinen gerade draußen ist oder nicht.
Hinzu kommt, daß der Wurf 1–2 – Acey-Deucy (»As-zwei«) – eine besondere Bedeutung hat. Sie spielen zunächst Ihre 1–2. Dann dürfen Sie irgendeine beliebige Zahl viermal ziehen (mit anderen Worten: Sie können sich jeden beliebigen Pasch aussuchen). Danach haben Sie noch einen Extra-Wurf. Und wenn dieser Wurf wieder 1–2 ergibt, stehen Ihnen die genannten Privilegien ein weiteres Mal zu.
Zu Beginn des Spiels kommt es in erster Linie darauf an, möglichst schnell ein paar vordere Punkte zu besetzen – als Basis zum Bau eines Sechser-Blocks. Wenn beide Parteien frühzeitig je einen Sechser-Block bilden, ist derjenige Spieler im Vorteil, dessen Block weiter vorn im Board liegt. Selbst wenn dieser Spieler seinen Block als erster aufmachen muß, wird er das Spiel wahrscheinlich gewinnen; wenn er seinen Block länger als sein Gegner halten kann, gewinnt er es mit ziemlicher Sicherheit.
Es gibt beim Acey-Deucy noch eine ziemlich ungewöhnliche Variante, die wir für etwas zweifelhaft halten. Ein Spieler, der sich in der schlechteren Position befindet, bringt nur vierzehn Steine ins Spiel und behält den fünfzehnten (»Clammy« genannt) noch in der »Hinterhand«. Wenn sein Gegner schließlich mit dem Abräu-

men beginnt, wird er zwangsläufig den einen oder anderen Stein als Blot stehenlassen müssen. »Clammy« kann dann einen dieser Blots schlagen, womit sich die Spielsituation wieder grundlegend ändert. Das ist »starker Tobak«, aber auch Seeleute sollen ja bekanntlich bis fünfzehn zählen können.

Plakoto

In Griechenland gibt es mehrere Backgammon-Arten, die sich allgemeiner Beliebtheit erfreuen. Das normale Backgammon wird dort *Portas* oder »Tore« genannt; jeder Punkt ist eine *Porta* (und bei einem Block von sechs Punkten hintereinander wären demnach – so glauben wir jedenfalls – »alle Tore geschlossen«).
Eine andere Variante, die in Griechenland viel gespielt wird, nennt sich *Plakoto.* Die inneren und äußeren Felder sind die gleichen wie beim normalen Backgammon, aber alle fünfzehn weißen Steine stehen auf dem schwarzen Einser-Punkt und alle fünfzehn schwarzen Steine auf dem weißen Einser-Punkt gegenüber (das heißt also, wenn Sie Weiß sind, befinden sie sich alle zu Ihrer *Rechten,* und wenn Sie Schwarz sind, alle zu Ihrer Linken). Alle Steine müssen wiederum sämtliche vierundzwanzig Punkte zurücklegen, und zwar in derselben Richtung wie beim normalen Backgammon.
Beim Plakato können Sie einen Stein auf einen Stein des Gegners stellen, Sie können ihn jedoch nicht hinauswerfen. Solange Sie mit Ihrem Stein auf seinem stehenbleiben, kann er ihn nicht bewegen.
Der Vorteil, den man davon hat, daß man einen gegnerischen Stein »festnagelt«, ist weit größer als der Vorteil, den Sie durch Schlagen eines Blots beim Backgammon erzielen. Wenn Sie einen Blot schlagen, kann dieser Stein nämlich wieder ins Spiel gebracht werden. Wenn Sie dagegen einen Stein festnageln, ist er so lange aus dem Spiel, bis Sie ihn wieder laufenlassen. Außerdem haben Sie den bewußten Punkt völlig unter Kontrolle und können ihn noch mit weiteren Steinen besetzen. Um Ihnen ein Beispiel für die besondere Bedeutung eines solchen Punktes zu geben, wollen wir einmal annehmen, daß Sie als Eröffnungswurf 4–3 würfeln. Es wäre durchaus richtig, wenn Sie mit zwei Steinen auf den schwarzen Vierer- und Fünfer-Punkt zögen, da Sie ja so schnell wie möglich Punkte machen wollen. Schwarz würfelt daraufhin Pasch 5. Er benutzt alle vier 5er, um mit einem seiner Steine Ihren Blot auf seinem Vierer-Punkt festzunageln. Wenn das Spiel mit Einsatz des Verdopplungswürfels gespielt würde, wäre er schon jetzt in der Lage, Sie zu doppeln – und zwar unbeschadet Ihres nächsten Wurfes; nach Lage der Dinge stehen die Chancen schon jetzt zwei zu eins zu seinen Gunsten, und ein Gammon ist ziemlich wahrscheinlich.
Von der Grundaufstellung und der Möglichkeit des Festnagelns abgesehen, sind alle Regeln die gleichen wie beim Backgammon. Es kommt darauf an, möglichst schnell möglichst viele Punkte zu besetzen – außer man hat eine Chance, einen oder mehrere Steine festzunageln.

Gioul

Dieses Spiel stammt wahrscheinlich aus der Türkei, aber es wird im ganzen Mittleren Osten gespielt. Die Steine werden wie beim Plakoto aufgestellt und bewegt, aber es gibt keine Blots, und jeder Stein hält den Punkt, auf dem er steht, besetzt – genau wie beim Moultezim.

Das »Salz« in diesem Spiel sind die Paschwürfe. Wenn ein Spieler einen Pasch würfelt, zieht er die gewürfelte Zahl viermal; dann zieht er den nächsthöheren Pasch auf die gleiche Weise usw. – bis er schließlich Pasch 6 gezogen hat. Folglich berechtigt ein Pasch 1 den glücklichen Spieler, erst vier 1er zu ziehen, dann vier 2er, vier 3er, vier 4er, vier 5er und schließlich vier 6er. Wenn Ihnen so eine Paschfolge schon zu einem frühen Zeitpunkt in den Schoß fällt, ist das natürlich ein gewaltiger Vorteil, aber wenn Ihnen das in der Mitte des Spiels passiert und Ihr Gegner bereits eine Reihe von Punkten besetzt hat (wozu, wie Sie wissen, ein einziger Stein pro Punkt genügt), besteht die Möglichkeit, daß Sie Ihre Züge nicht voll ausnutzen können. Dann fallen die Zahlen, die Sie nicht ziehen können, Ihrem Gegner zu. Wenn Sie also Pasch 2 würfeln, und – nachdem Sie vier 2er und eine 3 gezogen haben – feststellen, daß Sie eine zweite 3 nicht mehr ziehen können, verlieren Sie den Rest Ihres Wurfes; nun darf Ihr Gegner die drei verbleibenden 3er, vier 4er, vier 5er und vier 6er ziehen. Wenn er seinerseits nicht alle Zahlen ziehen kann, gelten sie einfach als verfallen, und er macht seinen nächsten Wurf.

Die Strategie dieses Spiels besteht vor allem darin, sich in eine Position zu bringen, in der man Paschwürfe (vornehmlich 5er und 6er) voll ausnutzen kann und gleichzeitig seinen Gegner daran hindert, dasselbe zu tun. In diesem Fall spielt es keine Rolle, wer von beiden einen Pasch würfelt. Wenn Sie einen haben, können Sie ihn spielen, und wenn er einen hat, fällt Ihnen der größte Teil des Wurfes ohnehin zu. Dieses etwas komplizierte Taktieren macht Gioul – im Vergleich zu anderen Backgammon-Arten – zu einem ziemlich langatmigen Spiel.

Zusammenfassung

Wir haben Ihnen die genannten Spiele für den Fall vorgestellt, daß Sie das normale Backgammon vielleicht eines Tages langweilen könnte und Sie dann etwas anderes versuchen möchten. Unserer eigenen Erfahrung nach bietet Backgammon allerdings so viele verschiedene Möglichkeiten, daß es einem niemals langweilig werden kann.

18 Etikette

Gute Etikette sorgt für gutes Backgammon und gute Unterhaltung. Schlechte Etikette führt zu Streitigkeiten, Ärger und schlechter Laune beim Spiel.
Im Gegensatz zu anderen Spielen, bei denen praktisch alle Meinungsverschiedenheiten ohne größere Schwierigkeiten beigelegt werden können, gibt es beim Backgammon verschiedene Situationen, in denen jeder der Spieler davon überzeugt ist, im Recht zu sein.
Nehmen wir z. B. einmal an, daß Sie in der Mitte eines Spiels 5–4 würfeln; Sie ziehen – völlig korrekt – mit einem Stein vom schwarzen Elfer- auf Ihren Fünfer-Punkt und nehmen dann Ihre Würfel wieder auf. Sie haben sich vorschriftsmäßig verhalten und alles richtig gemacht, aber Ihr Gegner ist anderer Meinung.
Vielleicht hat er Ihre Zahlen nicht genau gesehen und glaubt, daß Sie 5–3 gewürfelt haben. Oder er ist der Ansicht, daß Ihr Stein von seinem Zehner-Punkt und nicht von seinem Elfer-Punkt kam. In beiden Fällen hätten Sie Ihren Stein auf Ihren Sechser-Punkt stellen müssen und nicht auf Ihren Fünfer-Punkt. Wenn Sie mehrere Steine auf dem Punkt haben, auf den Sie gezogen sind, und auch ein paar Steine auf den angrenzenden Punkten, ist hinterher nicht mehr so leicht festzustellen, auf welchen Punkt Sie Ihren Stein nun tatsächlich gestellt haben.
Im vorliegenden Fall haben Sie die Regeln sorgfältig befolgt und wissen mit Sicherheit, daß Sie keinen Fehler gemacht haben. Deshalb sollten Sie darauf bestehen, daß der fragliche Stein bleibt, wo Sie ihn hingestellt haben, und Ihr Gegner sollte sich ohne Murren damit abfinden.
Aber angenommen, Sie würfeln, schnappen sich einen Stein mit einer Hand, nehmen mit der anderen Ihre Würfel auf und stellen dann Ihren Stein ziemlich sorglos auf irgendeinen Punkt. Sie müssen Ihrem Gegner schon mit einiger Nachsicht begegnen, wenn er dann ganz genau wissen will, was Sie gewürfelt haben, woher Ihr Stein kam, wo Sie ihn hingestellt haben usw.; und wenn er darauf besteht, daß Sie etwas falsch gemacht haben, sollten Sie nachgeben.
Sie haben nicht etwa gegen eine Regel verstoßen, sondern nur die Etikette verletzt, da Ihr Gegner kaum Gelegenheit hatte, die Richtigkeit Ihrer Spielweise zu prüfen.

Wir raten Ihnen dringend, jeden Ihrer Züge mit größter Sorgfalt durchzuführen und insbesondere streng darauf zu achten, *daß Sie die Steine nur mit einer Hand bewegen und Ihre Würfel so lange nicht berühren, bis Sie den ganzen Zug zu Ende gespielt haben.* Für »Taschenspielertricks« – etwa das Ziehen von zwei Steinen gleichzeitig mit je einer Hand – haben Ihre Gegner meist nichts übrig. Die Tatsache, daß Sie Ihren Zug richtig gezogen haben, gibt Ihnen dabei noch lange nicht Recht. Wenn Ihr Gegner irgendeinen Zweifel daran anmeldet, müssen Sie klein beigeben, und der einzige, der dabei einen Vorwurf verdient, sind Sie selbst.
Die Regel schreibt vor, daß ein Zug erst dann als gezogen gilt, wenn man seine Würfel aufnimmt; wenn Sie das also tun, bevor Sie Ihren Zug vollendet haben, kann Sie Ihr Gegner zwingen, den Zug entweder richtig zu ziehen oder neu zu würfeln.
Auf Einhaltung dieser Regel sollten Sie stets bestehen, allerdings mit einer Ausnahme. Diese Ausnahme ist gegeben, wenn Ihr Gegner etwa 4–1 würfelt, die 4 zieht, den Würfel mit der 4 aufhebt, den Würfel mit der 1 aber noch liegen läßt – solange er überlegt, wie er die 1 ziehen will. Wir halten diese Spielweise, obwohl sie den Regeln entspricht, für nicht ganz einwandfrei – da Ihr Zug rein technisch gesehen erst beendet ist, wenn Ihre beiden Würfel wieder im Würfelbecher sind.
Die Regeln verbieten ferner, daß ein Spieler würfelt, bevor sein Gegner seinen Zug vollendet hat; tut er das trotzdem, kann der Gegner den Wurf entweder anerkennen oder den Spieler auffordern, noch einmal zu würfeln.
Diese Regel sollte jedoch nicht mißbraucht werden. Angenommen, Weiß eröffnet mit 3–1. Er wird seinen Fünfer-Punkt machen – daran kann es gar keinen Zweifel geben; wenn Schwarz nun vorschnell würfelt, sollte sein Wurf gelten. Oder angenommen, Weiß räumt ab und würfelt 6–5. Sein Sechser-Punkt ist nicht mehr besetzt, und folglich *muß* er zwei Steine von seinem Fünfer-Punkt herausnehmen. Wenn Schwarz nun zu früh würfelt, sollte sein Wurf gelten. Es ist zwar durchaus in Ordnung, sich genau an die Regeln zu halten, aber niemand sollte sich dabei auf unfaire Weise einen Vorteil verschaffen.
In besonders komplizierten Situationen können Sie einen Zug zunächst »vorläufig« ziehen – um die Position, in die Sie mit diesem Zug geraten würden, genau zu studieren und sich dann später für diesen oder einen anderen Zug zu entscheiden. In solchen Fällen sollte Ihr Gegner nicht würfeln, bevor Sie Ihre Würfel wieder aufgenommen haben; aber darüber hinaus schreibt die Etikette vor, daß Sie Ihren Gegner bei einem vorläufigen Zug darauf aufmerksam machen, daß Sie sich das Ganze noch einmal überlegen wollen.
Es gibt noch einen weiteren Grund, warum Sie das tun sollten. Wir erleben immer wieder, daß selbst erfahrene Spieler einen vorläufigen Zug machen und dann die Steine falsch »zurückziehen« – oder daß der Gegner zumindest dieser Ansicht ist. Wenn Sie vorher ankündigen, daß Sie einen Zug nur »zur Probe« machen, wird sich Ihr Gegner die Ausgangsposition etwas genauer anschauen, und damit ist das Risiko einer Meinungsverschiedenheit stark vermindert.
Wenn Sie mit einem Stein ziehen, sollten Sie ihn immer genau in die Mitte des betreffenden Punktes stellen, damit sie später die mögliche Frage, wo denn der Stein

nun eigentlich steht, erübrigt. Außerdem sollten Sie bei jedem Zug darauf achten, daß Ihr Gegner diesen Zug ganz genau verfolgen kann. Wenn Sie bei einem Pasch mit zwei Steinen gleichzeitig ziehen wollen, sollten Sie dafür sorgen, daß Ihr Gegner ganz genau weiß, von welchem Punkt diese beiden Steine kommen; und außerdem sollten Sie jeden der vier Züge so ziehen, daß sich Ihr Gegner ohne Schwierigkeiten davon überzeugen kann, daß Sie tatsächlich vier Züge gemacht haben – und nicht drei, fünf oder sechs.

Auch beim Würfeln selbst hat man sich an eine bestimmte Etikette zu halten. Sie sollten die Würfel gut schütteln, und obwohl Sie dabei die Öffnung des Würfelbechers mit einer Hand zuhalten dürfen, müssen Sie diese Hand beim Herausrollen der Würfel dann wieder wegnehmen.

Wie wir bereits erwähnt haben, steht Ihnen in einer Chouette das Recht zu, sich mit Ihrem Kapitän zu beraten, aber gebärden Sie sich nicht übereifrig und fühlen Sie sich nicht bemüßigt, bei jedem einzelnen Zug Ihren Kommentar dazuzugeben. Überlassen Sie die meisten Entscheidungen dem Kapitän. Andererseits sollten Sie als Kapitän nicht bei jedem Zug um Vorschläge bitten; wenn sich jedoch ein wirkliches Problem ergibt, können Sie sich ruhig ein bißchen Zeit lassen und Ihre Partner um Rat fragen. Denken Sie daran, daß ein ständiges Durchdiskutieren jedes einzelnen Zuges das Spiel auf ebenso unnötige wie unangenehme Weise verzögert.

Natürlich steht dem Kapitän das Recht zu, alle Entscheidungen selbständig zu treffen, außer daß er im Namen seiner Partner kein Doppel annehmen darf. Andererseits sollte der Kapitän *niemals* darauf bestehen, ein Spiel zu doppeln, wenn die Mehrzahl seiner Partner dagegen ist (siehe Abweichung 3 im letzten Kapitel).

Backgammon ist manchmal ein ziemlich ärgerliches Spiel. Es kann vorkommen, daß Ihr Gegner genau im richtigen Augenblick ein paar Paschwürfe hintereinander hat und eine sichere Niederlage noch in einen Sieg verwandelt, oder daß Sie mit einem Stein auf der Bar sind und mehrere Würfe lang nicht wieder hereinkommen, während Ihr Gegner seine Stellung von Wurf zu Wurf verbessern kann. Wir kennen niemand, der in solchen Fällen seinen Ärger nicht irgendwie zum Ausdruck bringt, aber Sie sollten sich unbedingt davor hüten, übertrieben »sauer« oder gar heftig zu reagieren. Es nützt Ihnen nicht das geringste, wenn Sie Ihren Würfelbecher auf den Tisch knallen oder die Würfel zum Fenster hinauswerfen. Sie dürfen durchaus ein bißchen ärgerlich werden, aber versuchen Sie, Ihre Verärgerung in Grenzen zu halten und sozusagen Ihr Gesicht zu wahren.

Das einzige, was Sie gegen Ihr Würfelpech tun können, ist, die Würfel besonders heftig und lange zu schütteln. Das hilft im Grunde zwar auch nicht viel, aber es gilt nicht als ungebührlich, und es gibt Ihnen Gelegenheit, ein bißchen Dampf abzulassen und Ihre Nerven zu beruhigen. Was das Würfelglück Ihres Gegners betrifft, so können Sie (siehe Regel 6b) zu Beginn eines neuen Spiels darauf bestehen, daß die Würfel ausgetauscht werden. Man kann sogar vereinbaren, daß die Würfel – auf die vorgeschriebene Weise – jederzeit ausgetauscht werden dürfen. Wir schätzen das nicht besonders, da so ein Austausch in der Mitte des Spiels den Spielverlauf nur verzögert und ohnehin nicht viel ändert. Es ist sehr unwahrscheinlich, daß Sie jemals mit »gezinkten« Würfeln spielen werden – oder gegen einen Spieler, der mit einem Würfelbecher immer die Zahlen würfeln kann, die er gerade braucht. Tatsächlich ist es sogar höchst unwahrscheinlich, daß Sie je einen Spieler treffen werden, der die Würfel mit der *Hand* nach Belieben »legen« kann; denken Sie also stets daran, daß ein Würfel – genau wie eine »Rugby-Pille« – manchmal seltsame Kapriolen schlägt – und daß jede Pechsträhne einmal ein Ende hat.

Ein Wort zum Schluß: Wenn Sie schon ein Glas (sei es mit Saft oder mit härterem Getränk) auf den Tisch stellen müssen, sollten Sie darauf achten, daß Sie es nicht mit dem Würfelbecher verwechseln. Würfel vermögen Ihren Durst nicht zu löschen, und wenn Sie mit Ihrem Getränk würfeln, ist das eine ebenso klebrige wie ärgerliche Geschichte!

19 Backgammon-Geschichten

Daß ein Spieler, dem das Pech förmlich an den Händen klebt, seinen Kopf verliert, soll ja hin und wieder vorkommen. Unsere erste Geschichte handelt jedoch von einem Mann, der seinen Kopf verlor, weil er zuviel *Glück* hatte.
Die Geschichte ereignete sich in Persien – etwa 500 Jahre vor Christus. Der König von Persien spielte mit einem seiner Edelleute eine alte Version des heutigen Backgammon, und zwar auf einem Board, das dem unseren sehr ähnlich war. Der König befand sich in einer ausgezeichneten Position, und alle seine Steine waren strategisch glänzend plaziert. Das Spiel wurde damals mit drei Würfeln gespielt, und der König würfelte als nächstes 6–3–2. Nachdem er sich den Wurf genau angesehen hatte, stellte er fest, daß er drei Punkte aufmachen und sechs Blots stehenlassen mußte. Statt vor einem fast sicheren Sieg stand der König plötzlich vor einer sicheren Niederlage.
Dann beging der Edelmann einen schwerwiegenden Fehler. Er lachte – und das kostete ihn prompt seinen Kopf. Es ist nicht bekannt, ob einer seiner Erben die Partie gegen den König zu Ende spielen durfte.

Der verstorbene Sherman Stearns, einer der besten Bridgespieler der 30iger Jahre, war auch ein recht guter Backgammonspieler, aber er pflegte sich ständig über sein außergewöhnliches Pech zu beklagen. Er hatte immer jede Menge »Pech-Geschichten« auf Lager, aber die klassische Geschichte war jene, in der er in einem Running-Game auf 32 gedoppelt worden war – zu einem Zeitpunkt, da sein Gegner eigentlich ein bißchen hinten lag. Sherman hätte sofort zurückdoppeln können, er wußte aber, daß sein Gegner fast jedes Doppel annehmen würde, und außerdem gefiel Stearns die Aussicht, möglicherweise ein 64iger-Spiel zu verlieren, nicht sonderlich gut. Er wartete also noch so lange ab, bis er schließlich nur noch einen Stein auf dem Fünfer- und einen Stein auf dem Einser-Punkt hatte, während sein Gegner noch vier Steine herausnehmen mußte. Einer dieser vier Steine stand auf dem Fünfer-Punkt, so daß der andere – falls Sherman beim nächsten Wurf nicht beide Steine abräumen würde – nur mit Pasch 5 oder Pasch 6 gewinnen konnte.

Sherman doppelte auf 64, und sein Gegner nahm mit den Worten an: »Du hast gerade einen Pasch gewürfelt. Jetzt bin ich mit einem dran.« Er kümmerte sich wenig um die Tatsache, daß Sherman mit dreiundzwanzig von sechsunddreißig möglichen Würfen gewinnen würde; und selbst wenn Sherman dies nicht gelang, konnte sein Gegner dann ja nur mit Pasch 5 oder Pasch 6 gewinnen.
Sherman würfelte also und kam – es versteht sich fast von selbst – nicht mit beiden Steinen heraus; sein Gegner hatte dann prompt seinen Pasch 5 und gewann.
Wir haben Sherman mit dem Hinweis darauf zu trösten versucht, daß er eigentlich von Glück sagen konnte, daß er nicht noch auf 128 gedoppelt wurde!
Jeder Spieler kennt ähnliche Geschichten aus eigener Erfahrung. Wir haben immer wieder erlebt, daß Spieler die einzig mögliche Zahl würfelten, mit der sie ein Spiel verlieren konnten. Wir haben erlebt, daß ein Spieler, der kurz davor stand, ein sicheres Gammon oder Backgammon zu gewinnen, eine Zahl würfelte, die ihn zwang, seinen letzten Stein als Blot stehenzulassen. Der Blot wird getroffen, und mit dem Gammon ist es vorbei. Der Gegner macht sein Board zu und gewinnt schließlich das Spiel – mit fünfzehn Steinen gegen einen.

Der ungewöhnlichste Fall, der uns bekannt ist, ereignete sich vor nicht allzulanger Zeit in Nassau. Weiß hatte Schwarz, der sich in einem Back-Game befand, gedoppelt, und das Back-Game war dann in die Binsen gegangen. Schließlich hatte Weiß nur noch zwei Steine auf seinem Zweier-Punkt. Schwarz stand noch mit vier Steinen auf dem weißen Einser-Punkt, und seine elf anderen Steine waren ums ganze Board herum verstreut.
Weiß würfelt 5–1 und mußte seinen letzten Stein auf dem Zweier-Punkt lassen. Schwarz gelang es nicht, diesen Blot zu treffen, und der einzige Wurf, der Weiß am Gewinn eines Backgammon hindern konnte, war ein Pasch 1. Natürlich würfelte er genau das. Schwarz ließ sich die zweite Chance nicht entgehen: er würfelte eine 1 und traf den Blot.
Damit war Schwarz der Gammon-Gefahr jedoch noch nicht entronnen. Er mußte seine Steine »zusammensammeln« und Weiß daran hindern, ums Board herum und in Sicherheit zu kommen; aber Dank einer Serie guter Würfe von Schwarz und schlechter Würfe von Weiß schaffte er das. Schließlich hatte Schwarz sein Board geschlossen und begann abzuräumen. Weiß kam ein paarmal nicht herein, und Schwarz doppelte nun sogar zurück – und zwar in einer Position, in der Weiß, der Ärmste, gar nicht anders konnte, als anzunehmen. Das Glück blieb Schwarz treu, und er gewann das Spiel!

Bei allen Glücksspielen gibt es ein sogenanntes »Verlierer-Syndrom«, das die Leute dazu bringt, sich immer weiter auf die Verliererstraße zu begeben. Der Verdopplungswürfel beim Backgammon erhöht die Gefahr dieses Syndroms erheblich. *Psychologisch gesehen ist es viel leichter zu sagen: »Laß uns doch gleich bei 2 oder 4 beginnen« als zu sagen: »Laß uns um den doppelten Einsatz spielen.«* Hinzu kommt, daß dieses Syndrom den Verlierer dazu verleitet, viel zu früh zu doppeln und Doppel anzunehmen, die er eigentlich ablehnen sollte.

Einem Spieler mit Verlierer-Syndrom kann alles mögliche passieren. Der folgende Vorfall ereignete sich in einem Club in New York. Ein junges Mitglied mit bescheidenen finanziellen Mitteln begann gegen ein erfahrenes, außerordentlich wohlhabendes Mitglied ein Spiel um fünf Dollar pro Punkt. Dem jungen Mann klebte das Glück an den Händen, aber sein Gegner doppelte und re-doppelte geradezu verzweifelt, so daß der jüngere nach etwa einer Stunde fünfhundert Dollar im Plus war.

Der Verlierer bestand darauf, von nun an jedes Spiel bei 2 zu beginnen und ließ dem jungen Mann praktisch keine andere Wahl als sich einverstanden zu erklären. Als nächstes wurde der Würfel dann gleich zu Beginn auf 4, dann auf 8 und schließlich auf 64 gedreht. Für den Verlierer ging die Rechnung jedoch nicht auf. Er verlor immer mehr, und am Ende belief sich sein Verlust auf rund hunderttausend Dollar. Der reiche Mann, der das Spiel trotz der ständigen Proteste des jungen Mannes laufend angeheizt hatte, sagte nun: »Ich wüßte nicht, warum ich zahlen sollte. Wenn Sie diese Summe verloren hätten, wären Sie wohl kaum zahlungsfähig gewesen.« Dann machte er ein Vergleichsangebot in Höhe von fünftausend Dollar. Der junge Mann, der die verschiedenen Beleidigungen seines älteren Gegners geduldig ertragen und sich während des ganzen Spiels vorbildlich benommen hatte, erwiderte nun: »Ich weiß, daß ich keine Hunderttausend hätte zahlen können, *aber ich hätte alles zahlen können, was ich möglicherweise verloren hätte.* Sie waren derjenige, der mich immer wieder »gepreßt« hat, und deshalb müssen Sie auch für Ihren Verlust in voller Höhe geradestehen.«

Erfreulicherweise können wir berichten, daß der reiche Mann – nachdem er sich wieder einigermaßen beruhigt hatte – die volle Summe bezahlte. Nicht, daß wir Spiele um derartige Beträge gutheißen, aber Spielschulden sind seit eh und jeh Ehrenschulden – und sollten daher auch bezahlt werden.

Unsere letzte Geschichte handelt von einem jungen Mann aus guter Familie, aber von schlechtem Charakter, der sich einen netten, kleinen Trick ausgedacht hatte und eines Tages nach London kam, um sein »System« in bare Münze umzusetzen.

Er sah ziemlich gut aus und war ein guter Backgammonspieler. Seine Taktik bestand zunächst darin, sich einen leichten Gegner zu suchen – vorzugsweise eine Dame mit eigenem Bankkonto oder mit einem reichen Ehemann. Dann schlug er ein Spielchen zu sehr niedrigem Einsatz vor – »nur so zum Zeitvertreib«. Er war natürlich viel zu nett und viel zu bescheiden, als daß er um irgend etwas anderes als um einen sehr niedrigen Einsatz gespielt hätte.

Gewöhnlich machte er den Vorschlag, um fünf Cents pro Punkt zu spielen. Dabei konnte eigentlich niemand viel gewinnen oder verlieren – aber es gab einen kleinen Trick bei der Sache. Er wies darauf hin, daß so ein Spiel viel mehr Spaß machen würde, wenn jeder Spieler mit einem guten Eröffnungswurf anfangen könnte. Wenn also dem ersten Spieler sein Eröffnungswurf nicht paßte, durfte er immer wieder und wieder würfeln – so lange, bis er endlich einen Wurf nach seinem Geschmack hatte. Um die Sache noch ein bißchen interessanter zu machen, sollte der Verdopplungswürfel bei jedem dieser Würfe einmal gedreht werden. Und es wäre doch, wie er verbindlich lächelnd hinzufügte, ziemlich unfair, wenn man dem zweiten Spieler nicht dieselben Rechte einräumte.

Eine Zeit bewegten sich diese Spiele in bescheidenen Grenzen, das heißt, der Dopplungswürfel stand bei Spielbeginn mal auf 16, mal auch auf 64. Doch dann sorgte er dafür, daß der Kubus allmählich immer höher gedreht wurde. Meist war es so, daß sein weibliches Opfer nicht die geringste Ahnung hatte, wie ihr geschah, bis sie schließlich am Ende der Partie erfahren mußte, daß sie eine beträchtliche Summe verloren hatte. Natürlich betonte er dann immer, wie bedauerlich es doch sei, daß ihr harmloses, kleines Spielchen derartige Höhen erreicht habe, aber wenn er verloren hätte, hätte er selbstverständlich bezahlt – und wie würde *sie* sich denn nun verhalten? Die meisten seiner Opfer zahlten tatsächlich. Aber nachdem er keine »Dumme« mehr fand, beschloß er schließlich, sein Glück in New York zu versuchen.

Das erste Opfer des »Hais« entpuppte sich als ein »Mörderwal«. Die Dame war jung, attraktiv und reich – und außerdem zufällig eine hervorragende Backgammonspielerin. Ferner wollte sie von »diesem Pfennigkram« und allen möglichen Doppeln nichts wissen. Sie schlug gleich einen hohen Einsatz vor, und der »Hai«, der sich einfach nicht vorstellen konnte, daß die Dame ihm in der Kunst des Backgammon das Wasser reichen konnte, ging darauf ein. Er verlor prompt mehrere tausend Dollar.

Wie sich dann herausstellte, war er, was das Nichtbezahlen von Spielschulden betraf, ebenso gewissenhaft wie beim »Abkassieren«!

Stichwörterverzeichnis

Auf den folgenden Seiten werden die gebräuchlichsten Ausdrücke und Redewendungen erklärt, die beim Backgammon vorkommen. Die Zahlen in Klammern hinter einigen Definitionen beziehen sich auf das jeweilige Kapitel, in dem der betreffende Ausdruck ausführlich behandelt wird.

Abräumen. Das Herausnehmen Ihrer Steine aus dem Board entsprechend den gewürfelten Zahlen. Sie können mit dem Abräumen erst beginnen, nachdem Sie alle Ihre Steine in Ihr inneres Feld gebracht haben. Wird auch »Herausnehmen« oder »Herauswürfeln« genannt. (1)

Äußeres Feld. Jenes Rechteck im Board, in dem sich jeweils die Punkte sieben bis zwölf eines Spielers befinden. (Siehe Diagramm 1, Kapitel 1)

Aufmachen. Ein Sechserblock besteht aus sechs Punkten hintereinander, die Sie irgendwo im Board gemacht haben (und an denen die Steine des Gegners nicht vorbeikommen können); unter Aufmachen (oder »Öffnen«) eines Blocks versteht man, daß Sie einen oder mehrere Steine dieser sechs Punkte bewegen und damit einen Blot stehenlassen oder den ganzen Punkt freimachen.

Aufstellung. Gemeint ist die stets gleiche Grundaufstellung der dreißig Steine zu Beginn des Spiels. (Siehe Diagramm 1, Kapitel 1)

Automatische Doppel. Diese Abweichung von der normalen Regel besagt, daß sich der Einsatz zu Spielbeginn automatisch verdoppelt, wenn beide Spieler beim ersten Wurf dieselbe Zahl würfeln. (7)

Back-Game. Eine Strategie, die von einem Spieler angewandt wird, der gegenüber seinem Gegner so weit hinten liegt, daß er in einem Running-Game keine Chance hätte. Er versucht seinen Rückstand noch zu vergrößern, indem er möglichst überall im Board Blots stehenläßt und sein Spieltempo verzögert. Der Sinn der Sache ist, zwei Punkte im gegnerischen Homeboard zu besetzen, um dann am Ende einen oder mehrere Blots des Gegners schlagen zu können. (10)

Backgammon. Spielausgang, bei dem ein Spieler seine sämtlichen Steine herausgenommen hat, bevor sein Gegner mit einem einzigen Stein draußen ist und noch einen oder mehr Steine im inneren Feld des Siegers oder auf der Bar hat; wird auch »dreifaches« Spiel genannt, da der Sieger den dreifachen Einsatz gewinnt.

Bar. Die Linie in der Mitte des Spielboards, die die inneren und äußeren Felder voneinander trennt; bei den meisten Boards besteht diese Linie aus einer erhöhten Kante, die die beiden Längsseiten miteinander verbindet.

Bar-Punkt. Der jeweilige Siebener-Punkt jedes Spielers; der erste Punkt in seinem äußeren Feld gleich neben der Bar.

Berechnen der Position. Das Zählen sämtlicher Punkte, die Sie noch zurücklegen müssen, bis Sie Ihren letzten Stein abgeräumt haben – verglichen mit der »Gesamtpunktzahl« Ihres Gegners. (6)

Blocking-Game. Eine defensive Spielweise, bei der Sie versuchen, verschiedene Punkte zu besetzen, um Ihren Gegner in seiner Vorwärtsbewegung zu blockieren.

Blot. Ein einzelner Stein auf einem Punkt. Er kann von einem der gegnerischen Steine geschlagen und somit »hinausgeworfen« werden. Er bleibt dann so lange draußen (oder »auf der Bar«) bis Sie eine Zahl würfeln, mit der Sie ihn wieder ins innere Feld Ihres Gegners bringen können. Bevor Sie Ihren Blot nicht wieder ins Spiel gebracht haben, können Sie keinen Ihrer anderen Steine bewegen. Oft wird ein Blot auch »ungedeckter Stein« genannt.

Board. (1) Das ganze Backgammonbrett.
(2) Eins der vier Rechtecke innerhalb des Spielfeldes; jeder Spieler hat ein äußeres Board, ein inneres oder Homeboard; wird auch inneres und äußeres »Feld« genannt. (Siehe Diagramm 1 Kapitel 1)

Box. Der »Mann in der Box« in einer Chouette. Jeweils der Spieler, der zu Spielbeginn die höchste Zahl würfelt; bei allen folgenden Spielen der Gewinner des vorangegangenen Spiels. Die Box spielt allein gegen alle anderen Spieler, die eine Mannschaft bilden. (12)

Brennende Würfel. Ein Würfel brennt, wenn er nach dem Ausrollen nicht flach auf dem Board liegt. Wenn ein Würfel in der einen Hälfte des Boards landet und der andere in der anderen Hälfte, »brennen« sie ebenfalls. Ein Wurf, der »brennt«, muß wiederholt werden. (1)

Chouette. Eine Backgammon-Spielart für mehr als zwei Spieler. Ein Spieler – »die Box« – spielt gegen alle anderen, die zusammen eine Mannschaft bilden. Ein Mitglied der Mannschaft ist der Kapitän. Er macht die einzelnen Züge in Übereinstimmung mit seinen Partnern. (12)

Decken eines Blots. Wenn Sie einen zweiten Stein auf einen Punkt stellen, auf denen bereits ein einzelner Stein (Blot) von Ihnen steht. Damit »machen« Sie diesen Punkt, und Ihr Blot kann nicht mehr geschlagen werden.

Direkter Treffer. Ein gegnerischer Blot, der sechs oder weniger Punkte von Ihrem nächsten Stein entfernt ist und dadurch bereits von einer der zwei gewürfelten Zahlen direkt getroffen werden kann. Im Gegensatz dazu ist der »Kombinationstreffer« sieben oder mehr Punkte entfernt.

Doppeln. Das Erhöhen des Spieleinsatzes auf das Doppelte. (7)

Doppeltes Spiel. Ein Gammon, in dem Sie den doppelten Einsatz gewinnen.

Draußen. Wenn ein Blot geschlagen wird, ist er »draußen«, also auf der Bar.

Dreieck. Jedes Board enthält 24 längliche Dreiecke, die üblicherweise »Punkte« genannt werden.

Dreifaches Spiel. Auch Backgammon genannt, bei dem Sie den dreifachen Einsatz gewinnen.

Einzelner Stein. Auch »freistehender Stein« genannt. Siehe auch »Blot«.

Führung. Der Unterschied zwischen Ihrer Gesamtpunktzahl und der Ihres Gegners.

Gammon. Spielausgang bei dem ein Spieler alle seine Steine herausgenommen hat, bevor der Verlierer einen einzigen Stein abgeräumt hat. Der Sieger gewinnt den zweifachen Einsatz.

Geschlossenes Board. Ein Sechserblock, den ein Spieler in seinem inneren Feld gebildet hat. Dieses innere Feld (oder Board) ist somit »geschlossen« und macht es dem Gegner unmöglich, mit einem Stein von der Bar hereinzukommen.

Hereinkommen. Einen geschlagenen Stein wieder ins Homeboard des Gegners und somit ins Spiel bringen. Solange man mit einem Stein auf der Bar ist, darf man keinen seiner anderen Steine bewegen. Wird auch »Hereinwürfeln« genannt. (1)

Hintere Steine. Die Steine im inneren Feld des Gegners; Sie beginnen das Spiel mit zwei hinteren Steinen auf dem gegnerischen Einser-Punkt.

Homeboard. Das »Heimfeld«, wird bei uns auch »inneres Feld« genannt: das Rechteck im Board, in dem sich Ihre eigenen Punkte eins bis sechs befinden. (Siehe Diagramm 1, Kapitel 1)

In der Box. Bei einer Chouette spielt »der Mann in der Box« allein gegen alle anderen, die zusammen eine Mannschaft bilden. (12)

Inneres Feld. Siehe »Homeboard«.

Kapitän. In einer Chouette der Anführer all jener Spieler, die gegen »die Box« spielen. Der Kapitän würfelt, bestimmt die einzelnen Züge und doppelt im Namen seiner Mannschaft – wobei ihn seine »Partner« beraten dürfen. Zu Beginn eines Spiels wird derjenige, der die zweithöchste Zahl würfelt, Kapitän; gewinnt er das Spiel, kommt er »in die Box«, verliert er, muß er ans Ende der »Warteliste«. (12)

Kombinationstreffer. Ein gegnerischer Blot, der mehr als sechs Punkte von Ihrem nächsten Stein entfernt ist und daher nur von einer Kombination beider gewürfelten Zahlen getroffen werden kann.

Kontakt. Kontakt besteht so lange, bis alle Steine eines Spielers an allen Steinen seines Gegners vorbeigekommen sind; solange der Kontakt aufrechterhalten wird, kann sich für jeden der beiden Spieler eine Treffermöglichkeit ergeben. (5)

Kubus. Siehe »Verdopplungswürfel«.

Nachschub. Jeder zusätzliche Stein (d. h. auf einem Punkt mit mehr als zwei Steinen) oder auch ein Blot, der sich in einer so aussichtsreichen Position befindet, daß mit seiner Hilfe ein neuer Punkt gemacht werden kann.

Pasch. Wenn beide gewürfelten Zahlen gleich sind; Sie dürfen diese Zahl dann viermal ziehen. (1)

Position. Die Stellung Ihrer Steine im Vergleich zu denen Ihres Gegners. (6)

Punkt. (1) Jedes der vierundzwanzig länglichen Dreiecke, von denen sich auf jeder Seite des Boards zwölf befinden.
(2) Jedes Dreieck, auf dem Sie zwei oder mehr Steine haben: in diesem Fall haben Sie den »Punkt« gemacht, und er ist für die Steine Ihres Gegners »gesperrt«.

Punkt machen. Wenn Sie einen Punkt mit mindestens zwei Ihrer Steine besetzen; wenn Sie einen Punkt »gemacht« haben, kann sich der Gegner auf diesem Punkt weder niederlassen, noch darauf »zwischenlanden«.

Re-Doppeln. Das erneute Verdoppeln des Spieleinsatzes nach einem vorangegangenem Doppel. (7)

Running-Game. Ein »Laufspiel« oder »Rennen« ergibt sich, wenn beide Spieler ihre Steine aneinander vorbeigebracht haben und das Spiel nur noch von dem gewonnen werden kann, der alle seine Steine als erster in sein Homeboard gebracht und dann abgeräumt hat. (5)

Schlagen. Siehe »Treffen« oder »Hinauswerfen«.

Schuß. Siehe »Treffer«.

Sechser-Block. Das gleiche wie eine »Prime«, also sechs besetzte Punkte hintereinander; Ihr Gegner kann einen Sechser-Block nicht überspringen.

Steine. Die runden, flachen Klötzchen, mit denen Sie – je nach den gewürfelten Zahlen – ums Board herumziehen. Jeder Spieler hat fünfzehn Steine.

Tempo. Wenn ein Spieler durch Besetzen von mindestens zwei Punkten im gegnerischen Homeboard ein Back-Game versucht, muß er unbedingt auf das richtige Tempo achten: Er darf auf keinen Fall »zu schnell« werden. Wenn er z. B. in seinem Homeboard mit allen Steinen schon so weit vorgerückt ist, daß nur noch der Einser-, Zweier- und Dreier-Punkt besetzt sind, hat er für ein Back-Game nicht mehr das richtige »Tempo«; selbst wenn er am Ende einen Blot seines Gegners erwischt, kommt dieser mühelos wieder herein.

Treffer. Wenn man auf einem Punkt landet, auf dem ein Blot des Gegners steht, und diesen somit trifft und »rausschmeißt«. Wird auch »Schuß« genannt.

Trostrunde. Bei Turnieren, die nach dem K.-o.-System ausgetragen werden, gibt es für alle Spieler, die in der ersten Runde ausgeschieden sind, eine oder auch mehrere »Trostrunden«. (14)

Ums Eck herum. Einen Stein vom äußeren Feld des Gegners in Ihr eigenes äußeres Feld bringen; meist ist damit ein Stein gemeint, den Sie vom gegnerischen Zwölfer-Punkt auf einen Punkt in Ihrem eigenen äußeren Board ziehen.

Verdopplungswürfel. Auf den sechs Seiten dieses übergroßen Würfels stehen die Zahlen 2, 4, 8, 16, 32 und 64; wird zum Verdoppeln und Re-Doppeln des Einsatzes verwendet. Manchmal auch Kubus genannt. (1, 7)

Vorgerücktes Back-Game. Wenn ein Spieler in der Gesamtpunktzahl etwas hinten liegt und es ihm gelingt, den Vierer- oder Fünfer-Punkt seines Gegners zu besetzen; damit hat er die Möglichkeit, zu einem späteren Zeitpunkt den einen oder anderen Blot des Gegners zu treffen. (1)

Weitschuß. Wenn Sie einen kombinierten Treffer über eine größere Anzahl von Punkten hinweg anbringen können, etwa mit 6–4 oder 6–5.

Würfel. Beim Backgammon würfelt jeder Spieler mit zwei Würfeln. Auf den sechs Seiten jedes Würfels stehen die Zahlen 1, 2, 3, 4, 5 und 6.

Würfelbecher. Ein Becher, in dem Sie Ihre Würfel schütteln, bevor Sie sie herausrollen lassen.

Zwischenlanden. Wenn Sie mit einem Stein auf einem Punkt »aufsetzen«, dann aber sofort (mit der zweiten gewürfelten Zahl) weiterziehen, haben Sie eine »Zwischenlandung« gemacht.